国家卫生和计划生育委员会“十三五”规划教材
全国高等医药教材建设研究会“十三五”规划教材
全国高等学校教材

供法医学类专业用

法医毒理学

第5版

主　编　刘　良

副主编　张国华　李利华　贠克明

编　者（以姓氏笔画为序）

乔东访（南方医科大学基础医学院）
任　亮（华中科技大学同济医学院）
刘　良（华中科技大学同济医学院、中国政法大学证据科学研究院）
贠克明（山西医科大学法医学院）
李利华（昆明医科大学法医学院）
李朝晖（中山大学中山医学院）
吴　旭（中国医科大学法医学院）
吴茂旺（皖南医学院法医学院）
张国华（中国医科大学法医学院）
张海东（中国政法大学证据科学研究院）
饶渝兰（复旦大学基础医学院）
洪仕君（昆明医科大学法医学院）
倪志宇（河北医科大学基础医学院）
尉志文（山西医科大学法医学院）
蒋　朴（重庆医科大学基础医学院）

秘　书　任　亮（华中科技大学同济医学院）

人民卫生出版社

图书在版编目（CIP）数据

法医毒理学/刘良主编. —5版. —北京：人民卫生出版社，2015

ISBN 978-7-117-21726-2

Ⅰ. ①法… Ⅱ. ①刘… Ⅲ. ①法医毒理学－高等学校－教材 Ⅳ. ①D919.1

中国版本图书馆CIP数据核字（2015）第265666号

法医毒理学
第5版

主　　编：刘　良
出版发行：人民卫生出版社（中继线 010-59780011）
地　　址：北京市朝阳区潘家园南里19号
邮　　编：100021
E - mail：pmph @ pmph.com
购书热线：010-59787592　010-59787584　010-65264830
印　　刷：三河市宏达印刷有限公司
经　　销：新华书店
开　　本：850×1168　1/16　印张：16　插页：2
字　　数：473千字
版　　次：1988年10月第1版　2016年3月第5版
　　　　　2024年12月第5版第10次印刷（总第27次印刷）
标准书号：ISBN 978-7-117-21726-2
定　　价：45.00元
打击盗版举报电话：010-59787491　E-mail：WQ @ pmph.com
质量问题联系电话：010-59787234　E-mail：zhiliang @ pmph.com

全国高等医学院校法医学专业第五轮
规划教材修订说明

20 世纪 80 年代，我国在医学院校中设置了法医学专业，并于 1988 年首次编写了成套的法医学专业卫生部规划教材，从而有力地推动了法医学教育的发展。2009 年五年制法医学专业规划教材第四轮出版发行。为促进本科法医学专业教学，教育部法医学专业教学指导委员会在 2014 年开始制定审议国家法医学本科专业教育质量标准并拟报教育部审批。根据质量标准要求及法医学相关领域学科进展，2014 年经全国高等医药教材建设研究会和全国高等医学院校法医学专业教材编审委员会审议，启动第五轮教材修订工作。

本轮修订仍然坚持“三基”“五性”，并努力使学生通过学习达到培养具有坚实基础理论知识和专业知识、熟悉司法鉴定程序和法医鉴定技能、掌握法学、医学及相关学科知识，具有良好的思维判断能力以及分析问题能力的法医学高级复合型人才的专业培养目标。新教材体现了法医学领域的新进展和我国的新法规、新政策与新要求；考虑了学生的就业，具有较强的实用性，使学生在毕业后的实际工作中能够应用所学知识。本轮教材在编写中强调了可读性、注重了形式的活泼性，并全部配备了网络增值服务。

全套教材 16 种，其中主教材 11 种，配套教材 5 种，于 2016 年全部出版。所有教材均为国家卫生和计划生育委员会“十三五”规划教材。

第5轮法医学专业教材目录

1. 法医学概论　第5版　**主编**　丁　梅
2. 法医病理学　第5版　**主编**　丛　斌　**副主编**　官大威　王振原　高彩荣　刘　敏
3. 法医物证学　第4版　**主编**　侯一平　**副主编**　丛　斌　王保捷　郭大玮
4. 法医毒理学　第5版　**主编**　刘　良　**副主编**　张国华　李利华　贠克明
5. 法医毒物分析　第5版　**主编**　廖林川　**副主编**　王玉瑾　刘俊亭
6. 法医临床学　第5版　**主编**　刘技辉　**副主编**　邓振华　邓世雄　陈　腾　沈忆文
7. 法医精神病学　第4版　**主编**　胡泽卿　**副主编**　赵　虎　谢　斌
8. 法医人类学　第3版　**主编**　张继宗　**副主编**　蔡继峰　赖江华
9. 刑事科学技术　第4版　**主编**　李生斌　**副主编**　张幼芳　李剑波
10. 法医法学　第3版　**主编**　常　林　**副主编**　邓　虹　马春玲
11. 法医现场学　**主编**　万立华　**副主编**　阎春霞　陈新山
12. 法医病理学实验指导　第2版　**主编**　成建定　**副主编**　周　韧　王慧君　周亦武　莫耀南
13. 法医物证学实验指导　第2版　**主编**　张　林　**副主编**　黄代新　庞　灏　孙宏钰
14. 法医毒理学实验指导　**主编**　朱少华　**副主编**　黄飞骏　李　凡　喻林升
15. 法医毒物分析实验指导　第2版　**主编**　沈　敏　**副主编**　金　鸣　周海梅
16. 法医临床学实验指导　第2版　**主编**　刘兴本　**副主编**　顾珊智　樊爱英

全国高等学校法医学专业第五轮
规划教材编审委员会

顾　　问

石鹏建　陈贤义

主任委员

侯一平

副主任委员

丛　斌　王保捷　李生斌　周　韧　杜　贤

委　　员

张　林　杜　冰　喻林升　赵子琴　王英元
樊爱英　陈　晓　陶陆阳　赵　虎　莫耀南
李利华　刘　良　邓世雄　杨　晋

秘　　书

廖林川　潘　丽

主编简介

刘良，教授，博士生导师。第六届教育部科学技术委员会生物与医学学部委员，中国法医学会法医病理学专业委员会副主任，中华医学会医疗事故技术鉴定专家库成员，中国卫生法学会第四届理事会理事，湖北省司法鉴定协会副会长，湖北省法医学会副主任，湖北省法医病理学专业委员会主任，司法部司法鉴定科学技术研究所能力验证技术专家，《中国法医学杂志》《刑事技术》《中华中西医杂志》《华中科技大学学报（医学版）》常务编委。

从事《法医学》《法医病理学》《法医毒理学》《法医学概论》教学、科研及检案30余年，先后负责国家自然科学基金，教育部、公安部、湖北省、校等科研项目18项。教育部组织对所负责的“死亡时间推断的系列研究及应用探索”进行科技成果鉴定，认为其处于“国内领先水平”。曾获湖北省科技进步二等奖1次，武汉市重大科学技术成果1次，武汉市自然科学优秀论文二等奖2次、三等奖1次。以第一作者及通讯作者发表论文共180余篇，参编教材及参考书21部。亲自检案数千次，其中不乏国内、省市内的各种疑难、典型、大要案。

副主编简介

张国华，医学博士，教授，博士生导师，现任中国医科大学法医学院副院长、法医病理学教研室主任，兼任中国法医学会理事、法医病理专业委员会委员，辽宁省法医学会常务理事、副秘书长，辽宁省司法鉴定委员会成员，中华医学会、辽宁省和沈阳市医学会医疗事故技术鉴定专家库成员等。

主要从事法医学教学、科研和鉴定工作，研究领域主要是药物滥用和药物不良反应的法医学研究。作为副主编和编者，参编专业教材和论著 10 部。主持国家自然科学基金、973 横向课题、公安部、辽宁省和沈阳市科研项目 9 项。在 J Neurosci 等国内外学术期刊上发表论文 50 余篇。作为主要完成者，曾获省、市科技进步二、三等奖各 2 项。

李利华，二级教授，博士生导师，现任昆明医科大学科学技术处处长。享受国务院政府特殊津贴人员，云南省委联系专家，云南省中青年学术和技术带头人，担任教育部高等学校法医学专业教学指导委员会委员、全国高等法医学教育研究会常务理事、云南省司法鉴定协会副会长、云南省法学会学术委员会委员等学术团体职务。

从事法医学教学、科研及司法鉴定 26 年。获省教学成果二等奖 2 项，主要研究领域为毒品成瘾与戒断干预、交通事故损伤机制及法医学应用研究，主持国家自然科学基金项目 2 项、省科技计划项目 4 项，获省科技进步奖 5 项，公开发表学术论文 80 多篇，SCI 收录 7 篇，主参编教材及专著 12 部。

贠克明，教授，博士生导师，任山西医科大学法医学院副院长、书记。中国法医学会法医毒物学专业委员会副主任委员，中国刑事科学技术学会毒品和毒物分析专业委员会副主任委员，公安部特聘科技专家，司法部司法鉴定科学技术研究所实验室能力验证专家，《中国法医学杂志》《证据科学》*Journal of Forensic Science and Medicine* 编委。

从事《法医毒理学》和《法医毒物分析》教学、科研和检案工作 30 年。主持完成国家级项目课题 4 项，在研 1 项。发表科研论文 137 篇，副主编 / 参编教材和专著 11 部。国内外首先提出"法医毒物动力学"。获省级科技奖励 5 项，国家发明专利 1 项。

前　言

随着我国法医学事业的蓬勃发展，法医毒理学实践工作日益引起社会的广泛关注，法医毒理学教学的重要性愈发被广大教育工作者所认识。

鉴于近年来我国法医毒物鉴定工作的实际情况，根据人民卫生出版社教材编写"三基""五性""三特定"的原则，编写组在法医学专业国家"十一五"规划教材《法医毒理学》(第4版)的基础上，进一步精选教材内容，突出重点，修订成本书。

根据本次教材编写原则和要求及前版教材使用以来所收集的宝贵意见，本书修订和调整的主要内容如下：①鉴于近年来关于毒物中毒和致死血浓度日益引起法医工作者的关注，特将此部分内容做成附表，以供参考，由于附表中中毒和致死血浓度部分数据来源于国外文献，因人种差异，可能与以往报道数据存在差异，故仍保留了正文中的数据，实际检案中，需结合具体情况进行斟酌；②根据法医毒理学研究进展，补充和修改了部分毒物的中毒机制和中毒症状；③每章增加了章前案例，便于学生学习。

本次编写人员全部是全国高等院校法医毒理学教学第一线的教师，具有扎实的理论基础和实践经验。本书的修订曾征询众多院校同道的意见，汲取前版教材的有关内容和图片，并多次集中讨论，努力使全书重点突出，叙述明白，便于教学。在编审过程中得到了华中科技大学同济医学院、中国医科大学、苏州大学医学院、中国政法大学证据科学研究院的大力支持，并分别在辽宁沈阳、云南昆明及江苏苏州召开了3次编审和定稿会，得到了中国医科大学、昆明医科大学和苏州大学医学院的大力协助。另外，本书的编写过程中，吴旭、洪仕君、张海东、任亮编委和王荣帅、黄锶哲博士付出了大量卓有成效的劳动，在此表示衷心的感谢。

教材建设是提高教学质量的重要基础，也是一项长期性的工作，限于我们的认识和能力，本教材还有缺点和不足之处，在此恳切希望各兄弟院校师生和同道们提出批评和指正。

刘　良　张国华　李利华　贠克明

2015年7月

目　录

第一章 绪 论

学习目标

通过本章的学习，你应该能够：

掌握 毒物、中毒、中毒量、中毒浓度、致死量、致死血浓度、死后毒物再分布的概念，中毒症状分析，中毒尸体的法医学检查，毒物检测检材的采取、保存和送检，对法医毒物分析结果的评价。

熟悉 法医毒理学的概念，毒物的分类，我国法医毒物种类的特点，中毒的案情调查及现场勘验的原则，中毒的法医学鉴定注意事项。

了解 毒物在体内的转运、转化及其法医学意义、毒物的毒作用，中毒的原因或方式，疑为中毒案例的尸体挖掘。

章前案例

某男，28岁，被他人非法拘禁期间，被捂压口鼻部昏迷，后被灌服42度白酒并丢弃路边。发现时已死亡，尸检见体表散在软组织损伤，口唇黏膜出血，双眼睑球结膜点状出血，口唇发绀，心外膜下点状出血，胃内有约50ml血性液体，可嗅及酒味，胃黏膜点状出血，心血中乙醇含量为1680mg/dl。

根据上述案情、现场及尸表检验所见，法医应如何分析死亡原因，如何理解心血中乙醇含量如此高的原因？

第一节 法医毒理学的基本概念和理论

一、毒理学及法医毒理学的概念

毒理学（toxicology）是研究外源化学物对生物体损伤作用规律及其机制的一门综合性学科。外源化学物（xenobiotic）泛指自然界存在的或人工合成的各种具有生物活性的物质。生物体（living organism）包括人、动物、植物以及各种其他生物。对人体来说，这些化学物是从外界环境中摄入，而非机体内源产生。

法医毒理学（forensic toxicology）是一门主要应用毒理学及有关学科的理论和技术，研究与法律有关的自杀、他杀、意外或灾害事故引起中毒的学科。药物滥用、环境污染、医源性药物及食物中毒等涉及个体或群体人身伤亡的，也常是其研究内容。

法医毒理学研究的主要内容包括：法医常见毒物的性状、中毒原因、毒理作用、中毒量和致死量、中毒血浓度和致死血浓度、中毒性病变，毒物检测检材采取、保存、送检，中毒或中毒死亡方式的法医学鉴定等。广义的法医毒理学除上述内容外，还研究如何从生物检材中分离和鉴定毒物及定量检测。

法医毒理学除着重揭露以毒物作为暴力手段对人体造成的损害，为侦破和审理中毒案件提供线索和证据外，同时也能给临床医学实践提供诊断和治疗的依据；还能对毒物管理和中毒防治问题向有关职能部门提出建议和咨询，并有助于相关毒物管理和中毒防范的立法。

二十多年来，毒理研究进一步发展了对化学物的安全性评价和危险度评定，为化学物的管理提供了科学依据，并形成毒理学的一门分支学科，即管理毒理学（regulatory toxicology）。例如，近年来我国毒鼠强等剧毒杀鼠剂的广泛流散和滥用，有的犯罪分子利用其无色、无味、容易获得的特点，进行投毒作案；因污染食品意外中毒或服毒自杀者也时有所见，成为一大社会公害。为此，我国农业部、公安部、原卫生部等九部委，于 2003 年 7 月发出通知，要求任何单位和个人均不得制造、买卖、运输、储存、使用、持有毒鼠强等国家禁用的剧毒杀鼠剂。最高人民法院和最高人民检察院《关于办理非法制造、买卖、运输、储存毒鼠强等禁用剧毒化学品刑事案件具体应用法律若干问题的解释》于 2003 年 10 月 1 日开始施行。对于上述违法者，将依法予以严惩。

法医学实践中，中毒和中毒死亡案例十分常见。作为法医学的一门重要分支学科的法医毒理学，同法医病理学、法医物证学和临床法医学等学科一样，具有不可替代的地位，是法医学专业学生和鉴定人必须掌握的一门专业学科。

二、法医毒理学与其他毒理学分支学科的关系

法医毒理学与环境毒理学、食品毒理学、工业毒理学、军事毒理学、细胞毒理学、免疫毒理学及遗传毒理学等一样，同属毒理学的分支学科。它需要广泛应用毒理学的基本理论知识和技术，但它又有别于基础毒理学及其他分支学科。基础毒理学及其他毒理学分支学科难以完全覆盖法医毒理学的研究领域。法医毒理学与其他毒理学分支学科既互相渗透，又互相补充。毒理学其他分支学科只要涉及法律问题的，都与法医毒理学有关。如群体性食物中毒事件在事实真相未查明前，或中毒原因与法律责任相关时，常涉及法医毒理学的检验和鉴定。有关中毒所致的死亡或伤残，为追究相关责任，鉴定中毒者的死因或伤残程度，往往需要法医学检查和鉴定。环境或生态污染引起的公害越来越多，也越来越受到重视，不按规定处理毒物导致的法律问题，有时也会在结合其他毒理学分支学科的基础上，涉及法医学鉴定。如山西省某垃圾站在露天焚烧废旧塑料，导致邻近一个种猪场 300 多头种猪死亡，引起一年多的司法诉讼，为查明种猪的死因，法庭委托对死亡种猪的器官和血液进行法医毒理学鉴定，在结合兽医毒理学（veterinary toxicology）知识的基础上，经过鉴定，最终证实种猪因吸入焚烧废旧塑料产生的有毒气体而死亡。此外，近年来国内接连发生用放射性核素投毒的案件，因而法医学鉴定又涉及放射毒理学问题。所以，法医毒理学与其他毒理学的分支学科之间不是机械分割，而是相互有联系的；同时，法医毒理学的发展，如法医中毒尸检、毒物检测资料的积累及实验研究工作的开展，也能为毒理学及有关分支学科研究提供和补充有价值的基础材料。

由于中毒案件的鉴定一般都离不开毒物分析的结果，所以如何分离与鉴定待测毒物也是法医毒理学研究的内容。但从生物检材中分离和鉴定毒物所涉及的基本理论和技术主要是分析化学，且需要专门的理化分析技能和仪器设备，现代仪器分析技术的迅速发展，使毒物的分离与鉴定发展成一门独立的学科，称为法医毒物分析（forensic toxicological analysis）或法医化学（forensic chemistry）。为便于教学，将在法医学专业教学中另设课程授课，学生可紧密结合《法医毒物分析》教材学习，全面掌握中毒法医学鉴定的知识和技能。

三、法医毒理学的任务和研究方法

（一）法医毒理学的任务

与其他所有法医学分支学科一样，法医毒理学最主要的任务，是为有关案件的侦察提供线索，为

司法审判或民事调解提供科学证据。为此，在怀疑中毒或中毒的案件中，它应解决下述问题：

1. 确定是否发生了中毒。
2. 确定何种毒物引起中毒。
3. 确定进入体内毒物的量，并判断是否足以引起中毒或死亡。
4. 分析毒物进入机体的途径和形式。
5. 推断中毒或中毒死亡方式，是自杀、他杀，还是意外灾害。

为了解决上述问题，完成好法医毒理学的任务，鉴定人员必须进行：①案情调查；②现场勘查；③中毒存活者抢救检验和死亡者尸体的检验；④毒物分析检材的收集、保存、送检及分析结果的评价。在上述工作的基础上综合分析，并最终作出是否中毒或中毒死亡及其他需要解决问题的结论。

（二）法医毒理学的研究方法

法医毒理学研究方法包括法医病理学检查和法医毒物分析化学检查。主要研究中毒者有关器官功能、体液生物化学等方面改变及中毒死者器官组织病变。随着电子显微镜、酶组织化学、免疫学、分子生物学及仪器分析技术的发展，其研究方法已从传统的大体和细胞水平，发展到细胞超微结构、分子和基因水平。

实验毒理病理学研究，可以在控制条件下（如剂量、时间、染毒途径等）研究毒物毒理作用的靶器官和靶组织的功能和病理变化；此外，进行毒代动力学和死后毒物再分布（postmortem redistribution）等研究，也可丰富法医毒理学的理论。对于尚无满意的化学分析方法或对其主要毒性成分还不清楚的毒物（尤其是有毒中草药）中毒，可采用动物实验研究的方法，对比观察中毒动物与实际中毒案例的症状、体液生物化学和器官组织的病变并进行鉴定。

四、法医毒理学的发展简史及趋势

（一）法医毒理学的发展简史

中毒是历代法医学检验的主要任务之一，我国所有的法医学著作中都有专门的篇章论述毒物和中毒。如南宋（公元1247）著名法医学家宋慈的《洗冤集录》中，较系统地介绍了砒霜、胡蔓草（钩吻）、毒蕈、鼠莽草（雷公藤）等多种毒物中毒，并强调鉴定中要注意将中毒死与自然疾病猝死相鉴别。以后历代法医学家在中毒案件的鉴定实践中又积累了丰富的经验，不断充实法医毒理学的理论。

我国现代法医学起步较晚，抗日战争胜利后林几教授在中央大学医学院创办法医学研究所，承办各类法医案件的鉴定并培养法医专业人才，由我国著名毒理学家黄鸣驹教授讲授毒物分析化学。黄鸣驹教授1931年编著的《毒物分析化学》一书，系统介绍了各类常见毒物的分离、提取和化学分析方法，为我国现代法医毒理学的发展作出了重要贡献。

中华人民共和国成立后，我国法医学事业有了迅速的发展，地市以上的公安及司法机关建立了法医鉴定机构，大多建立了专门的毒物分析实验室。大部分医学院校及部分政法院校陆续为学生开设了法医学课程，出版了多种有关法医毒理学的著作，如徐英含的《法医毒物学》，胡炳蔚、刘明俊的《常见中毒的法医学鉴定》等，公开发表了许多法医毒理学方面的研究论文。

近30年来我国法医学事业进入了一个快速发展的新时期，法医毒理学也随之得到进一步发展。现代科学技术的迅速发展，具有毒性作用的化学物数量迅速增加，加上犯罪手段逐渐智能化，法医毒理学面临着新的挑战。1985年全国法医学专业教育指导委员会将法医毒理学列为法医学专业的主要专业课程之一，1988年、1998年、2004年原卫生部教材办公室组织编写了全国医药院校统编教材《法医毒理学》第1、2、3版（黄光照主编，人民卫生出版社）及第4版（刘良主编，人民卫生出版社），使我国法医毒理学发展到一个新的阶段。

欧洲古代法医毒理学的萌芽与中国相同，起步较早，以后随着法医学的发展，作为其中重要组成部分的法医毒理学也有了相应的进步。瑞士人Paracelsaus在1541年就提出了法医毒理学的概念，指出毒物是化学物。

19世纪的欧洲，在法医学迅速发展的同时，法医毒理学逐渐成为一门独立学科。被称为近代毒理学创始人的西班牙伟大的法医学家Orfila（1787—1853）在法医毒理学的建立和发展上的功劳举世公认，他的主要著作有《普通毒理学》（Toxicologie générale，巴黎，1813—1815）和《法医学教程》（Leçons De médecine légale，巴黎，1821—1823），《法医学教程》中的第2卷全部是法医毒理学的内容，共34个讲座。后来法国著名法医学家Devergie（1798—1879）在法医毒理学方面对Orfila的理论又有所发展和修正。另外德国、俄国、英国、意大利、美国等西方国家的法医毒理学发展也很快，相继涌现出自己国家的法医毒理学专家，出版了不少有关法医毒理学的专著。

20世纪以来，法医毒理学的研究和鉴定水平都提高到一个新的水平。1918年美国成立法医鉴定局，Gettler主持法医毒理学工作。1963年国际法医毒理学协会成立，有45个国家参加，定期举行会议讨论和研究法医毒理学所面临的问题，交流研究成果，报道鉴定案例。

（二）法医毒理学的发展趋势

世界各国包括我国经济和科学技术的迅猛发展，不仅为法医毒理学的继续发展提供了良好的条件，也给法医毒理学提出新的挑战和任务。

1. 毒物种类的急速增加　据美国近年的统计，全美使用的化学物已有60多万种，平均每年增加700～1000种，人工合成的化学物比第二次世界大战时期增加了350倍，其中不少是有毒性的。英国毒理学家Curry 1983年在德国慕尼黑召开的国际法医毒理学家欧洲年会上指出，20世纪50年代生物碱类毒物仅10多种，而至1983年有500余种；当时以巴比妥酸盐和阿司匹林为主的药物也增加到200多种。我国的情况也很相似，与20世纪50年代相比，不仅药物的种类有很大变化，毒物的种类更是迅速增多，仅杀鼠剂就有几十种之多。许多新增的有毒物质，其毒性、中毒机制、中毒症状和病理变化、中毒致死量及检验方法等目前还不清楚，给中毒的鉴定带来了许多困难。

2. 常见毒物中毒致死血浓度的确定　毒物中毒致死血浓度在判断是否中毒死亡中的意义，近年来已受到普遍重视；过去毒理学和法医毒理学出版物上所记载的毒物中毒致死量，不仅很不完善，而且目前认为在多数情况下，对确定是否中毒或中毒致死仅有参考价值。毒物在血液中的浓度才是反映已被机体吸收，从而发挥其毒性作用的有意义的指标。毒物的中毒致死血浓度与其中毒致死量一样，多是靠一系列中毒死亡案例血液毒物定量分析结果资料的积累而得。欧美国家由于中毒死亡案件中做血液定量检验，所以近年来积累了较多的毒物中毒致死血浓度的资料。但是，中毒致死血浓度还与中毒和死亡的时间间隔密切相关，这是因为许多毒物进入体内后经过生物转化，其中相当部分被转化成其他成分（代谢产物），或被分解消失或被排泄，从而影响定量分析的结果。因此，相同剂量的毒物进入血液后，在不同中毒死亡时间取血检验，可得出完全不同的结果。毒物代谢动力学的实验研究，虽能检测出不同中毒时间血中毒物浓度的变化，但从实验动物得出的资料并不能直接应用于人的中毒案例。

直到目前，我国尚缺乏许多毒物中毒致死血浓度的资料，只能借鉴国外的资料。因此在分析判断时，应考虑中国人与外国人对某些毒物的敏感性、毒物本身的纯度、毒性等可能存在的差异。所以尽快建立我国常见毒物中毒致死血浓度的资料库显得十分迫切和重要。

3. 药物滥用和吸毒　药物滥用及吸毒已成为许多国家关注的世界性社会问题，其中吸毒给社会、经济、政治和人们身心健康带来严重危害，更引起普遍关注。与药物滥用和吸毒相关的死亡，已成为我国法医毒理学研究和鉴定的新课题。20世纪80年代，毒品和吸毒在我国还不多见，20世纪90年代后，吸毒问题在我国日益严重，吸毒人数逐年增多。药物滥用和吸毒所致死亡不仅是因滥用药物或毒品过量所致的中毒死亡，也包括与药物滥用和吸毒有关的自杀、他杀、意外和疾病死亡，将其真正的死因确定清楚，不仅能为司法审判提供科学证据，也能为毒品管理，吸毒的控制、防治和有关卫生立法工作提供有用的资料。

4. 酒精中毒与犯罪、交通事故的关系　酒精中毒已被列为药物滥用的一个重要方面，嗜酒、酗酒而发生急性或慢性酒精中毒，不仅可以导致急性中毒或因酒精中毒性疾病而死亡，也常与杀人、伤害、强奸等刑事犯罪和交通肇事有密切关系。因而酒精中毒已成为毒理学研究的一个重要组成部分。酒精中毒目前在我国亦相当普遍，且有不断增多的趋势，但其研究与国外发达国家相比差距较大，今后应加强在这方面的研究。

5. 有毒动植物中毒的鉴定 我国动植物资源十分丰富，用动植物（中草药）治疗和预防疾病已有几千年的历史，至今用中草药防治疾病仍然相当普遍，并被我国政府提倡及世界其他国家所重视。但一些动植物具有相当大的毒性，因误服过量、未经炮制减毒或炮制不当而使用，或故意投毒而发生的中毒死亡案件屡有发生，是具有我国特点的中毒类型之一。有毒动植物含有的毒性成分相当复杂，有些目前还不十分清楚，有关法医毒理学的资料十分匮乏，这给中毒的鉴定带来极大困难。我国法医毒理学工作者对雷公藤、乌头、苍耳子、黄药子、博落回、蛇毒、鱼胆、斑蝥等进行了较系统的毒理病理研究，取得了不少成果，丰富和填补了毒理病理学的某些理论，也促进了法医毒理学的发展。但无论从规模上还是从深度上仍然与实际需要不相适应。应鼓励和加强对具有中国特色的有毒动植物中毒的法医毒理学研究，包括对其主要毒性成分的确定、分离和鉴定方法的建立，以及积累有关中毒死亡案例的尸检病理资料。

6. 环境污染及其引起的公害 在经济迅速发展的同时，环境污染（environmental pollution）及其引起的公害（public hazard）成为一个越来越受到世界各国关注的问题。环境毒理学已成为毒理学的一个重要分支学科。大量有毒的废渣、废水和废气进入土壤、水域和空气。这些有毒的化学物随之也会进入粮食、牲畜体内残留，或者通过有害的食品添加剂而污染食品，如2008年的三鹿奶粉中添加三聚氰胺事件，不仅严重危害人们及其后代的健康，而且有时会酿成突发性、群体性中毒或死亡事件，常因受害人或其家属向有关单位或个人提出经济赔偿而引起诉讼，成为法医毒理学鉴定的对象。

长期生活在被有毒粉尘污染的空气环境中的工人，以及汽车富铅废气都能使人慢性中毒。此外，环境污染也能使人体器官、骨骼、毛发中有毒元素的含量增加。现代精密分析仪器能检测出上述生物材料中极微量的有毒成分，因而给法医毒理学鉴定提出了一个问题：究竟毒物检出量达到什么程度才能确定已发生了中毒？因此必须进行常见毒物的人体本底测定。有研究发现，生前没有砷接触史尸体的肝、肺、心、肾、脑、脾可以检出砷，甚至六个月婴儿的器官中也可检出砷，并随年龄增长而增加。另外骨、毛发中砷也有相当含量。这些为法医毒理学砷检出值的分析评价提供了参考依据。可惜类似的宝贵资料仍较少，值得不断研究和积累。

7. 毒理病理学研究的新探索 中毒尸体的系统尸体解剖在中毒鉴定中具有重要意义，但多数中毒者器官和组织的病变由于缺乏特异性，而在中毒的鉴定中只起辅助性作用，这也是目前仍有人忽视中毒尸体系统解剖的原因之一。

应用一些先进的检测手段，如电镜、免疫学、分子毒理学、精密理化和生理检测仪器等多项指标进行中毒的实验病理学研究，对探讨毒作用的靶器官、靶组织、中毒机制和中毒致死量等具有重要意义。例如近年来有人应用免疫组织化学技术，利用特有的抗毒物抗体，在染毒动物的普通石蜡切片和冰冻切片上对毒物进行定性、定位的探索性研究，国内外已有一些研究报道发表，被研究的毒物有巴比妥类、百草枯、地高辛、吗啡、甲基苯丙胺等，如能成功地应用于中毒案件的鉴定，将为法医毒理学的基础研究和实际检案鉴定开拓一个崭新的方向。

在国外，毒理病理学作为病理学的一个分支学科，也获得了迅猛发展。例如Haschek WM等编著的《毒理病理学手册》（Handbook of Toxicological Pathology）第二版，Ⅰ、Ⅱ卷，已于2002年出版发行。

8. 法医昆虫毒理学的研究 在一些高度腐败的尸体上，传统的毒理学检材，如血液、尿、器官组织，常无法获得。人们试图通过对尸体上发现的蝇蛆、甲虫体内的毒物进行分析，从而反映死者体内的毒物，由此而产生了法医昆虫毒理学（forensic toxicology entomology），即研究具有毒物的尸体与取食尸体的昆虫之间毒物类型和含量关系，并推测尸体的死因和其他相关问题的学科，属法医昆虫学（forensic entomology）的分支学科。Beyer等（1980）通过对尸体上的副螺旋蝇的分析，检测出苯巴比妥，证明死者系服用过量毒物自杀，首次在法医实践中证实利用昆虫进行尸体体内毒物情况分析的可行性。其后，国外相继证实利用蝇、蛆、蛹壳、甲虫等在高度腐败尸体能检出有机磷、三唑仑、氯米帕明、可卡因、阿米替林代谢物、吗啡、海洛因等毒物。我国目前尚缺少这方面研究的专门报道。

由于毒物在尸体及昆虫体内的代谢过程复杂，又受尸体腐败进程、蝇蛆取食时间、毒物类型等因素的影响，因此加强这方面的研究，以确定何种毒物可以在何种发育阶段的何种昆虫体内检出，是今后法医昆虫毒理学研究的方向和重点。

9. 医源性药物中毒　随着人们法律意识的增强和社会的发展，目前我国医疗纠纷案例逐年增多。其中许多都涉及药物中毒问题，如错误用药、药物过量、用药途径错误等，另外，非法行医者滥用有毒动植物治病引起中毒的也不少见，往往涉及法医学鉴定。而对于医源性药物中毒机制、中毒病理学变化、检测方法等问题的研究，仍有待法医工作者进行深入研究。

10. 法医毒物动力学　法医毒理学研究范围和任务的特殊性，中毒案件的复杂多变性、检材多样性以及分析目的不确定性，为法医毒理学提出了许多新课题。①中毒（死亡）当时机体（尸体）内毒物浓度的推断；②死后腐败产生毒物与生前服毒的区别；③生前服毒与死后染毒的鉴别；④毒物进入机体的时间、途径及方式的确定。这些与法医毒理学在目的、任务、研究对象、研究内容及主要作用上都有了更新的内涵，根据学科发展的需要，将毒物动力学在法医毒理学中的应用研究专门分出为法医毒物动力学，更为科学，也更有利于学科发展。法医毒物动力学（forensic toxicokinetics）是用法医毒理学和毒物动力学的理论和技术研究机体、尸体、检材或自然环境中法医毒物动力学变化过程的学科。其研究内容包括法医毒物的毒物动力学、死后分布、动态分布、死后再分布、死后弥散、毒物分解动力学和死后产生等。

第二节　毒物与中毒

一、毒物与中毒的概念

（一）毒物

毒物（poison，toxicant）是指在日常接触条件下，以较小剂量进入机体后，能与生物体之间发生化学或物理化学作用，导致机体组织细胞代谢、功能和（或）形态结构损害的化学物质。

有人把可引起生物体损害的外源物（单体或混合物）统称为毒物。一般把生物（动物、植物、细菌、真菌等）体内形成的、可损害其他生物体的物质称为生物毒素，简称毒素（toxin），以区别人工合成的毒物（toxicant），后者除生产和制造的各类化学物外，还包括人类活动（生活和生产）过程中产生的各种副产品。

毒物与非毒物之间并无绝对的界限。早在16世纪瑞士医生Paracelsus就提出："所有物质都是毒物，没有物质不是毒物，唯一的区别是它们的剂量。"说明化学物质只有在一定剂量下才具有毒性。"The dose makes the poison"已是毒理学的一句名言，并成为"剂量-反应关系（dose-effect relationship）"这一重要概念的科学基础。某种意义上讲，自然界并不存在绝对有毒和绝对无毒的物质。比如人们赖以生存的氧，如果超过正常需要进入体内，会发生氧中毒；如果短时间内输液、灌胃或灌肠过快过量，可引起急性肺水肿、脑水肿、脑疝，而死于"水中毒"。国内曾有报道抢救一吞服火柴头（非黄磷）粉的患者，1小时内，患者自饮3000ml洗胃液，鼻饲4000ml水，40分钟后，四肢抽搐、呼吸困难、昏迷，最终死亡。尸检见显著肺水肿、脑水肿、脑疝及血浆被稀释现象。又如食盐是人类不可缺少的物质，但如果一次摄入15～60g会损害机体。如一次摄入200～250g，即可因电解质严重紊乱而死亡。反之，一般认为毒性很强的毒物，如砒霜、汞化物、蛇毒、乌头、雷公藤等，在低于中毒剂量时，也可作为临床药物使用。而很多药物，如阿托品、可待因、洋地黄等应用过量时，也能引起中毒。所以曾有人说“世上没有无毒的物质，只有无毒的使用方法”，可见绝对准确地确定某种物质是否毒物非常困难。究竟剂量多大或多小才算毒物或非毒物，并没有一个截然的界线，实际生活中人们往往按照习惯的用途和印象，以一个模糊的概念来评判一种物质是毒物或药物。

（二）中毒

机体由于毒物的作用，器官、组织、细胞代谢、功能和（或）形态结构遭受损害而出现的疾病状态称为中毒（poisoning，intoxication）。因中毒而导致的死亡称中毒死（death from poisoning）。

上述概念说明，中毒和中毒死一定是毒物直接对机体损害作用的后果。从体内检出的毒物量（或中毒、致死血浓度）一定要达到中毒或致死的水平，而且中毒症状和中毒病理变化要与检出的毒物相一致。在法医实践中有时可遇见从体内检出毒物，有时毒物的量可能相当大，但直接死因却可能是机械性损伤、机械性窒息或自然疾病。如自杀者可以先服毒，在尚无明显中毒症状发生时又采取其他自杀手段，如刎颈、刺胸腹、投河、高坠或自缢等；或者罪犯先投毒致受害人昏迷后再用其他方式致死，如将受害人投入水中溺死、弃于公路或铁道上伪装交通事故、从高处抛下伪装成意外高坠死等。

中毒后，另一个值得注意的问题是，由于机体遭受损害后常常是以一种疾病状态出现，因此鉴别或区分自然疾病和中毒显得十分重要。在许多智能化犯罪手段中，用小剂量、多次投毒或胃肠外途径（parenteral route）投毒是较常用的手段。此类案件的特点是常将隐匿式中毒后某种表现误诊为某种或几种自然疾病，当受害人最终发生中毒死亡后，由于其生前已经被诊断为某种疾病，往往周围的人并不产生怀疑，从而导致案件侦破的延缓或困难。因此无论从法医学或临床工作者的角度来讲，正确认识中毒症状，避免误诊，对于正确、及时的临床诊治和揭露犯罪都显得非常重要。

二、毒物的分类

毒物的种类繁多，目前尚无一个统一的分类方法。按分类的依据不同，毒物可以有以下几种分类。

（一）混合分类法

主要是按毒物的毒作用方式、来源和用途进行分类。

1. 腐蚀性毒物　包括以局部腐蚀作用为主要毒作用的毒物，如强酸、强碱、酚类、硝酸银、铜盐等。

2. 金属毒物　又称实质性毒物，包括所有以损害器官组织的实质细胞为主，并产生不同程度形态学变化的金属毒物。如砷、汞、铅、钡及其他重金属盐类等。

3. 脑脊髓功能障碍性毒物　指进入机体发挥作用后，改变脑脊髓功能而出现中毒症状的毒物，如巴比妥类、吩噻嗪类等催眠镇静安定药，各种麻醉剂、兴奋剂、致幻剂、酒精及大部分毒品。

4. 呼吸功能障碍性毒物　指进入机体发挥作用后，引起呼吸功能障碍导致以缺氧窒息为主要特征的毒物，如氰化物、一氧化碳、硫化氢、亚硝酸盐等。

5. 农药　指主要用于防治危害农作物、农产品病虫害及去除杂草的药剂，如有机磷、有机氮、氨基甲酸酯类、拟除虫菊酯类等，也包括植物生长调节剂。

6. 杀鼠剂　指主要用于杀灭鼠类的毒物，如磷化锌、敌鼠钠盐、氟乙酰胺、毒鼠强等无机或有机合成的杀鼠剂。有时也将杀鼠剂列入农药类。

7. 有毒动物　指整体或部分器官组织具有毒性的动物，如毒蛇、河豚、斑蝥、鱼胆等。

8. 有毒植物　指具有毒性的植物，如乌头、钩吻、雷公藤、毒蕈等。

9. 细菌和真菌毒素　指致病微生物产生的毒素。如椰毒假单胞菌毒素、肉毒杆菌毒素、节菱孢毒素等。

（二）按毒物的化学性质分类

1. 挥发性毒物　指采用蒸馏法或微量扩散法分离的毒物，如醇类、氰化物、酚类、水合氯醛、有机磷及有机氯农药等。

2. 非挥发性毒物　指不能随水蒸气挥发而溶于有机溶剂，采用有机溶剂提取法分离的毒物，分酸性、碱性及两性毒物三类。包括酸性毒物：巴比妥类、斑蝥素等；碱性毒物：生物碱类、吩噻嗪类镇静药等；两性毒物：吗啡等。

3. 金属毒物 采用破坏有机物方法分离的毒物，如砷、汞、钡、铜、铅等。

4. 阴离子毒物 采用透析法或离子交换法分离的毒物，如强酸、强碱、亚硝酸盐等。

5. 其他毒物 指根据其化学性质，需采用特殊方法分离提取的毒物，如一氧化碳、箭毒、硫化氢等。

（三）按毒物的毒理作用分类

1. 腐蚀性毒物 指对所接触局部有强烈腐蚀作用的毒物，如前述。

2. 实质性毒物 又称毁坏性毒物，指被吸收后引起实质器官（肝、肾、心、脑等）较明显病理形态学损害的毒物，如金属毒、磷化锌、某些毒蕈等。

3. 酶系统毒物 指被吸收后主要抑制特异酶系统活性的毒物，如有机磷农药、氰化物、二硫化碳、五氯酚钠等。

4. 血液毒物 指被吸收后主要引起血液变化的毒物，如一氧化碳、亚硝酸盐、硫化氢、硝基苯、某些蛇毒等。

5. 神经毒物 指被吸收后主要障碍中枢神经系统功能的毒物，如醇类、巴比妥类和非巴比妥类催眠镇静安定药、麻醉药、士的宁、烟碱、可卡因等。

（四）按毒物的应用范围分类

1. 工业性毒物 包括工业生产中所使用的原料、中间体、辅助剂，以及生产过程中产生的产品、副产品、杂质或“三废”。如强酸、强碱、溶剂（如汽油、苯、甲苯、二甲苯）、甲醇、甲醛、酚、乙醇等。

2. 农业性毒物（农药） 如前述。

3. 环境污染物 包括生产和生活废气、污水、固体污染物和生活垃圾等。

4. 食用化学物和食品毒素 包括天然和人工合成的防腐剂、色素等食品添加剂，天然毒素及食品变质后产生的毒素。

5. 日用品及嗜好品 包括化妆品、染发剂、油彩、蚊香、烟草和酒等。

6. 药物和医疗用品 指原本用来防治疾病用的药物，由于用药过量或使用方式不当也可成为毒物。包括人用药物和兽医用药，诊断和治疗用品，如试剂诊断盒、输液器具等。

7. 生物毒素 包括动物和植物毒素，如蛇毒、蝎毒、蕈毒及细菌毒素等。

8. 军事毒物 指战争中用作化学武器的各种有毒物质，主要是毒气，如沙林、芥子气等。

9. 放射性元素 即具有放射能的元素和射线。

由于毒物种类繁多，为了法医学中毒鉴定的需要，在讨论中毒症状和病理变化时，宜采用按毒理作用分类。进行毒物分析时宜按毒物化学性质分类。为追溯毒物来源，可采用按毒物用途、来源和作用的混合分类。

本书将以毒物混合分类法为主，结合应用范围分类法，逐章介绍常见毒物。

三、我国法医毒物种类及特点

常见的法医毒物种类在不同国家、地区和年代，有不同程度的差异。熟悉本地区常见法医毒物的种类，有助于快速准确地进行中毒案件的法医学鉴定。由于我国地域广阔，各地区间自然条件、经济、文化及生活习俗等差异很大，导致法医毒物种类不仅与国外，尤其是与西方发达国家不同；我国各地区间，甚至同一地区在城市与农村间也有显著差异。

我国法医中毒尸检统计资料显示，农药中毒最多见，其中绝大多数为有机磷农药；其次为一氧化碳；其他依次为催眠镇静安定药、醇类、杀鼠剂、氰化物、有毒动植物、金属毒物等。我国北方，因冬季长，使用煤炉取暖的人多，因此一氧化碳中毒仅次于农药中毒；而南方的一氧化碳中毒较少，季节性、地域特点较明显。农村地区除农药外，杀鼠剂和有毒动植物中毒比例较高，甚至分别成为第2位和第 4 位的中毒毒物；而城市资料中，有毒动植物中毒相对较少。以上说明我国南方和北方、城乡之间在毒物种类上存在一定差异。以我国的常见法医毒物种类与工业发达国家比较，有显著差异。

美国毒物控制中心中毒调查系统 2013 年年度报告显示，止痛药为最常见的致死毒物；兴奋剂及毒品为第 2 位；其他常见的毒物依次为心血管药物、抗抑郁药、催眠镇静安定药、醇类、煤气等；而农药、杀鼠剂和有毒动植物非常罕见，可见差异十分显著。虽然他们的资料来源为总的中毒统计，与我们单纯法医鉴定资料不同，但仍有借鉴意义。美、英等国法医中毒尸检统计，一氧化碳、催眠镇静安定药、酒精为最常见的致死毒物，农药、杀鼠剂及有毒动植物中毒均极少见。

我国农药、杀鼠剂及有毒动植物中毒多见，与我国是一个农业大国有关。从事农业生产的人很容易获得这些毒物，并且用中草药防治疾病是我国几千年来形成的传统治疗方法，而中草药中不少有较高毒性。以农业为主的发展中国家，如印度、巴西、斯里兰卡等国家和非洲，其毒物种类与我国相似。欧美发达国家，90% 以上的人口在城市，故一氧化碳、毒品、药物、酒精等中毒常见。随着改革开放和我国经济的迅速发展，我国主要城市和沿海经济发达的省区，其法医毒物的种类多与欧美发达国家近似。

法医毒物种类还随年代的不同而变化，国内外皆如此。例如在 19 世纪 30～40 年代曾在欧美国家相当常见的腐蚀性毒物中毒（自杀），目前已极少见。我国在新中国成立前和 20 世纪 50 年代砷化物等金属中毒十分常见，农药中有机氯也占相当比例，1960 年以后有机磷农药开始在农业上广泛应用，其中毒也迅速增多。以后有机磷农药中敌敌畏逐渐取代剧毒类的对硫磷、内吸磷等，并在城市中用以灭蚊蝇，故其中毒十分常见。国内相关资料表明，20 世纪 60 年代有机磷农药以对硫磷、内吸磷、乐果等较多见，20 世纪 70 年代以后则以敌敌畏、甲胺磷多见。1980 年以来，许多新农药如氨基甲酸酯类、甲胺磷、杀虫脒、杀虫双、拟除虫菊酯类等问世，其中毒增多。有机氯农药因残效期长，毒性大，后来被禁止生产，目前已很少见。杀鼠剂的种类由 20 世纪 50～60 年代的含砷制剂到以后的磷化锌，近年来氟乙酰胺、毒鼠强、敌鼠钠盐及其他配方的制剂显著增多。催眠镇静安定药的种类也经历相似的变化，1970 年以前巴比妥类长效剂型占统治地位，以后逐渐被非巴比妥类的短效剂型、吩噻嗪类和苯二氮䓬等所取代。近 20 余年来非巴比妥类已较巴比妥类催眠镇静安定药中毒多见。近年来海洛因及新型毒品等中毒已相当常见。北方地区盐卤、氰化物及砷中毒等在 20 世纪 70 年代后已显著减少；而乙醇中毒在 20 世纪 80 年代后显著增加。国内有关中毒尸检材料不同年份的对比分析发现，中毒毒物虽然均以有机磷农药为主，但敌敌畏及对硫磷中毒在 1990 年后明显减少，相反，新型有机磷农药（如甲胺磷、久效磷、苏化 203 等）及其他新型农药（如有机氮类、沙蚕毒素类、氨基甲酸酯类、拟除虫菊酯类等）则逐渐增加；杀鼠剂、醇类、麻醉品及毒品呈明显增多趋势，而金属毒物则减少较显著。1990 年后，杀鼠剂投毒及医源性或非法行医所致药物中毒案例显著增多。近年来，药物、毒品等联合中毒亦逐渐增多。随着时代的进步和经济的发展，一些新的毒物必将逐渐取代旧的毒物而出现在中毒案例中。随着我国进一步的开放，国内外一些不法分子也会引入一些国内尚不熟悉的新毒物。法医工作者只有不断地注意在工作中积累经验，关注毒物变化的新动向，掌握有关信息，才能在复杂的中毒案例鉴定中掌握主动。

四、中毒的原因和类型

在法医毒理学工作实践中，根据中毒的原因或方式将中毒分为以下几种类型。

（一）自杀中毒

中毒是国内外最常见的一种自杀手段，多见于女性。在法医实践中所遇见的各种中毒类型中，自杀中毒（suicidal poisoning）（死）也最常见。自杀中毒的特点是，常为口服服毒，不少自杀者直接使用毒物的原形，即便是有强烈腐蚀性或刺激性的毒物。因此尸检时可能在其口腔或胃肠道内观察到腐蚀痕或嗅到毒物的特殊气味，并检见毒物，如腐蚀性毒物、具有强烈气味的农药原液、药物碎片、有毒动植物的残渣等。另一个特点是自杀者所用毒物的量多很大，常大大超过该毒物的一般中毒致死量。同时使用几种毒物自杀也较多见。自杀者所用的毒物一般为易于获得的毒物，有的与其职业有密切关系。在农村地区，以农药、杀鼠剂、有毒动植物多见，城市则多为催眠镇静安定药、杀虫灭蚊剂、煤气、清洁剂及其他药物等。慢性病（如恶性肿瘤、精神病、结核病）患者常一次大量服用治病用的药物。

（二）他杀中毒

他杀中毒（homicidal poisoning）在法医实践中较少见，尤其是欧美、日本等发达国家，投毒杀人较少发生。原因可能在于这些国家毒物分析仪器及技术普遍且较先进，能迅速筛选化验出各种常见或不常见的微量毒物；另外，对死亡管理有严格的法律规定，几乎所有医院外死亡，死因不明的尸体必须经法医解剖才能处理尸体。在剖验时都会常规提取血、尿、胆汁等做毒物分析，因此很容易揭露出投毒杀人案件。与西方发达国家不同的是，在我国及大多数发展中国家，无论是城市和农村，他杀中毒仍时有发生。在整个他杀案件中他杀中毒也占相当比例，如某些法医中毒尸检统计资料显示，他杀中毒占中毒的10%左右。对比资料显示，近年的投毒他杀的比例有增加趋势，其中杀鼠剂（氟乙酰胺、毒鼠强）和铊盐投毒，值得法医工作者重视和关注。与自杀中毒不同的是，为了不使被害者觉察，他杀中毒的毒物种类上多选择无色、无味、无臭而毒性高的毒物，如近年来流行用剧毒鼠药投毒等，因此用此类毒物智能化投毒案犯罪的案件时有发生。一般将毒物混在饮料、食物或药物中，同时投放几种毒物的案例也在增多，另外不同时期选择的毒物也会有所不同。他杀投毒的途径仍以经胃肠道多见，但胃肠外途径投毒者也不少见，如静脉、肌肉、体腔内等部位的注射，塞入阴道、肛门等。另外以吸入有毒气体如一氧化碳或液化气，甚至采用毒蛇咬伤致中毒杀人的也有发生。他杀投毒尽管与自杀中毒一样，多为一次给予较大剂量毒物的急性中毒；但也有罪犯为了掩人耳目或伪装疾病，采用小剂量多次投毒致亚急性或慢性中毒，或在此基础上再给予大剂量毒物致死的案例。也有医护人员直接给予大剂量药物而致人中毒死亡的。

（三）意外中毒

一般来说，最常见的中毒是意外。涉及法医学鉴定的情况有：因为情况不清楚而怀疑是被人投毒，或是酿成多人中毒或死亡的群体性灾害中毒事故。

意外中毒（accidental poisoning）可分为生产性和生活性两类，前者发生在工农业生产时，如有毒气体的突然泄漏、挥发性农药气体被误吸、配制或喷洒农药时农药经皮肤或呼吸道被吸收等。后者发生于日常生活中，且更为多见，如将砒霜、碳酸钡误当成碱面（碳酸氢钠）做面食，将亚硝酸盐错当作食盐，剧毒农药贮放不当污染了粮食、食油或食物，误食有毒动植物，被有毒动物咬伤或螫伤，煤气泄漏或排烟不畅等，长期在密闭的空调汽车内因一氧化碳中毒，婴幼儿误服毒物而中毒或进食被致病微生物污染的食物发生的食物中毒等，都是可能遇见的意外中毒案例。

（四）药物滥用

药物滥用（drug abuse）指为了寻求欣快、陶醉等情感，超过治疗需要长期反复使用某种药物或化学品而成瘾的状况。滥用药物的种类很多，包括麻醉剂、中枢神经兴奋药、致幻剂、催眠镇静安定药、镇痛剂、酒精及麻醉剂的溶解剂、添加剂、替代药等，有人将烟草也列为滥用药物。药物滥用常致慢性中毒，不仅使滥用药物者本人的健康受到严重危害，也带来诸多社会问题。在欧美西方国家这个问题显得更为突出，例如止痛药中毒显著多见，也与药物滥用直接相关。

吸毒指非法使用毒品。上述滥用药物中的麻醉剂（如阿片、吗啡、海洛因）、中枢神经兴奋药（如苯丙胺、甲基苯丙胺、可卡因）、致幻剂等都是世界各国明令禁止私自生产、贩卖和使用的毒品。吸毒虽然已有很长的历史，但成为严重的社会问题还只是近几十年的事情，尽管各国政府与毒品进行了积极的斗争，但一直未能有效地解决，反而有愈演愈烈的趋势。我国在新中国成立后经过长期努力，几近绝迹的吸毒问题近年随着毒品走私的增多也变得严重起来，且毒品危害面已蔓延到全国许多省市及农村地区。吸毒者可以因一次吸毒过量，或者长期吸毒继发多种疾病，或与吸毒有关的暴力性因素而死亡。吸毒还与感染艾滋病有密切关系。吸毒引起的死亡已成为法医学鉴定的一个重要课题。

（五）环境与食品污染

20世纪50年代以来，随着工业化、城市化的不断发展，能源、矿产、化工、植被等自然资源被大量开发利用，加之交通运输的发展，车辆数量猛增，人群接触和迁移也增多，空气、江河、土壤被大量有毒的化学物严重污染，由此引起的群体性中毒和死亡被称作公害。环境污染和由此发生的公害是现代文明产生而又阻扰现代文明发展的一个引起全球关注的严重社会问题。目前，世界上许多国家（包括我国）都制定了保护环境的法律，力图减少和预防环境污染引起的公害，但不少地区在暂时经济利益的驱动下，不顾公众和后代的健康，继续污染环境、制造公害，由此而引起的纠纷诉讼案件时有发生，且还在增多，这无疑会给法医毒理学的研究提出新的任务。

国内近几年食品污染问题不断出现，如婴幼儿奶粉问题等，食品污染常见于食品的加工、储存，蔬菜、水果的种植、保鲜等环节，常常有不法分子用工业用化学品向食品内添加，达到以次充好、牟取暴利的目的，常常导致群体性食物中毒的发生，严重时可以导致死亡发生，因此也是法医毒理学鉴定的内容。

（六）医源性药物中毒

医疗工作中因为各种原因而错用药物、用药过量、用药途径错误或药物被毒物污染等引起的中毒，称为医源性中毒，一般多属于意外中毒，因此引起医疗纠纷，常需法医检验和鉴定。国内已有大量的医源性药物中毒的案例报道，其发生原因涉及医生诊断、处方、药房发药及护士执行医嘱、用药期间的护理、观察等各个环节的失误。资料显示，近十余年来的意外中毒中，医源性或非法行医所致药物中毒所占百分比较以往有明显上升。所涉及的毒（药）物种类包括氯胺酮、氯丙嗪、芬太尼、氨茶碱、五氯酚钠等，而给药途径多为注射方式。国内已报道的医源性药物中毒案例涉及阿片酊、三氧化二砷、6-巯基嘌呤、氧、氯化钾、阿托品、苯巴比妥、百白破疫苗、安乃近、庆大霉素、链霉素、林可霉素、丁胺卡那、喷托维林、磷霉素钠、麻黄、马钱子、美西律、红霉素、柴胡、抗结核药等。我国的非法行医仍较多，常涉及的毒（药）物种类以有毒草药和有毒昆虫较多见，包括博落回、栝楼（天花粉）、乌头、马钱子、斑蝥。其次为滥用含砷、汞、铅等金属毒物的丹药。此外，滥用含五氯酚钠农药的制剂治疗皮肤病而中毒致死的也不少见。此类中毒涉及医疗纠纷，药品种类多，其鉴定工作难度较大，法医工作者只有不断完善自己的业务素质，才能提高鉴定质量。

五、毒物的毒作用

（一）毒物毒性反应（效应）的类型

毒物对机体所产生的损害总称为毒作用（toxic action）。常见的毒性效应有以下6种类型：

1. 局部和全身毒性效应　根据作用的部位和影响范围，毒性效应可分为局部毒性效应（local toxic effect）和全身毒性效应（systemic toxic effect）。生物体最初接触毒物的部位发生的毒性作用即为局部毒性效应。腐蚀性毒物所致消化道损害，刺激性气体所致呼吸道损害，都是局部毒性效应。全身毒性效应是指毒物吸收入血后，从接触局部经吸收和分布，转运至其他部位（器官或组织），并在这些部位产生毒性效应。大多数毒物都可引起全身毒性效应，如一氧化碳中毒引起机体的全身性缺氧。有些毒物同时具有局部毒性和全身毒性作用，如四乙基铅先作用于皮肤吸收的部位，然后分布至全身对中枢神经系统和其他器官产生毒性作用。

2. 速发性和迟发性毒性效应　速发性毒性效应（immediate toxic effect），又称即时毒性效应，是指单次接触毒物后随即发生或出现的毒性作用。多为刺激性或腐蚀性毒物引起，如氰化钾和硫化氢等。一般说，接触毒物后迅速中毒者，说明其吸收、分布快，作用直接；反之则说明吸收缓慢或作用需经过代谢转化。大多数即时起作用的毒物一般不产生迟发性毒性作用。迟发性毒性效应（delayed toxic effect）则指在接触毒物后经过一段时间才出现的毒性作用，如有机磷化合物三邻甲苯磷酸酯（TOCP）诱发的神经毒性；又如致癌性毒物，人类一般要在初次接触10～20年后才能出现肿瘤。

3. 致敏和自体免疫反应　致敏是由于接触化学物而引起的由免疫诱导的有害效应。其特点是，必须预先接触化学物，导致机体致敏。当再次接触该化学物时，才诱发变态反应（allergic reaction），又称超敏反应（hypersensitivity）。变态反应的产生与发病者的个体敏感性有关；与接触毒物的剂量无关。变态反应轻者只表现为皮肤和黏膜损害，重者引起死亡。自体免疫反应是接触外源物而引起的另一类毒性效应。其损害的病理改变与某些类型的过敏反应相同，但二者的作用机制不同。自体免疫反应是由于诱发宿主组织和免疫细胞的某些改变所致，过敏反应则是外源物作为致敏原或半抗原导致的变态反应。已知有些药物和化学物，如甲基多巴、异烟肼、汞等，可以诱发有遗传倾向的个体自身免疫性疾病，在这些病例中，一旦停止接触或应用这些药物，病人的病情就会明显减轻。

4. 特异质反应（idiosyncratic reaction） 是由遗传决定的特异体质，对某种毒物产生的异常反应。一般是指某些个体虽然在反应类型上与所有其他个体类似，但反应程度却有很大不同，表现为对某种毒物异常敏感或异常不敏感。例如常染色体隐性遗传性疾病，烟酰胺腺嘌呤二核苷酸（NADH）-高铁血红蛋白还原酶缺陷的个体，对亚硝酸盐或某些能形成高铁血红蛋白的毒物特别敏感。又如6-磷酸葡萄糖脱氢酶（G6PD）缺乏者对伯氨喹、磺胺药、砜类等药物易发生溶血反应。

5. 可逆性与不可逆性毒性效应 从组织损害的预后角度，将毒物的毒性效应分为可逆性毒性效应（reversible effect）与不可逆性毒性效应（irreversible effect）。前者是指停止接触后可逐渐消失的毒性作用。一般说，机体接触毒物的浓度越低，时间越短，造成的损伤越轻，脱离接触后其毒性作用的消失也越快。后者是指在停止接触毒物后，其毒性作用继续存在，甚至进一步造成机体的损害。毒性作用是否可逆，很大程度上取决于所受损害组织的再生修复能力。如肝等再生能力强的组织器官的损害，大部分是可逆性毒性效应；而对中枢神经系统的损害，基本上是不可逆性毒性效应。

6. 致癌、致畸、致突变作用 指毒物引发肿瘤、导致胎儿畸形以及导致遗传物质（DNA）发生可遗传性的改变。

（二）毒物的毒作用机制

外源性化学物和机体之间的相互作用由二者接触开始，经过吸收（absorption）、分布（distribution）、生物转化或代谢（metabolism）、排泄（excretion）的过程，就是机体对化学物进行一系列处置（disposition）的过程。外源性化学物在机体内的动态（包括质和量的）变化过程，统称为毒代动力学（毒动学，toxicokinetics），按照吸收、分布、代谢和排泄的4个词的英语单词的字头，又常被写成ADME过程。生物转运（bio-transportation）是指ADME过程中毒物的吸收、分布和排泄的过程，即毒物在体内量的改变过程。而毒物经过酶催化后化学结构发生改变的代谢过程出现了质的变化，又称生物转化（biotransformation）。

毒动学和毒效学是毒物和机体相互作用过程中发生的两个侧面，毒动学是研究机体对毒物的作用。毒效学（toxicodynamics）是研究毒物对机体的作用。毒动学是影响毒效的重要因素。一般说，毒效的发生和强弱取决于毒物本身或活性代谢产物在靶部位的浓度和持续时间。另一方面，毒动学又受到毒物的理化性质、机体和环境因素的综合影响。

在生物转运过程中，虽然毒物本身也可以发挥其毒性作用，但在代谢过程中毒物的活性变化是毒理学研究中最关键的问题之一。代谢过程不仅影响毒物的体内动力学，也影响着毒物的活性。该过程对于不同的毒物可能有不同的结果。大部分外源性化学物经过代谢，毒性降低，易于排泄，此为解毒反应，称为代谢解毒（metabolic detoxication）。但有的外源性化学物经过代谢，其反应活性反而高于原型，其代谢物与细胞的DNA、RNA、蛋白质和脂质反应，就会发生细胞毒性、致癌、致突变和致畸等作用，经过生物转化其毒性增强的现象称为代谢活化（metabolic activation，metabolic toxication）。终毒物（ultimate toxicant）是指毒物可直接与内源性靶分子反应，并造成机体损害时的化学形态。终毒物是外源性化学物引起毒作用的关键。终毒物大致有3种情况：一是外源性化学物本身就是终毒物，如腐蚀性酸碱、重金属离子、氰化物、一氧化碳、蛇毒等；二是外源性化学物本身相对无毒性，经过体内代谢活化后，毒性增强，转为终毒物；三是外源性化学物经过某种代谢过程激发了内源性毒物的产生，如氧自由基爆发、脂质过氧化物大量蓄积等。终毒物的类型有：亲电子剂、自由基、亲核剂及氧化还原反应物。

总之，毒物进入机体后，可以通过直接损伤、终毒物作用、变态反应、作用受体、炎症反应、血液循环障碍、致癌、致突变、致畸等机制发挥其毒性作用。

毒物的毒作用可以是急性发作和强烈的，容易被中毒者自己或别人发现，也可以迁延隐匿式发生而不易被中毒者和他人觉察，因此判断一个人是否中毒常常不是依靠其主观感觉，而主要依靠对其客观检查的结果。

（三）毒物毒作用的靶器官、靶组织、效应器官

虽然部分毒物进入机体后可无选择性地广泛损害各系统器官和组织，或者由于毒作用极快极强，导致机体快速死亡，而显示不出特征性的中毒性病变，但绝大多数引起全身毒性效应的毒物进入机体后，对体内各器官和组织的毒作用并不一样，往往经过一段时间，可选择性地引起一定器官或组织发生较显著的病理学形态学变化和（或）功能障碍。毒物可以直接发挥毒作用的器官或组织就称为该毒物的靶器官（target organ）、靶组织（target tissue）。如肾是镉的靶器官，脑是甲基汞的靶器官。它一般不因中毒者的年龄、性别和毒物进入机体的方式不同而改变，通常能用实验动物复制出来。毒作用的强弱主要取决于该物质在靶器官中的浓度。但靶器官不一定是该物质浓度最高的场所。例如铅浓集在骨中，但其毒性则主要针对造血系统、神经系统等。DDT 主要在脂肪中蓄积，但对该组织无明显的毒性效应。全身性毒作用的常见靶器官有神经系统、循环系统、血液和造血系统、肝、肾、肺等。

出现毒性效应的器官称为效应器官。效应器官可以是靶器官，也可以不是靶器官。例如番木鳖碱中毒可引起抽搐和惊厥，靶器官是中枢神经系统，效应器官是肌肉。

某个特定器官成为毒物的靶器官的原因可能有：①该器官的血液供应关系；②特殊的酶或生化途径的存在；③器官的功能和在体内的解剖位置；④对特异性损伤的易感性；⑤对损伤的修复能力；⑥具有特殊的摄入系统；⑦代谢毒物的能力和活化 / 解毒系统的平衡；⑧毒物与特殊的生物大分子结合等。

研究某种毒物毒作用的靶器官或靶组织是毒理学研究的重要任务之一，这不仅对阐明该毒物毒作用的机制和中毒病变有着重要作用，从法医病理学的角度揭示毒物的种类和毒物分析的方向，而且对临床上防治中毒也有实用意义。

（四）影响毒物毒作用的因素

并非所有毒物进入机体后都能引起中毒。同一中毒事件中，不同的人中毒表现常不同，中毒症状也轻重不一；有的中毒死亡，有的可能并无明显中毒症状。其原因在于有许多因素影响毒物的毒作用，了解这些对我们分析中毒案件很有帮助。影响毒物毒作用的因素可以分为两大类。

1. 毒物本身的因素

（1）进入体内的毒物量：毒物毒作用的强弱通常与其进入体内的剂量呈正相关，即常说的剂量 - 效应关系。一般进入血液内的毒物剂量越大，毒物毒作用就越强，中毒症状也会越重。

剂量 - 效应关系，是指毒物作用于机体时的剂量与所引起的生物学效应的强度或发生频率之间的关系。它反映毒性效应和接触特征，以及它们之间的关系，是评价毒物的毒性和确定安全接触水平的基本依据，是毒理学所有分支领域的最基本的研究内容。

理论上，“剂量”（dose）应指毒物及其代谢产物在作用部位的浓度或剂量，即所谓“内剂量”（internal dose）。由于内剂量常不易测定，故一般都以毒物接触或给予的剂量（浓度）来表示，也称为“外剂量”（external dose）。法医学实际工作中应注意，毒物剂量应是进入机体血液循环的量，而不是口服量的多少。因为口服毒物后中毒者可能因呕吐而排出部分毒物。

（2）毒物的理化特性：它决定毒物被机体吸收的量和速度，从而影响毒性作用的强弱和速度。毒物有固态、液态和气态 3 种，气态毒物进入呼吸道后很易透过总面积很大的肺泡膜，迅速弥散入血液循环中，故挥发性或气态毒物毒性作用发生快且强。如吸入较大量汞蒸气后，可迅速发生中毒或死

亡。但金属汞因不溶于胃肠液，口服后随粪便排出，一般不致中毒。液态毒物有水溶性和脂溶性之分，一般易透过皮肤和黏膜被吸收入血，故其毒性作用发生迅速和重。固态毒物因溶解性不同，其毒性作用发生的快慢和强弱差异较大。溶解性愈高，毒作用发生愈快愈显著。酸性、碱性或脂性溶液的环境，可以影响固体毒物的溶解性。

（3）毒物的相互作用：两种或两种以上毒物同时或先后作用于机体，并相互影响它们对机体的毒作用，称为毒物的相互作用。大致可以分为联合作用和拮抗作用。

联合作用中有 4 种情况：①独立作用（independent effect）：指两种或两种以上的毒物同时或先后作用于机体，由于其各自毒作用的受体、部位、靶器官等不同，且所引起的生物学效应也不相互干扰，从而表现为各毒物的各自毒效应。②相加作用（additive effect）：指两种毒物联合作用时的毒作用为各单项毒物毒性的总和。可简单理解为 $1+1=2$ 的关系。这类毒物的化学结构多数比较近似，或属同系化学物，或毒作用相似，或均作用于同一系统、器官。如同时给予两种有机磷农药，它们对胆碱酯酶的抑制就呈相加作用。另外丙烯腈与乙腈、氰化氢与丙烯腈，大部分刺激呼吸道的刺激性气体，也常表现为相加作用。③协同作用（synergistic effect）：指当同时接触两种有类似毒性效应的毒物时，其毒作用超过两者分别作用之和。可简单理解为 $1+1>2$ 的关系。如同时接触四氯化碳和乙醇时，由于两者都是作用于肝的毒物，其对肝的损害远远超过两种毒物分别给予的总和。④增毒作用（potentiation）：指一种化学物本身并无某种毒性效应，但当其与另一化学物同时给予时，可使另一化学物的毒性增强。可简单理解为 $1+0>1$ 的关系。如异丙醇本身并无肝毒性效应，但若同时给予四氯化碳，就会使四氯化碳的肝毒性大大增强。

拮抗作用（antagonistic effect），是指两种毒物作用于机体时，一种毒物干扰另一种毒物的毒性，使其毒性减弱，或者是两种毒物彼此干扰，使对方的毒性作用减弱，所产生的毒性效应低于各个毒物单独毒性效应的总和。可简单地理解为 $1+1<2$ 的关系。例如酸与碱，阿托品与吗啡、毛果芸香碱、有机磷，抑制与兴奋脑脊髓功能毒物之间等，都有明显的拮抗作用。拮抗作用可以分为功能拮抗、化学拮抗或灭活、转运拮抗、受体拮抗等。

法医学实践中，联合（混合）中毒的案例时有发生，其法医学意义在于进入体内单独一种毒物的剂量虽未达到中毒致死量，但两种有联合作用的毒物同时或先后进入体内时则能引起中毒或死亡，尤其是乙醇本身既可以致人昏迷，又可以溶解多种毒物（尤其是安眠药、麻醉剂），掩盖其他毒物的气味，并产生协同作用。实践中如怀疑有这种情况时，应注意检验可能同时存在的两种毒物。

（4）毒物在环境中的相互作用：除上述在机体内的相互作用外，毒物也可以在环境中发生相互作用而发生毒性的改变。一般的毒物经过较长时间的存放，毒性均会减低。如氰化物与空气中的二氧化碳结合，部分变为无毒的碳酸盐而毒性降低；挥发性毒物因自然挥发而毒性变弱；酸雾与碱气发生中和作用；甲基肼与氧作用产生无毒的甲烷和氮。但有时毒性较低的毒物如氯化汞可氧化成毒性大的氯化亚汞；多种气体在紫外线下相互作用，形成毒性比单一气体大的光化学烟雾。

2. 机体的因素

（1）年龄：一般来说，儿童和老人由于其生理特点，往往较年轻人易于中毒，且中毒程度和后果也相对较重。常常在低于一般中毒致死量或中毒致死血浓度的情况下发生中毒或死亡。但也有例外的情况，如儿童对阿托品的耐受量就较成人大。

（2）体重：体重越大者所需中毒的毒物量越大。

（3）性别：妇女在妊娠、哺乳或月经期时对毒物较敏感，反应也强烈。

（4）健康状态：有潜在性疾病的人抵抗力下降，尤其是心、肝、肾有疾病时，更容易发生中毒且后果严重。由于肝、肾是毒物代谢和排泄的重要器官，如果有疾病，则因毒物的代谢和排泄受阻，对毒物的耐受减低。

（5）营养状况：营养不良、饥饿、消瘦、过度肥胖等能降低对毒物毒作用的耐受性；营养良好、体质健壮者对毒物毒作用的耐受性相对较强。

(6) 习惯性或耐受性：长期使用同样的毒物，机体对该毒物的反应逐渐减弱，可以习惯或成瘾，并能耐受常人的中毒剂量，甚至超过致死剂量的毒物。如经常饮酒者，会出现习惯性，一次可饮入超过一般人的中毒致死量的酒精，而不发生醉酒或中毒死亡。长期吸食吗啡、海洛因、可卡因等毒品者，经常服用巴比妥类者可产生习惯性或耐受性。一般来说，0.1～0.25g 吗啡可以致死，但对于成瘾者却能一次服 1g 以上。对于乌头有习惯性者，耐受乌头碱的能力可比常人大数倍。药物耐受(drug tolerance)是机体对药物的一种反应状态。产生耐受的机制有二：一是生物转化率的提高，称为代谢耐受性(metabolic tolerance)或处置耐受性(dispositional tolerance)；二是细胞发生适应性变化而减低了反应性或敏感性，称为细胞耐受性(cellular tolerance)或功能耐受性(functional tolerance)。目前认为细胞耐受性是产生耐受的重要机制。药物耐受性是可逆的，停止用药后耐受性会逐步消失。

(7) 过敏性：与习惯性相反，指有的人因为遗传因素或免疫反应的缘故，接受治疗量的药(毒)物后，出现与一般人有质的差异的中毒反应。过敏性分两种：一种是遗传因素所致过敏，称为特异质；一种是由于接触某种药物致敏后，再次用药所致的过敏，称为变态反应。对某种毒物过敏者，低于中毒量的该毒物进入机体内也能引起反应，甚至发生死亡。如青霉素过敏，蜂螫伤后迅速死亡者，主要是过敏反应的结果。

(8) 体内蓄积：一些分解或排泄慢的毒(药)物可在体内蓄积，如反复使用，尽管每次使用的量并不大，也可发生蓄积中毒而出现类似其急性中毒的表现，如洋地黄类药物。

六、急性、亚急性和慢性中毒

由于毒物毒作用影响因素的不同，机体对毒物毒作用的反应快慢可以有较大的差异，中毒病变及后果也不同，法医检验中毒尸体时采取毒物分析用的检材也会有区别。人们根据毒物进入机体后毒物作用的快慢，将中毒分为急性毒性、亚急性毒性和慢性中毒。

1. 急性中毒(acute poisoning) 一般指 24 小时内，生物机体一次或多次摄入或接触毒物导致的中毒。在法医鉴定实践中所遇到的中毒案件，绝大多数是急性中毒。常因毒物一次大量进入机体而发生。其中毒死亡亦快，其死因多为生命器官的急性功能障碍。

2. 慢性中毒(chronic poisoning) 通常指少量多次接触或摄入毒物在 3 个月以上而导致的中毒。在法医工作实践中很少见，多为职业中毒。但药物滥用(包括吸毒)和环境污染所致中毒多表现为慢性中毒，今后将会成为法医鉴定的重要内容之一。慢性中毒很少单纯因中毒而死亡，除非在慢性中毒的基础上发生急性中毒。但慢性中毒者可因器官组织长期受累而发生不同程度的病变和功能障碍导致残疾，或因继发性疾病而死亡。

3. 亚急性中毒(subacute poisoning) 指介于急性与慢性中毒之间的中毒。在法医工作实践中较少见，多为蓄积中毒，以意外多见。但要警惕有的犯罪分子采用小剂量多次投毒的方式，此时可表现为亚急性中毒。中毒症状一般较轻，但迁延时间较长，死亡也较慢。病程迁延的中毒也见于急性中毒抢救治疗不彻底时。

一般说，急性接触时容易被吸收的毒物，不仅会产生即时毒性效应，而且也可引起迟发性毒性效应。同样，慢性接触的每一次接触之后，都可能产生某些即时毒性效应，出现急性发作。

七、毒物的毒性及其分级

毒性(toxicity)是表达一种毒物造成机体损害的能力。目前国际上对毒物的急性毒性分级的标准不统一。世界卫生组织的毒性分级标准见表 1-1。欧盟的急性口服毒性分级标准为：高毒(very toxic，LD_{50}<25mg/kg)、有毒(toxic，LD_{50} 为 25～200mg/kg)、有害(harmful，LD_{50} 为 200～2000mg/kg)、未分级(unclassified，LD_{50}>2000mg/kg)4 个等级。目前我国食品毒理沿用了国际上的六级标准(表 1-2)。中华人民共和国《职业性接触毒物危害程度分级》(GBZ 230-2010)对于急性毒性分为四级(表 1-3)。

表 1-1 WHO 的急性毒性分级标准

毒性分级	大鼠一次经口 LD_{50} (mg/kg)	6 只大鼠吸入 4 小时死亡 2～4 只的浓度 (ppm)	兔经皮 LD_{50} (mg/kg)	对人可能致死估计量 g/kg	总量 (g/60kg)
剧毒	<1	<10	<5	<0.05	0.1
高毒	1～	10～	5～	0.05～	3
中等毒	50～	100～	44～	0.5～	30
低毒	500～	1000～	350～	5～	250
微毒	5000～	10 000～	2180～	>15	>1000

表 1-2 我国食品毒理急性毒性分级

毒性分级	大鼠经口 LD_{50} (mg/kg)	相当于人的致死剂量	
		mg/kg	g/人
极毒	<1	稍尝	0.05
剧毒	1～50	500～4000	0.5
中等毒	51～500	4000～30 000	5
低毒	501～5000	30 000～250 000	50
实际无毒	5001～15 000	250 000～500 000	500
无毒	>15 000	>500 000	2500

注：源自中华人民共和国国家标准 GB15193.1-21-2003《食品安全性毒理学评价程序和方法》

表 1-3 我国职业性接触毒物危害程度急性毒性分级（GBZ 230-2010）

毒性分级	急性吸入 LD_{50}			急性经皮 LD_{50} (mg/kg)	急性经口 LD_{50} (mg/kg)
	气体（cm^3/m^3）	蒸气（mg/m^3）	粉尘和烟雾（mg/m^3）		
Ⅰ级（极度危害）	<100	<500	<50	<50	<5
Ⅱ级（高度危害）	100～	500～	50～	50～	5～
Ⅲ级（中度危害）	500～	2000～	500～	500～	50～
Ⅳ级（轻度危害）	2500～	10 000～	1000～	1000～	300～
轻微危害	≥20 000	≥20 000	≥5000	≥1000	≥2000

八、毒物的中毒量、中毒浓度、致死量和致死血浓度

法医鉴定实践中，为判断某种毒物是否引起中毒或中毒死，有关人员会提出某种毒物的中毒量、致死量及致死血浓度等问题。此时，人们往往根据毒物定量分析的结果，参照一些文献上该毒物的中毒量或致死量来判断是否中毒或中毒死。在人体体液或器官组织内检出某种毒物，仅仅只是对某种毒物的定性，并不能据此断定其已经中毒或中毒死。判断是否中毒或中毒死的重要依据，是进入体内毒物的量是否已达到或超过中毒量或致死量。准确地说，是血液中毒物的浓度是否达到或超过其致死血浓度。因此，毒物的定量分析具有十分重要的价值。凡是怀疑中毒或中毒死的案例，都应尽可能进行毒物的定量分析，并科学分析判断毒物定量分析的结果。

（一）毒物的中毒量、中毒浓度与致死量、致死浓度

凡能使机体发生中毒症状的毒物的最小剂量或最低浓度，称为该毒物的中毒量（toxic dose）或中毒浓度（toxic concentration）。凡能致机体中毒死亡的毒物的最小剂量或最低浓度，则称为该毒物的致死量（lethal dose）或致死浓度（lethal concentration）。

文献中记载的某毒物的中毒量和致死量，一般是根据中毒和中毒死亡的实例资料总结和推算出

来的。由于资料的来源不同，所以不同的文献对同一毒物的中毒量和致死量记载也有差异，且有时差异很大。差异产生的原因可能有：实例数量的多少不一；检测技术方法和精确度不同，采取检材的部位不同，有些毒物在股静脉血与心腔血中的浓度可能相差几倍；文献中的口服量不能等同于被吸收入体内的毒物量；还可能由于两种以上的毒物中毒，而只考虑到和检测了一种，使另外的毒物在筛选检测时被漏检等。另外，由于影响毒物毒作用的因素很多，部分人可在较小剂量或致死量以下发生中毒甚至死亡。不论何种毒物的中毒量或致死量均没有绝对值，只能说对成人某种毒物的致死量大概在什么范围内。

随着新型、低毒的毒物不断出现，其人体中毒或死亡的案例较少，因此其中毒量和致死量的资料也缺乏。人们往往通过动物实验来获取资料。动物实验中常见毒性参数有：①半数致死量（LD_{50}），指能引起一组受试实验动物半数中毒死亡的剂量。常用来表示急性毒性的大小，LD_{50} 越小，表示毒物的毒性越强，反之 LD_{50} 数值越大，则毒性越低。与 LD_{50} 相似的毒性参数还有半数致死浓度（LC_{50}），是指能引起一组受试实验动物在经呼吸道接触毒物一定时间（一般固定为 2 或 4 小时）后，死亡一半动物所需的浓度（mg/m^3）。②绝对致死量（LD_{100}），指能引起一组受试实验动物全部中毒死亡的最低剂量。由于同一群体中，不同个体对毒物的耐受性有差异，因此一般不用 LD_{100} 来进行毒物毒性高低和不同毒物的毒性比较。③最小致死量（minimum lethal dose，MLD），指能引起一组受试实验动物个别中毒死亡的最小剂量。④最大耐受剂量（maximal tolerance dose，MTD），指一组受试实验动物中，不引起动物死亡的最大剂量。

实验动物种属的不同、给药途径的不同，同一毒物的上述毒性指标的数值常各不相同。由于人与动物种属上的不同，实际工作中，我们不能用动物实验得来的资料机械地解释和判定人中毒案例的毒物检测结果。

在判断是否中毒和中毒死时，毒物的中毒量和致死量只能做参考，在依据它们评价中毒和中毒死时，必须考虑到上述各种影响因素及它们本身的局限性。

（二）毒物的中毒和致死血浓度

决定是否中毒或中毒死亡最有价值的是进入机体内，或更准确地说是吸收入血中的毒物量。引起中毒反应的血中最低浓度称为该毒物的中毒血浓度（toxic blood level）。引起中毒死亡的血中的最低浓度则称为该毒物的致死血浓度（lethal blood level）。各文献中所载毒物的中毒血浓度或致死血浓度与前述中毒量与致死量一样，也是来源于实际中毒案例血液毒物定量分析资料的总结；同样，不同的出版物和文献并不完全相同，往往是一个变动的范围。出现这种情况的原因，除了上述的一些因素外，更重要的是取血检测毒物浓度的时间，即毒物进入血液后多长时间被取材做定量分析。因为任何一种毒物进入血液后都要经过生物转化、转运和排泄的过程，而毒物的浓度也会随在血液中时间的长短而变化，除少数毒（药）物出现升高外，通常是逐渐降低。降低的速度有快有慢，有的毒物在入血后立即被代谢分解，有的则相当缓慢，毒理学上用半衰期（half life time）来表明某种毒物分解代谢的速度，半衰期愈短，其分解代谢的速度愈快，血中的浓度下降也愈快。因而，在中毒后不同时间取血定量分析，其结果也将不同，这就影响了毒物中毒和致死血浓度的准确性。毒代动力学就是专门研究毒物在活体内转运、代谢变化过程和毒物浓度随时间变化规律的一门学科。

器官中毒物的浓度（如肝组织中毒物致死浓度的测定）同血中毒物的浓度一样，在判断是否中毒或中毒死时也有很重要的价值，但同样也有其局限性。

常见毒物的中毒、致死量和中毒、致死血浓度将在以后各章讨论各个毒物中毒时分别予以介绍。

九、毒物在体内的转运、转化及其法医学意义

（一）毒物的吸收和分布

毒物经各种途径吸收，进入机体才能发挥其毒作用。毒物是否对机体造成损害，除取决于这些物质本身的理化特性和机体的敏感性外，还与接触途径和方式有直接关系。这主要是因为接触途径和

方式直接影响着毒物的吸收、分布速率，以及其在体内的剂量水平。毒物进入机体的主要途径有消化道、呼吸道、皮肤、黏膜等。意外和自杀多系消化道摄入，职业性中毒主要以呼吸道和皮肤接触多见。

1. 毒物的吸收 毒物的吸收是指毒物通过与机体的接触而经皮肤、黏膜、消化道、呼吸道等途径进入体内循环的过程。大部分毒物是通过上皮细胞扩散至毛细血管的。吸收的速率与毒物在吸收部位的浓度有关，同时取决于毒物的接触和溶解速率、接触部位面积、吸收部位上皮特性、皮肤的微循环及毒物的理化特性等。毒物的脂溶性常是影响吸收的最重要理化特征。一般说，脂溶性的物质较水溶性的物质容易被机体吸收。毒物被吸收的途径不同，其进入体内的速度和量也不同，由此而导致其毒作用快慢和大小的不同。例如，经肝代谢解毒的毒物，其经口与吸入染毒的接触的毒性可以有很大的差别，前者因为经门静脉到肝代谢后进入血液，其毒性要比直接进入体循环的吸入染毒小得多。一般讲，毒物由静脉途径直接进入体循环，机体的毒性反应出现最快，影响程度也可能最严重。其他途径进入机体的吸收速率由快到慢依次为：吸入、腹腔内、皮下、肌肉、真皮内、口服以及体表接触。

(1) 经消化道吸收：这是固态和液态毒物最常见的吸收途径。除氰化物、有机磷等可迅速通过口腔和食管吸收外，其他毒物一般在口腔和食管吸收很少。水溶性的毒物多能在酸性的胃液内被大部吸收，脂溶性毒物则主要在碱性的肠液内被吸收。它们经胃肠黏膜的毛细血管吸收入血后，经门静脉入肝，部分被转化，再进入大循环系统对器官组织发挥毒作用。因此自毒物被口服到中毒症状出现一般有一个间隔时间，或称潜伏期。从十几分钟到几个小时、十几个小时不等，主要与毒物的溶解性大小密切相关。此外，胃充盈情况、食物性状、胃肠蠕动能力等，也都能影响消化道吸收，如空腹时吸收快，饱食后吸收慢，油腻性食物能减慢毒物的吸收。一般来说，毒物主要在小肠内吸收，结肠和直肠因吸收面积较小，所以吸收相对也较少。

(2) 经呼吸道吸收：主要是气体和易挥发性毒物、气溶胶和粉尘类毒物，多见于工业生产中接触。毒物经呼吸道吸入肺内后，因肺泡表面积大和肺毛细血管丰富，毒物常迅速大量地被吸收入血，直接进入体循环而不经过肝，故其毒作用迅速而强烈，常在几分钟内即发生中毒症状，死亡也较快。

(3) 经皮肤或黏膜吸收：脂溶性毒物（如有机磷农药）可经皮肤缓慢被吸收。不少能溶解的固态毒物和液态毒物也能通过直肠、阴道、尿道、口腔、外耳道及眼结膜而被吸收。腐蚀性毒物腐蚀破坏接触部位的皮肤或黏膜后，常能迅速被吸收。

(4) 经注射吸收：又分皮下、肌肉、心血管、椎管、体腔内注射等方式。其中以心血管和椎管内注射毒物时毒作用发生最快，其次为体腔（胸腔、腹腔、心包腔）、肌肉和皮下注射。

了解毒物吸收途径的特点及影响毒物吸收的因素，对解释中毒发生与否、发生快慢、致死量、推断毒物进入体内的时间、毒物检测检材选取的类型及判断中毒的性质等，都有密切关系。

2. 毒物的分布 进入血液中的毒物在最初短时间内，原则上随血液循环相对均等地分布到全身各器官组织。此后由于毒物本身理化性状及生物转化特点，对组织器官的亲和力不同，以及器官组织解剖生理学特点的差异，有的相对均匀地分布于全身，如酒精、异烟肼、阿托品、拟除虫菊酯类农药等，有的则主要分布于一定的组织或器官，或称为富集于这些组织或器官。有的人将毒物浓度或含量最高的器官或组织称作该毒物的蓄积库（storage depot），它不同于我们前述的靶器官或靶组织。

掌握毒物在体内分布的特点有利于毒物分析检材的选择。比如，肝中含量较高的有有机磷、杀虫脒、巴比妥类、敌鼠钠盐，砷、汞等金属；肾中有巴比妥类、氟乙酰胺、敌鼠钠盐、杀虫脒，砷、汞、铅等重金属；脑中有巴比妥类和非巴比妥类催眠镇静安定药、麻醉剂等；肺中有甲醇、氰化物、有机磷农药等；脂肪组织中有杀虫脒、有机氯农药等；骨骼、毛发中有铅、钡、砷等金属类。

（二）毒物在体内的生物转化

生物转化最重要的场所是肝，说得更确切些是肝细胞内的内质网。内质网内含有多种非特异性和特异性酶体系，因此中毒后肝细胞内滑面内质网反应性增生。此外，溶酶体、线粒体等细胞器和血浆蛋白等也参与生物转化。肝细胞内的混合功能氧化酶系统及其诱导现象在生物转化中具有特别重要的意义。混合功能氧化酶系统存在于肝微粒体，微粒体内的许多酶（主要是细胞色素 P-450）及辅酶Ⅱ(NADPH)形成一个氧化还原酶体系，它们促进毒(药)物在肝内的生物转化。该酶系的个体差异很大，并受年龄、营养状况、激素功能、应激反应及疾病等许多因素的影响。除了肝以外，肾、肠、肺等也参与生物转化。

毒物在体内的生物转化可分为2个步骤，第一步骤包括氧化、还原或水解过程，第二步骤为结合过程，经过第二个步骤，毒物本身及其毒作用均趋消除。但毒物在体内生物转化过程各不相同，有的只经历第一步骤或第二步骤；有的毒物在体内有多种生物转化过程，但有的完全不经过生物转化而直接被排出体外；同时不同毒物经生物转化部分的多少也各不相同。

1. 氧化(oxidation) 是最常见和有效的一种解毒方式，大多经微粒体酶氧化。如酒精在乙醇脱氢酶作用下氧化成水和CO_2而失去作用，而金属汞可在红细胞内氧化成一价和二价汞离子而发挥毒作用。

2. 还原(reduction) 也多由微粒体酶作用。多数毒物被还原成毒性较低的代谢产物，如亚硝酸盐中的NO_2^-被还原成NH_2^-。但少数毒物也能被还原成毒性较高的成分，如五价砷还原成三价砷。

3. 水解(hydrolysis) 水解酶广泛存在于细胞内的微粒体、溶酶体、血浆或消化液中，它们能水解各种酯类或酰胺类毒物而降低其毒性。如有机磷农药1605被水解后生成对硝基酚。也有少数毒物被水解后毒性增强，如氟乙酰胺水解为氟乙酸。

4. 结合(conjugation) 在肝微粒体内葡萄糖醛酸与毒物的羧基、羟基、胺基等分别结合成酯、醚及酰胺等化合物；在细胞质内毒物乙酰化并与甘氨酸、硫酸、甲基等基团结合，从而毒性降低或消失。吗啡就是大部分在肝微粒体内与葡萄糖醛酸结合后再经肾排泄的。但砷或汞离子与酶蛋白分子上的巯基等结合，使酶失去活性而表现出毒性。

毒物在体内的生物转化是决定其毒作用强弱和持续时间的重要因素。有些毒物进入体内后迅速转化，毒物分析不能检出其原形，但毒物中间代谢产物的检出可作为其进入体内的证据，有的可能仅能检出其代谢产物。

(三)毒物的排泄

毒物在体内的最后过程是排泄。它们从排泄器官和分泌器官以被动扩散或主动分泌的方式被排出体外。前排泄是指毒物在进入体循环之前少数毒物在体内未经转化而以其原形排泄，此过程常见于肠道吸收的毒物，这类毒物首先经过肠道的黏膜细胞、肝和肺，然后再由体循环分布至机体各部位，当毒物经过肠道黏膜和肝时，相当一部分毒物可被这类组织排出，例如乙醇被位于肠黏膜的乙酸氧化酶所氧化，锰被肝吸收后被胆管排出等，均可防止或减少此类毒物进入体循环。但大多数毒物仍以原形或代谢产物形式排出体外。

肾是最重要的排泄器官，几乎所有进入体内的毒物都可经肾排泄，所以肾也易受毒物的损害。不少毒物随原尿排至肾小管内后，由于水分的再吸收，使原尿内毒物的浓度高于其在血浆内的浓度，有的因此被动扩散再吸收入血，如其浓度超过其溶解性则能在肾小管内沉淀。大多数毒物经肾排泄较快，静脉输液和给予利尿药可增加其排泄。少数毒物经肾排泄较慢(如重金属类)，可能发生蓄积中毒。

此外，部分毒物(如吗啡、铅等)很大一部分可经胆汁排入肠道，有的随粪便排出，有的经肝肠循环可再被吸收；肺可排出气体和挥发性毒物，如一氧化碳、酒精、有机磷农药等；汗液、乳汁、唾液等分泌物中也有部分毒物随之排出。在法医毒理学鉴定中根据毒物的不同理化特性、中毒过程的长短等提取毒物的排泄器官或排泄物供毒物分析使用，肾、尿、胆汁都是常用的重要检材，有时也可提取肺、粪便等。

十、毒物死后再分布及毒物死后产生

(一)毒物死后再分布

中毒死亡当时毒物在尸体内的分布状态称为毒物死后分布(postmortem distribution)，或称死亡当时毒物分布，用中毒死亡当时尸体组织器官中毒物(药物)的含量来表示。其法医学意义为：①毒物分析检材采取；②死亡时相判断；③入体途径推断。

毒物死后再分布是指毒物在尸体内浓度的改变过程，特别是指心血中毒物浓度的变化。

一般法医学鉴定都是在尸检时，从心腔内抽取血液或采集某些器官进行毒物检测。由于死亡和尸检时间的间隔，所测得的毒物浓度往往并不能真实地反映死亡当时血液或器官内毒物的浓度。大量研究及实际检案发现，多种毒（药）物在尸体内可以发生死后再分布。

国内外有关学者的研究资料表明，人或动物的尸体心血内的地高辛、吗啡、乌头碱、地西泮、氯氮平、氯氮䓬、地芬尼多、毒鼠强、亚甲二氧基甲基苯丙胺、氯胺酮、利多卡因、布比卡因、普罗帕酮和异烟肼等均存在死后再分布的现象。即死后所测得的毒（药）物的浓度明显高于生前的摄入量或死亡当时的血浓度，且随死后时间的增加，毒（药）物浓度不断增高。

关于毒物死后再分布的机制及影响因素目前尚不十分清楚，可能与毒物的顺梯度浓度扩散、死后血液流动、毒物生前吸收的分布不均、死后弥散、毒物的降解与破坏、组织 pH 的改变以及微生物的作用等因素有关。现介绍几种可能的机制。

1. 梯度浓度扩散

（1）死后毒物从富集器官或组织逐渐释放扩散到邻近组织，导致周围组织毒物浓度升高，且以扩散距离较近的中央血管（如肺动、静脉）的血液为显著，而外周血管（如锁骨下静脉及股静脉）血浓度较低。

部分学者认为这一机制可能是毒物死后再分布的主要或全部原因。

（2）胃肠道中残留的毒物扩散到周围组织，使死后腹腔液、胆汁、左胸腔积液、心包积液及心血中毒物浓度升高。

2. 死后血液的流动　死后血液的坠积和因腐败气体所致的死后循环，可能是死后毒物再分布的原因之一。

3. 微生物的作用　死后细胞内的溶酶体释放和细菌的作用，可使某些结合型的毒物（如吗啡）变成游离型，从而导致死后组织或血液中毒物浓度升高。

死后再分布现象的存在并不否认心血在中毒鉴定中的作用，但由于心血是最容易受死后再分布影响的检材，单纯依靠心血中毒物浓度来判定摄入量或推断死亡的中毒血浓度有时可能会出现偏差。如死后心血内浓度的增高，可能将生前服用的治疗剂量的药物误认为中毒致死。因此，从严格意义上，应同时取外周血或骨骼肌进行参照检测，并结合案情、现场情况及尸检所见等综合评定。相对来说，超大剂量中毒死亡的案例，死后再分布的影响尚不至于改变中毒结论的评定，但对于一些摄入量与致死量接近的案例，特别是怀疑用药过量而致死的案例，应特别注意死后再分布所导致的干扰后果。

（二）毒物死后产生

毒物死后产生（postmortem production of poison）是指由于腐败、碳水化合物和蛋白质的分解，在尸体和保存检材中产生醇类、硫化氢或氰化物等生前未服用毒物的现象，也称为死后产生毒物（postmortem produced poison）。其主要机制为碳水化合物和蛋白质的分解。主要受尸体和检材保存（埋藏）时间、方式、地点、温度、死亡原因和微生物种类等因素的影响。在醇类、硫化氢和氰化物中毒法医学鉴定中应注意区分是生前服毒还是死后产生。

（刘　良）

第三节　中毒的法医学鉴定

由于毒物的广泛性、中毒的隐蔽性和复杂性以及中毒症状的多样性，对于任何法医学鉴定案件，尤其死亡的案件，都应排除中毒的可能性。对于一个平常健康的人，突然发生死亡，而且主要临床症状和体征表现为胃肠道症状或神经系统症状者，更应着重考虑急性中毒的可能，并进行相应的具有针对性的毒物检测。一个家庭、工厂、机关、学校，甚至一个地区内同时或先后发生群体性症状类似病人，部分病例先后死亡，则更应想到中毒的可能。按照国际惯例，对于不明原因死亡者，在有条件的情况下，应该进行常规毒物筛查和检测，以排除中毒死亡的可能性。

在我国法医检案工作中，常见突然死亡、死因不明的案例，往往开始时案情不清，通过现场勘验和尸体外表检查未发现机械性损伤或机械性窒息等暴力作用的征象，则需要进一步做系统全面的尸体解剖和毒物检测检查，以鉴别是中毒致死还是因病致死。

近年来，由于医药、农药工业，尤其是合成化学工业的迅速发展，使毒物的种类和数量越来越多。有的投毒手段又比较隐蔽，如：有利用胃肠外途径投毒作案；也有采用小剂量多次投毒，造成生前长期患病的假象等。往往在临床工作中造成误诊，对此更应提高警惕。非法行医者经常给予患者使用大剂量药物，造成中毒乃至中毒死亡的发生。因此，对死因不明、案情不清的死亡案例，均应通过全面系统的法医学尸体解剖和毒物检测做出死因鉴定。

中毒的法医学鉴定主要解决是否发生中毒；是何种毒物中毒；确定体内的毒物剂量是否足以引起中毒或死亡；推测毒物进入体内的时间、途径和形式；推断中毒或中毒死亡案件的性质是自杀、他杀或意外灾害。要解决上述问题，需进行以下一系列细致的法医学工作。

一、中毒的案情调查

中毒的案情调查是有关法医毒理学鉴定的重要环节。在实施可疑中毒案件的法医学鉴定之前，应对中毒案件有关情况进行详细的了解，获得重要的提示性信息。法医工作者应向中毒者的亲属、本单位职工、当地群众以及参加过中毒抢救工作的医务人员了解以下情况：

1. 一般情况　姓名、性别、年龄、籍贯、婚姻、住址等。

要着重了解中毒者的所在地区、工作单位、职业和工种，有可能接触或收集到何种毒物？其工作单位平时对毒(药)品的保管和领用制度是否严格？中毒者家中是否存放有毒物(如农药、消毒药、灭蚊药、杀鼠剂等)？

2. 中毒发生经过　如有目击者，应具体了解中毒者的服毒时间，可能服毒剂量，中毒症状发作时间和死亡时间以及各个时期的症状表现。如中毒者曾经医务人员抢救或住院救治，则应查阅病历，向经治医生详细了解中毒发病经过，在抢救过程中用过何种药物？呕吐物、洗胃液、血、尿等检材是否保留？如果同时伴有严重外伤的患者，在医院血库如有用于血型和交叉配血检验的血样，一般保留时限为两周。

3. 中毒者既往的健康情况　是否患有心、肝、肾等疾病？有无精神病？有无滥用药物或瘾癖的历史(如吸毒、经常服用催眠镇静药、镇痛药等)？有无因患病开药积累过多药物的可能性(如精神病患者服用过量氯丙嗪、结核病患者服用大量异烟肼引起急性中毒)？

4. 中毒者近期的思想情绪　有无反常的言语和行动(如有无悲观失望或企图自杀的表现、向亲人或邻居托付后事等情况)？

5. 群体性食物中毒　如为群体性食物中毒要注意中毒的发生率，立即着手可疑食物的追踪调查，鉴别是细菌性还是化学性食物中毒？中毒的性质是意外还是他人投毒？是否是恐怖事件？应详查是否有一起用餐或应该一起用餐而未发生中毒者或中毒较轻者。

6. 农村中毒案件　应重点了解当地常用农药品种，有无新农药的使用；农药的使用、保管制度如何，有无剧毒农药的流散和滥用情况。农药中毒者有的由于装药容器(药瓶、木箱、瓢等)被误装食油、酱油或粮食，误食被农药毒死的禽畜、鱼类以及喷药不久留有残毒的蔬菜、水果，误用农药(常见为有机磷)灭虱、治癣等而引起中毒。应了解当地常用的鼠药种类。还应了解当地常见的有毒动植物，有无误食有毒动植物引起中毒的可能性。

7. 医源性药物中毒　应了解有无错用药物或用药过量，有无误信民间流传单方、偏方服用有毒中草药的情况。非法行医常致患者药物过量中毒甚至死亡。

8. 环境污染和工业事故　有毒有害的化学物质出人意料地发生大量泄漏或引起燃烧、爆炸，在短时间内迅速扩散，造成现场多人急性中毒，甚至周围居民发生中毒。环境污染和工业生产事故时有发生，有些中、小型化工企业生产工艺较落后，设备陈旧，生产中跑、冒、滴、漏现象较为严重，操作工人技术水平和安全知识也相对较低；因此，有因违章操作、原料不纯、包装不当、设备缺陷、违章检修或储运过程中发生意外等而引起急性中毒，其中以窒息性气体和刺激性气体（如一氧化碳、氨气、氯气、硫化氢、氮氧化物、二氧化硫、硫酸二甲酯、光气等）引起的较为多见。

9. 毒品依赖和戒毒过程中所引起的中毒和死亡 目前，我国滥用的毒品主要是阿片类（阿片、吗啡、海洛因）和甲基苯丙胺。此外，我国新疆南部已有多起因摄取大麻过量而引起急性中毒的报道。滥用非巴比妥类催眠镇静药物三唑仑、地西泮，麻醉性镇痛药物哌替啶、曲马多等较多。

10. 其他 了解中毒者的家庭和社会关系，在中毒死亡事件发生前后死者或其亲属有无反常行为表现，以及有无其他因果关系，如经济利益关系或巨额保险，以分析有无自杀或他杀中毒的可能。

二、中毒案例的现场勘验

法医工作者在现场进行中毒案例的现场勘验，主要是收集可供毒物检测用的检材及对分析中毒性质有意义的各种证物。其注意事项如下：

1. 如中毒者存活时，应立即在现场或将中毒者迅速送医院急救治疗；并应详细记录现场的情况。

2. 如中毒者已经死亡，注意观察尸体的位置和姿态；对尸体的衣着和尸体外表进行初步检查（详见中毒尸体的法医学检查）。

3. 在现场注意采集有无剩余食物、饮料、药片、药粉或药水等，有无盛装过毒物的纸包、药瓶、碗、杯、安瓿和注射器等。对食物、饮料及药物观察其一般理化性状，有无特殊气味。注意玻璃杯、搪瓷缸、碗碟、酒瓶或药瓶上的指纹。对采集的检材应妥为包装和送检，并做好提取笔录。

他杀投毒案例，罪犯在作案后常将剩余毒品、药瓶、注射器或其他盛装毒物的器皿带走、藏匿或销毁，须及时根据侦察线索尽量搜集未及时销毁的检材，供毒物检测用。已有对发生在农村的投毒犯罪嫌疑人，及时采集其指甲垢并检出毒鼠强的报道。

4. 注意现场有无中毒者的呕吐物或排泄物（大、小便等），其在现场的分布位置，应分别予以记载和收集。在露天场所，上述呕吐物、排泄物等易被风吹、日晒、雨淋等自然条件所破坏，应用面盆、瓷盆等覆盖，以备提取。注意现场有无清扫处理过呕吐物或排泄物的迹象。

5. 现场有无遗书、信件、日记等可从中了解中毒者近期思想动态的资料，分析其有无自杀动机或被毒害致死的因果关系和经济利益关系。

寻找自杀者的遗书，不仅要在桌面上、抽屉内明显的地方去找，而且要在废纸篓、现场邻近的厕所、草丛、垃圾桶及池塘等处搜查。出差或身在外地的中毒自杀者有的将遗书寄给其家乡的亲友，须进一步加以查询。必要时须将遗书、信件、日记等进行笔迹鉴定。须注意有的死者家属为掩盖死者服毒自杀情节，将死者的遗书或文字材料加以销毁的情况。也有投毒杀人后为隐瞒罪行伪造死者遗书者。

6. 对急性群体性中毒事件，对有怀疑的剩余食物如饭菜、饮料、水产、禽畜肉类以及油、盐等调味品，应迅速采样进行毒物检测，以期尽快查清中毒原因。

7. 如疑为有毒气体（如一氧化碳、硫化氢、砷化氢、磷化氢等）通过呼吸道吸入中毒，应立即进行现场勘验，注意检查有毒气体的来源、现场的通风情况。在现场采集气体进行毒物分析，并进一步做有毒气体的含量测定。在这种情况下，进入现场的勘验人员首先一定要做好个人防护，避免发生不必要的续发中毒。

8. 有时须在现场周围寻找毒物来源。

三、中毒症状分析

各类毒物具有不同的毒理作用，可反映出不同的中毒症状，根据某些症状的特点，常可推测为何种毒物中毒或哪一类毒物中毒，为进一步尸体解剖和检材采取应注意的事项做好准备，为毒物检测提示方向。例如瞳孔缩小、肌纤维颤动、多汗和口吐白色泡沫等是有机磷和氨基甲酸酯类农药中毒较特殊的中毒症状表现；呕吐物和呼气中有电石气臭味及口渴是磷化锌中毒常见的症状；群体性食物中毒伴有低钾症候群（软瘫）则应考虑可溶性钡盐中毒的可能性。但在多数情况下，中毒症状仅能提示可能属于哪一类毒物中毒，如中毒者出现睡眠、昏迷，可能是催眠镇静药物或一氧化碳等中毒，而排除能引起剧烈抽搐、痉挛症状的毒鼠强、氟乙酰胺、番木鳖碱、异烟肼等中毒。

不同的毒物也可出现类似的中毒症状；某些疾病也可具有与中毒相似的症状，应注意鉴别。如有将敌鼠钠盐中毒误诊为过敏性紫癜；将急性毒鼠强、异烟肼中毒误诊为流行性脑脊髓膜炎脑炎；将急性砷中毒误诊为急性胃肠炎或细菌性痢疾；将氯化亚汞静脉注射投毒案例误诊为维生素 B_1 过敏性休克；将水银静脉注射投毒引起慢性中毒误诊为再生障碍性贫血；将小剂量多次磷化锌投毒误诊为急腹症（急性胆囊炎或胃十二指肠溃疡急性穿孔）而进行剖腹探查；将小剂量多次氟乙酰胺投毒误诊为散发性病毒性脑炎。有一家庭内因被小剂量多次氯化钡投毒，先后引起 5 人中毒，其中 2 人死亡，均被误诊为家族性周期性瘫痪的。因此，上述情况应在临床和法医工作中引起注意和警惕。

常见中毒症状和体征可提示的主要毒物如下：

1. 短时间内迅速死亡　氰化物、有机磷农药、高浓度一氧化碳或硫化氢吸入等。

2. 神经系统

（1）昏迷：催眠镇静安定药、麻醉药、一氧化碳、硫化氢、酒精、有机磷、氰化物及某些毒品等。

（2）抽搐：番木鳖碱、有机磷、有机氯、氟乙酰胺、毒鼠强、异烟肼、局部麻醉剂、马桑、莽草实等。

（3）瘫痪：可溶性钡盐、肉毒杆菌毒素、一氧化碳、正己烷、乌头、蛇毒、河豚等。

3. 消化系统　恶心、呕吐、腹痛、腹泻等症状和体征可由强酸、强碱、金属盐类、有机磷、磷化锌、氟化物、多种有毒动植物等毒物引起。

4. 呼吸系统

（1）呼吸加快：颠茄类、番木鳖碱、咖啡因、甲醇、刺激性气体等。

（2）呼吸减慢：阿片、海洛因、一氧化碳、催眠药、酒精、豆薯子等。

（3）肺水肿：刺激性气体、安妥、有机磷等。

5. 心血管系统　心律失常、心源性休克、心脏骤停等可由乌头、氟乙酰胺、夹竹桃和心血管系统药物等毒（药）物中毒引起。

6. 泌尿系统　少尿或无尿等可由升汞、四氯化碳、磷化锌、砷化氢、磺胺、蛇毒、鱼胆、斑蝥、雷公藤、关木通和其他金属盐类毒物中毒所致。

7. 血液系统　凝血功能障碍、出血可由敌鼠钠盐、溴敌隆、大隆、蛇毒、肝素等引起。

8. 皮肤黏膜

（1）发绀：亚硝酸盐、氯酸盐、硝基苯、苯胺等。

（2）黄疸：磷化锌、四氯化碳、氯仿、异烟肼、三硝基甲苯、可溶性铅盐、砷化物、某些毒蕈、苍耳、及己、望江南子、鱼胆、椰毒假单胞菌毒素等。

（3）异常色素沉着、过度角化：慢性砷中毒。

9. 眼睛

（1）瞳孔散大：阿托品、颠茄、曼陀罗、氰化物、酒精等。

（2）瞳孔缩小：有机磷、氨基甲酸酯类、阿片、海洛因、氯丙嗪等。

（3）视力障碍：甲醇、钩吻、阿托品等。

10. 特殊气味　有机磷、磷化锌、酒精、苯酚、来苏、氨水等。

11. 发热、大汗　五氯酚钠等。

上述常见中毒症状可由相应毒物中毒引起，也是一些临床疾病的常见症状和体征。因此，必须予以鉴别。

临床上常易将中毒误诊为疾病的情况如下：

1. 急性异烟肼、士的宁、毒鼠强、氟乙酰胺中毒，由于其强烈的抽搐而易误诊为癫痫、破伤风。

2. 急性砷化物（砒霜）中毒时，由于其强烈的上吐下泻而易误诊为霍乱、急性胃肠炎等。

3. 急性可溶性钡盐（如氯化钡）中毒时，由于其血钾低和软瘫表现而易误诊为低血钾软病、周期性瘫痪等。

4. 敌鼠钠盐中毒时因其出血倾向，易误诊为过敏性紫癜、血友病、再生障碍性贫血等。

5. 急性铅中毒时因强烈的腹绞痛而易误诊为急性胆囊炎、急腹症。

6. 慢性砷化物中毒时因皮肤变黑，易误诊为肾上腺皮质功能不全（Addison 病）。

7. 多种毒物中毒（如磷化锌、四氯化碳等）可致中毒性肝病，可误诊为急性暴发性黄疸性肝炎。

四、中毒尸体的法医学检查

（一）尸体衣着检查

口袋内有无残留的药片、药丸或药粉；有无遗书或与案情有关的文字材料。衣服上有无特殊气味。注意衣着上有无呕吐物或唾液污染；有无被药物流注或腐蚀的痕迹。

（二）尸体外表检查

1. 尸斑　注意尸斑的颜色，如急性一氧化碳中毒死者的尸斑呈樱桃红色，部分氰化物中毒死者的尸斑呈鲜红色，亚硝酸钠中毒死者的尸斑呈暗褐色或巧克力色。根据尸斑的特殊颜色，初步判断某种毒物中毒的可能性。

2. 尸僵　检查尸僵的强度，因痉挛性药物中毒致死者尸僵甚强。如番木鳖碱、马钱子碱、异烟肼、毒鼠强中毒致死者，有的尸体仍可保持抽搐姿态。部分有机磷农药中毒尸体可见腓肠肌、肱二头肌和腹直肌等显著挛缩。

3. 皮肤　检查皮肤的颜色，有无出血点、针痕、咬痕、腐蚀痕等。磷化锌、砷、毒蕈等肝毒性毒物中毒可出现黄疸；敌鼠钠盐中毒可出现皮肤点状、片状出血；慢性砷中毒可出现雨点样色素沉着。

腐蚀性毒物中毒时皮肤上可形成腐蚀斑痕，尤以口腔周围皮肤的腐蚀痕为重要。硫酸腐蚀痕为黑色，硝酸腐蚀痕为黄色；苛性碱中毒时，局部皮肤肿胀并有滑腻感。

注意全身皮肤有无注射痕迹，如死者没有被注射过急救药物，而在体表发现注射针眼更应引起警惕，有无以注射方式投毒他杀或自杀中毒的可能性？对疑为与吸毒有关的尸体，除在体表寻找新鲜注射针眼外，还须检查有无陈旧的注射瘢痕、色素沉着、血管硬化及皮下硬结。

检查肢体时，需注意寻找皮肤有无毒蛇咬伤牙痕。如银环蛇、金环蛇等主要含神经毒的毒蛇，其中毒症状主要是神经系统损害，而局部牙痕小、无渗液、组织肿胀不明显，尸表检查时如不详细寻找，易被忽略。

4. 眼　观察瞳孔大小，测量双侧的瞳孔直径。多数有机磷农药中毒尸体仍可保持缩瞳现象（瞳孔直径在 3mm 以下）。检查巩膜有无黄疸。

5. 口鼻部　口腔黏膜和口周围皮肤有无腐蚀现象，牙缝内有无可疑药物颗粒、植物碎片，牙龈有无铅线或汞线，口、鼻有无特殊气味，有时在压迫尸体腹部或翻动尸体时气味较明显。

6. 阴道　注意检查阴道内有无毒物，外阴部和阴道黏膜有无腐蚀坏死。如有怀疑，应采取阴道分泌物或刮取阴道黏膜及内容物留作毒物检测。因有将毒物塞入阴道通过阴道黏膜吸收而引起中毒死亡的案例，其中有的是误用药物，如以三氧化二砷经阴道塞入治疗滴虫病；有的为私自堕胎，如塞入大量栝楼根（天花粉）或川牛膝企图流产；有的则为投毒他杀，如塞入升汞、磷化锌、氰化钾、内吸磷、铬酸酐等毒物。

（三）中毒尸体解剖前的准备工作

充分做好准备工作有助于尸检步骤和毒物检测检材采取方案的选择和制订。

1. 解剖中毒尸体，尸检者须做好自身的安全防护，必要时应着防化服等。尸检时应谨慎、细致操作。解剖大剂量有机磷农药（如对硫磷、甲胺磷、敌敌畏等）、氰化物、磷化锌等中毒尸体，在结扎取出胃后，宜在通风柜内或通风处剪开胃壁，观察胃内容物及胃黏膜变化，以预防大量有毒气体吸入。

2. 解剖台预先冲洗干净。所用解剖器械、手套等均应预先洗净，不要沾染消毒药液（如来苏儿、酒精、氯化亚汞溶液等）以免污染毒物检测检材。

3. 在解剖室和尸体周围不要喷洒敌敌畏等农药杀灭蚊、蝇，以免污染毒物检测检材。

4. 收集毒物检测检材的容器，以专用不同规格（100ml、200ml、500ml）的玻璃容器为最好。冷冻保存的检材标本可用专用无毒的塑料瓶或塑料袋盛装。对无须冷藏的样品，如现场提取的油、液体、面粉、药片等，除采用塑料制品外，亦可用玻璃制品或洁净的纸包装。切勿在尸体解剖时临时任意寻找容器，未经充分清洗就用来盛装毒物检测检材。

5. 在收集毒物检测检材以前，对胃肠及各器官切勿用水冲洗。

6. 在尸体解剖台旁，可准备简易快速毒物检测方法的有关试剂和器材，如毒品检测试纸定性筛选常见毒品等，有助于迅速获得尸检诊断。但此类方法只能定性检测，定量检查须进一步进行。

（四）中毒尸体的病理变化

大部分中毒死亡的尸体，尤其急性中毒死亡的尸体无明显特殊所见。但详细系统的尸体解剖也能够发现毒物所引起的一些中毒性病理变化。

1. 大剂量毒物迅速中毒致死的案例，特别是脑脊髓功能障碍性毒物所致急性中毒，尸检往往仅见肺、肝、脑等器官淤血、水肿，表现为一般急性血液循环障碍，而无特征性的病理变化。一次大剂量急性中毒而病程迁延或小剂量多次引起亚急性或慢性中毒则病理变化较明显。

按照毒物对机体作用的部位所引起的病理变化，一般可分为具有显著局部作用的毒物和主要在吸收后起作用的毒物。如强酸、强碱等腐蚀性毒物主要对接触的局部皮肤黏膜组织引起腐蚀、坏死等病变；刺激性气体则主要引起呼吸器官损害。有许多毒物是在吸收后才引起病理变化，其中有的引起多器官的广泛损害；也有选择性地引起一定组织器官（靶器官、靶组织）的病变。如四氯化碳主要损害肝、肾，氯化亚汞引起中毒性急性肾小管坏死。毒物中毒损害的组织器官，最常见的是中枢神经系统、肝和肾，其次为血液、心和周围神经等。因此，根据尸检发现某些中毒的病理变化特点，也可能推测毒物的种类，为毒物检测提示方向。

对疑为中毒致死的尸体，均应按常规全面系统地进行尸体解剖，决不可仅做上腹部局部解剖采取胃及胃内容物做毒物检测，就仓促作出是否中毒致死的结论。只有通过全面解剖，才能完善地收集多种、足量的检材，供毒物检测用。也只有通过全面系统解剖，观察各器官的病理变化，才能发现死者生前患有的潜在性疾病，再结合毒物检测结果，进行综合分析，才有可能对中毒死或自然疾病致死进行鉴别。

2. 病理变化

(1) 胃肠：法医工作中所见的急性中毒多数通过胃肠途径吸收。因此，详细观察胃肠变化特别重要。一般先观察食管黏膜有无腐蚀、坏死变化。

检查胃时应注意：①胃内容物有无特殊气味，如敌敌畏、对硫磷、磷化锌、酒精、来苏（酚）、氨水及氰化物等均各具有特殊气味，这为尸检时推测何种毒物中毒提供有力的启示。在毒物含量较少或已经洗胃的中毒案例，毒物气味不明显时，可取胃内容物放入瓶内，加盖，稍候片刻，然后再去盖，就比较容易嗅到特殊气味。②胃内容物的性状：胃内容物中能否发现未溶解的残余药片或粉末，有时需要在胃黏膜皱襞之间寻找。有机磷农药敌敌畏、对硫磷等如服毒量大，在胃内容物液面可浮现圆滴状的农药原液。注意胃内容物中是否混有有色物质，如磷化锌中毒，在胃内容物中可发现灰黑色粉末；硫酸铜中毒胃内容物呈绿色；重铬酸钾中毒则呈橘黄色。③胃黏膜的变化：腐蚀性毒物如强酸、强碱、酚等可引起胃黏膜的腐蚀、坏死，甚至穿孔引起弥漫性腹膜炎。受损的胃黏膜可呈不同颜色，如硝酸中毒呈黄色，硫酸中毒呈黑色，盐酸中毒呈灰棕色。氰化物中毒在胃充盈状态下，大量毒物以固体或浓溶液吞服，短时内死亡者，常见胃底部黏膜呈大片腐蚀，伴有显著红肿及出血。敌敌畏中毒案例，往往在剖开腹腔时，已可看到胃底部浆膜面有灰白色腐蚀改变，剪开胃时常见胃底部黏膜呈大片灰白色腐蚀性损害，伴有斑点状出血。脑脊髓功能障碍性毒物中毒者胃肠黏膜一般无明显病理变化。

如经大量洗胃液洗胃或服毒时间较长的中毒案例，须注意进一步检查十二指肠、空肠及其内容物。砷化物因损害肠壁毛细血管可使肠黏膜及黏膜下层血管极度扩张、充血，肠壁水肿。无机汞化合物可经结肠排泄，因而引起结肠病变，轻者肠壁充血、水肿，重者可见坏死性假膜和溃疡形成。

(2) 肝：肝是体内最主要的解毒器官，多种药物或毒物可致中毒性肝病。其中砷化物、汞、磷化锌、四氯化碳、氯仿、毒蕈、苍耳、黄药子、望江南子、椰毒假单胞菌毒素等可直接损害肝细胞，使之发生肝细胞水变性、脂肪变性，甚至中毒性肝坏死。

中毒性肝坏死可分为单细胞坏死、灶性坏死、带状坏死和广泛性坏死。上述毒物所引起的肝坏死多为带状坏死，并伴有肝细胞脂肪变性；如毒物剂量过大，则肝小叶可出现广泛性坏死，甚至引起急性黄色肝萎缩(图 1-1)。在观察中毒性肝损害时需注意其病变分布，如砷化物、四氯化碳、氯仿等多引起肝小叶中央区肝细胞变性、坏死，而磷化锌中毒则为肝小叶外围带出血、坏死，对从病理变化推测毒物种类具有一定的实际意义。慢性毒物中毒或急性中毒肝坏死后均可导致肝纤维化和肝硬化。

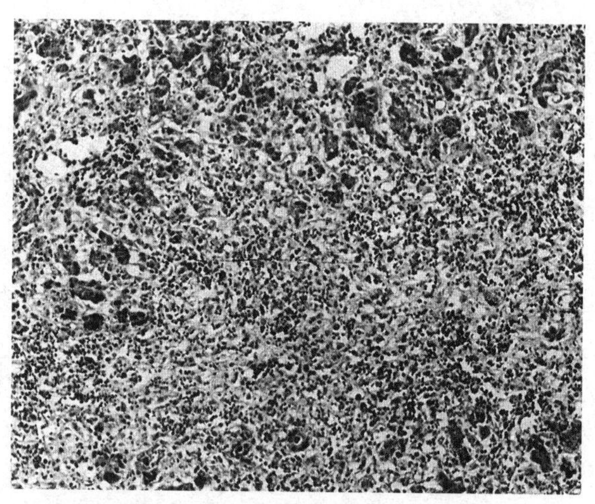

图 1-1 急性酒石酸锑钾中毒的肝

中毒性肝病，肝细胞广泛性坏死，仅肝小叶外围带残存少数较完好的肝细胞

有一些药物如吩噻嗪类、磺胺类等引起的肝损害是变态反应所致。这种反应大多在用药 1～4 周后发生，与药物剂量大小无关。患者出现皮疹、发热、关节痛、血中嗜酸性粒细胞增多等全身性过敏症状。病理组织学上，可见肝小叶中央性胆汁淤滞和灶状坏死，多数病例汇管区有嗜酸性粒细胞的炎细胞浸润。

在临床和法医病理学工作中，如对案情缺乏深入了解，有将磷化锌中毒所致中毒性肝病误诊为急性暴发性病毒性肝炎。因此，对中毒性肝病与病毒性肝炎须注意加以鉴别。

(3) 肾：肾是排泄毒物的主要器官，多种药物和毒物可致肾损害引起中毒性肾病。例如氯化亚汞、砷化物、磷化锌、水杨酸盐、酚及其衍生物、磺胺类、毒蕈、雷公藤、蛇毒、蜂毒、鱼胆、斑蝥等。某些毒物引起中毒性肾病具有一定特点，如升汞可选择性地引起近端肾小管直部的损害；当上皮细胞重度损害而尚未坏死时，因再吸收蛋白质而发生明显玻璃样变性，细胞质内出现大量嗜酸性玻璃样小滴；以后细胞坏死、脱落，有的可见钙盐沉着。四氯化碳中毒时损伤的肾小管上皮有明显脂肪变性，以后发生坏死。乙二醇则常引起近曲小管上皮细胞显著水变性，管腔内常见草酸钙结晶。磺胺类药物中毒在肾小管管腔内可见磺胺结晶。铅中毒患者则可见近曲小管上皮细胞出现核内嗜酸性包涵体。有机汞化合物引起的肾小管损害，因排钾过多可致低血钾性肾病变，在近曲小管上皮细胞质内出现大空泡性水变性。溶血性毒物如砷化氢、蛇毒、蜂毒等可致血红蛋白尿性肾病，可见肾小管管腔内有橘红色的血红蛋白管型堵塞，以肾髓质多见。非那西汀、雷公藤等可引起多发性肾乳头坏死。杀虫脒、斑蝥素等则可引起出血性膀胱炎。

慢性汞中毒可引起慢性中毒性肾病变，肾表面有不规则凹陷性瘢痕形成（图 1-2），切面见皮质变薄，皮髓质界限不清。镜下：肾小管明显减少，肾间质呈弥漫性纤维化（图 1-3），可见少数淋巴细胞浸润。慢性镇痛药（如非那西汀和水杨酸盐）中毒引起的所谓镇痛药性肾病也呈类似病变。

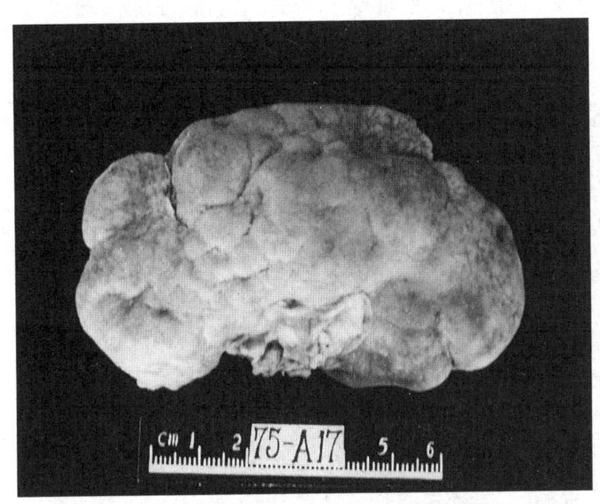

图 1-2 慢性金属汞中毒的肾

慢性中毒性肾病，肾瘢痕形成。本例为静脉注射水银造成的中毒

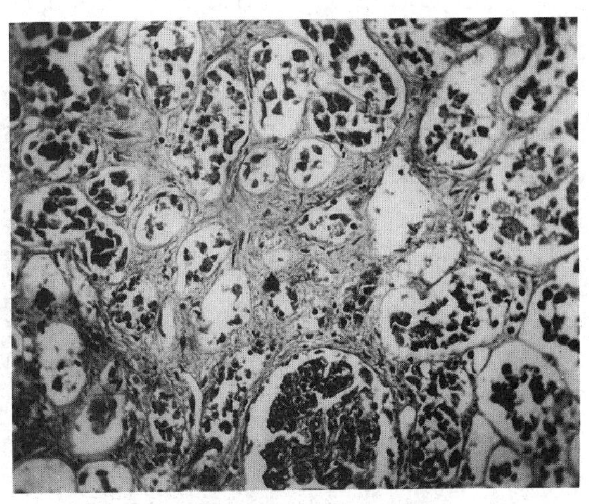

图 1-3 慢性金属汞中毒的肾

慢性中毒性肾病，肾小管上皮细胞广泛变性坏死及再生；间质显著纤维化

膀胱内尿的颜色变化，除上述有的毒物可致血尿、血红蛋白尿外，酚、水杨酸盐中毒可见深绿色尿；苦味酸、非那西汀中毒可见黄色尿。

（4）心：砷化物、磷化锌等毒物可致心肌轻度水变性及脂肪变性，心肌细胞细胞质内出现多数细小的脂肪滴，甚至引起心肌收缩带坏死。急性升汞中毒可引起心肌收缩带坏死，以乳头肌为明显（见文末彩图 1-4）。某些毒物如有机汞化合物还可引起中毒性心肌炎（图 1-5）。急性砷化物、氯化亚汞和夹竹桃叶等中毒，常见左心室内膜下条纹状或点片状出血。

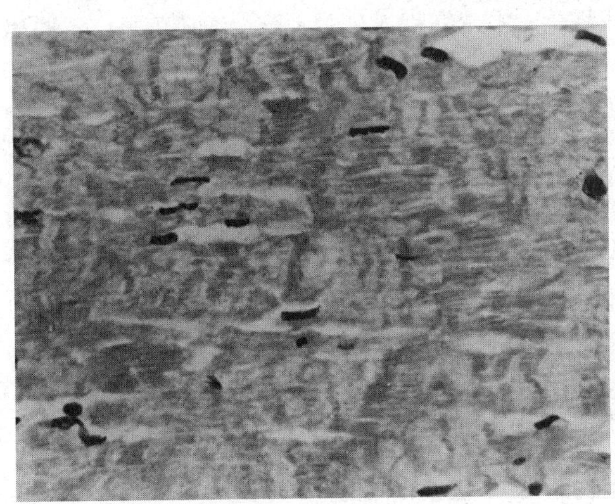

图 1-4 急性氯化亚汞中毒的心肌

左心室乳头肌广泛收缩带坏死

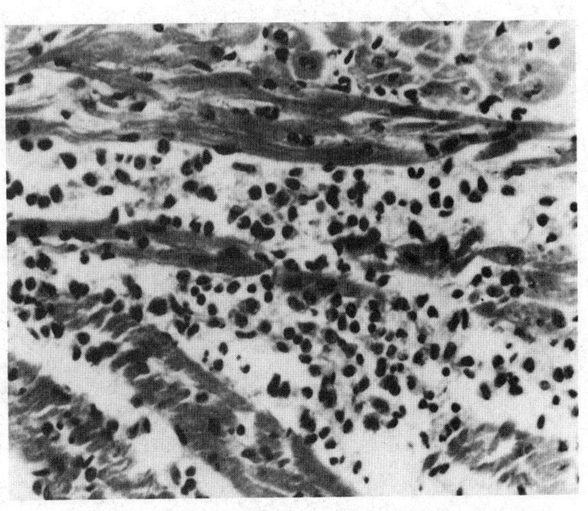

图 1-5 亚急性氯化乙基汞中毒的心肌

心肌纤维轻度萎缩，横纹不清，间质可见较多单核细胞、中性粒细胞及少量淋巴细胞浸润

慢性酒精中毒则可引起酒精性心肌病，其病变与充血性心肌病基本相同。

心腔内血液的颜色，在急性中毒致死时，常呈暗红色流动性。一氧化碳中毒由于碳氧血红蛋白形成呈樱桃红色，血液经稀释后其樱桃红色泽仍较明显。氰化物中毒由于氰化血红蛋白形成和静脉血内氧合血红蛋白较多，血液也可呈鲜红色。亚硝酸钠、氯酸钾等中毒因形成高铁血红蛋白而使血液呈暗褐色（巧克力色）。

（5）肺：刺激性气体（如二氧化硫、二氧化氮、氯及氨气、高浓度汞蒸气等）除可引起上呼吸道黏膜损害、急性喉头水肿外，尚可引起中毒性肺水肿，有的并发多发性漏出性出血或灶性片状出血，常合并中毒性肺炎，病变多呈灶状分布，有的可见肺泡壁等组织发生坏死，并有透明膜形成（图 1-6）。可继发感染引起支气管肺炎。

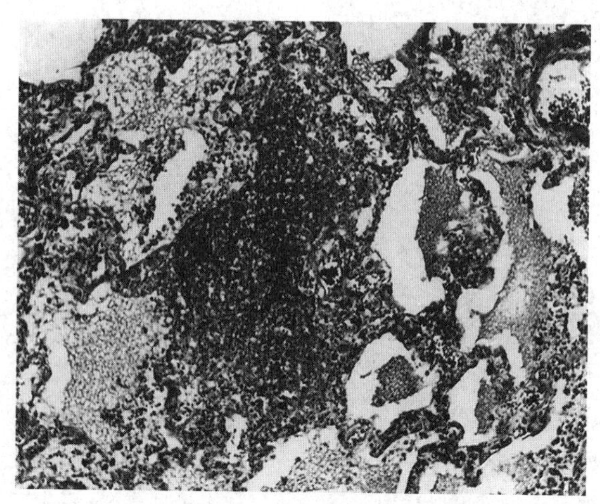

图 1-6　急性汞蒸气吸入中毒的肺

肺显著充血水肿，图中央可见灶状坏死

催眠镇静安定药物急性中毒，常见肺显著淤血、水肿，并有肺泡腔内漏出性出血；如中毒病程迁延，昏迷时间较长者，常并发支气管肺炎，成为加重病情和促进死亡的因素。

（6）中枢神经系统：脑膜和脑内小血管充血及脑水肿是多种毒物中毒常见的非特异性病理变化。急性铅中毒和汞中毒可引起重度中毒性脑水肿（图 1-7），神经细胞弥漫性变性。长期酗酒则可引起慢性酒精中毒性脑病。迁延性一氧化碳中毒较典型的病变为两侧苍白球前部的对称性软化灶，但这种苍白球和壳核的病变并不是特征性的，它也可见于慢性酒精中毒、巴比妥中毒、锰中毒、海洛因滥用及迁延性氟乙酰胺中毒等长时间脑缺氧者。急性一氧化碳中毒病程迁延时大脑白质还可见广泛脱髓鞘变性，称为白质脑病（leukoencephalopathy）。

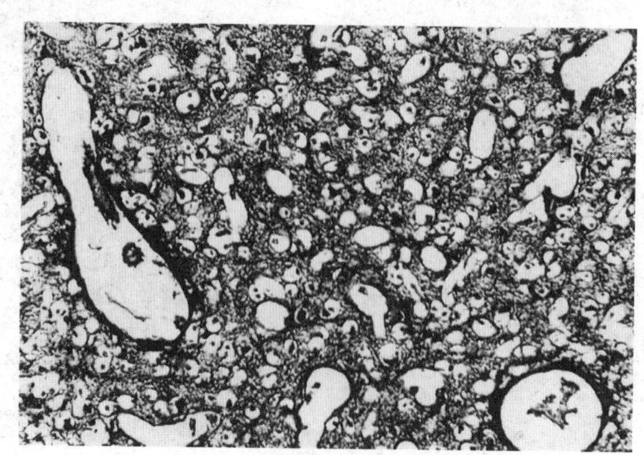

图 1-7　急性汞蒸气吸入中毒的脑

中毒性脑水肿，脑内小血管、神经细胞及胶质细胞周围间隙均显著增宽

慢性铅、汞等金属中毒可引起中毒性脑病。

(7) 其他：铅、砷、铊等重金属，某些药物（如呋喃类药物、异烟肼）、部分有机磷农药（如甲胺磷、敌敌畏、敌百虫等）中毒可引起周围神经病，其病变大多数是周围神经的轴索变性，继发髓鞘崩解。

急性三氧化二砷或砷化氢中毒病程迁延时可引起肾上腺皮质萎缩，重量减轻，皮质变薄，皮质细胞细胞质内类脂质显著减少。肾上腺皮质激素和雷公藤中毒可引起脾、淋巴结、胸腺等损害，使淋巴细胞凋亡、坏死，数目显著减少。

除上述常规病理学检查方法外，近年来，组织化学、免疫组织化学、电子显微镜技术及各种仪器分析方法也应用于中毒的法医病理学诊断。死后不久的新鲜尸体，尸检时可采取肋间肌、膈肌及小肠壁（空肠的横切面）做胆碱酯酶组织化学染色，如有显著抑制，有助于有机磷农药中毒的尸检诊断。以改良的二硫腙法做锌的组织化学检查，在肝细胞质内显示出锌（深红色颗粒状沉淀）有助于磷化锌中毒的尸检诊断。近年来，已陆续有运用免疫组织化学技术对吗啡、甲基苯丙胺、苯巴比妥、百草枯、地高辛、眼镜蛇毒等中毒进行实验研究的报道，可观察毒物的组织定位，认为也有助于尸检诊断。电子显微镜技术已广泛应用于中毒的实验病理研究，但在人尸体诊断上，因不易在死后早期及时解剖取材，在实际应用上受到限制。还有报道应用扫描电子显微镜配合X线衍射分析仪，能直接从器官组织（如肝、肾、肺等）检测各种化学毒物，特别是铅、汞等重金属元素。

动物实验方法是中毒的法医学鉴定和研究的重要内容之一。通过动物实验，可说明现场或尸检时采取的可疑毒物、胃内容物等是否具有毒性、可疑中毒案件给药剂量是否合适、复制的中毒动物模型与中毒者的临床表现和尸检病变进行比较。一般应用小鼠或大鼠做动物实验，如目前常见的毒鼠强中毒案例，可将现场提取的可疑毒物或尸检时采取的胃内容物，取少量给小鼠灌胃，在数分钟内小鼠即可出现阵发性抽搐，严重者很快致死。动物实验方案的设计，应根据毒理学中人与不同种属实验动物的毒（药）物等效剂量关系的比例，科学地计算应该给予实验动物毒（药）物的剂量。由于动物种属、品系、性别、健康状况的不同，对毒物的敏感性有差异，因此，应根据不同情况选用对某类毒物敏感性较高的动物。

五、毒物检测检材的采取、保存和送检

（一）检材的采取

中毒案例的毒物检测检材的及时和准确收集，在中毒的法医学鉴定中是一个十分重要的环节。如错过时机，现场已被破坏，可疑剩余食物、饮料、药物或呕吐物、排泄物、注射器、剩余注射液或其他容器已被倒掉或销毁，尸体已被火化，则毒物检测检材不可复得，给法医学鉴定造成极大困难或导致鉴定无法进行。如中毒者曾送医院急救，其洗胃液及为临床诊断所取的血样，都是很有价值的毒物检测检材。中毒患者的尿液亦应注意收集。

急性死亡死因不明者，一般均应做系统的尸检，并提取检材以筛选可能的中毒毒物。若因故不能进行尸体解剖时，可先期抽取血液和尿液备用。

通过全面系统的法医解剖，采集中毒死者体内的组织、器官和体液是法医毒物分析检材的最重要来源，一定要采集合适、足量的检材供毒物分析用。传统的法医毒物的检验过程，毒物一般要经分离、提取和纯化才能进行检验鉴定（包括定性和定量），因此检材耗量较大，如未采集足够量则不易检出，更不可能保留部分检材用于进一步复核检测。现今先进的毒物分析实验室采用微量萃取法，所需检材用量较少。

现将尸体解剖时主要检材的采集方法和注意事项分述于下：

1. 胃及胃内容物　解剖可疑急性中毒的尸体，剖开腹腔后，先结扎胃的两端，取出，将全胃放在洗净的搪瓷盘内，沿胃大弯侧剪开胃壁，检查胃内容物的性状，操作过程中要防止胃内容物流失。如在胃内容物中发现残余药片、粉末、晶体或油滴等应分别提取并单独收集。因这种检材可不经毒物的分离、提取和纯化而直接进行检验，有利于迅速获得检验结果。一般应将全部胃内容物倒入带内

塞的广口塑料瓶中，记录总体积，称重，以备计算胃内容物中毒物的总量。磷化锌中毒患者往往因大量喝水，胃液被稀释，而磷化锌密度较大，多沉于胃液底部，如仅取少量上层胃液，常难于检出，宜采取整个胃组织，连同胃内容物送交检测，结果较为可靠。如胃内容物中混有较多液体，可取出后倾倒入一较大的玻璃漏斗内，漏斗的出口先塞住，混杂在胃内容物中的结晶或粉末将沉淀在漏斗底部。倒出上层液体，对留下的结晶或粉末部分可进行显微镜检查和毒物检测。

由于少数有毒中草药的植物化学成分尚不清楚，有的则尚无特异性的检测方法。因此，从现场收集的可疑有毒中草药标本，以及它们的加工品、煎熬所剩药渣乃至夹杂于呕吐物或胃内容物中未被消化的植物根、茎、叶及果实等，都可保留原植物的某些形态，通过性状鉴别、显微形态鉴别、微量化学反应等方法加以识别，对中毒案例的鉴定具有重要意义。曾有一例根据胃内容物中植物根茎的性状与显微特征鉴定为百合科万年青中毒死亡的案件。

2. 肠及肠内容物　如口服毒物迁延一段时间后才死亡，或已经洗胃抢救的案例，须注意收集肠内容物；应将肠管分段结扎取出后分别取其内容物装瓶。

3. 血液　是十分重要的毒物检测检材，因仅从胃内容物中检出毒物，尚不足以确定为中毒；而血中毒物已达致死浓度则可肯定为中毒致死。有时胃内药物含量为治疗药用剂量。

疑为一氧化碳等气体或具有挥发性毒物中毒的血液，应注入10～15ml的瓶（管）内，装至瓶口，并用瓶塞塞紧，以免瓶中残留空间，使气体挥发而影响检测结果。如放置较长时间可使血中毒物含量下降，故应尽快送实验室检测。

尸检时一般可从心腔内采集心血，在切开胸腔、剪开心包膜后即自心房或心室内抽取血液。由于受死后毒物再分布等多因素的影响，建议最好自锁骨下静脉、股静脉等收集周围血液，或自主动脉采取血样，用于毒物检测。在任何情况下，不应从胸腔或腹腔内抽吸或掏取已被稀释或被胃肠内容物污染的血液。在有创伤性血肿形成的死亡案例，如头皮下血肿、硬脑膜外血肿、硬脑膜下血肿及尸体其他部位软组织内的血肿，此时也可以采集血肿内血样，进行相应毒物检测，判定受伤时死者血液中毒物的浓度。

4. 尿液　毒物常以原形或以代谢产物的形式排泄。尿液既不含血细胞和蛋白质，又很少受死后变化的影响。因此，尿液是很有用的检材，几乎对各种毒物检测均有价值。一般在切开盆腔后用一次性注射器或专用吸管从膀胱抽吸尿液；如膀胱空虚，则应保留全部膀胱送检，取膀胱冲洗液作毒物检测。

5. 肝　测定肝组织中毒物的浓度，对中毒的法医学鉴定也有实用价值。

6. 肾　肾组织可能检出多种毒物，特别是各种金属毒物。

7. 脑　脑组织含有丰富的类脂质，因此对脂溶性毒物是良好检材。对酒精、巴比妥类中毒也宜取脑组织作为检材。

以上是各种中毒经常采用的几种检材。此外，疑为阿片或海洛因中毒时，应收集胆汁，将胆囊完整分离后取出，单独放入一容器内。也可将肝的脏面置于取材台的一侧边缘，剖开胆囊，使胆汁流入其下方盛接的瓶（管）内。在疑为慢性砷中毒、铊中毒时应采集毛发和指甲作为检材。取材时，毛发应连同毛根拔下，指甲亦应完整拔下，不要剪取。疑为慢性铅中毒宜取骨髂作为检材，一般取股骨中段。尸体腐败，器官已液化消溶时，可取骨骼肌（一般取腰大肌或大腿肌肉）作为检材。如已抽吸不到血液，可自小脑延髓池抽取脑脊液50ml作为检材。由于眼玻璃体的解剖学部位的特点，与血液或脑脊液相比，较少受到尸体腐败或污染的影响。可用注射器从眼球前外侧方穿刺缓慢抽吸，每侧眼各可抽吸玻璃体液约2ml，供毒物检测用。

现将常见各种中毒毒物检测检材所需量列于表1-4，以供参考。

如就近有毒化实验室可将检材送检，并能及时检验，则上表采取检材的数量一般能满足检案的要求。如果案情比较复杂，则要加大取材的数量，留出储存备复检的部分；一般器官组织需采取300～500g，血液200～300ml即可。

表 1-4 毒物检测检材的采取

检材	所需量	毒物种类
胃及胃内容物	全部或 100g	多种急性中毒
肠内容物	全部或 100g	多种毒物，中毒后 1～2 天死亡者
心血	50～100ml	多种毒物，特别是形成 COHb、Met-Hb 的毒物
周围血	10～20ml	多种毒物
尿	全部或 100ml	多种毒物
玻璃体液	全部	多种毒物
肝	100g	多种毒物，特别是金属毒物、安眠药
肾	一侧肾或 100g	多种毒物，特别是金属毒物、磺胺类
脑	100g	脂溶性毒物、挥发性毒物
胆汁	全部	海洛因、美沙酮、导眠能
肺	一侧肺或 100g	毒气和挥发性溶剂
骨	100g	铅、砷
头发和指甲	5～10g	砷、铊
脂肪组织	50g	有机氯杀虫剂
肌肉	100g	多种毒物，当器官高度腐败时

中毒途径不同，其毒物检测检材的选择和采集也不同。在法医检案工作中，虽主要途径仍为经口中毒，但通过呼吸道、皮肤黏膜吸收及静脉注射等胃肠外途径引起中毒者并不罕见。如疑为通过注射途径投毒的案例，除一般采取胃及胃内容物、血、尿、肝、肾、脑等检材外，还应取注射部位的肌肉和距注射部位 20cm 以外（或对侧）的肌肉作为检材，一般切取 7～8cm^3 肌肉组织即可。怀疑毒物经阴道进入机体者，应取阴道和子宫组织作为检材。由此说明无论哪类中毒案件，都不应只限于取胃内容物或一种器官作为毒物检测检材。如全面采取检材，根据各器官的毒物定量结果，不仅能查清中毒死因，还能判断毒物进入机体的途径，从科学上论证罪犯的作案手段。

（二）检材的保存和送检

各种检材应分别盛装于各容器内，要及时送检，如不能及时送检者，需放入 −10℃以下低温冰箱内保存，检材中不要加防腐剂。

甲醛液只适用于固定组织标本，供病理切片检查用，不能放入毒物检测检材中。若当时没有保留毒物检测检材，仅保存经甲醛液固定的器官组织时，对某些毒物（如金属毒物、巴比妥类、氯喹及亚硝酸盐等）仍有可能检出，需取所用甲醛液作为对照样品送验。

毒物检测检材应严密封签，及时送法医毒物分析实验室检验。随同检材另附一份材料，说明死者姓名、检材名称、收集日期、案情摘要、中毒症状、尸检所见及毒物检测目的。在可能情况下，应根据案情调查和中毒症状特点，结合尸检所见病变，提出毒物检测方向，建议重点检验哪一种或哪几种毒物或提出要求通过检测排除本地常见毒物中毒。

全国刑事技术标准化技术委员会毒物分析技术委员会已编制《中毒案件采取检材规则》（GA/T 193-1998）、《中毒案件检材包装、储存、运送及送检规则》（GA/T194-1998）两项公共安全行业标准，可供参考。

六、疑为中毒案例的尸体挖掘

已经埋葬的尸体，死后经过一段时间（自数日至数年不等）才从案情调查上疑为中毒，能否挖掘尸体进行取材做毒物检测，有无可能检出毒物，须视怀疑毒物的种类、尸体埋葬的环境条件、季节等事先做出充分的估计。一般挥发性毒物很快从尸体中消失。有机磷农药虽具有挥发性，但有时可存留数月之久，如曾有埋葬半年后的尸体中检出有机磷农药的实例。氰化物易因尸体腐败而分解消失，但也有较罕见的案例，如有1例33岁女性被静脉注射水银引起两肺广泛性水银栓塞导致慢性汞中毒，5个多月后又被静脉注射氰化钠溶液致急性中毒死亡，冬季尸体埋葬2个月后开棺检验，采用普鲁士蓝法在心血、心肌、肝组织等均检出氰化物。

多种非挥发性毒物，可随尸体腐败而分解破坏，但巴比妥类药物在尸体内能保存较长时间。如一骗服巴比妥的投毒致死案例，埋葬14年后经开棺验尸仍自胃区腐渣中检出巴比妥。也有苯巴比妥中毒死亡25年后经开棺提取各部位腐败物检材检出苯巴比妥药物的案例；番木鳖碱中毒死后12年经开棺检验在相当于胃区部分取干渣，仍检出番木鳖碱，作动物（青蛙）实验呈阳性反应。此外，钩吻碱和奎宁也能从死后数年的尸体腐渣中检出。

金属毒物不因尸体腐败而分解破坏，特别是砷，可从埋葬多年的尸体中检出。如慢性砷中毒者的头发，在埋葬百余年后仍能检出砷。一氧化碳中毒者的血液腐败较慢，但如果尸体保存较好，碳氧血红蛋白在尸体内可保存数周或数月。在毒鼠强系列投毒案例中，1例土葬一年半、已高度腐败的尸体，经开棺取胃、肝等组织，用GC/NPD检测，仍能检出毒鼠强。

开棺时应避免浮土落入棺内污染尸体，检材以胃、肝、肾或相当于该部位的腐烂肉泥为宜，也可采取毛发、骨骼等检材，分别装瓶备验；须同时收集棺木旁的泥土、棺内衣物、液体等作对照检验。因泥土中含有砷，日久可渗入埋葬尸体的腐烂组织中。

七、法医毒物分析

法医毒物分析在中毒的法医学鉴定中是一个关键性环节，它可为确定是否中毒（死）提供重要证据。其任务是证明毒物检测检材中是否有毒物？是何种毒物？在组织和体液（如血、尿等）中的含量（浓度）多少？是否足以引起中毒死亡等。法医毒理学与法医毒物分析是密不可分的。法医毒物分析的主要内容包括：①从组织、体液或排泄物中分离和纯化毒物及其代谢物；②毒物及其代谢物的定性分析；③各检材中毒物及其代谢物的定量。近年来毒物的提取、分离和纯化方法发生了显著变革，毒物检测方法也取得了很大进展，使法医毒物分析水平有了显著提高，已由过去的一般定性鉴定到微量定量鉴定；不仅能检出原形毒物，还能检出其代谢产物；不仅有助于判断中毒原因，还可推断毒物进入体内的途径，解决不少疑难中毒案件的法医学鉴定问题，在侦查和审判工作中发挥了重要作用。

近年来，除单一毒物中毒外，使用两种以上药物混合中毒者逐渐增多，以农药、催眠镇静药多见。由于两种以上药物混杂，其中各药物的性质、结构和药理作用不同，进入体内途径以及在体内的吸收、代谢、排泄情况也各异，因此，毒物检测在提取、纯化和检测方法上较单一药物要复杂得多，其关键是所用的提取、纯化方法要确保各种药物均能提取出来，然后根据具体情况，选择适宜的检测方法。

八、对法医毒物分析结果的评价

法医毒物分析的结果对确定是否中毒或中毒死亡能起关键性作用，但还有很多因素可以影响毒物检测的结果；因而阳性结果不一定能确定中毒，而阴性结果也未必能排除中毒。应考虑毒物分析所用的方法是否具有特异性，一般一种检验方法（尤其是化学方法或硅胶薄层分析）尚不能绝对定性，因为有些不同毒物对某一化学反应有共同的反应，器官和体液等检材中的杂质也可能在薄层上显示干扰色斑，这样鉴定的失误时有所见。目前，大多数毒物检测分析部门采用毒物微量萃取技术和气-质联用甚至液-质联用方法，如果操作者未完全掌握相应的技术方法，将会造成很大的偏差。

如毒物分析结果为阳性或强阳性，特别是含量测定已达到致死血浓度，一般可确定为中毒死。

如毒物检测结果为弱阳性时应考虑下述几种可能：

1. 毒物因药用进入机体　有时在胃内容物和血中可检出治疗量或微量镇静催眠类等药物。但经详细的法医病理学检查，一般均能发现足以说明死因的自然疾病的病理改变或损伤等。

2. 死后毒物进入尸体　如泥土中的砷日久可渗入埋葬尸体的腐烂组织中，使挖掘尸体取材检测时砷可检出阳性结果。

3. 尸体组织腐败产物可混淆毒物检测结果 如腐败尸体的血液中可检出乙醇和少量氰化物。

4. 毒物检测失误 毒物检测操作是否正确？仪器、试剂是否纯净？盛装检材的容器有无污染？

5. 某些金属元素在正常人体中的基础含量 如砷、汞、铅、锌等，在正常人体组织中也含有微量；因此，只有通过较精确的毒物定量，与组织中的正常含量进行对比，才能解释毒物检测结果。

如毒物检测结果为阴性，则需考虑下述几种可能：

1. 检材提取不当 收集检材是否及时？所取检材的种类是否合适、齐全。如迁延性一氧化碳中毒死者一氧化碳已自体内排出，血液中不能检出碳氧血红蛋白。又如通过臀部肌内注射敌敌畏中毒致死案例，尸检时仅取胃内容物检测结果阴性。

2. 毒物分解消失 如挥发性毒物在尸体内经短期后即不能检出；乌头碱等毒物易因尸体腐败及碱性作用而被分解消失。

3. 防腐剂对毒物的破坏 如尸体经甲醛液防腐处理或器官标本经甲醛液固定，则氰化物等毒物迅速被破坏而不能检出。

4. 缺少某些毒物的检测方法 某些毒物（如部分有毒动植物）目前尚无适当的毒物检测方法。

5. 毒物检测错误 毒物检测的技术操作是否正确？选用的检测方法是否灵敏？

综上所述，中毒的法医学鉴定不能单纯依靠毒物检测结果，对每一个具体案例必须根据案情调查、现场勘验、临床资料、尸体解剖及病理切片检查所见，再结合毒物分析及其他检验结果，进行综合评定。

九、中毒的法医学鉴定注意事项

（一）中毒与自然疾病致死的鉴别

在法医检案工作中，常见突然死亡、死因不明的案例，往往开始案情不清，通过现场勘验和尸体外表检查未发现机械性损伤或机械性窒息等暴力作用的征象，此类案件需要进一步进行系统全面的尸体解剖和毒物检测检查，以鉴别是中毒致死抑或疾病猝死。因为有些毒物中毒的临床表现与某些疾病的临床症状和体征极其相似或一致，有投毒他杀后伪称猝死的案件发生。

近年来，由于医药、农药工业，尤其是合成化学工业的迅速发展，使毒物的品种和数量越来越多。有的投毒案例手段比较隐蔽，如有利用胃肠外途径投毒作案，也有少数小剂量多次投毒案例发生，造成生前长期患病的假象。往往在临床工作中发生误诊，对此更应提高警惕。

另一方面，常有将猝死疑为中毒，当案情上有偶合的情况，则更易引起怀疑。只有通过法医学尸体解剖和毒物检测，才能澄清事实、查明死因、解除怀疑。

（二）中毒与损伤致死的鉴别

1. 在法医实践中有时会遇到中毒与损伤并存的案例，有时需要判定中毒与损伤的关系以及死者的真正死亡原因。经常发生的是酒精中毒与损伤并存，尤其发生在交通事故和酒后外伤死亡的案件。对于此类案件，在全面系统的尸体解剖和病理组织学检查基础上，结合毒物定量检验结果和死前临床表现判定其死因。

2. 鉴别中毒与濒死期抢救时所致损伤。中毒病例的急诊救治、心肺复苏过程中有可能造成中毒者胸骨和多根肋骨骨折，该骨折断端可有少量出血或出血不明显，生活反应轻微，相应肺组织的挫伤阙如或轻微。

（三）药物中毒与过敏性休克猝死的鉴别

药物中毒的原因主要有以下几个方面：①意外中毒或误服，多见于儿童；②自杀，这种中毒占成人中毒的大部分；③他杀，尤其利用医疗手段他杀；④医源性中毒，由于医护人员工作失误，用药剂量过大或用错药物；⑤非法行医所致药物中毒。

临床上许多药物可引起过敏性休克乃至死亡，易引起医疗纠纷。药物中毒与过敏性休克的鉴别，首先要进行详细的案情调查，了解死者死前过程、临床症状和体征，并提取剩余药液或药片，对输液瓶和输液管也要提取并对其内壁的残液进行检验；强调要进行及时、全面、系统的尸体解剖和病理组织学检查，并提取心血等进行药物含量的检测。对提取的药品除作为对照品进行血药浓度测定外，必要时还须进行确证和质量检测，以判定药物的真伪、有无杂质或其他有毒物质。若血液药物测定其含量达到致死血浓度，则可判定药物中毒死亡。但有时血液药物的检测缺乏实际意义，如怀疑氯化钾注射中毒死亡，由于人死亡后组织细胞中的钾离子释放入血，血液中钾离子的浓度急剧升高，检测血液中钾离子的浓度已无意义。此时检测静脉滴注残液中钾离子的浓度和调查给药途径、方法、静脉滴注速度等尤为重要。国内外已有多例注射氯化钾中毒死亡他杀案例的报道。

过敏性休克死亡者，一般患者既往有药物过敏史，用药后很快出现过敏性休克的症状和体征，如呼吸困难、血压下降、循环衰竭等；尸检见喉头及肺明显水肿，组织学检查见喉头、肺、肝、脾、肾组织及胃、肠黏膜层、黏膜下层嗜酸性粒细胞浸润，有时细小血管内可见微血栓形成。尸检时可采血作 IgE 和类胰蛋白酶（tryptase）测定，含量明显增高。类胰蛋白酶免疫组织化学染色可见喉头、气管、肺、脾组织中和胃、肠黏膜、黏膜下层中肥大细胞明显增多，并呈脱颗粒改变。

（四）中毒病变与中毒后并发症病变的鉴别

中毒后迁延性死亡者，经常出现一些继发性病变，有时须与中毒性病变进行鉴别。如长时间昏迷易出现肺组织出血、水肿，甚至并发支气管肺炎等病变。

（张国华）

思考题

1. 什么是毒物、中毒、中毒量、中毒浓度、致死量、致死血浓度、死后毒物再分布？
2. 试述毒物死后再分布的可能机制及影响因素。
3. 中毒的法医学鉴定主要要解决哪些问题？
4. 中毒案件的案情调查应了解哪些情况？
5. 中毒案件的现场勘验应注意哪些问题？
6. 怀疑中毒死亡尸体的外表检查应详细检查哪些内容？
7. 怀疑中毒死亡的尸体，如何做好尸体解剖前的准备工作？
8. 在怀疑中毒死亡的尸体解剖时，如何进行血液检材的采集？注意事项有哪些？
9. 毒物检测检材的保存和送检要注意哪些事项？
10. 如毒物检测结果为弱阳性时，是否能完全肯定中毒？还应考虑哪些可能？
11. 如毒物检测结果为阴性时，是否能完全否定中毒？应考虑哪些情况？
12. 药物中毒与过敏性休克猝死的鉴别？

第二章　腐蚀性毒物中毒

学习目标

通过本章的学习，你应该能够：

掌握　腐蚀性毒物的概念，酸碱毒物中毒的异同点，苯酚中毒的机制、症状、尸体检验所见、法医学鉴定要点。

熟悉　强酸、强碱、氨、草酸、甲醛中毒的机制、临床表现及尸体检验所见。

了解　氢氰酸中毒的机制及尸体检验所见。

章前案例 ▶

某男，40 岁，夏季某日因于运输途中在卡车上的内装液体化学物品的钢瓶突然炸裂后入院治疗。入院时神志蒙眬，心音弱，心律不齐，双肺呼吸音粗糙，眼角膜轻度浑浊。全身皮肤化学腐蚀性烧伤，以背侧为重，面积达 47%，其中Ⅰ度、Ⅱ度、Ⅲ度烧伤分别占 6%、29%、12%。入院后持续发烧，体温 38～39℃之间。第 5 天下午出现烦躁不安，呼吸困难，唇、指甲青紫加重。第 6 天晨出现昏迷、呼吸不规则，于 7 时 20 分死亡。尸检见其右肘部、左侧胸腹部、会阴部及躯干背侧等处有深度不一的烧伤，部分创面有脓性分泌物。镜检见皮肤表皮层坏死，皮下组织呈蜂窝织炎。腭扁桃体、会厌、腭垂、喉头黏膜有黄白色脓性假膜覆盖。气管及支气管衬有灰黄色假膜，使管腔变窄。镜下黏膜呈纤维素样坏死。肺切面见多数散在分布的灰黄色病灶，灶周有出血带，中央可见坏死的小支气管，镜下呈坏死性支气管肺炎改变。其他病变有：脑淤血、水肿，部分小血管周围有红细胞渗出；肾上腺皮质细胞类脂质显著减少。经调查，炸裂的钢瓶内为液体氨，那么该男性死者的尸检所见是否与氨中毒的改变相一致？其死亡原因是否为氨中毒？

腐蚀性毒物（corrosive poison）是指与身体接触后迅速和局部组织或器官发生化学作用，引起局部组织器官损伤、全身反应，甚至死亡的一类毒物。主要中毒途径是局部皮肤的直接接触、口服或呼吸道蒸气吸入。根据毒物的种类、浓度、剂量和接触时间的不同，可分别引起局部组织红肿、水疱形成、溃烂、坏死，导致剧烈的烧灼痛，治愈后可遗留瘢痕，并可引起相应部位功能障碍，甚至残废；口服可造成上消化道的广泛腐蚀坏死，易发生穿孔；严重中毒则引起明显的全身反应，可发生休克，甚至死亡。

根据其化学成分及作用机制不同，腐蚀性毒物可分为无机或有机酸类、碱类、盐类等。大部分无机酸和无机碱的腐蚀性强烈，但碱性物质对组织的损伤有时比酸性物质更严重而广泛。此外，某些有机化合物（如氟乙酸、硫酸二甲酯、石炭酸等），金属及其盐类（如黄磷、铬酸盐等），糜烂性毒剂（如硫芥、氮芥、路易气等），腐蚀性气体（如氯气、二硫化碳、二氧化硫、三氧化硫等），动物性和植物性有机腐蚀毒（如斑蝥、巴豆等）均可造成皮肤、黏膜和器官腐蚀性损伤。

腐蚀性毒物中毒原因主要为意外所致，如在生产、运输及贮存过程中接触毒物，临床上的误用，日常生活中的意外事故或误食中毒等。因此，可有群体性中毒案例发生。腐蚀性毒物用于自杀以往时有所见，现已少见；近年来较多见用于毁容，偶有报复杀人的案例发生。在腐蚀性毒物中毒案例中，除含有某种毒物的混合物、烟雾或气体中毒外，与其他种类毒物混合而致混合毒物中毒者较罕见。

第一节 腐蚀性酸类中毒

腐蚀性酸类物质包括无机酸和有机酸两类，均具有强烈的腐蚀作用。无机酸类主要有硫酸、硝酸、盐酸三种，其他还有氢氟酸、铬酸等。有机酸类中具有腐蚀性的有草酸、甲酸、乙酸等。有机酸中毒在法医工作中相对较少见。其腐蚀作用的强度与酸的解离度、水溶性、蒸气压及对黏膜、皮肤的穿透力等因素有关。有机酸所造成的组织灼伤与无机酸相似。各种酸的混合物或酸与金属盐类的混合物，其腐蚀性更强。如实验室及工业上用浓硫酸和重铬酸盐配制的清洗液具有强烈的腐蚀性。此外，各种含酸的混合物或所形成的烟雾、气体导致的中毒均与相应酸类中毒相似。现以硫酸、草酸、氢氟酸为代表，叙述如下。

一、硫酸中毒

硫酸（sulfuric acid，H_2SO_4），无色油状液体，吸湿性强。市售浓硫酸浓度为98%，能与水以任何比例混合，并放出大量的热。

硫酸是重要的化学试剂和工业基础原料，广泛用于各种实验室和工业生产中。蓄电池所用30%～35%的硫酸溶液，某些市售清洁剂含有硫酸成分，一些含有硫酸混合液遇空气后形成的酸雾均具有很强的腐蚀性。

【中毒原因】

主要见于意外中毒，如工业生产、贮存或运输过程中发生的泄漏、溢出、喷溅或吸入由含有硫酸混合液形成的酸雾或高浓度三氧化硫烟雾等。曾有报道趁人昏迷之际，将硫酸注入项部哑门穴而杀人的案例。用于自杀或他杀现已少见，用于毁容（图2-1）较多见，偶见用于碎尸后毁尸灭迹。

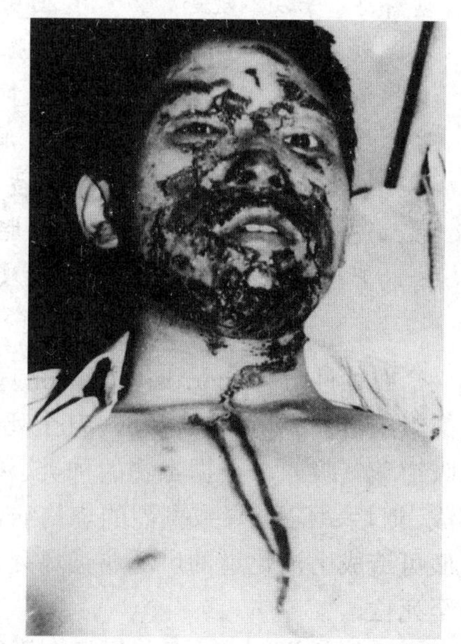

图2-1 浓硫酸所致面部重度灼伤（毁容）

【毒理作用】

硫酸对皮肤和黏膜有很强的腐蚀性、氧化性和吸水性。硫酸可使蛋白质凝固为不溶性酸性蛋白，使血红蛋白变成暗褐色的酸性正铁血红素（acid hematin）；故硫酸对接触部位具有强烈的刺激、腐蚀、炭化作用，使局部组织和器官形成烧伤和坏死，外观呈暗红色或黑色。由于酸类物质对机体有脱水和蛋白凝固作用，故酸灼伤面干燥，界限清楚。又由于酸的渗透性差，对组织深层的损伤较轻，故酸灼伤后组织水肿较轻。浓硫酸不但能吸收组织中游离的水分（吸水性），还能使机体中的氢元素和氧元素按照2∶1的比例脱去（脱水性）。有机物过度脱水后，外观呈暗红色或黑色，此过程称为碳化作用。此外，部分酸类物质可致全身中毒。

硫酸经皮肤和黏膜迅速吸收。人体吸入高浓度硫酸雾时，对呼吸道有强烈的刺激和腐蚀作用，甚至发生喉头水肿，引起窒息。同时，还可损伤肺表面活性物质，使肺泡壁毛细血管通透性增加，发生重度肺水肿，并可引起支气管炎和支气管肺炎。当大量氢离子进入血液时，中枢神经系统首先发生中毒反应，使中毒者呈现痉挛状态，瞳孔散大，各种运动失调。严重者引起代谢紊乱，呼吸中枢麻痹而死亡。

【中毒致死量】

硫酸的中毒致死量在成人为2～5ml，吸入硫酸雾6～8mg/m^{3}就可造成窒息，突然吸入3mg/m^{3}就会有窒息感。

【中毒症状】

口服浓硫酸后，口腔、咽部、食管和胃部立即发生剧烈烧灼性疼痛。出现剧烈呕吐，呕吐物呈棕色或黑色，混有炭化的黏膜碎片。同时喉头有反射性痉挛、水肿、声音嘶哑、呼吸困难，重者出现窒息症状。上消化道广泛腐蚀坏死，易发生穿孔，此时呕吐停止，疼痛延至全腹，引起弥漫性化学性腹膜炎。中毒者一般意识存在，有的甚至临死时意识仍清楚。重症患者有烦躁不安，运动性兴奋，反射性痉挛，甚至出现休克。

口服大量浓硫酸而未得到及时、有效治疗者常在12～24小时内死亡。经数天后死亡者，常出现少尿或无尿等急性肾衰竭症状。口服稀硫酸（30%）中毒者可迁延数星期后死亡。经治疗存活者，由于化学性灼伤所致的瘢痕挛缩可造成食管和幽门狭窄、腹膜粘连及消化道功能紊乱等。

吸入高浓度硫酸雾时，立即引起上呼吸道刺激症状，出现呛咳，鼻、咽刺痛，流泪、胸闷、呼吸加快等，还可引起喉头水肿、肺水肿、支气管炎及支气管肺炎，重者可发生窒息。

皮肤接触浓硫酸后，局部有烧灼样强烈刺痛，外观由潮红转为暗褐色，继而腐蚀坏死，形成溃疡。溃疡一般较深，边界清楚，周围微肿，有的溃疡面可覆盖灰白色或棕黑色痂皮。大面积硫酸灼伤可立即引起休克。浓硫酸溅入眼中可致结膜水肿、坏死、穿孔，并可引起全眼炎，甚至失明。

【尸体检验所见】

死者体表腐蚀征象十分明显。口服者口周有流注状腐蚀痕；口唇呈灰色，硬而脆；舌明显肿胀。口腔、咽、喉及食管黏膜呈凝固性坏死，黏膜部分脱落或皱缩形成皱襞。胃黏膜腐蚀程度与胃内容物量和性状有关。胃未穿孔者，胃内可见深棕色呈强酸性反应的液体。腐蚀处胃黏膜呈棕黑色，质地较硬，黏膜部分脱落，严重者胃壁发生穿孔。胃壁穿孔处边缘不整齐，穿孔后腹腔内可见胃内容物，周围邻近器官组织也被腐蚀，呈棕褐色。即使胃未穿孔，死后酸经胃肠壁渗透弥散，使邻近器官组织如肝、脾、膈肌及腹后壁肌肉发生腐蚀、变硬、变色。光镜下，消化道各段均可见黏膜下各层组织充血、出血或坏死，血管中红细胞呈棕色，内有凝固的血液及酸性正铁血红素。生前穿孔或腐蚀局部可见炎细胞浸润，死后穿孔则无。中毒迁延者，坏死组织脱落形成大小不等的溃疡，周围有炎细胞浸润、肉芽组织增生，继而形成瘢痕组织。肝细胞及肾小管上皮细胞可见变性、坏死。

吸入酸雾中毒死者上呼吸道可见明显腐蚀现象，并有重度肺水肿、支气管炎和支气管肺炎。有时口服中毒者因呕吐物反流进入呼吸道亦可形成上述改变。此外，当硫酸损及骨质时可使其脱钙、软化。

【检材采取】

采集呕吐物、胃内容物、沾染处衣物及被腐蚀组织、器官作为检材。

【法医学鉴定要点】

案情调查中应仔细了解中毒的时间、地点、人数、原因、毒物的量、中毒症状、体征、抢救诊治经过等。若系意外事故则应了解生产、运输及贮存情况，是否有漏气、漏液现象及其原因。多人中毒时，了解他们之间在接触或暴露毒物环境中的时间、地点及症状、体征有何异同。

现场勘察时首先应查出毒物来源，如现场是否有残留的硫酸液体或气体及其盛装容器的情况。若发现有硫酸外溢，有气体泄漏，应立即采取措施切断毒源。根据现场情况和中毒者的中毒特征，尽量查找和分析中毒者与现场毒物的关系，为分析案情性质收集证据。

尸体外表检查时尤应注意口周的流注痕，体表暴露部位如手掌、头面部及颈前处皮肤及衣物的烧灼、腐蚀状况。解剖中注意观察消化道、呼吸道的腐蚀部位、程度、范围、有无穿孔，周围器官组织是否被腐蚀及其程度。如系口服硫酸中毒，其呕吐物及胃内容物呈强酸性反应。

毒物检测时从检材中检出硫酸是一重要证据。但应注意若硫酸已被吸收，则从器官中无法检出游离的硫酸。

腐蚀性酸类还有盐酸（hydrochloric acid，HCl）和硝酸（nitric acid，HNO_3），其中毒机制和中毒症状同硫酸中毒。只是盐酸中毒致死量是硫酸的 2 倍，约 5～10ml；浓硝酸的致死量约为 8～10ml。在盐酸中毒时，除直接作用外，盐酸进入体内解离释出的氢离子与水形成水合氢离子而成为质子的供体，并具有催化作用，能与有机分子起反应，引起细胞损伤。在硝酸中毒时，硝酸能与接触部位的组织中含有芳香族氨基酸（苯丙氨酸、酪氨酸、色氨酸等）的蛋白质发生反应，形成硝基苯衍生物，使接触部位的组织变成黄色，称为蛋白黄色反应（xanthoprotein reaction），硝酸浓度大于 30% 时，即可出现此特征性的反应。蛋白黄色反应所致的腐蚀斑痕是硝酸中毒的特征性变化。

此外，在用某些有腐蚀性的制剂进行消毒时，也有中毒的，如在中国严重急性呼吸系统综合征（severe acute respiratory syndrome，SARS）流行期间，人们用过氧乙酸进行消毒，有用法不当，发生吸入或误服中毒的。除呈现一般酸性物质灼伤表现外，因其是氧化剂，可以发生爆炸、燃烧而致灼伤和组织氧化。

二、草酸中毒

草酸（oxalic acid，$C_2H_2O_4$），又名乙二酸（ethanedioic acid），无色透明柱状晶体，易溶于乙醇，溶于水，微溶于乙醚。草酸是植物常具有的成分，多以钾盐或钙盐的形式存在。草酸可用作纤维、油脂和制革工业的漂白剂，铁锈、墨水迹的清洗剂和金属抛光剂。草酸锑可作媒染剂，草酸铁铵是印制蓝图的药剂。在人尿中也含有少量草酸，草酸钙是尿道结石的主要成分。

【中毒原因】

主要是意外中毒，如工业生产过程中吸入草酸蒸气。草酸及其可溶性盐类，常被用于家庭浴厕清洁及金属除锈等用途，可因误服中毒。曾有一例库房材料员误把草酸当作白砂糖用开水冲服导致中毒。用于自杀少见。

【毒理作用】

草酸为有机酸，其酸性虽较硫酸与盐酸等强酸为低，但在高浓度下，仍具相当的腐蚀性。可对皮肤、眼、呼吸道和消化道黏膜有刺激、腐蚀作用。草酸可与钙结合成草酸钙，引起低血钙，同时，因草酸钙沉积可引起泌尿系统结石、肾衰竭。草酸钙也可沉积于肝、心、肺等器官，而产生各器官功能的异常。

【中毒致死量】

LD_{50} 约 375～475mg/kg。草酸口服致死剂量约 15～30g。

【中毒症状】

一般口服大量高浓度草酸时，可立即造成口腔、咽及食管黏膜的腐蚀损害，剧烈上腹痛，出血性胃炎，呕血。服用较低浓度草酸或草酸盐时，可延迟数小时才产生呕吐、低血钙、抽搐、木僵、昏迷等症状。吸入草酸蒸气，可引起咳嗽、气喘、支气管痉挛或肺水肿等呼吸系统症状和体征。草酸中毒后，可出现口腔疼痛、溃疡（可有黏膜变白现象）、吞咽困难、呕吐、腹痛、腹泻等胃肠刺激症状，严重者可出现出血性胃炎，消化道出血、穿孔及休克等症状和体征。此外，草酸吸收入体内，与钙结合成草酸钙，产生低血钙、四肢痉挛、抽搐、昏迷、心律失常等并发症，严重时可导致死亡。草酸钙结晶沉积于肾小管，可产生肾衰竭，出现少尿、血尿、蛋白尿等症状。肾衰竭多发生于中毒后数天。

【尸体检验所见】

口服中毒致死者可见口腔黏膜、食管、胃肠道黏膜的糜烂、溃疡，胃内容物呈暗褐色，可嗅及刺激性异味。镜下可见食管、胃肠道黏膜组织充血、出血或坏死，肝细胞变性，肾小管上皮细胞变性，坏死，偶见肾小管内结晶沉积。吸入中毒者可见喉头水肿、肺炎、肺水肿、出血等改变。

【检材采取】

取血、胃内容物、呕吐物、尿。

【法医学鉴定要点】

案情调查时注意草酸的来源、中毒原因、可能进入机体的途径。尸检时注意呕吐物及胃内容物颜色、气味、pH 值，消化道黏膜的腐蚀程度。在迁延性中毒死亡案例中，病理组织学检查可见草酸钙结晶沉积于肾小管，并在临床上引起肾衰竭，出现少尿、血尿、蛋白尿等症状。取血、呕吐物、胃内容物、尿进行草酸及草酸盐的检测是鉴定草酸中毒致死的主要方法。

【案例】

某男，38 岁，某日被人强迫喝下草酸液体（浓度不详），被送入当地医院抢救治疗。查体：患者极度衰弱，深昏迷，对光反应迟钝，血压 10.7/6.7kPa（80/50mmHg），脉搏 64 次 / 分，面色苍白，口唇发绀，咽部充血。给予生理盐水洗胃治疗，洗胃液呈洗肉水样色，再给予利尿、补液等处理，症状无缓解，于次日 16 时死亡。尸检见食管黏膜、胃黏膜出血及充血改变，并出现相应部位水肿，甚至糜烂。镜下检查发现严重肾小管坏死，并见大量草酸钙结晶，符合草酸中毒所致的急性肾功能损害表现，故诊断为草酸中毒致死。

三、氢氟酸及无机氟化物中毒

氟（fluorine，F）为自然界广泛分布的元素之一，常以各种无机或有机化合物存在。无机氟化物主要有氟化氢（HF）、氢氟酸（hydrofluoric acid，H_2F_2）、氟化钠（NaF）、氟硅酸（H_2SiF_6）等。它们的工业用途很广，又是农业杀虫剂、防腐杀菌剂和杀鼠药的成分。法医工作中以氢氟酸（氟化氢）和氟硅酸钠中毒较常见。氟化氢在常温、常压下为无色带刺激味气体。20℃以下完全溶解于水，溶液即为氢氟酸。无水氟化氢及 40% 氢氟酸在空气中形成烟雾，其烟雾具有强烈的腐蚀性。

【中毒原因】

多为意外接触所致中毒。用作自杀或他杀中毒少见。

【毒理作用】

氟化氢对皮肤、眼、呼吸道和消化道黏膜有刺激、腐蚀作用。氟离子进入血液、组织可与其中的钙、镁离子结合，使其变为不溶性或微溶解的氟化钙和氟化镁，直接或间接影响中枢神经系统和心血管系统功能，并导致低钙、低镁血症。氟与血红蛋白结合成氟血红素，并能抑制琥珀酸脱氢酶，致氧合作用下降，影响细胞呼吸功能。氢氟酸可致接触部位明显的灼伤，使组织蛋白脱水及溶解，可迅速穿透角质层，渗入深部组织，溶解细胞膜，引起组织液化，重者可深达骨膜及骨质，形成愈合缓慢的溃疡。吸入高浓度氢氟酸蒸气或经皮肤吸收可引起化学性肺炎、肺水肿等。

【中毒致死量】

口服氟硅酸钠 0.2g 可引起中毒症状，致死量为 5～15g；氟化钠致死量为 2.5～10g。氟化物血中最小致死浓度为 0.3mg/dl。

【中毒症状】

经消化道进入的主要为胃肠道症状，表现为上腹剧痛、恶心、呕吐、腹泻、血便和吞咽困难。其后表现为中枢神经和心血管系统症状，头痛、头晕、烦躁、出汗、胸闷、气急、心悸、发绀、肌肉颤动及肢体抽搐、心律失常、传导阻滞等。重者发生蛋白尿、昏迷等，多在 45 分钟到 1 小时内死亡。

经呼吸道吸入高浓度氟化氢气体或蒸气者，立即产生眼和呼吸道黏膜刺激症状，表现为流泪、咳嗽、喉痉挛和胸闷等。重者可发生化学性肺炎、肺水肿和肺出血，出现呼吸困难、嘴唇发绀、咳粉红色泡沫样痰，双肺干、湿啰音等。

【尸体检验所见】

尸僵出现快，腐败较慢。口服氟化物中毒死者可有出血性胃炎、胃黏膜脱落或溃疡形成；经呼吸道吸入时，可有上呼吸道灼伤，鼻黏膜坏死、溃疡形成、鼻中隔穿孔等，还可见肺炎、肺水肿、肝细胞和肾小管上皮细胞变性、心肌小灶状坏死等改变。

【检材采取】

呕吐物、血、尿、骨骼、肝和肾及胃内容物。

【法医学鉴定要点】

鉴定急性无机氟化物中毒的主要依据是有高浓度的无机氟化物气体或蒸气的吸入、接触史，或无机氟化物的摄入史；短时间内出现呼吸道刺激症状和炎症改变，或出现类似急性胃肠炎症状和心、脑、肺、肝及肾损害的临床表现；尸检见呼吸道、胃肠道、肺、肝、肾的相应病变。死者血中可检出较高氟离子含量，是氟中毒鉴定的主要依据。

【案例】

某女，6 岁。某日从幼儿园放学回家途中，被桶装酸类物质烧伤，抢救无效，于次日死亡。尸体解剖：左小腿胫前有 18cm×12cm 皮肤水肿，表皮呈灰色。左足背外侧皮肤有 7cm×4.5cm 水肿，部分表皮剥脱，该处皮下组织灰色。右踝前有 4cm×3.5cm 皮肤水肿，表皮呈灰白色。镜检：局部蛛网膜下腔灶状出血，脑神经细胞变性坏死，脑水肿；心肌纤维局灶性肌浆溶解，心肌间质有局灶性炎性细胞浸润及水肿，血管周围有出血；部分肝索解离及肝细胞轻度水变性；肺水肿及出血；近曲肾小管上皮细胞轻度水变性。局部表皮角质层缺失，表皮层细胞坏死，真皮胶原纤维肿胀。血中氟离子检测：血中游离氟量为 2.41mg/L±0.15mg/L（参考值：0.3mg/L±0.1mg/L）。经检测桶装酸类物质为氢氟酸。结合死前经过和上述各种检查所见，特别是血中氟量远大于参考值，可以认定本例系因氢氟酸中毒致死。皮肤的化学性烧伤是由于氢氟酸所致。本例的脑、心、肺、肝的病理所见亦符合氢氟酸中毒的病理形态学所见。

第二节 苯 酚 中 毒

苯酚（phenol，C_6H_5OH）简称酚，又称石炭酸（carbolic acid），是一种弱有机盐。纯品为白色，半透明针状结晶体，具有特殊气味。暴露于空气中可吸收水分而潮解。苯酚挥发性较低，易燃，易爆，空气中混有 3%～10% 的苯酚时即可引起爆炸。

苯酚广泛用于生产炸药、肥料、油漆、橡胶、石棉制品、合成树脂、石油、造纸、制革及染料等工业。医药上被广泛用作防腐剂、消毒剂、杀虫剂、烧灼剂和止痒剂。市售的消毒剂来苏儿（lysol）是含 50% 甲酚的皂化溶液，为暗褐色油状液体，具有特殊气味，在医学上及日常生活中常用，用水稀释后呈乳白色泡沫状混浊液体。

【中毒原因】

多为意外中毒，如工业生产过程中皮肤接触、吸收致意外中毒；在家误服中毒，如有将来苏儿误作止咳药棕色合剂内服中毒。偶见将来苏儿溶液误作肥皂水灌肠或充当洗胃液引起医源性中毒。自杀少见，偶见服含有苯酚的烫发药水自杀者。苯酚及来苏儿有特殊气味，故用作他杀罕见。

【毒理作用】

苯酚可通过完整的皮肤、胃肠道和呼吸道黏膜吸收。被吸收后的苯酚迅速进入血液分布到各组织，透入细胞，引起全身中毒症状。此时血液中的苯酚含量迅速升高，但在 24～48 小时内回到生理水平。苯酚生物半衰期为 1～2 小时，其在体内小部分氧化成 CO_2 和 H_2O，大部分以原形的“游离”苯酚或与硫酸、葡萄糖醛酸或其他酸结合随尿排出。一部分则被氧化成邻苯二酚和对苯二酚从尿中排出，使尿变成棕绿色或棕褐色，与空气中接触即刻变成黑褐色，称为“酚尿”，常被误认为血红蛋白尿。

肾为苯酚排泄的主要途径，几乎 59% 的苯酚在 1～2 天内随尿排出。极少量随呼气或随粪便排出。苯酚在经肾排出过程中对肾有强烈刺激作用，可致肾小管上皮细胞变性、坏死。正常人尿中含少量酚，当尿酚量突然增加，可以反映人体接触和吸收酚的情况。

苯酚属高毒类毒物，为细胞原浆毒，低浓度能使细胞蛋白质变性，高浓度能使蛋白质凝固，故对组织细胞有直接损伤作用。对接触部位的皮肤、黏膜有强烈的刺激和腐蚀作用。进入体内的苯酚对中枢神经系统有显著抑制作用，如血管舒缩中枢、呼吸中枢及体温中枢，从而引起血压下降、呼吸浅慢和体温下降。苯酚可直接损害心肌，使心肌细胞变性、坏死。同时，对肝、肾也有损害，还有轻度溶血作用。由于苯酚与蛋白质结合后，又易从已破坏的蛋白质中分离出来，故苯酚无论经皮肤还是经黏膜或消化道、呼吸道进入机体，均可进一步侵入和分布到其他组织引起全身中毒。其毒效应与血中游离的酚含量有关。

【中毒致死量】

人口服苯酚致死量约 2～15g，最小致死量 1.3g。来苏尔的致死量约为 20～40g。体腔注射苯酚的致死量约为 1～2g。

【中毒症状】

口服者口腔、咽喉、食管和胃有强烈的烧灼感和疼痛，后因麻痹疼痛不明显。皮肤黏膜接触处呈灰白或棕黄色，腐蚀严重者出现黑色干痂。

全身症状可有面色苍白、皮肤湿冷、头痛、头晕、呼吸浅慢、脉搏细弱、血压下降、肌肉抽搐、体温下降、呼气中带有酚味。严重者发生虚脱、昏迷。急性中毒几小时内即可死于休克。其他的死亡原因多为呼吸衰竭和肺水肿。肾损害症状出现较晚。48 小时内可出现少尿、蛋白尿，甚至引起急性肾衰竭。特征性的症状是酚尿。经救治脱险者，可发生膀胱黏膜溃疡。病程迁延者食管可见瘢痕形成，甚至可致食管狭窄。

急性吸入高浓度酚蒸气后，可发生头痛、头昏、无力、皮肤苍白、出冷汗、发绀、体温下降、血压和脉搏初期升高，继而下降。严重者很快出现神志不清、烦躁、抽搐及肺水肿的症状，最后出现呼吸和循环衰竭。

【尸体检验所见】

口服苯酚中毒者在口周围有灰白色或棕色腐蚀斑，常呈流注状。有时衣物因被沾染而有明显苯酚气味。舌白而肿胀，口腔、食管及胃黏膜因腐蚀而出现灰白色凝固性坏死。胃内有明显的苯酚特有的气味。胃强烈收缩变硬。镜检见胃黏膜层凝固性坏死（图 2-2），黏膜下层充血、水肿。由于苯酚具有穿透作用，故胃周围邻近器官如肝、脾等的接触面也可见白色硬斑。口服来苏尔中毒者除见上消化道黏膜腐蚀现象外，胃壁有滑腻感、质地较软，黏膜呈深棕色或红棕色，并有药皂气味。

全身变化有脑水肿及各器官淤血。迁延性中毒者可见肾、肝实质细胞变性和坏死。膀胱内尿呈棕绿色或棕黑色。

此外，有的中毒者因呕吐物被吸入呼吸道时，可见其呼吸道黏膜凝固性坏死，黏膜下层充血，喉头水肿、肺水肿，甚至支气管肺炎。

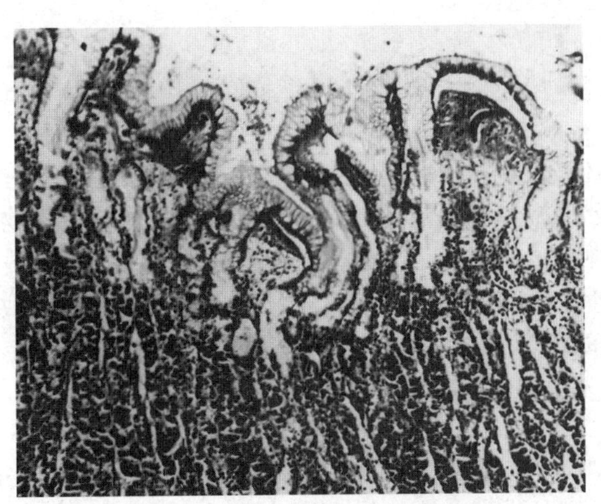

图 2-2　急性烫发药水中毒的胃

胃黏膜表层凝固性坏死

【检材采取】

首选呕吐物、胃内容物，其次为尿及肝、肾组织，也可取血、肺、脑组织。

【法医学鉴定要点】

中毒者的衣物、呕吐物及胃内容物常可嗅到苯酚特殊气味。酚尿是其特征。酚尿可用溴水试剂法或三氯化铁试剂法进行检测。前者是在尿液中加入溴水后生成白色结晶性沉淀，在显微镜下呈针形结晶。后者则是在尿中加入一滴三氯化铁试剂，若有酚尿则呈紫色。

第三节　腐蚀性碱类中毒

碱类物质溶于水，其溶液的 pH＞7。碱性物质无论是固体、粉尘、溶液或是蒸气均可对机体组织产生强烈刺激和严重腐蚀作用。常见碱性物质有氢氧化钠、氢氧化钾、氨、氢氧化铵、氢氧化钙、氧化钙、碳酸钠等。其中氢氧化钠和氢氧化钾又称为苛性碱，腐蚀性最强。由于碱性物质在工业上用途很广，是不可缺少的基本化工原料和重要的化学试剂，故腐蚀性碱类中毒案例仍有发生。

氢氧化钠（sodium hydroxide，NaOH）又名苛性钠（caustic soda）、烧碱。为白色不透明固体，易溶于水，溶解时同时放热。也可溶于乙醇、乙醚和甘油中。

氢氧化钾（potassium hydroxide，KOH）又名苛性钾（caustic potassium），为白色半透明晶体。易溶于水和乙醇，微溶于乙醚。

【中毒原因】

腐蚀性碱类物质用作自杀、他杀均罕见。主要见于意外，如生产运输过程中的意外中毒，意外掉入液碱池内、小儿误服等。Kernodle 等曾报道 136 例误服碱液中毒，5 岁以下儿童占 82%，其中 2 岁以下者占 52%。

【毒理作用】

碱性物质在接触部位迅速吸收水分并穿透细胞膜与细胞质蛋白质结合，形成胶冻样可溶于水的碱性蛋白化合物，使组织发生液化性坏死。由于碱性物质渗透力强，可向深部及邻近组织渗透，故碱性物质引起比酸性物质更严重而广泛的损伤。它不仅可溶化皮肤、肌肉等软组织和神经组织，还可溶化毛发、指（趾）甲及软骨等坚实组织。强碱与血红蛋白作用可形成淡绿色的碱性血红素。与组织中脂肪酸发生皂化反应，故坏死组织触之有滑腻感。血液中氢氧离子浓度增高可使血液和体液的碱性增加，从而引起体内代谢严重紊乱和心、肾功能障碍。此外，碱性物质不论是固体、粉尘、溶液或是蒸气均可对人体皮肤、黏膜、角膜造成伤害。碱性物质还能吸收组织中的水分，使组织细胞脱水坏死，并因此放热而使组织遭受热损害。

【中毒致死量】

95% 苛性碱的致死量 5～10g，10%～30% 的液碱致死量 10～20ml。硫酸钠为 30g，碳酸钾为 15g。

【中毒症状】

经口服造成消化道灼伤，出现剧烈疼痛、恶心、呕吐，呕吐物呈强碱性，亦可有腹泻、血便和里急后重感。有时可发生胃及十二指肠穿孔，引起弥漫性腹膜炎。吸入碱性物质可引起喉头水肿，严重者引起窒息，并出现肺水肿和支气管炎。皮肤表面接触中毒者引起严重皮肤烧伤，可伴皮肤继发性感染。碱性物质中毒早期多死于休克，有的可死于严重的肺水肿。存活数日的迁延性中毒者，可发生肾损害，重者发生急性肾衰竭。在皮肤、食管、胃等接触毒物部位，可造成瘢痕性挛缩或狭窄。浓碱液溅入眼内者可致角膜及结膜广泛坏死。

【尸体检验所见】

毒物接触处的皮肤、唇、口腔、食管呈淡灰色肿胀，触之柔软，有皂样滑腻感。这是强碱中毒的特殊征象。食管和胃壁肿胀、质软，黏膜坏死并可脱落形成较深的溃疡。十二指肠和空肠上段也出现类似改变。由于黏膜受碱性血红素浸润，故呈红褐色外观。镜下见食管和胃黏膜上皮坏死、脱落，深达黏膜下层甚至肌层。坏死周围组织充血、水肿。小血管内有时可见透明血栓形成。小肠受累者可见黏膜绒毛顶端肿胀呈杵状，组织坏死。浓苛性碱可引起组织液化、组织缺失。此外，死后碱液仍能在胃壁继续弥散，并作用于邻近的器官组织，使之软化呈淡灰色。

经呼吸道吸入强碱物质，或口服中毒者的呕吐物吸入呼吸道时，可见喉头水肿、呼吸道黏膜腐蚀坏死、支气管肺炎及肺水肿等病变。

【检材采取】

呕吐物或胃内容物均可。

【法医学鉴定要点】

案情调查时注意碱性物质的种类、浓度及来源、中毒原因及可能进入机体的途径和毒物的数量。尸检时注意与强酸中毒相鉴别。如呕吐物及胃内容物呈碱性，坏死组织触之柔软有皂样滑腻感，尿液混浊呈碱性，腐蚀组织呈液化性坏死即可鉴定为碱性毒物中毒。而强酸中毒的呕吐物、胃内容物呈强酸性，腐蚀组织呈凝固性坏死可予鉴别。

第四节 氨 中 毒

氨（ammonia，NH_3），常温、常压下具有特殊刺激性臭味的气体，易溶于水，即为氨水，含氢氧化铵（NH_4OH）和氨，呈碱性。1% 溶液的 pH 约为 11.7。28% 氨水溶液称浓氨水。氨因沸点低，极易挥发。氨与空气混合爆炸极限为 15.5%～28%。氨可由氮和氢在触媒作用下直接合成，氨与各种酸酐或酸类可直接生成铵盐。

氨被用作冷冻剂，是制取各种含氨产品的主要原料。氨水主要用作化肥。氨在石油精炼、氮肥工业、合成纤维、塑料、染料、油漆、鞣革、医药、制造氰化物及农业生产中被广泛应用。

【中毒原因】

因氨有特殊气味，用作自杀或误服中毒少见，他杀更罕见。主要见于意外事故中毒，如贮存、运输或检修过程中氨水容器或液氨罐、管道、阀门等意外破损爆裂，致氨大量逸放引起工人中毒或周围居民、行人的群体性中毒，或喷洒氨水时不带有效呼吸器吸入多量氨气而中毒。氨中毒多以气体形式吸入而引起中毒。

【毒理作用】

氨主要作用于呼吸系统，对黏膜有刺激和腐蚀作用。低浓度时可使眼结膜、鼻咽部、呼吸道黏膜充血、水肿等。高浓度氨损伤肺泡壁毛细血管，使其扩张和渗透性增强，破坏肺泡表面活性物质，肺间质和肺泡产生大量渗出物，形成肺水肿、出血和支气管肺炎。同时支气管、毛细血管亦充血、水肿、痉挛。氨的水溶性强，分子量小，扩散速度快，能迅速渗透到组织内，使组织蛋白变性，脂肪组织皂化，细胞结构破坏，造成组织坏死，并使病变向深部发展。氨损伤肺泡可致急性成人呼吸窘迫综合征（acute respiratory distress syndrome，ARDS）。氨对神经系统的作用在中毒开始为兴奋，随后为惊厥，继而嗜睡以至昏迷；亦可通过三叉神经末梢的反射作用，引起心脏停搏和呼吸停止。口服对消化道有明显的刺激和腐蚀作用，可引起消化道黏膜灼伤甚至胃穿孔。进入肺泡的氨，除少部分与二氧化碳结合外，大部分与水结合形成氢氧化铵。氨在肝中解毒形成尿素。被吸收的氨有少量可随尿、汗液或呼吸排出体外。故中毒者血、尿中尿素及氨含量明显增加。

【中毒致死量】

口服浓氨水的致死量 10～15ml。吸入氨气 1750～4000mg/m^3 可危及生命，3000～7000mg/m^3 可致死。

【中毒症状】

口服氨水者可同时出现消化道和呼吸道刺激症状及全身反应。服后立即出现剧烈咳嗽、流泪、大量流涎。口、鼻腔黏膜被腐蚀，舌肿胀，喉头水肿，呼吸和言语困难。胸后壁有烧灼感，胃剧痛，呕吐，呕吐物为碱性，有明显的氨臭气味，可混有血液及坏死脱落的黏膜碎片。严重中毒者同时出现精神兴奋、运动亢进、痉挛、谵妄，继而逐渐发生四肢不全麻痹和虚脱症状。多在12～24小时内发生死亡，少数可于10～15分钟短时间内很快死亡。

吸入高浓度氨气，可很快出现肺水肿，咳出血样痰或粉红色泡沫样痰，出现烦躁、抽搐、发绀、呼吸困难、休克或昏迷，最终呼吸停止而死亡。经治疗好转者，可在起床活动时，因气管和支气管内坏死黏膜组织突然大片脱落，阻塞呼吸道而引起窒息死亡。皮肤接触氨水或高浓度氨气中毒者，除有上述呼吸道及消化道症状外，皮肤可形成化学灼伤。眼有灼痛，结膜充血、水肿，角膜可形成溃疡甚至穿孔。

【尸体检验所见】

口服中毒死者的口腔、咽及食管表面覆盖有灰黄色假膜，其剥离处呈深红色。胃有明显氨臭味。胃黏膜呈灰黄褐色，脱落部位呈深红色。胃壁肿胀增厚、出血，一般不发生穿孔。十二指肠有时可有浅表溃疡形成。吸入中毒死者的咽、喉、气管和各级支气管壁可见灰黄色片块状假膜覆盖，使管腔明显狭窄。有明显氨臭味。镜下见假膜系由坏死组织、纤维素、大量炎细胞及红细胞组成。坏死组织脱落后形成溃疡可深达软骨。肺明显肿大，重量增加，胸膜脏层可见点片状出血，切面重度水肿，有淡红色泡沫状液体溢出。镜下见肺出血、水肿，有透明膜形成，有的可见散在的支气管肺炎改变。其他实质器官的变化有：心外膜点状出血，心肌间质淤血、水肿；肝淤血，肝细胞脂肪变性；肾淤血、肾小管上皮细胞水变性；脑淤血、水肿，少数小血管周围有渗出性出血。

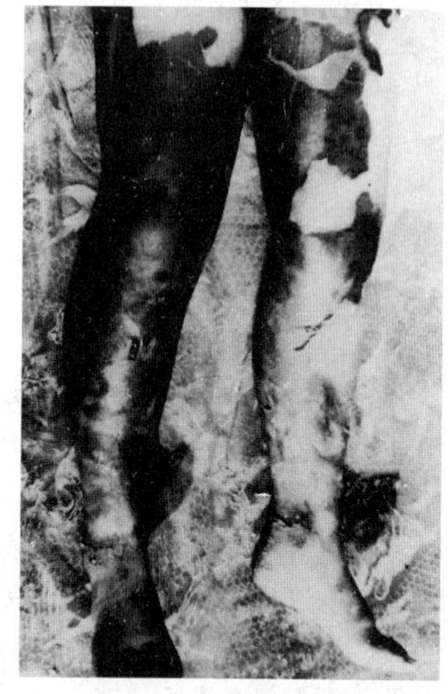

图2-3 急性液氨中毒两下肢化学灼伤

皮肤接触中毒死亡者，还可引起不同程度的化学灼伤（图2-3）。

【检材采取】

呕吐物、胃内容物。

【法医学鉴定要点】

与强碱中毒相同。具有特殊的氨臭味为特点。但需注意放置较久的尸体，因腐败而产生的氨，也能使胃内容物或体液出现氨臭味及变成碱性。若为群体性意外中毒，须会同有关部门注意勘察现场，查清中毒发生的原因和性质。

第五节 甲醛中毒

甲醛（formaldehyde，HCHO）俗名蚁醛。属饱和脂肪醛类，常温下为无色有辛辣气味的气体，其37%的水溶液俗称福尔马林（formalin），是医学常用的组织器官固定液。

甲醛是世界产量最高的十大化学物之一，有3000多种用途，广泛用于各种生产和科研部门。除工业生产外，甲醛主要用于制造树脂（如酚醛树脂、脂醛树脂）和合成塑料或橡胶。在建筑材料、木材加工、造纸、纺织、皮革加工、制药、油漆、炸药等工业也有大量应用。甲醛水溶液在农业、林业、畜牧业、生物学和医药中普遍用作消毒、防腐和熏蒸剂，如有滥用于海产品和水果的保鲜。因此在各部门均拥有大量职业接触人群。此外，甲醛还广泛用于房屋装修的木材或胶合板，是目前受到广泛重视的环境污染物之一。

【中毒原因】

有特殊的辛辣气味的甲醛，用于自杀、他杀均罕见，主要见于意外中毒事故。某医院医务人员曾误将2ml甲醛溶液当作10%水合氯醛强行给患儿灌服致患儿中毒死亡。新建住所内装饰物及家具，因其中所含的甲醛挥发可造成居住者人体健康损害。

【毒理作用】

甲醛为原浆毒，可致组织细胞蛋白质凝固，失去正常功能。对皮肤黏膜有刺激作用，对皮肤及呼吸道有致敏作用，并有致突变及致癌作用。人吸入甲醛的刺激阈值为 0.06～1.9mg/m^3。长期接触甲醛者有鼻黏膜充血、皮肤干燥、易发生皲裂、手掌过度角化；并可增高机体对甲醛的敏感性，表现为皮肤广泛皮疹。部分患者血中嗜酸性粒细胞增多，亦可能与机体对甲醛的过敏有关。但甲醛蒸气对皮肤的致敏作用极为罕见。有人报道，哮喘或非特异性支气管炎与接触甲醛或含甲醛制品有关。

甲醛对神经、消化、心血管系统均有一定影响。长年接触 12mg/m^3 甲醛的工人中，17%～19% 主诉有嗜睡、虚弱症状，47.8% 有头痛、头晕。当浓度达到 20～70mg/m^3 时，有食欲丧失、体重减轻、软弱无力、持久性头痛、心悸和失眠现象。

甲醛对人体有致癌作用，会导致人类鼻咽癌和鼻窦癌，可能导致白血病，还是一较强的致突变剂。

【中毒致死量】

大鼠经口 LD_{50} 为 0.8g/kg。甲醛溶液成人口服致死量为 30～60ml。

【中毒症状】

吸入甲醛蒸气后，轻度可致结膜炎、上呼吸道炎和支气管炎，重者可发生喉痉挛、喉头水肿、肺炎，偶见肺水肿和呼吸窘迫。口服中毒，误服甲醛溶液后，口腔、咽部、食管、胃很快出现烧灼感，口腔黏膜糜烂，上腹部疼痛、腹泻、便血。重者发生食管、胃肠道黏膜糜烂、溃疡和穿孔，呼吸困难、休克、昏迷甚至死亡。

皮肤损害，皮肤直接接触甲醛溶液可以产生急性刺激性皮炎、过敏性皮炎和荨麻疹。

职业性急性甲醛中毒是依据短期内吸入高浓度甲醛蒸气的接触史和以眼及呼吸系统损害为特征进行诊断。根据《职业性急性甲醛中毒诊断标准》(GBZ33-2002)，当接触甲醛的人出现明显的眼及上呼吸道黏膜刺激症状，体征有眼结膜充血、水肿，双肺呼吸音粗糙，可有散在的干、湿啰音，胸部 X 射线检查有肺纹理增多、增粗，或一至二度喉水肿，可诊断轻度甲醛中毒。若出现持续咳嗽、咳痰胸闷、呼吸困难，双肺有干、湿啰音，胸部 X 线检查见散在点片状或斑片状阴影时，或三度喉水肿，血气分析呈轻度至中度低氧血症，可诊断为中度甲醛中毒。当出现肺水肿、四度喉水肿，血气分析呈重度低氧血症，为重度甲醛中毒。

【尸体检验所见】

口服中毒致死者可见口腔黏膜、食管、胃肠道黏膜的糜烂、溃疡和穿孔。肝、肾充血和实质细胞的变性。吸入中毒者可见喉头水肿、肺炎、肺水肿、出血，偶见肺透明膜形成等。

【检材采取】

取血、呕吐物、胃内容。

【法医学鉴定要点】

接触甲醛者的衣服，可嗅到特殊的辛辣气味。取呕吐物、胃内容物、血进行甲醛检测是鉴定甲醛中毒致死的主要方法。

【案例】

某女，39 岁。某日上午 9 时许，因与丈夫吵架，口服甲醛溶液约半瓶(500ml 装)，很快出现口吐白沫，自己到水管处饮水，后昏倒，其丈夫马上送其至当地卫生院抢救，于 9 时 40 分抢救无效死亡。尸检见双眼结膜点状出血，下唇黏膜 2cm×1cm 瘀斑，口腔、食管及胃黏膜呈凝固样改变，质硬，发皱，颜色暗淡，胃内容物约 150ml。肝脏呈灰褐色。病理检验：各器官未检见致死性病变。毒化检验：从现场提取的瓶内残余液体和死者的胃内容物中检出甲醛成分。检验现场瓶内剩余甲醛液甲醛含量 > 36%。根据案情、尸检、病理和毒物检验结果，确定本例系因口服甲醛中毒死亡。

（吴　旭）

思考题

1. 试述腐蚀性毒物的概念及中毒途径。
2. 在法医学鉴定中如何鉴别腐蚀性强酸、强碱中毒？
3. 何谓酚尿？形成机制有哪些？如何检测？

第三章 金属毒物中毒

学习目标

通过本章的学习，你应该能够：

掌握 金属毒物中毒的共同特点，常见金属毒物中毒的毒理作用、中毒症状、尸体检验所见、检材采取和法医学鉴定要点。

熟悉 常见金属毒物中毒与临床易混淆疾病的鉴别。

了解 常见金属毒物的理化性质、中毒原因、中毒致死量等。

章前案例

1955年夏天，日本西部各地人工营养儿发生散在原因不明的疾病，有发热、皮肤色素沉着、腹部膨胀及贫血等症状。经调查确定是日本某奶粉公司使用砷污染的磷酸氢二钠作为奶粉稳定剂，导致一万两千余人砷中毒，130名患儿死亡。日本法医学杂志先后报道6例尸检，主要病变为：消瘦，贫血，心肌空泡变性及纤维化，肝小叶中央区脂肪变性及坏死，肾小管上皮细胞肿胀及脂肪变性，脑细胞空泡变性、水肿及神经损害等。中毒原因查明后，法院判决该奶粉公司承担全部医疗费、住院费、护理费和对死婴的赔偿费。14年后，发现原患者中有三分之二留有严重的后遗症。患儿的家属和社会热心人士，又组织了再次起诉，日本高等法院判决该公司负责所有受害者的健康、生活、就业安排，并以业务过失致死、致残罪判处该公司生产处长徒刑3年。

金属毒物(metallic poison)是指具有毒性的金属、类金属及化合物。金属是迄今人类应用最早的药物和毒物，早在2000年前，就有铅可致腹绞痛的报道。某些金属是人体生理活动所必需的，如钾、钙、钠、镁、锌、铜、铁、钴、铬等，缺乏可引起人体生理活动异常或发生疾病，过量摄入则可能造成中毒甚至死亡；而另一些金属及类金属，如铅、汞、镉、砷、铍、铬、铊等，对生物具有显著毒性作用。

金属毒物中毒在法医学实践中并不少见，中毒的原因有自杀、他杀及意外事故等，急性中毒尤以砷、汞等较多见。由于三氧化二砷无特殊气味，不易被人发觉，故常被罪犯使用。其他如汞、铬、铅、铊等金属及化合物也可遇到。罪犯常将毒物混入食物或药物，有的则通过注射或塞入阴道等胃肠外途径投毒。应用金属毒物自杀或他杀日益少见，意外事故导致金属毒物中毒有增多趋势，如过量使用某些含金属成分的药物、吸入金属蒸气或金属毒物污染食物、水、空气而致中毒等。

金属毒物一般通过消化道或呼吸道进入机体，两种途径的吸收率和分布情况有所不同。多数金属毒物可通过呼吸道的血液循环直接吸收进入人体，造成全身中毒，或直接或间接地使呼吸系统受到损害，这种毒作用往往更为迅速和严重。少量金属毒物可以通过皮肤进入机体，但不同金属及其化合物对皮肤穿透力的研究尚不多见。溶解度较高的金属毒物可以进入肺泡上皮细胞，因此毒性较大。一般说来通过肺泡吸收时金属的毒性比经消化道吸收时更大。

金属及其化合物吸收后，并非均匀分布，有的对某些器官组织有特殊的亲和力，如铅多蓄积在骨骼，汞和铬多蓄积在肾脏，吸收进入机体的金属对机体的损伤呈现明显的器官系统特异性。如砷、汞、有机汞、铅、四乙基铅、铊、锰等有明显的神经毒作用。无机汞化合物、铬、镉、铂及其化合物等都可引起以肾损害为主的中毒。而铍、铬、铝、铁、砷、镍等则可以引起炎症、肺纤维化、肺肉芽肿等呼吸系统急、慢性损害和肺部肿瘤等。对血液系统产生毒作用的有铅、砷、砷化氢、汞等，主要表现在对红细胞、白细胞、血小板、出凝血功能等方面的影响。

金属毒物的毒性与其特性、机体状况、金属的接触条件及代谢、环境等因素有关。金属的特性主要指形态（物理状态、价态）、理化性质（脂水分配系数、溶解度、分散度）等。金属毒物的物理状态会影响机体吸收的程度与速度，如液体汞在胃肠道不易吸收，而吸入较大量汞蒸气则会迅速引起中毒或死亡；金属很少以其元素形式与生物体相互作用，通常活化为离子形式，不同的化合物形式和不同价态会影响其毒性大小，如三价砷比五价砷的毒性大；脂水分配系数直接影响金属及其化合物的吸收、分布、转运、代谢和排泄，从而决定其毒性大小，如甲基汞亲脂性强，神经毒性大。金属毒物的毒性还与其溶解度有关，一般来说，在体液中溶解度越大，毒性越强，如砒霜（As_2O_3）较雄黄（As_4S_4）易溶于水，因而毒性较雄黄大。金属毒物进入机体后，与机体内蛋白质、核酸结合成金属络合物或金属螯合物而发挥毒作用，其主要的毒理作用是与多种酶结合而改变活性部位的构象，或置换酶分子中的金属离子，使酶的活性被抑制甚至消失。如1923年首先发现砷等金属的毒性是与多种酶的巯基（—SH）结合，从而使酶失去活性。

金属中毒往往表现为多系统、多器官损伤，中毒症状多种多样，其症状与某些疾病相似，容易造成误诊、漏诊。而利用金属毒物小剂量多次投毒或胃肠外途径投毒，案件隐匿性强，易导致案件侦破的延缓或困难，须引起法医工作者的重视。此外，某些金属毒物可在尸体内保存较长时间，开棺提取生物检材有一定价值。

第一节 砷化合物中毒

砷（arsenic，As）俗称砒，是类金属，具有金属性，质脆而硬，可升华。单质砷不溶于水，毒性很低。砷化合物，如氧化物、盐类及有机化合物均有毒性。三价砷化物毒性较五价砷化物强，其中以溶解度较大的三氧化二砷（arsenic trioxide，As_2O_3）更强。溶解度小的化合物，如雄黄（As_2S_2）、雌黄（As_2S_3）等砷的硫化物毒性很低。有机砷化合物一般毒性较小，但用于制造军用毒剂的有机砷化合物毒性较高。砷在常温下可缓慢氧化，加热时迅速燃烧成As_2O_3。As_2O_3俗称砒霜、砒石、信石，其纯品呈白色粉末状，又名白砒，无特殊气味，微溶于水。混有硫化物杂质时呈红、黄或浅褐色，称为红砒。其他无机砷化合物有砷酸铅、砷酸钙、亚砷酸钠、雄黄、雌黄等。砷多以硫化物的形式广泛存在于自然界，常见的含砷矿物有斜方铁矿（$FeAs_2$）、雄黄、雌黄、砷黄铁矿（FeAsS）等，也存在于焦炭和褐煤中，土壤、水和植物内也含少量砷。砷及其化合物应用广泛：砷与铅、铜制成的合金抗腐蚀性和耐磨性很强；无机砷化物在农业中可用于杀虫、除草、木材的防腐；玻璃工业中用作脱色剂；纺织、颜料工业中可用来制作颜料；皮毛、制革工业上用作消毒防腐剂及脱毛剂；医药业用砷化物来制造枯痔散、牙髓失活剂、抗癌药物等。近年来，我国学者应用As_2O_3治疗急性早幼粒细胞性白血病，取得了很好的疗效，已在世界范围推广。有机砷化物大多由化学合成，属苯环或芳香族化合物。三价有机砷制剂大多是阿斯非那明（arsphenamine）的衍生物，如阿斯非那明钠盐等。有机砷制剂曾用于治疗梅毒、锥虫病等。但自抗生素问世以来，有机砷制剂逐渐被取代，现主要用于治疗锥虫病。有机砷化物也曾用来制造某些军事毒气，如路易斯毒气（氯乙烯氯胂）、亚当毒气（二苯胺氯胂）等。

一、无机砷化物中毒

【中毒原因】

砷是人类最早知道的毒物之一，中外历史上不乏使用砷化合物致死的案例。无机砷化合物中毒

以 As_2O_3 最多见。我国早在宋代宋慈所著《洗冤集录》及明代李时珍所著《本草纲目》中，即对砒霜中毒进行了较为系统的介绍。As_2O_3 自古以来常被用于投毒他杀或自杀。近代，国内外均有采用小剂量多次投毒或胃肠外途径投毒的案例报道，易被误诊为其他疾病。砷中毒也可见于意外，如农村中有误将砒霜当作碱面或石膏使用而中毒；也有用装过信石或亚砷酸钠的麻袋、器皿盛装粮食或饮水而引起中毒；还有应用 As_2O_3 配成栓剂治疗阴道滴虫病引起中毒的案例。中药枯痔散含 10%～25% 的 As_2O_3，反复涂擦患部可引起中毒或死亡。此外，使用含砷量高的燃煤或长期饮用高砷深层地下水可致地方性慢性砷中毒。新疆某地因饮用高砷深井水引起慢性砷中毒，该深井水含砷浓度超过我国生活饮水最高允许浓度的 15 倍。

【毒理作用】

砷化物可经消化道、呼吸道及皮肤吸收。职业中毒主要经呼吸道吸收，砷化物经皮肤吸收较慢。砷吸收入血后被转运而贮存于各器官内。在开始数小时以肝、肾浓度最高，脑、心、子宫内浓度较低。骨骼和肌肉内砷的浓度也低，但由于它们占身体总量的比例较大，故其贮存量在身体各器官中仍占首位。皮肤、毛发内含砷量较高。三价砷易与巯基结合，可长期蓄积于富含巯基的毛发与指（趾）甲的角蛋白中。砷主要通过肾脏排泄，部分通过粪便、汗液等排出，唾液、乳汁等也可排出小部分。尿中有四种代谢物：砷酸盐、亚砷酸盐、甲基胂酸及二甲基胂酸。无机砷进入人体后主要以二甲基胂酸的形式从尿液排出，约占 60%～80%，10%～20% 以甲基胂酸的形式排出，直接以无机砷形式排出的约占 10%～30%。

砷与体内蛋白质和多种氨基酸具有很强的亲和力。砷能与多种酶蛋白分子上的巯基或羟基结合，如 6- 磷酸葡萄糖脱氢酶、细胞色素氧化酶、乳酸脱氢酶、胆碱氧化酶、磷酸酯酶等，使酶失去活性，导致细胞内生物氧化过程发生障碍或使细胞分裂发生紊乱，严重时可使细胞死亡。砷可直接作用于神经系统，麻痹延髓的血管舒缩中枢。砷还直接损害毛细血管，使之麻痹扩张，通透性增加，血浆渗出，甚至红细胞漏出。砷中毒时的胃肠炎症状是毛细血管极度扩张及受损的结果。严重的呕吐、腹泻使水分及电解质大量丢失，可引起脱水、酸中毒、低钾及低钠血症。

【中毒致死量】

As_2O_3 人口服的中毒量为 0.005～0.05g，致死量为 0.07～0.18g。

【中毒症状】

根据中毒发病方式、临床症状及病程可分为以下类型：

1. 急性麻痹型　多由于摄入大量无机砷化物所致。本型最明显的症状是严重循环衰竭，表现为血压下降、脉搏细数、呼吸困难而浅表，呈昏迷或半昏迷状态，偶有抽搐。也可出现胃肠道症状如恶心、呕吐、腹痛等。本型症状主要是由于大量砷化物对中枢神经系统，尤其是延髓生命中枢的抑制所致。患者常在数小时内急性死亡。

2. 急性胃肠型　最为常见。服毒后迅速发生呕吐、腹泻，有时腹泻频繁，伴有腹部痉挛性疼痛。呕吐物呈米汤样，临床表现甚似霍乱，容易发生混淆。较严重病例可见患者面容焦虑、脱水貌、全身皮肤湿冷、下肢肌肉痉挛、尿量减少、蛋白尿。患者可于数小时至数天内死亡，若病程迁延则可能恢复。

3. 亚急性型　若小量多次摄入砷化物，或一次大量摄入体内但未立即死亡、病程迁延时，可发生亚急性中毒。病程持续数周至数月。临床表现以肝、肾损害为突出。可表现为急性或亚急性重型肝炎的症状，如皮肤及巩膜黄染，眼结膜、胸腹部及四肢皮肤有出血斑点，肝功能障碍、恶心、呕吐、腹痛、腹泻，并可出现脱水和下肢肌肉痉挛。有的表现为蛋白尿、血尿、多尿或少尿。少数尚可发生心肌损害。全身软弱、消瘦，有的可见皮疹或角质增厚等。

4. 慢性型　多见于地方性慢性砷中毒，由于饮用高砷含量的地下水、矿区环境污染等所致。有时也见于小量多次投毒他杀的案例。病程较长，可达数年。有的则由急性中毒后逐渐发展而来。慢性砷中毒的临床表现不一。有的表现为周围神经炎症状，如手足麻针刺感，肌肉麻痹或萎缩。有的表现为慢性胃肠炎，如食欲不振、恶心、呕吐、口干、腹泻、渐进性虚弱、消瘦、贫血。有的出现下肢血栓闭塞性脉管炎，临床表现为“乌脚病”。长期摄入砷化物最突出的表现为皮肤损害。皮肤病变以色素脱失及沉着、角化过度及疣状增生为主。色素改变可遍及全身，尤以非暴露部位如胸、背部为多。在颞部、眼睑、颈部或胸部等处皮肤，色素沉着常与色素脱失相间存在，使皮肤呈现花斑状或雨点样。严重者色素沉着遍及胸、腹及背部，使皮肤呈古铜色。角化过度常见于手掌或足底，表现为丘疹样隆起或鳞状的角化斑。还可见皮肤湿疹样改变、大疱、水肿、毛囊炎或溃疡。偶见患者鼻中隔穿孔，但无痛感。此外，尚可见脱发、指（趾）甲变形，指（趾）甲出现1～2mm宽的白色横纹（Mees' lines），并逐渐向远端移行。

【尸体检验所见】

根据临床表现不同，尸体检验所见也不完全一样，分述如下：

1．急性麻痹型　由于发病突然，病程短促，常不能见到特殊病变，仅见死者口腔及食管黏膜充血，胃黏膜充血肿胀，有点状出血。脑膜及脑实质充血水肿。镜下可见神经细胞变性，全身各器官淤血。

2．急性胃肠型　主要为消化系统的病变。口腔及食管黏膜充血，胃黏膜充血水肿，有的在胃黏膜皱襞之间夹有As_2O_3粉末。皱襞嵴部由于毒物腐蚀作用可出现暗褐色条纹状糜烂或坏死。小肠黏膜充血肿胀，镜下见黏膜及黏膜下层小血管极度扩张充血（图3-1）。有的在小肠壁可见灶性黄色斑块，这是由于砷和肠道内产生的硫化氢形成硫化砷所致。胃肠腔内则含大量米汤样内容物，是由于砷直接作用于肠壁毛细血管，使之通透性增高所致。胃肠型不但见于口服砷中毒的案例，同样可见于毒物经皮肤或阴道黏膜等胃肠外途径进入人体的案例。

若病人生存数天后死亡，则可见心、肝、肾等实质器官细胞水变性、脂肪变性，甚至坏死（图3-2）。中毒性肝坏死有时可发展为急性重型肝炎。有的可见肾上腺皮质变薄，束状带细胞细胞质内类脂质显著减少。肠系膜、腹膜后、心外膜及主动脉周围疏松结缔组织等部位灶性出血。有的在左心室内膜下，特别是室中隔部位可见明显条纹状出血。

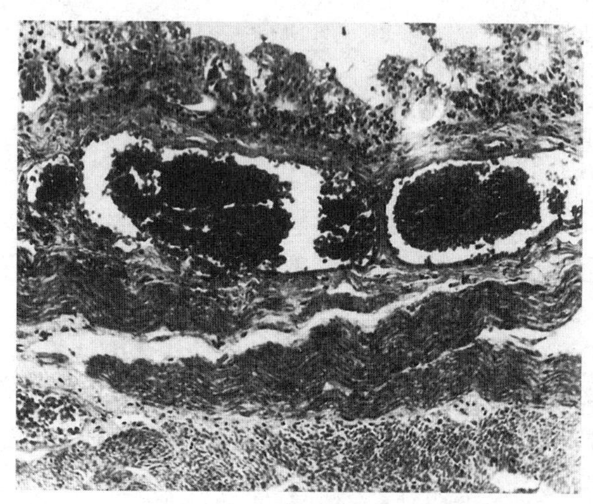

图3-1　急性三氧化二砷中毒的小肠

小肠黏膜下层血管极度扩张充血

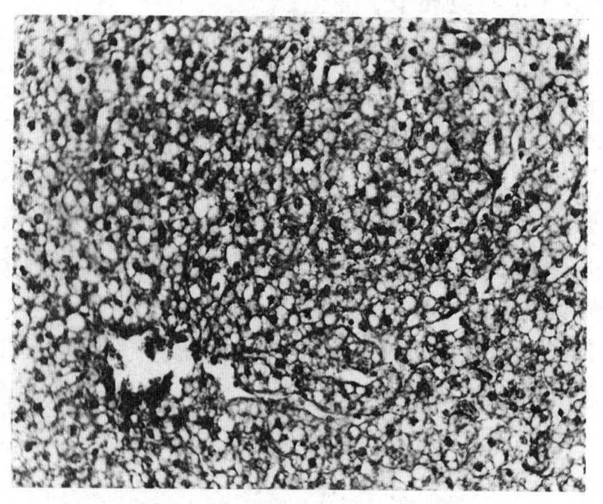

图3-2　急性亚砷酸钠中毒的肝

中毒性肝病，肝细胞极度肿胀，失去条索状结构，细胞质内含有多量大小不等的脂滴，肝细胞核染色不良、溶解乃至消失，有少数炎细胞浸润

3．亚急性和慢性型

（1）消化系统：亚急性中毒时消化道黏膜呈炎性改变。可出现急性重型肝炎：肝体积缩小，质地柔软，包膜皱缩，表面及切面呈黄色，有暗红色网状条纹。镜下可见大部分肝细胞坏死、肝窦高度扩张淤血，有单核细胞及淋巴细胞浸润。汇管区有小胆管增生及多量炎细胞浸润。有的可发生亚急性

重型肝炎：肝轻度缩小，表面及切面可见米粒大小的肝细胞再生性结节。镜下除肝细胞脂肪变性、坏死及炎细胞浸润外，可见肝细胞再生结节，呈大小不一的结节，其中肝细胞索排列紊乱，中央静脉偏位或阙如，汇管区有多量小胆管增生、炎细胞浸润及纤维结缔组织增生。

（2）皮肤黏膜：慢性砷中毒者可见皮肤色素沉着。在掌跖、手背、足背及躯干等处可见角质增生，呈点状、疣状突起、鸡眼状或出现上皮角化。镜下见病变处表皮角化过度或角化不全。亚急性病例可见面部及眼睑处皮炎、结膜炎、角膜坏死溃疡。有时可引起鼻炎，可由于鼻黏膜及鼻中隔软骨坏死而中隔穿孔。

（3）神经系统：有的慢性砷中毒患者可见周围神经炎，桡神经和腓神经髓鞘变性，严重者脊髓前角神经细胞变性坏死，细胞突起消失，核碎裂溶解。颈、腰膨大处见侧柱明显变窄。

（4）心血管系统：慢性砷中毒者可见心肌肥大或梗死。皮肤、胃、肠、肝、心、胰、肾或脾等小动脉内膜炎，血管内皮细胞肿大，内膜及小动脉周围有中性粒细胞浸润，管腔变窄，有的可导致肢体坏死或萎缩。

【检材采取】

可采取呕吐物、剩余食物、胃内容物、小肠内容物、尿液、胃、肝、肾、脑等。

【法医学鉴定要点】

根据与砷的接触史、典型的临床表现（如呕吐、腹泻、米汤样大便、腹痛或皮肤角质增生、周围神经炎等）和毒物分析结果不难得出砷中毒的鉴定结论。但中毒初期，尤其是中毒原因或案情不明时，可能误诊为急性胃肠炎或细菌性痢疾。慢性砷中毒者毒物检出量可很小，不能因此而排除砷中毒，必须结合生前症状特点和案情。急性麻痹型砷中毒因症状不典型，生前可能发生误诊。如一30岁男性，自服亚砷酸钠溶液，从中毒发病到死亡仅45分钟，胃肠道症状不明显，曾被疑为急性氰化物中毒。尸检见：心腔内血液呈暗红色流动性，心外膜及肺表面点状出血，各器官淤血水肿，两肺散在灶性出血。胃及十二指肠黏膜充血肿胀，有弥漫性点状出血。胃内容物经毒物检测检出大量砷化物。

用砷化物小量多次投毒，由于被害者中毒病程较长，临床上有时可误诊为其他疾病致死。如国内曾报道一37岁男性，被其妻用As_2O_3小量多次投毒，2年6个月后死亡。生前在两个医院被误诊为周围神经炎和Addison病。后经法医尸检及毒物检测查明死因。由于无机砷化合物有防腐作用，且不易分解破坏，故从已埋葬甚至高度腐败、骨化的尸体中取材仍有必要和价值，但必须采取尸体周围的土壤和棺木同时做砷的含量测定以作对照。慢性砷中毒也可采取毛发、指（趾）甲、皮肤和骨骼化验。

二、砷化氢中毒

砷化氢（arsine，AsH_3），又称胂，为无色气体，有大蒜臭味。砷化物水解或用强还原剂还原砷的氧化物，均可制得胂。室温下易自燃，生成As_2O_3。缺氧条件下加热至230℃则可分解为砷及氢气。砷化氢不是工业产品，也不是工业原料，而是生产过程产生的有毒废气。某些含砷的矿石或含砷金属（钠、锌、铅）化合物水解或与酸作用时能产生砷化氢。

【中毒原因】

多为意外中毒。如用水浇熄炽热的含砷矿物的炉渣时，可产生大量砷化氢而引起急性中毒。潮湿空气接触含砷的矽铁或其炉渣时也可产生足够危害量的砷化氢。因此，清理炉渣的工人、仓库工作人员或运输工人，如不注意安全操作，可发生急性中毒。

【毒理作用】

砷化氢属剧毒类毒物，是强烈的溶血性毒物。砷化氢经呼吸道吸收后，迅速随血循环分布至全身各器官，其中以肝、肾、肺、脑含量较高。主要经肾随尿排出。砷化氢吸入后，95%～99%与血红蛋白结合成血红蛋白过氧化物，通过谷胱甘肽过氧化酶作用，使还原型谷胱甘肽（GSH）氧化成氧化型谷胱甘肽（GSSH）。GSH 能稳定和保持红细胞膜的完整性。当 GSH 减少时，红细胞的通透性发生改变，细胞膨胀、变形，继之红细胞膜破裂引起溶血。大量溶血引起贫血、溶血性黄疸及血红蛋白尿。游离血红蛋白及红细胞破坏产物堵塞肾小管。砷化氢本身对肾及血管也有直接损害作用，二者作用的结果可引起急性肾衰竭。除肾外，砷化氢吸收后还能损伤神经系统、心、肺、肝等器官，引起中毒性心肌炎、肺水肿、肝大、溶血性黄疸、溶血性贫血等，严重时可致死亡。

【中毒致死量】

30mg/m^3 砷化氢吸入 1 小时，可引起严重中毒；50mg/m^3 吸入 1 小时可急性中毒致死。

【中毒症状】

腹痛、酱油色尿、黄疸是砷化氢中毒的典型症状。轻度中毒：病人有头痛、头晕、恶心、呕吐、腰部酸痛、四肢无力、低热、巩膜轻度黄染、轻度血红蛋白尿。中度中毒：除上述症状外，病人溶血较重，发热、寒战、明显腰痛，出现酱油色血红蛋白尿，黄疸加重、肝大、网织红细胞明显增多。重度中毒：高热、寒战、肾区剧烈疼痛，出现持久酱油色尿、明显贫血、深度黄疸，尿量明显减少甚至无尿。有急性肾衰竭的各种症状，患者可因急性心力衰竭和尿毒症而死亡。

【尸体检验所见】

全身重度黄疸。肾肿大，质软、皮质增宽，表面及切面呈深酱油色。镜下，见肾小球毛细血管丛内皮细胞肿胀，基底膜疏松。肾小管管腔内充塞血红蛋白管型，形成广泛肾小管阻塞（见文末彩图 3-3）。肾小管上皮细胞变性坏死，以近曲小管及远曲小管为显著。病程迁延 5～7 天后可见上皮细胞再生。肾间质明显水肿，可见散在的出血和炎细胞浸润。国内曾报道两名男性青年工人，在用水熄灭炽热炉渣时，吸入大量砷化氢而引起急性中毒，分别于中毒后第 6 天及第 14 天死于急性肾衰竭。尸检均发现上述肾病变。其他病变可见中毒性脑病（脑水肿、散在灶状出血、软化及血管周围炎细胞浸润）、中毒性肝病（肝细胞脂肪变性及多发性灶状坏死）、心肌损害（心肌间质淤血水肿及炎细胞浸润）及多发性内脏器官出血倾向等。此外，肾上腺皮质明显变薄，皮质细胞质内（束状带细胞）脂质颗粒几乎全部消失。

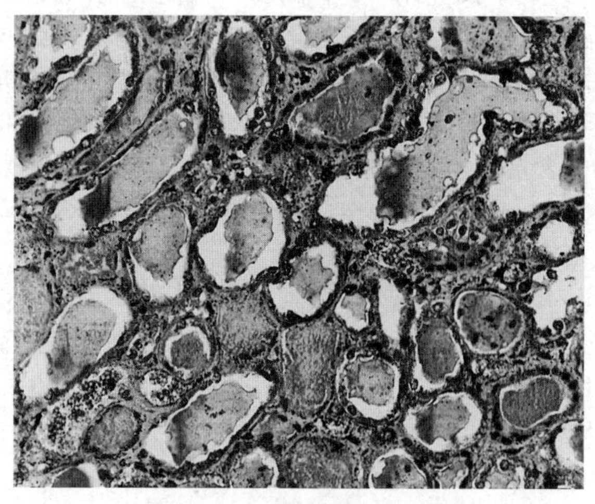

图 3-3　急性砷化氢中毒的肾

肾髓质肾小管管腔内广泛性血红蛋白管型阻塞

【检材采取】

肺、脑、血、肝、肾可作毒物分析。

【法医学鉴定要点】

砷化氢中毒多为意外，通过案情调查可了解毒物接触史。早期中毒症状应与急性胃肠炎和急性感染相鉴别。发生溶血症状后，须与其他原因引起的溶血相鉴别。

第二节　汞及其化合物中毒

汞(mercury，Hg)呈银白色，是常温下唯一呈液态的金属，俗称水银。金属汞室温下即可挥发。汞的黏度小，易流动，在生产或使用过程中一旦流散，很不容易消除，且可被泥土、地面缝隙、衣物等吸附，增加蒸发表面积。汞的存在状态可分为三类：金属汞、无机汞化合物和有机汞化合物。无机汞有一价及二价有汞的化合物，包括汞的卤化物、硫酸盐和硝酸盐等。有机汞常见有烷基汞、苯(芳)基汞和烷氧基汞。烷基汞如甲基汞脂溶性强，肠道吸收率高，在体内不易分解，而后两类有机汞在体内迅速降解为无机汞。自然界中的汞主要存在于朱砂矿内。汞能溶解多种金属，如金、银、锡、铅等，形成合金称为汞齐。随着我国现代化发展，汞的应用日益广泛。化学工业用汞作阴极电解食盐溶液，制取烧碱和氯气；冶金工业用汞齐法提取金、银；电器工业制造汞弧整流器、水银真空泵、水箱自动开关、水银灯、直流电计等；汞银合金用作牙科材料；汞作原子反应堆的冷却剂；汞化合物在医药上有消毒、利尿、镇痛作用。

一、金属汞和汞蒸气中毒

【中毒原因】

金属汞中毒既见于他杀投毒，也见于自杀，还可见于服用含汞药物而中毒，职业接触导致的汞中毒较常见。汞蒸气中毒则多因意外事故。汞蒸气由呼吸道吸收，是工业生产(如镏金作业、中药制造等)引起中毒的主要途径。某地因水银矿大火，汞蒸气逸入空气并弥散至附近农村，使 900 人中毒，许多奶牛也因吸入汞蒸气而发生流涎、恶病质和流产。又如一起帆船内由于盛汞的容器被打碎，汞蒸气挥发，造成 200 名水手中毒，3 人死亡。另有因用含汞偏方烟熏治病，由于吸入大量汞蒸气而发生急性汞中毒的报道。液态汞不溶于水，也不溶于胃中盐酸和碱性肠液，经口进入胃肠后吸收量甚微，多自粪便排出，一般无中毒危险。但由于金属汞密度高，口服大剂量汞可能引起胃肠穿孔或残留。汞直接吸入肺内则可引起慢性肺病变，多因医疗措施不当引起意外所致。国外有一例缺血性回肠炎并发肠系膜静脉血栓形成患者，在腹部手术后，因肠麻痹插入减压管，减压管水银袋在通过咽部时破裂，使水银吸入。患者渐次出现肺部损害症状，22 年后死于呼吸衰竭。

注射水银(皮下或静脉)自杀或他杀也有案例报道。如一 21 岁女性将约 3.5ml 水银自行注射于左手背静脉企图自杀，引起肺水银栓塞及口腔炎等症状，经治疗观察 2 年余，10 余年后随访，预后良好。另一 35 岁妇女，被罪犯于静脉内注射水银，引起两肺广泛性水银栓塞及慢性中毒症状，因全身衰竭及尿毒症于 10 个月后死亡。含汞的阴道栓剂，可通过黏膜吸收，用量大可致汞中毒。

【毒理作用】

汞通过不同途径进入血液循环后，在血浆内迅速弥散至红细胞内氧化为一价汞离子，进而氧化为二价汞离子后产生毒作用，氧化作用主要在红细胞和肝内进行。一部分在血液内的汞尚可通过血脑屏障和胎盘。汞被吸收后主要分布于肾、肝，也可存在于脑、肠黏膜、皮肤、脾和睾丸。汞在肾内的蓄积量比其他器官高 150 倍，故汞对肾的损害尤其明显。汞在人小脑中含量最多，大脑皮质最低，与汞中毒患者出现小脑病变及临床症状相符合。而汞在肠的分布以小肠末段最多。结肠内的汞主要见于肠腺的深部、固有膜的结缔组织和毛细血管壁。

汞的毒性主要在于它可与细胞膜或酶蛋白内的巯基和二硫基结合形成硫化汞。且这种结合又很不易分离，从而降低酶活性，损害细胞结构，影响细胞功能。硫化汞可使组织细胞的蛋白质变性、坏死，并可在毛细血管内皮细胞处沉着，使血管壁坏死。汞离子还能和细胞内的磷酰基结合，与酶结构内的氨基、羧基或羟基也有亲和力。

汞的排泄主要通过尿、粪，也可通过汗腺、泪腺、乳腺和唾液腺，还可通过大小肠的黏膜和胆汁排出体外。其排泄量一般与血汞、尿汞浓度成正比，但与肾内汞浓度无关。说明汞不仅通过肾排泄，更主要在肾内蓄积，故汞对肾的损害尤其明显。

汞在体内的吸收、分布、转化、排泄十分复杂。急性中毒的靶器官主要是肾，其次是脑、消化系统，若吸入汞蒸气尚可累及肺。慢性中毒主要累及脑，其次为消化系统和肾。

【中毒致死量】

人吸入浓度为 1～3mg/m^3 的汞蒸气数小时可致急性中毒。一次吸入加热 2.5g 汞所产生的蒸气可以致死。

【中毒症状】

1. 急性中毒　空气中汞蒸气浓度达到 1.2～8.5mg/m^3 时，短期吸入即可引起急性中毒。中毒者起病急骤，可出现发热、咳嗽、呼吸困难、恶心、呕吐、胸闷、流涎或流泪等，进一步可出现腹泻以及精神神经症状，如精神障碍、语无伦次、清醒和昏迷交替出现等。体检可见牙龈肿胀、溃疡，尿蛋白阳性。轻症者大部分症状可逐渐消失，但胸闷、呼吸困难可持续一周或更久。重症者可发生休克、晕厥、抽搐以至昏迷死亡。

2. 慢性中毒　主要因长期接触低浓度汞蒸气导致。中毒者起病隐匿，症状多样。神经精神障碍表现为易兴奋、烦躁、失眠、注意力不集中，进而出现情绪及性格改变，甚至幻觉等。出现汞中毒性震颤具有诊断意义，早期以手指、唇、舌、眼睑的细小震颤为主，逐渐发展为粗大的意向性震颤，甚至全身震颤。还可有流涎增多、口腔黏膜溃疡、牙龈炎、牙齿松动、脱落等口腔炎表现。口腔卫生不良时，齿缘处可见蓝灰色“汞线”，内有硫化汞沉积。肾损害主要表现为肾病综合征。慢性汞中毒有时出现周围神经病及中毒性脑病的临床症状。儿童慢性汞中毒症状复杂，尤其是早期轻度中毒，易误诊或漏诊，偶可见肢痛病，亦称粉红病（pink disease），多发生在学龄前儿童，偶见于青少年。可出现血管舒张、表皮角化过度、汗液分泌过多、发热、粉红色皮疹、脾与淋巴结肿大，手指血管扩张及肿胀。多认为属过敏反应。

【检材采取及法医学鉴定要点】

见无机汞化合物中毒。

二、无机汞化合物中毒

无机汞化合物有汞的卤化物、硫酸盐和硝酸盐等。汞的卤化物有氯化亚汞（mercurous chloride，Hg_2Cl_2）和氯化汞（mercuric chloride，$HgCl_2$）。氯化亚汞又名甘汞，为不溶性粉末，临床上用作泻剂，一般不发生中毒，但偶尔在体内转化为氯化汞或溶解于肠液时可引起中毒。氯化汞又名升汞，在82℃时可升华成八角形晶体，在水中溶解度大（1∶16），在食盐水中更大，因其与氯化钠形成复盐之故。氯化汞有苦味，市售为其片剂。雷汞［$Hg(CNO)_2$］是带有金属甜味的白色结晶，用作雷管的炸药；硝酸汞［$Hg(NO_3)_2$］主要用于毛毯制造及有机合成；砷酸汞（$HgAsO_4$）用于制造防腐、防火涂料；氰化汞［$Hg(CN)_2$］用于医药或照相业。此外还有硫化汞（也称朱砂、丹砂、汞砂、辰砂等）、氧化汞（三仙丹）、醋酸汞、溴化汞、碘化汞等，这些化合物进入体内均可解离出二价汞离子。

【中毒原因】

无机汞化合物中毒以氯化汞较常见，因其作为消毒剂容易获取，其中他杀投毒较多见，自杀也可见到。一 24 岁女性，从镜子背面刮下水银粉（混有汞的氧化物）吞服自杀，服后尿量显著减少、全身水肿，两周后死于急性肾衰竭。另有罪犯用升汞注入两受害者静脉内，分别引起急性循环衰竭或急性肾衰竭死亡。另一罪犯谎称为其妻女 3 人预防感冒而骗服升汞胶囊，结果 3 人全部中毒死亡。因使用含汞偏方进行熏蒸、吸入、涂抹或误服而引起意外中毒较常见。一 61 岁男性，有多年右侧股骨上端慢性骨髓炎病史，土郎中将白降丹粉末塞进其右侧大腿根部的 5 个窦道内进行治疗后，迅速出现腹痛、上吐下泻等症状，第 2 天抢救无效死亡。经检验，本例白降丹粉末主要含氯化汞和三氧化二砷，As 和 Hg 元素质量分数为 1.2% 和 3.3%。一 37 岁女性，因患牛皮癣而服中药，该药内含甘汞一钱（5g），服后 2 小时即发生呕吐、腹痛、全身肌肉酸痛无力等中毒症状。近年来，因使用高含汞化妆品

（多添加氯化亚汞）美白祛斑而引起汞中毒屡有发生，应引起重视。

【毒理作用】

无机汞化合物主要通过消化道摄入，也有经阴道黏膜或皮肤吸收甚至静脉注射而中毒者。经消化道摄入体内的汞盐，由小肠吸收。当摄入的汞盐较多而腐蚀消化道黏膜时，吸收量增加。吸收后汞离子可均匀地分布于红细胞和血浆。与汞蒸气不同，无机汞盐不易通过血脑屏障和胎盘。

无机汞盐在体内的分布、排泄及毒理作用基本上与汞蒸气相同，只是无机汞盐多经消化道进入体内，又经结肠黏膜排泄，故消化道可有较明显的腐蚀及炎性渗出性改变。

急性升汞中毒如剂量较大时，能直接抑制心肌，使血管壁紧张度降低，并可引起急性溶血。如静脉注入汞盐，可致血压迅速下降。若病程迁延则主要引起中毒性肾病，常死于急性肾衰竭。

【中毒致死量】

升汞口服 0.1g 即可引起严重中毒，0.5～1g 可致死。静脉注射时中毒致死量减少一半。甘汞毒性较小，致死量为 2～5g。

【中毒症状】

口服汞盐引起急性中毒者，迅速出现口腔及咽部疼痛，口内金属味，局部黏膜颜色发灰等口腔炎症状，同时伴有恶心、呕吐、腹痛、血尿、血性大便、里急后重，严重者甚至休克死亡。病程稍长者，由于肾小管上皮细胞广泛坏死而出现肾衰竭症状。中毒者心功能降低，脉搏细数，体温下降。长期吸入含无机汞盐的粉尘或长期局部涂抹含汞油膏（如白降汞软膏、祛斑膏），可引起慢性汞中毒表现。雷汞粉尘、甘汞等可引起过敏性皮炎，出现红斑、麻疹样皮疹或周身丘疹、疱疹，甚至剥脱性皮炎。有报道因使用高含汞化妆品引起的汞中毒以疼痛起病，伴有记忆力减退、烦躁、失眠、情绪改变，容易误诊。

【尸体检验所见】

口服无机汞化合物中毒死者口腔黏膜、牙龈、咽部及食管黏膜呈不同程度的腐蚀现象，可见局部黏膜充血、表面糜烂、坏死而形成灰白色假膜。胃黏膜也有同样改变。严重时，胃可因汞盐刺激呈收缩状。汞盐若为片剂，病变范围常局限于胃底部。结肠黏膜表面也可形成一层绿黑色或灰黄色假膜，脱落后可形成大小不一的溃疡。溃疡较表浅，溃疡底位于黏膜下层，边缘不规则。有的病变尚累及回肠末段。镜下，可见结肠黏膜充血水肿，有中性粒细胞浸润。黏膜表层及腺管上皮细胞坏死，有纤维蛋白和中性粒细胞渗出所形成的假膜。

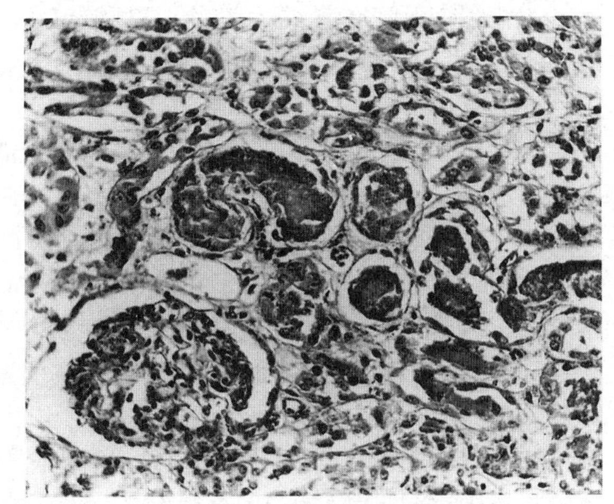

图 3-4　急性升汞中毒的肾

肾近曲小管上皮细胞广泛变性坏死，管腔内充满嗜酸性颗粒状细胞质碎屑。肾小管上皮细胞轻度再生，间质显著水肿

各种途径引起急性升汞中毒的主要病变是中毒性肾病：肾肿大，皮质肿胀苍白，髓质充血呈暗红色。中毒 3～4 天后死亡的病例，近曲小管上皮细胞广泛变性坏死，细胞质内充满嗜酸性颗粒状碎屑（图 3-4）。远曲小管上皮细胞损害较轻，肾单位的基底膜尚完好。髓袢升支、远曲小管和集合管管腔内有管型。肾小管上皮细胞坏死几天后可见上皮细胞再生和钙盐沉着。肾间质水肿。

【检材采取】

口服中毒时最好检材是胃内容物、粪或尿，胃肠外途径中毒时，则宜取血液。其他如肝、肺、肾也是较好的检材。汞毒物分析时，除定性外，尚需作定量分析。

【法医学鉴定要点】

金属汞口服基本无毒性，中毒多为汞蒸气吸入所致意外中毒。金属汞静脉注射引起中毒者虽少见，但其所致肺广泛性水银栓塞的X线胸片具有一定特点：在两侧肺野可见多数散在高密度的小点状阴影，并呈树枝状沿血管走向分布（图3-5）。因此在案情不明的情况下，上述X线图像应引起临床诊断上的注意，以免误诊。

法医实践中以急性升汞中毒较为多见。在案情不明的情况下，急性升汞中毒初期不易诊断，有时被误诊为急性胃肠炎或其他急腹症；也有的被误诊为药物过敏性休克。但如注意到患者在发生胃肠症状后，很快发展为肾损害征象，则应考虑汞化合物中毒的可能，此时尿的毒物分析有助于早期诊断。升汞是典型的肾毒性物质，可选择性地损害近端肾小管直部致中毒性肾病，引起急性肾衰竭。慢性汞中毒者口腔炎、牙龈汞线和汞中毒性震颤具有诊断意义。汞中毒死者腐败较慢。因汞不易分解，故死后较长时间取材仍可检出毒物。

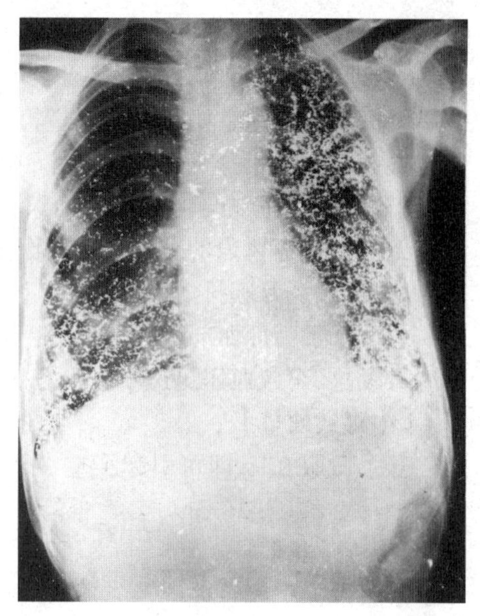

图3-5　慢性金属汞中毒（静脉注射）的胸片
X线胸片显示：肺广泛性水银栓塞，两肺野均可见多数散在性高密度的小点状阴影，以左侧肺内较多，有似树枝状沿血管走行分布的趋势

【案例】

某男婴，6月龄。因发热、咳嗽、腹胀、大便发绿、夜间烦躁，于某年10月2日下午，由其母送非法行医的陆某处求治。腋下温37.1℃，诊断为“小儿消化不良”。给予退热、止咳、用自制的中药“丁桂散剂”贴肚脐等治疗。10月4日凌晨，因患儿夜间哭闹不眠、面色苍白、手脚冰凉、腹胀，再次求医。给予柏子普心丸加朱砂贴肚脐等治疗，患儿于当日下午在求治途中死亡。尸体解剖：结膜苍白，脐周可见直径约2.5cm大小的橘红色粉末物附着。镜检：肾近、远曲小管上皮细胞变性坏死，肝细胞变性肿大。肺泡壁灶性炎细胞浸润，肺水肿。毒物检测：肝、肾Hg^{2+}定量测定，结果分别为452μg/100g及29μg/100g。使用朱砂（含硫化汞96%以上）敷脐治疗，是使药物通过脐部吸收或刺激脐部而发挥治疗作用的一种方法。本例死婴肝、肾组织汞的含量远高于无汞接触史者，系因汞中毒致死。

第三节　铅及其化合物中毒

铅（lead，Pb）为灰白色重金属，质软。加热至400～500℃即有大量铅蒸气产生，在空气中迅速氧化，凝集成烟尘。其氧化物有氧化铅（黄色粉末称黄丹，橘黄色结晶称密陀僧）、三氧化二铅（樟丹）、四氧化三铅（铅丹、红铅）和过氧化铅（棕色结晶）等，是油漆、颜料的原料。自然界中有硫化铅矿、碳酸铅矿和硫酸铅矿。植物和土壤中含有微量的铅。铅在工业上有广泛的应用，一般用于生产铅管、焊锡、辐射防护材料、蓄电池、制造合金等。铅化合物应用更为广泛，塑料工业、橡胶工业、玻璃、陶瓷工业、生产油漆、颜料的行业等均需使用铅化合物。有机铅化合物有四乙基铅和四甲基铅等，为无色油状液体，极易挥发，0℃即产生大量蒸气。由于汽油中加入烷基铅化合物作为防爆剂，因此可造成大气污染。由于铅的冶炼、利用和汽车废气污染，故铅广泛存在于食物、空气、土壤和尘埃中。

无机铅化合物中，醋酸铅、氯化铅和硝酸铅可溶于水，故呈明显毒性。硫酸铅、铬酸铅、硫化铅不溶于水，但能溶于胃液内，故口服也有毒性。

【中毒原因】

工业铅中毒仍占我国职业中毒的首位。非生产性铅中毒多数由于意外事故，用铅化合物自杀或他杀少见。意外铅中毒常因误服可溶性铅盐所致，可引起急性或亚急性中毒。可由于使用铅锅制酒或长期使用含铅的锡壶饮酒而致中毒；也有因误服含铅药物的偏方如黄丹、樟丹、铅粉等引起中毒；有误用铅白（碱式碳酸铅）当作豆粉烹调菜肴而引起中毒。此外，还有将醋酸铅误作明矾混入面粉炸油条而引起食物中毒。有儿童接触或吮吸涂有含铅油漆的玩具、家具、板壁或父母被铅污染的工作服而致中毒的报道。

在生产环境中，铅主要以蒸气、烟尘、粉尘的形态经呼吸道吸入。慢性铅中毒仍为常见的职业中毒之一。

【毒理作用】

铅进入机体的主要途径是呼吸道和胃肠道。铅及其无机化合物一般不经皮肤吸收，有机铅可经皮肤吸收。铅的吸收率在肺约为30%～50%，在胃肠道约为7%～10%。从胃肠道摄入的铅，其吸收受铁、钙、脂肪和蛋白质等的影响。儿童的吸收率高于成人。铅被吸收入血后主要结合于红细胞膜上被运输至全身各组织，以肝、肾含量最高，其次为脾、肺和脑。随后迅速以不溶性磷酸铅的形式沉积于肾、毛发和牙齿。体内的铅几周后约有90%贮存于骨内（其中70%贮存于骨皮质内）。其中有机铅（如四乙基铅）易通过血脑屏障。人体的铅约有76%经尿液、16%经粪便、8%经皮肤分泌物排泄。血铅可通过胎盘进入胎儿体内，乳汁内的铅也可影响婴儿。

被吸收的铅主要通过与蛋白分子中的巯基结合，抑制多种酶的活性而发挥毒作用。目前认为卟啉代谢紊乱是铅中毒的重要机制之一。卟啉代谢紊乱导致血红素合成障碍而贫血，同时使尿中原卟啉和δ-氨基乙酰丙酸（δ-aminolevulinic acid，δ-ALA）排泄增加。骨髓红系细胞代偿性增生，不成熟的红细胞释放入周围血液内，网织红细胞和点彩红细胞增加。红细胞细胞质内的点彩颗粒为多聚核糖体和粗面内质网堆积的结果。血液循环中的铅还损害肝和肾。由于神经系统对铅毒性十分敏感，同时δ-ALA及原卟啉在神经系统内蓄积，以及铅抑制胆碱酯酶和脑腺苷酸环化酶活性、干扰儿茶酚胺代谢等，导致神经系统受到损害，产生铅毒性脑病和使周围神经脱髓鞘。铅作用于平滑肌而致血管、肠道痉挛，引起铅毒性肠绞痛。铅对生殖系统也有损害作用。

【中毒致死量】

成人一次口服醋酸铅等可溶性铅盐2～3g可致中毒，20～25g为致死量。口服铬酸铅1g可致死亡。空气中四乙基铅浓度达到100mg/m^3，吸入1小时可致急性中毒。

【中毒症状】

1. 急性中毒　一次大量摄入铅或长期多次摄入铅后均可急性发病。中毒后可出现口内金属味、流涎、出汗、恶心、呕吐、阵发性肠绞痛、便秘、腹泻、头痛、血压增高等症状。可溶性铅盐所致的急性或亚急性中毒还可引起贫血、中毒性肝病、中毒性肾病等，出现肝肾损害症状。儿童铅中毒或者有机铅中毒，可出现急性铅中毒性脑病，表现为头痛、呕吐、视神经乳头水肿。治愈后约80%可残留后遗症，如反复抽搐、精神发育迟缓、瘫痪、视神经萎缩等。曾有20岁男性和30岁女性二人，在一间关闭的小室内用含有四乙基铅的汽油干洗衣服。接触数天后，二人均出现厌食、眩晕、软弱、失眠。一周后出现精神激动、语言中断、神志紊乱、幻听等症状，最后二人均发热、昏迷而死亡。

2. 慢性中毒　主要见于职业中毒。长期少量摄入铅时可引起慢性铅中毒。中毒者主要表现为食欲不振、体重减轻、软弱、肠绞痛、便秘、黄疸、贫血、卟啉尿、面色苍白、周围血液内出现点彩红细胞。也可发生背痛、关节痛、头痛、高血压、牙龈铅线、口腔金属味、流产以及神经症状，如中毒性周围神经病症状。重症患者可发生铅中毒性脑病，多见于非职业性铅中毒，在职业性铅中毒中目前已很少见。

【尸体检验所见】

急性铅中毒死亡者可见口腔黏膜呈灰白色或灰黑色糜烂。镜检见牙龈黏膜乳头中沉积有不规则或无定形的棕黑色颗粒（主要成分为硫化铅）。胃肠黏膜出血，黏膜表面覆以灰黑色假膜（呈灰黑色也是由于形成硫化铅所致）。肝、肾等器官可见水变性、脂肪变性乃至坏死。较特殊的是肝细胞或肾小管上皮细胞核内有嗜酸性包涵体形成，呈卵圆形，HE染色切片呈红色（见文末彩图3-6）。电镜下可见核内包涵体中心部分浓染，周缘呈细纤维状，一般以肾近曲小管上皮细胞较为多见。此包涵体内含大量铅，是一种铅-蛋白复合物。心肌细胞见轻度水变性。此外可见心外膜、胃肠黏膜、肠系膜及肝膈面有散在点状出血。

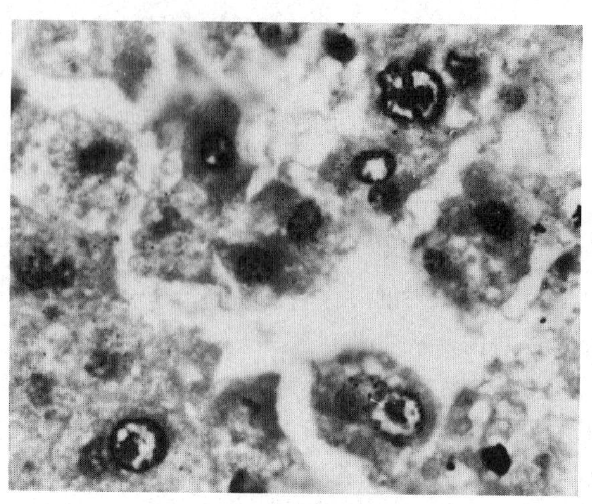

图3-6 急性醋酸铅中毒的肝

肝细胞核内嗜酸性包涵体形成，其周围无明显亮晕，染色均匀

【检材采取】

取胃内容物、粪、尿、肝、骨和脑等供毒物分析。

【法医学鉴定要点】

铅中毒绝大多数为意外中毒，尤其是职业中毒，鉴定时应查明铅接触史。根据临床表现如急性肠绞痛、贫血、铅中毒性脑病、牙龈铅线、周围血液内点彩红细胞以及尿粪卟啉和 ALA 增多，结合尸体检查见肾近曲小管上皮细胞、肝细胞核内包涵体及毒物分析结果加以认定。

服用含铅药物或误食铅化合物污染的食品引起的急性或亚急性中毒，临床表现复杂多样，常易被误诊为其他疾病或食物中毒，须详细追询案情，及时化验可疑药物或食品、血、尿等加以鉴定。

第四节 铊化合物中毒

铊（thallium，Tl）是一种稍带蓝色的银白色稀有金属，呈四角形结晶。质重而软，具有延展性，易氧化。铊在自然环境中含量很低，大多以分散状态存在于铅、锌、铁、铜等金属的硫矿中，常作为这些金属冶炼的副产品回收得到。

铊盐一般为无色、无味的结晶，可溶性铊盐易被机体吸收。铊的化合物有硫酸亚铊、醋酸铊、氧化铊、硝酸亚铊、碳酸亚铊等。铊及其化合物主要应用于化工、电子、医学、航天、高能物理、超导和光学等领域，可用来制造光电管、光导纤维、合金、低温温度计、红外线光谱计、滤色玻璃、焰火等。铊同位素在核医学和一些疾病的诊断上有较广泛应用。硫酸铊可用作杀鼠剂和杀虫剂；醋酸铊曾用于治疗头癣及用作脱毛剂等，因其毒副作用巨大，已逐渐停用。

【中毒原因】

铊中毒多发生于意外，也可见于他杀，自杀者少见。意外中毒多因误饮含铊杀虫剂、治疗过量或发生于工业生产过程中。Munch 报道在 8006 例以铊盐治疗的病例中有 447 例中毒，死亡率占 6%。贵州地区某山村，曾发生一种原因不明的疾病，主要症状是脱发、失明、四肢震颤伴麻木疼痛、不能站立行走、食欲减退、消瘦。后经查明是含铊的冶炼矿石废渣污染水源所致慢性铊中毒。经测量，当地饮水中含铊量为 0.014～0.04mg/L。近年来，我国已发生数例用铊盐投毒引起隐匿式中毒案例。1994 年，北京某大学某女学生，先后出现双脚疼痛、双手发麻、脱发等症状，后经多方诊治和网上查询，最后定为铊中毒。2007 年，江苏某大学某学生通过非法渠道购买硝酸铊，向同寝室 3 位室友投毒，3 人陆续出现胃疼、恶心、呕吐、双下肢疼痛、无力等症状，曾被误诊为食物中毒、缺钙及类风湿关节炎，最后证实为铊中毒。利用铊盐投毒隐匿性强，因此，在临床和法医工作中应引起注意和警惕。

【毒理作用】

铊蒸气或铊尘可经呼吸道吸入，可溶性铊盐易经胃肠道和皮肤吸收。被吸收的铊大部分蓄积在细胞内，因此血铊含量不能准确反映铊在体内的负荷量和摄入量。铊吸收后主要贮存在肾、心和脑，脑内以灰质含量为高（比白质高 3 倍），铊也可少量存在于肝、肾、肌肉。铊可在毛发中蓄积，据测定，摄入铊 21 天后，毛发含铊量占全身总量的 6%。铊的排泄主要通过粪、尿，但排泄较慢，可持续一月之久。粪便排铊比尿多 2～5 倍，少量铊可通过乳汁排泄。铊可通过胎盘进入胎儿体内。

铊属高毒类毒物，为强烈的神经毒，并可引起严重的肝、肾损害。三价铊的毒性大于一价铊。铊的毒理作用复杂，尚不十分清楚。铊离子和钾离子在电荷量、离子半径等方面都很相似，可与钾离子有关受体发生竞争性结合，干扰一些依赖钾的关键生理过程，尤其影响体内与钾有关的酶系，如丙酮酸激酶和 Na^{+}-K^{+}-ATP 酶与铊的亲和力分别是与钾亲和力的 50 倍和 10 倍；铊可与维生素 B_2（核黄素）结合形成不溶性复合物，引起细胞内核黄素摄取减少，干扰其代谢，导致丙酮酸代谢和其他有关的能量代谢发生障碍。所以铊中毒出现的一些神经系统表现与核黄素缺乏症十分相似；铊能与多种酶蛋白分子上的巯基结合，使酶失去活性；铊使脑组织脂质过氧化反应速率增加，导致儿茶酚胺代谢紊乱；铊也可以损害线粒体功能，诱导氧化应激，干扰能量合成。此外，铊可影响并破坏核糖体，干扰蛋白质的合成；拮抗 Ca^{2+} 对肌肉的激活效应等。

【中毒致死量】

一般认为成人的最小致死量为 12mg/kg，亦有人认为铊对人的致死量约为 0.2～1.0g。

【中毒症状】

胃肠道症状、周围神经病及脱发是铊中毒的典型症状。口服铊盐后，可引起接触部位的炎症反应，如舌炎、咽食管炎、胃炎等。急性铊中毒有一定的潜伏期，一般为 12～24 小时。最初出现胃肠道刺激症状，如恶心、呕吐、流涎、腹泻或顽固性便秘、腹痛、口内金属味，但有时仅表现为食欲不振、恶心。有些病例可发生中毒性肝病。接着出现神经系统症状，如感觉异常、神经痛、运动障碍等，表现为双下肢酸、麻、蚁走感或针刺感，手指和舌麻木、触觉丧失。疼痛主要分布于下肢末端（尤其是足底）、手和指甲。下肢特别是足部痛觉过敏表现突出，严重时出现肢体瘫痪、肌肉萎缩。中毒剂量大时，中枢神经系统症状表现比较明显。病人出现不同程度的头痛、失眠、谵妄、精神紊乱、震颤、共济失调、抽搐甚至昏迷。若影响脑神经，则可发生视力减退、视神经萎缩、复视、颜面麻痹和球后视神经炎等症状，可被误诊为急性感染性多发性神经炎或吉兰 - 巴雷综合征等。部分患者有肝、肾、心肌损害的临床表现。

脱发为铊中毒的特异性体征，一般于中毒后 1～3 周左右发生。严重者头发、胡须、腋毛、阴毛和眉毛都可脱落，但眉毛内侧 1/3 常不受累。皮肤干燥、脱屑，可出现皮疹、痤疮、皮肤色素沉着、手掌及足跖部角化过度，指甲和趾甲可出现 Mees' lines。

慢性铊中毒表现为消瘦、食欲不振、呕吐、腹泻、蛋白尿；有的可发生肌肉震颤、共济失调，甚至视神经萎缩、晶体混浊；也有的出现秃发、少毛症状，还有贫血，周围血淋巴细胞、嗜酸性粒细胞增高等。

【尸体检验所见】

口服铊盐死者由于局部刺激作用发生炎症。硫化铊口服者可见口腔黏膜呈红黑色，胃及小肠黏膜充血、水肿等。肝、肾等出现细胞水变性和脂肪变性。有神经症状者可见大脑淤血水肿、点状出血。运动和感觉神经纤维轴索变性和脱髓鞘，长的传导束呈退行性变。有人认为铊对纹状体苍白球系统有特殊选择性损害，故中毒者有帕金森综合征表现。

【检材采取】

头发、指甲、大便、尿液、唾液、血液等及肌肉（下肢肌肉更佳）、肝、肾、心、脑、骨骼等。

【法医学鉴定要点】

根据中毒者与铊的接触史、典型的临床表现，如恶心、呕吐、失明、肢体麻木、震颤等中枢及周围神经系统症状及秃发等，结合毒物检测及尸检所见（如脊髓及周围神经病变）进行综合分析，多能明确诊断。但中毒原因或案情不明时，在中毒初期，可能误诊为胃肠炎、吉兰-巴雷综合征等。一32岁男性，摄入硫酸铊（33mg/kg），出现麻木、感觉异常、肢体疼痛、抽搐、心跳加快、血压升高、周围神经炎及脑神经损害等症状，服毒21天后出现秃发始明确诊断，一个月后死亡。

怀疑铊中毒，开棺提取生物检材用于毒物分析仍有意义。用铊盐投毒隐匿性强，往往给案件的侦破工作带来很大困难，同时也常因诊断不明而耽误患者的治疗。须引起法医工作者和临床医生重视。

1987年5月，某村在短期内发现一批以周围神经病、腰痛、脱发等主要表现的病例。20余天内累计发病716例。根据临床分析、流行病学调查以及实验室检查，证实为食用“花炮盐”引起的铊中毒。患者都有近期食用“花炮盐”史，制造花炮用工业氯化钾和硝酸钠合成花炮原料硝酸钾，其副产品为氯化钠，即“花炮盐”。不法商贩当食用盐廉价销售给邻近村民。经调查发现有236户居民在同一时期内购买不法商贩从邻近花炮厂购进的“花炮盐”，吃后陆续有716人发病。采集商贩和农户剩余11份“花炮盐”进行铊含量测定，平均为312.4mg/kg。716例患者均在食用“花炮盐”后半月到两个月左右发病。临床表现为乏力、食欲减退、恶心、呕吐及腹痛等。80%患者有四肢酸麻、蚁走感、下肢沉重感、脚跟疼痛。有戴手套、袜套型感觉减退，严重者有肌萎缩。33.47%患者视力模糊。14.73%脱发，常发生在中毒后半个月左右。经2～3天，中毒者头发、眉毛、胡须、腋毛大部分脱落。少数病例指甲出现白色横纹。本例主要根据有食用含铊“花炮盐”史，结合临床表现及尿、头发等生物材料中铊的测定结果得出“铊中毒”的结论。

第五节 钡化合物中毒

钡（barium，Ba）为银白色碱土金属。钡主要以硫酸钡矿存在于自然界，少量则为碳酸钡矿。微量钡也广泛存在于水、土壤、植物和空气中。钡盐有硫酸钡、碳酸钡、硫化钡、氧化钡、氯化钡、硝酸钡和氢氧化钡。氯化钡和硝酸钡溶解于水；碳酸钡溶解于稀酸，难溶于水；硫酸钡的溶解度最低。

硫酸钡可作为白色颜料，制造锌钡白及胃肠透视的造影剂；氯化钡用于农业杀虫剂、杀鼠剂，制造其他钡盐及钢材淬火等；碳酸钡用作杀鼠剂，并用于陶瓷、搪瓷和玻璃工业；硫化钡可用作去毛剂。钡盐大量用于制造焰火和信号弹，燃烧时呈明亮的黄绿色。

金属钡及难溶性钡盐（如硫酸钡）无毒，可溶性钡盐（如氯化钡、硝酸钡等）具有毒性。碳酸钡虽难溶于水，但因与胃酸发生反应生成氯化钡从而可导致机体中毒。

【中毒原因】

过去有人将可溶性钡盐作为自杀或他杀的手段，现已少见。目前多数可溶性钡盐中毒是由于误服，或饮水及食物被钡盐污染引起。如将氯化钡、碳酸钡误作明矾炸油条引起中毒。曾有某工厂误将氯化钡作为苏打粉蒸馒头造成100人中毒；也有报道食堂所用井水被氯化钡严重污染，致18位就餐者中毒；还有用混有可溶性钡盐的硫酸钡作胃肠造影剂而发生中毒致死的案例。有车间氯化钡蒸发罐爆炸造成急性氯化钡中毒合并重度烧伤的报道，中毒原因较为明确。而误食氯化钡、碳酸钡等造成的群体性中毒，及时明确中毒原因至关重要，需引起法医工作者和临床医生重视。

【毒理作用】

可溶性钡盐易被消化道吸收，也可经呼吸道吸收。溶解度越大，吸收率越高。钡吸收后主要被骨骼所摄取，骨组织对钡的吸收能力比它对钙和锶的吸收能力强3～5倍。其被吸收后分布多少依次为：胸骨、骶尾骨、椎骨、肋骨、肱骨、股骨，其次是肝、肾和肌肉。吸收的钡91%通过粪便排出，其余通过汗液、尿，少量通过唾液和乳汁排出。

钡离子能刺激细胞膜，使钾透过细胞膜进入细胞内，引起低钾血症。钡也是一种肌肉毒，过多的钡离子入血后可使骨骼肌、平滑肌、心肌产生过度的刺激和兴奋作用。血管平滑肌兴奋使血管收缩，血压升高；胃肠平滑肌兴奋时蠕动增强；子宫平滑肌收缩可引起流产；骨骼肌兴奋引起肌肉抽搐和颤动，最后均可导致麻痹。兴奋心肌，使心肌的应激性和传导性增强，心跳加快，严重时兴奋转为抑制，产生传导阻滞、异位心律、心室颤动甚至停搏。钡对中枢神经系统可先有短暂的兴奋，而后引起抑制。钡还可刺激肾上腺髓质分泌儿茶酚胺。

【中毒致死量】

氯化钡的中毒量是0.2～0.5g，致死量0.8～4.0g。碳酸钡致死量约0.8g或以上。

【中毒症状】

口服钡盐后一般0.5～2小时出现中毒症状。主要表现为肌肉活动异常，先兴奋后出现肌肉麻痹。开始是消化道肌层，接着骨骼肌和心肌亦可发生异常活动。表现为恶心、呕吐、流涎、腹痛、腹泻、心动过速或心动过缓、房室传导阻滞、室颤甚至停搏。肌麻痹为进行性，一般由腿肌开始，初为肌力减弱，站立不稳、持物困难，继而肌力、肌张力进行性下降，至完全瘫痪。呼吸肌麻痹可危及生命。支气管平滑肌也可收缩而引起呼吸困难。而吸入可溶性钡盐的中毒症状与口服中毒相仿，但消化道反应较轻。吸入时有咽痛、咽干、咳嗽、胸闷、气短等症状。实验室检查发现血清钾降低。

【尸体检验所见】

没有特征性病变。有时上消化道可见刺激性炎症表现。有的可见胃黏膜充血及点状出血，心、肝、肾等器官淤血，心室壁及肾盂黏膜散在点状出血，肝、肾水变性及脂肪变性等。

有报道碳酸钡中毒案例，引起了中毒性脑病和重度脑水肿、肺水肿、出血、透明膜形成。心肌间质充血、水肿，心肌细胞水变性，腐蚀性胃炎及食管炎，心、肝、肾实质细胞变性等。

【检材采取】

胃内容物和肝、肾等器官可供毒物分析。中毒病程较长者，也可取毛发做检测。

【法医学鉴定要点】

可溶性钡盐中毒多为意外，常同时发生急性群体性中毒，所以查清病史，及时检验可疑食品及呕吐物中的钡盐非常重要，并须注意与其他食物中毒相鉴别。软瘫和血钾低是可溶性钡盐中毒较特殊的症状，在一个单位多人发生食物中毒伴低钾症候群，即应想到可溶性钡盐中毒的可能性。个别中毒的病例须与周期性瘫痪等症状相似的疾病作鉴别。

第六节 铬化合物中毒

铬(chromium，Cr)为银灰色金属，质硬而脆。铬在自然界分布很广，主要铬矿是铬铁矿[$Fe(CrO_2)_2$]。很多植物中也能检出铬。大米、小麦、红糖、菌类含铬量较多。铬是人体必需的微量元素，参与体内糖、脂肪和蛋白质代谢。其三价化合物如硫酸铬、碳酸铬、磷酸铬等毒性较小，但六价化合物，如铬酸钾(K_2CrO_4)、铬酸钠(Na_2CrO_4)、重铬酸钾($K_2Cr_2O_7$)、铬酸(H_2CrO_4)等的毒性较大。铬化合物一般用于皮革、纺织、印染、涂料、橡胶、制药、电镀、油脂、火柴、造纸、照相及生产杀虫剂等。

【中毒原因】

引起中毒的铬化合物多为六价铬，最常见的是重铬酸钾(俗称红矾钾)，呈赤色粒状结晶或结晶颗粒，味苦带金属味，强氧化性。铬化物中毒多为意外或自杀，曾报道一例以铬盐作为流产药而意外中毒。也有一例因不慎跌入铬酸钠溶液池槽中，造成下肢、下腹等部位灼伤，通过皮肤吸收造成铬中毒，伤后2小时出现抽搐、发绀、呼吸急促、昏迷等，于第9日死亡。以铬化物作为他杀手段的亦有报道，如一29岁女性，被其夫用一小包铬酸酐(CrO_3)塞入阴道而吸收中毒，于14天后死于急性肾衰竭。

【毒理作用】

消化道对六价铬吸收率较高(50%)，对三价铬吸收较差(不到1%)。铬也可通过皮肤及呼吸道进入人体。80%被吸收的铬从肾排出，20%自粪便排出。经口进入体内的铬主要分布于肝、肾、脾和骨骼。经呼吸道吸收的铬则大量积聚在肺内，脾等其他脏器也有分布。

重铬酸钾、铬酸酐由于氧化性极强，对局部有强烈腐蚀作用。血液内的六价铬被还原为三价，使谷胱甘肽还原酶活性降低，血红蛋白变成高铁血红蛋白，从而失去带氧能力而使机体缺氧窒息。六价铬可使蛋白质变性。铬是变应原，具有致敏作用，铬与蛋白质结合形成抗原 - 抗体复合物，可导致过敏性皮炎。铬尚可使毛细血管扩张。六价铬已明确为人类的致癌物。

【中毒致死量】

重铬酸钾的中毒量约为0.5g，致死量3～6g。铬酸致死量约为6g。

【中毒症状】

口服铬化物中毒者可出现口腔及上腹部烧灼感、腹痛、呕吐、腹泻、便中带血、少尿、血尿、发绀、黄疸、躁动、虚脱、昏迷，可发生严重肝、肾功能损害。吸入中毒发病较急，主要引起呼吸系统病变。主要症状有鼻咽烧灼感、咽痛、流涕、流泪、咳嗽、胸闷、胸痛及气促等，严重者可发生化学性肺炎。中毒重者最后可死于呼吸衰竭和休克。整个过程自数十分钟至数天不等。慢性中毒主要表现为皮肤和鼻黏膜的病变。皮肤病变多为溃疡和皮炎，溃疡边缘隆起而坚硬，中间凹陷，其上覆盖黄褐色结痂。皮炎表现为红斑、丘疹。长期吸入铬酸雾或铬酸盐尘，可发生鼻部损害，症状为流涕、鼻塞、鼻出血、灼痛、鼻干燥、嗅觉减退等，严重者可出现鼻中隔穿孔。

【尸体检验所见】

由于铬盐对局部有腐蚀作用，故口服中毒者可见口腔、食管和咽部黏膜坏死并形成溃疡。胃黏膜表面可见灰绿色或棕绿色假膜，肠道黏膜也有类似改变，重铬酸钾中毒者可见消化道黏膜染成黄色。在迁延中毒案例，可见肝、肾、心肌细胞等变性，肾小管上皮细胞坏死，以近曲小管病变较重(图3-7)。肝小叶中央区肝细胞坏死，库普弗细胞增生肿大，尚可见肝内胆汁淤积。

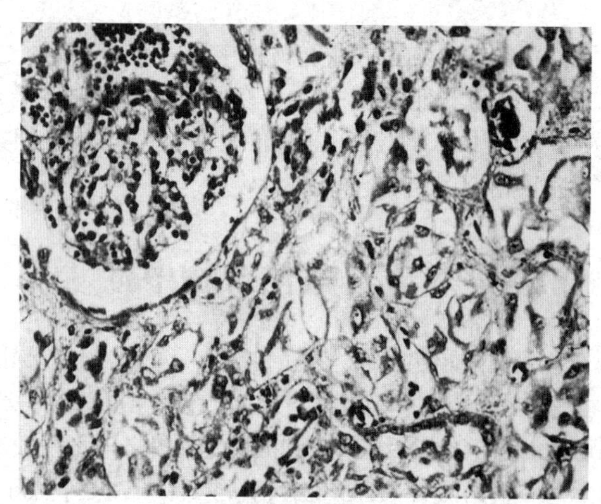

图3-7 急性铬酸酐中毒的肾

于中毒发病后14天死于急性肾衰竭。图示肾小管上皮细胞广泛变性坏死，以近曲小管较重，已有明显上皮细胞再生，有的脱落坠入管腔内。肾小球血管丛基底膜有轻度不规则增厚。间质明显水肿。本例为铬酸酐经阴道塞入投毒

皮肤与铬盐接触可见溃疡形成，多发生于指甲根部、指关节、手指之间、手背或前臂等处皮肤，常持续不愈。也可见急性皮炎和过敏性湿疹样皮炎。吸入铬尘可损害呼吸道黏膜，形成鼻腔内溃疡，甚至鼻中隔穿孔。

【检材采取】

可取呕吐物、胃内容物、肝、脑和肾等。

【法医学鉴定要点】

铬中毒主要见于六价铬化合物，这些毒物一般不易取得，中毒者常与其职业有关。接触毒物部

位可见显著腐蚀损害。重铬酸盐可将消化道黏膜染成黄色，某些强酸、强碱等腐蚀性毒物也会出现类似变化，须加以鉴别。

第七节　其他金属及其化合物中毒

能引起中毒的金属及其化合物还有铜、镉、镍、铍、锰、镁、锡、硒等。

1．铜（copper，Cu）　引起中毒的铜盐多为硫酸铜、亚醋酸铜和乙酰亚砷酸铜。大多数为意外中毒，如用硫酸铜作催吐剂过量吸收而中毒，少数为自杀，他杀罕见。金属铜本身无毒，铜盐因有酸根，对局部皮肤黏膜有刺激作用。铜离子吸收后可损害肝、肾和神经系统，破坏红细胞引起溶血性贫血和肾病变。中毒者可死于肾衰竭或肝功能障碍。口服铜盐后引起胃肠刺激症状，口中有金属味，喉部有收敛感。呕吐物染蓝或绿色，上腹痛、口渴、腹泻。小便呈云雾状或墨绿色，可查见红细胞、血红蛋白管型。严重者尿量减少至无尿。最后出现神经系统症状，如头痛、抽搐、昏迷。有些病人在2～3天后出现肝大、黄疸、血清胆红素增高、肝功能异常，有的可发生溶血性贫血。严重者于数小时或数天死亡。

人口服硫酸铜致吐量为500mg，致死量约为10g，致死血浓度2.5～6.3μg/ml。

2．镉（cadmium，Cd）　镉多用于电池、电镀、合金、焊接、陶器、蒸气灯工业中。工人接触镉烟尘或其喷雾，可引起工业中毒；镀镉容器装酸性饮料和食物也可引起中毒；喷洒作为杀虫剂的镉化合物时，防护不当可引起中毒。镉引起中毒的机制是：镉能与含羟基、氨基，特别是巯基的蛋白质结合，从而使多种酶的活性受到抑制。

镉可引起急性和慢性中毒。急性吸入性中毒可出现头晕、头痛、乏力、咳嗽、胸闷、四肢酸痛等症状，长时间或吸入高浓度镉可出现支气管炎、肺炎、肺水肿、肝功异常、急性肾衰竭等。口服急性中毒可出现恶心、呕吐、腹痛等症状，严重者有大汗、虚脱、抽搐，甚至出现急性肾衰竭而死亡。慢性中毒，无论是经呼吸道或消化道进入机体，长期过量接触主要引起肾损害，短期可出现典型的骨质疏松症。

镉在空气中对人最大的安全浓度为0.1mg/m^3，吸入1mg/m^{3}超过8小时可出现症状，吸入5mg/m^{3}超过8小时可致死。人口服致死量为30～40g。

痛痛症（Itai-Itai disease）是由镉所造成的闻名全球的公害事件。发生在日本富山县神通川下游地区。约从1912年开始，该地区水体受附近金属矿公司所释出的镉污染，以受污染水灌溉出的稻米含镉量很高（镉米）。食用受污稻米者逐渐出现中毒症状，包括蛋白尿、骨软化、变形弯曲及骨折等，患者全身痛楚不已，故有人称之为“痛痛症”。此事件1955年才受到当地政府的重视并展开调查，1968年正式宣布为慢性镉中毒。

3．锰（manganese，Mn）　可因误服高锰酸钾引起中毒。在冶炼锰矿石、生产干电池、电焊、油漆、陶瓷过程中可产生大量的锰烟，大量吸入可引起急性中毒，长期吸入引起慢性中毒。人口服高锰酸钾致死量为5～19g。口服高锰酸钾可腐蚀口腔、咽喉和消化道，口服4%～5%高锰酸钾溶液或用水冲服高锰酸钾结晶者，口唇黏膜呈棕黑色，肿胀糜烂，并出现剧烈腹痛、呕吐、血便甚至休克死亡。慢性职业锰中毒的临床表现详见职业医学。

4．镍（Nickel，Ni）　为银白色金属，化学性质较稳定，常温下不易被空气氧化。镍主要用来制造不锈钢和其他抗腐蚀合金，如镍钢、铬镍钢及各种有色金属合金。镍中毒时可出现咳嗽、咳痰、胸闷、胸痛、哮喘等症状。从事镍电解和电镀工人可发生鼻炎、嗅觉丧失和鼻中隔穿孔。皮肤损害多见于暴露部位，皮损性质为红斑、丘疹、丘疱疹，常奇痒，故称“镍痒症”。慢性皮损呈苔藓样变或色素沉着。羰基镍毒性强，常以蒸气的形式迅速由呼吸道吸收，也能由皮肤少量吸收。吸入羰基镍后可引起急性中毒，迅速出现头晕、头痛、步态不稳、恶心、呕吐、视物模糊、胸闷、呼吸困难、胸痛等呼吸道和黏膜刺激及神经系统症状。症状可很快减轻，经8～36小时的潜伏期后，重症患者症状迅速加重，出现急性肺水肿和脑水肿，尚可伴多器官功能损伤或衰竭。最终可因呼吸、循环衰竭而死亡。

5. 铍（Beryllium，Be） 铍广泛用于电子、航天、军事等领域。铍的化合物如氧化铍、氟化铍、氯化铍、硝酸铍等毒性较大。铍为轻金属，容易飘逸到空气中，主要以粉尘、烟雾、蒸气形式经呼吸道吸收。急性吸入中毒可出现发热、乏力、头痛、胸闷、咳嗽，肺水肿等。慢性铍中毒常因长期吸入铍及其化合物引起。起病缓慢，主要表现为乏力、消瘦、食欲不振、胸闷、胸痛、咳嗽，后期出现肺气肿、肺心病、心力衰竭等。皮肤病变可出现皮炎、皮肤溃疡、肉芽肿。

6. 镁（magnesium，Mg） 中毒现已少见，有时可见于医疗事故静脉推注硫酸镁过量而中毒，迅速死于中枢神经系统麻醉所致的呼吸和心血管功能衰竭。尸检无特殊病变。鉴定有赖于案情调查和毒物分析。

7. 锡（tin，Sn） 锡不是人体内的必需元素。对人体有影响的主要是有机锡，二烷基锡主要损害肝胆系统，三、四烷基锡具有中枢神经髓鞘毒性，能引起脑白质水肿。如食用铁罐头装食品后出现恶心、呕吐、腹痛、腹泻等症状，则可疑有锡中毒的可能。进一步检验，特别是尿锡含量的升高，可明确诊断。

8. 硒（selenium，Se） 硒及其化合物不经皮肤吸收，能经胃肠道吸收，工业中毒主要是经呼吸道吸收。硒及其化合物的毒性与砷相似，过量的硒可抑制硫代谢，其中毒机制是硒取代植物胱氨酸和蛋氨酸的硫，形成 SeH 基，从而抑制体内许多含硫氨基酸（如胱氨酸、蛋氨酸、色氨酸、辅酶 A 等）酶的作用。此外硒还可影响维生素 C 和维生素 K 的代谢。工业上吸入硒化合物急性中毒的症状有头痛、头晕、流汗、胸闷、呼吸困难、呼气有蒜臭味。重者吸入 4～8 小时发展为肺水肿和肺炎。硒化物对皮肤黏膜也有强烈的刺激作用。碱性硒盐可引起皮肤烧伤，出现红斑、水疱、溃疡，不易愈合。

正常人尿硒范围为 0.01～0.15mg/L，接触硒作业的工人尿中硒可高达 5mg/L。血清正常硒为 15～25μg/dl。

（倪志宇）

思考题

1. 金属毒物引起机体中毒有哪些特点？
2. 急性砷化物中毒和急性细菌性痢疾在症状及尸体征象等方面有哪些异同？
3. 简述无机砷化物及砷化氢中毒的毒理作用和中毒症状。
4. 简述慢性砷化物中毒的症状及尸体征象。
5. 简述汞中毒的毒理作用和中毒症状及尸体征象。
6. 铊中毒易被误诊为哪些疾病？鉴别要点是什么？

第四章　脑脊髓功能障碍性毒物中毒

学习目标

通过本章的学习，你应该能够：

掌握　乙醇、甲醇中毒的毒理作用、临床表现、检材采取、尸体解剖所见和法医学鉴定要点，麻醉药中毒鉴定的注意事项。

熟悉　镇静催眠药的毒理作用和法医学鉴定要点，番木鳖生物碱和异烟肼药物中毒的毒理作用、中毒症状、尸体检验所见及法医学鉴定原则。

了解　障碍脑脊髓功能毒物的主要种类，阿托品、烟碱类生物碱、解热镇痛抗炎药和去痛药中毒的毒理作用、中毒症状及法医学鉴定要点。

章前案例 ▶

某市宾馆一客房内发现一具男性尸体。客房的桌子上放着一个空的白酒瓶，还有一些剩余的饭菜盛放在方便饭盒中，垃圾桶内发现有几张 5cm×10cm 大小的白纸，有的上面还残留有少许白色粉末。尸体检验未发现病变和损伤。

毒物检测结果为，在该死者血液、尿液和胃内容中均检出乙醇，其中血液中乙醇浓度为 150mg/dl，在血液、尿液和胃内容中均检出甲基苯丙胺和地西泮，其中血液中甲基苯丙胺的含量为 4.6mg/L，地西泮的含量为 6mg/L。该死者的死亡原因是什么呢？

障碍脑脊髓功能的毒物主要是能引起神经系统，特别是脑脊髓的结构和功能损害，包括大脑各种精神活动紊乱，甚至死亡的毒物。在法医实践中常见的有：①毒品，包括阿片类（阿片、吗啡、海洛因）、可卡因类（可卡因）、致幻剂（大麻、LSD）、苯丙胺类（苯丙胺、甲基苯丙胺，MDMA，MDA）；②醇类，包括甲醇、乙醇；③催眠镇静安定药，包括巴比妥类催眠药（苯巴比妥、司可巴比妥）、非巴比妥类催眠镇静安定药（吩噻嗪类、苯二氮䓬类、甲丙氨酯、导眠能、甲喹酮）；④麻醉药物，包括乙醚、利多卡因；⑤生物碱，包括士的宁、阿托品、烟碱；⑥其他，包括异烟肼、解热镇痛药。

随着我国经济的发展和国际化进程的加快，毒品问题也越来越严重。因此将脑脊髓功能障碍性毒物中有关毒品中毒的内容列在第五章专门介绍。

第一节　醇 类 中 毒

醇类具有显著麻醉作用，其作用随其碳原子数目的增加而增强，如甲醇（CH_3OH）< 乙醇（C_2H_5OH）< 丙醇（C_3H_7OH）< 丁醇（C_4H_9OH）< 戊醇（$C_5H_{11}OH$）等。其毒性大小与不同种类醇在体内的代谢特点有关。沸点随碳原子数目增加而升高。法医学实践中常见的有甲醇和乙醇中毒，尤以乙醇中毒最多见。

一、乙醇中毒

乙醇（ethanol，ethyl alcohol），俗称酒精（alcohol），为无色易燃、易挥发透明液体，具有特殊芳香味，能与水、醚、酮及氯仿等有机溶剂混溶，相对密度（比重）0.813～0.816，是各种酒类饮料中的主要成分。同时，乙醇也是重要的化工和医药原料。

我国传统的酒精饮料是黄酒、米酒和白酒。后来传入了啤酒、白兰地、威士忌、果酒、伏特加和杜松子酒等。乙醇含量与酒的种类有关，一般白酒（高粱酒）含乙醇 50%～67%；麦制烧酒 40%～51%，黄酒（糯米）14%～17%，白兰地（葡萄酒分馏去水）60%～65%，伏特加 40%～55%，威士忌 40%～50%，杜松子酒 40%～55%，果酒 16%～48%，葡萄酒 10%～23%，啤酒（大麦制）2%～6%，格瓦斯 2%。

【中毒原因】

急性乙醇中毒多见于大量饮酒所致的意外事故。短时内过量饮酒可直接死于中毒或严重并发症；医疗上有误将乙醇当作生理盐水或葡萄糖液输入患者体内，发生中毒死亡的；也有将毒物或药物（如安眠药、大麻、阿片或乌头等）投入酒中进行麻醉或他杀、自杀。

此外，乙醇滥用常造成许多意外事故发生，如车祸、打架斗殴、工伤事故及其他暴力犯罪等。醉酒后可因落水、高坠、低温或吸入呕吐物窒息而死。吸毒时饮酒导致中毒甚至死亡。长期大量嗜酒所造成的慢性乙醇中毒，引发许多社会和医学问题，引起许多国家关注。

【毒理作用】

饮酒后约 20%～25% 的乙醇由胃吸收，75%～80% 由小肠上段吸收。饮酒后 2～5 分钟，乙醇开始入血，第 1 小时吸收 60%，1.5 小时血中浓度达高峰（吸收 90%），2.5 小时可全部吸收入血。某些因素可影响乙醇的吸收：如酒精饮料的浓度、容积，胃内是否存在食物，食物的种类、性状及个体差异（遗传因素）等。空腹吸收最快（0.5～1 小时）；脂类及富含蛋白质和糖的食物可使吸收变慢；胃炎、胃溃疡及胃切除术后患者吸收加快。

此外，乙醇蒸气可经呼吸道吸收。乙醇经皮肤吸收很少。

进入体内的乙醇，几乎均匀而迅速地分布于全身各组织中。一般饮酒后 1～1.5 小时血中浓度最高；6～13 小时各器官含量最高；在平衡状态时，如果血中乙醇浓度为 100%，则脑为 175%，脊髓为 150%，肝为 148%，脑脊液浓度则稍低于血浓度。

乙醇主要在肝中通过氧化脱氢分解代谢，最后变成二氧化碳和水，约 10% 的乙醇以原形从尿、汗液和呼气中排出。在吸收期血中乙醇浓度高，排泄期尿中浓度高。根据血和尿中的乙醇浓度，可推断处于哪个时期。

肝中乙醇代谢分阶段进行：

1．乙醇在肝细胞细胞质中的乙醇脱氢酶（alcohol dehydrogenase，ADH）作用下氧化成乙醛，ADH 属含锌酶，是反应的限速酶。这一阶段代谢率比较恒定，是决定乙醇在体内消除的主要阶段，约 80%～90% 的乙醇通过此途径转变为乙醛。

2．乙醛经线粒体乙醛脱氢酶（acetaldehyde dehydrogenase，ALDH）氧化成乙酸，或直接形成乙酰辅酶 A（CoA）。

3．乙酸通过三羧酸循环生成二氧化碳和水。

另外，当体内乙醇浓度较高时，部分乙醇可通过肝细胞内质网的微粒体乙醇氧化酶系统（microsomal ethanol oxidizing system，MEOS）代谢成醛。肝细胞内质网中的过氧化酶 - 过氧化氢酶体系，在大量摄入乙醇或慢性乙醇中毒时也参与乙醇代谢。

当血中乙醇浓度超过 10mg/dl，酶反应过程饱和，消除率不再随血中乙醇浓度增高而增加，即呈零级代谢动力学方式。一般乙醇的消除速率在 11～25mg/（dl•h）之间，平均 18mg/dl。中国人血乙醇消除速率为（11.73±1.76）mg/（dl•h）。当血中乙醇浓度低于 10mg/dl，乙醇在体内的消除方式转变为恒比（一级动力学）过程，即消除速率随血醇浓度的变化而变化，这种过程被称为非线性动力学过程。

所以乙醇的动力学特征符合非线性消除伴一级吸收的一室开放模型。乙醇在体内的消除半衰期有很大个体差异，一般为2～14小时。

乙醇在体内除氧化脱氢代谢外，还有一小部分（<2%）在体内经非氧化途经代谢，生成一系列非氧化代谢产物，包括脂肪酸乙酯（fatty acid ethyl esters，FAEEs）、乙基葡萄糖醛酸苷（ethyl glucuronide，EtG）和硫酸乙酯（ethyl sulphate，EtS）等（图4-1）。一次饮酒后体内血清中FAEEs、尿中EtG、尿和全血中EtS分别可持续至体内乙醇完全排除后24小时、5天、1天半和两周。EtG和FAEEs也可沉积毛发和指甲中。

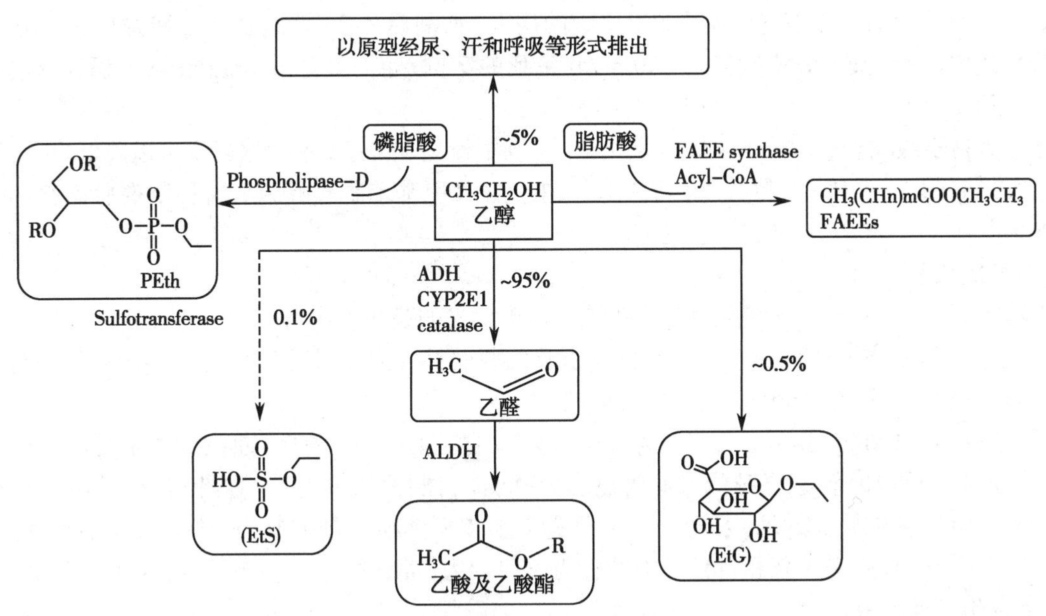

图4-1　乙醇在人体内的代谢途径

乙醇影响体内5-羟色胺代谢，使其在尿液中的代谢产物5-羟（基）β-吲哚乙醇（5-hydroxytryptophol，5HTOL）和5-羟（基）吲哚-3-乙酸（5-hydroxyindole-3-acetic acid，5HIAA）比率升高。

乙醇的主要毒理作用是抑制中枢神经系统，大脑皮质是乙醇作用的靶点之一，环磷腺苷（cAMP）信号转导通路、磷酸肌醇（PI）信号转导通路是介导乙醇效应的细胞内靶点。乙醇入体后首先抑制皮质功能，使大脑的高级整合能力受影响，出现身体稳定性、协调性、反应性、运动功能、知觉功能等降低及自我控制能力的消失，可呈一时性兴奋状态。当乙醇的作用进一步加强时，皮质下中枢、小脑及脊髓运动受累，出现分辨力、记忆力、洞察力、视觉、注意力及语言等功能明显失常。重度中毒时延髓血管运动中枢和呼吸中枢抑制。呼吸中枢麻痹是引起死亡的主要原因。

乙醇还能使血管扩张、血流增加，这是由于血管运动中枢受抑制和乙醇及代谢产物刺激，引起组织胺升高。在皮肤血管，则表现为皮肤温热发红，机体主观以为体温增加，实际体热易由皮肤散发，加之乙醇麻痹体温调节中枢，在寒冷环境下，体温可迅速下降，易于冻死。在高温条件下（32℃及以上）乙醇毒性可提高1～2倍。

乙醇同某些药物合用后会产生协同作用，这些药物包括巴比妥类、地西泮、氯氮䓬等苯二氮䓬类安眠药、吩噻嗪类安眠药、甲喹酮、导眠能、甲丙氨酯、阿片类毒品及其他呼吸功能抑制剂或麻醉剂。机体本身某些疾病（如肝病、心血管疾病等）或损伤（如脑损伤），乙醇可加剧病情发展。

慢性乙醇中毒可发生酒精性肝病、酒精性脑病、酒精性心肌病，并发高血压、中风、冠心病、慢性胃炎及胰腺炎等。乙醇可通过胎盘屏障，引起胎儿中毒，有饮酒习惯的母亲易生育智能迟钝的子代或畸形胎儿，是对中枢神经系统永久性的破坏，称为胎儿酒精综合征（fetal alcohol syndrome，FAS）。

【中毒致死量】

乙醇中毒剂量因饮酒习惯和个体差异而悬殊。一般乙醇中毒量为75～80g，致死量为250～500g，中毒血浓度为100mg/dl，致死血浓度在400～500mg/dl。如在短时间（1～2小时）内饮入50%白酒500～1000ml，可因急性中毒造成呼吸抑制死亡。

乙醇与其他脑脊髓功能障碍性毒物或呼吸抑制剂，如巴比妥类、非巴比妥类安眠药、吗啡、一氧化碳等联合应用时，致死量明显减少。如单独使用速效巴比妥时的致死血浓度为10mg/dl，单独服用乙醇的致死血浓度为400～500mg/dl，二者合用时，巴比妥血浓度为0.5mg/dl，乙醇血浓度150mg/dl即可致死。机体重要器官如心、肝、脑等有疾病或损伤的患者，较低剂量乙醇就可造成重度中毒甚至死亡。如一例左冠状动脉左前降支粥样硬化Ⅱ级的病人，饮酒后死亡，测得血中乙醇浓度为210mg/dl。在法医实践中，有血液乙醇浓度仅为250mg/dl致死的案例，也有高达600mg/dl以上仍存活的报道，说明个体差异较大。

如果酒精不纯，含有甲醇、吡啶、四氯化碳等，则中毒更加复杂，中毒致死量可以降低。

口服降糖药、甲硝唑、灰黄霉素、阿的平、妥拉苏林、甲基苯肼等醛脱氢酶抑制剂后饮酒，则易引起中毒。

【中毒症状】

乙醇中毒可分为急性和慢性两种，法医学上较有意义的是急性中毒。

1. 急性乙醇中毒　一般指一次大量饮酒引起的暂时性神经精神障碍。可将中毒症状分为三期，即兴奋期、共济失调期和抑制期。

兴奋期（30～100mg/dl）：主要表现为兴奋，多言，自信心加强，躁狂，面色潮红或发白，呼气有酒味，结膜充血，脉搏加速，轻微眩晕。此时意志力减弱，自制力部分丧失，容易感情冲动，易激惹，有攻击行为。有时发生性欲冲动，易犯罪。主要是大脑皮质功能受到抑制，属于高级大脑功能的判断力与辨别力减弱，故有夸大狂和盲目冒险的行为表现。力气比平时大，但不持久，反射动作的灵活性减低，易发生交通事故。

共济失调期（100～200mg/dl）：言语动作均失协调，表现为舌重口吃，发音模糊，语无伦次，步态蹒跚，容易摔跌。主要是小脑和大脑皮质下功能受到抑制，此时可发生喷射性呕吐，酒味明显，随即昏睡，醒后全身乏力。

抑制期（300～500mg/dl）：患者进入深睡，摇撼不醒，失去知觉。脑干功能受到影响，表现出颜面苍白，皮肤湿冷，发绀，呼吸表浅而有鼾声，脉搏快速，瞳孔散大，血压下降，体温降至正常以下，昏迷，可持续10小时左右，严重者可出现抽搐，大小便失禁，有的可因呕吐物吸入窒息并发肺炎、呼吸衰竭而死亡。

乙醇中毒的临床表现与血中乙醇浓度、饮酒量、酩酊度和交通肇事的关系见表4-1。

表4-1　血中乙醇浓度与症状、酩酊度及肇事的关系

乙醇浓度（mg/dl）	最小服入量（ml）*	症状	酩酊度	发生肇事
50	70	精神愉快，飘然感	无影响	有可能
100	140	兴奋、脸红、语无伦次，喜怒无常	有明显影响	增加
150	210	激动，吵闹	高度受影响	很容易
200	280	动作不协调、意识紊乱，舌重口吃	酩酊	一定发生
300	420	麻醉状态，进入昏迷	重度酩酊	一定发生
400	560	昏迷，呼吸有鼾音，体温下降		
500	700	深度昏迷，死亡		

*指饮入40度酒的量

由于个体差异或疾病，极少数人在饮用少量酒后会出现病理性醉酒或复杂醉酒。病理性醉酒是指少量饮酒后引起的精神病发作，出现不成比例的极度兴奋，有明显的意识和定向障碍，多伴有恐怖性幻觉和被害妄想，常以攻击性的暴力行为形式表现，属精神疾病范畴。复杂醉酒通常是在脑器质性损害或严重脑功能障碍，或者患有影响乙醇代谢疾病（如癫痫、脑血管病、颅脑外伤、肝病等）的基础上，由于对乙醇的耐受性下降，小量饮酒后便发生的急性乙醇中毒反应。

2．慢性乙醇中毒　是由长期、过量饮酒引起的实质器官病理变化及行为障碍性疾病。慢性乙醇中毒者可出现面部血管扩张、营养不良、贫血、周围神经炎、慢性胃炎、酒精性肝病和肝硬化及震颤性谵妄、酒精性心肌病、酒精中毒性痴呆、酒精中毒性 Korsakoff 精神病、酒精中毒性 Wernicke 脑病等精神障碍和脑损害。有的可出现以下肢和躯干运动失调为特征的小脑综合失调征。慢性酒精中毒可因并发症或戒酒不当死亡。

皮肤长期反复接触乙醇，可引起局部干燥、脱屑、皲裂和皮炎。

【尸体检验所见】

1．急性乙醇中毒死亡者，可见颜面潮红，眼睑水肿，全身各器官充血、水肿及点、灶性出血。从死者呕吐物、胃内容物中能嗅到酒的特有气味。喉头及胃黏膜充血、水肿，胃底黏膜可有点状出血。小肠近段黏膜充血，表面附有大量淡灰色黏液，不易洗掉，且常有点状出血。结肠可有炎症性改变。肾、胰及肾上腺可有出血，肝细胞脂肪变性，胆囊水肿呈胶胨样，脾淤血，脑及脑膜充血明显，脑水肿、肺淤血水肿，胸膜、横膈腹腔面点片状出血。膀胱充满尿液。大量高浓度（95% 以上）乙醇口服中毒可引起严重出血性胃炎。

乙醇中毒者容易跌倒，引起颅脑损伤；或不慎掉入水中溺死；酒醉昏迷呕吐，可将呕吐物吸入呼吸道发生窒息；可并发支气管肺炎；严重心脏病、肝炎、肝硬化、支气管肺炎及高血压病等患者，易因饮酒中毒引起死亡；也可见酒后死于交通事故或打架斗殴等。

2．慢性乙醇中毒死亡者，可见酒精中毒性肝病，肝细胞脂肪变性、酒精透明小体（alcohol hyaline，或称 Mallory 小体）形成，甚至发展为酒精性肝硬化。此外，可见酒精中毒性充血性心肌病及中毒性脑病等。脑的病变主要在小脑，尤其是蚓部，也可蔓延到小脑半球前部和上部，以浦肯野细胞最敏感，可表现为广发或局部的脑萎缩。

【检材的采取】

对尸体，一般可同时采取周围静脉（股静脉或锁骨下静脉）血、心血、玻璃体液、尿液和一种内脏器官或组织测定乙醇浓度，必要时检测其中乙醇非氧化代谢产物（EtG、FAEEs、EtS）浓度。溺死尸体因溺液进入肺内，心血被稀释，亦应取周围血。烧死尸体，接近体表部位可受热的作用，则应采取深部血（心血）。颅腔血肿乙醇浓度与受伤时血中浓度相近，亦可作为检材。内脏器官以脑最佳，其次是肺、肝、肾等；体液以尿液最佳，乳汁、唾液次之。与血液乙醇含量相近的还有睾丸、前列腺，尤其在排泄阶段的血液乙醇含量与睾丸内乙醇含量极为接近。因此，大量失血尸体、严重机械性损伤尸体（包括飞机事故、火车及其他交通事故）及碎尸，收集睾丸、前列腺检测乙醇含量具有重要意义。肌肉组织不易腐败，其中乙醇含量较为稳定，尤以臀部肌肉较好。腐败尸体则可测定眼玻璃体液内乙醇含量。若怀疑胃内容物中残量乙醇死后弥散造成血和脏器乙醇浓度升高时，可同时采取胃内容物测定乙醇浓度佐证乙醇死后再分布。对活体，可检测呼出气中乙醇含量，阳性者应取血、尿进一步进行定性和定量分析。

怀疑长期酗酒或慢性乙醇中毒（死亡）者，可分段采取毛发指甲检测其中 EtG、FAEEs、EtS 含量，也可采取指甲检测其中 EtG 含量。

所取检材如血液或尿液应在容器上方尽量不要留空隙，并要密封，防止乙醇挥发影响结果分析，所有检材应低温（−20℃最好）保存，及时送检，室温保存勿超过一昼夜，无法低温保存或保存超过 24 小时应加氟化钠或氟化钾至 1%～2%。

【法医学鉴定要点】

（一）活体鉴定

活体鉴定的任务之一是判定其酩酊度（参见表4-1及临床法医学有关章节），从以下方面检查：

1. 现场收集酒瓶、酒具，确定酒的种类及乙醇含量，可为确定饮用量提供线索。

2. 外表检查　观察言语、面色、步行能力、眼神及呼吸等临床表现。

3. 简单心身试验　自立1分钟，沿直线行走；闭眼以两手示指交替指鼻；步行中使其向右或向左转走；在纸上画螺旋形等。

4. 化验检查　主要测定血、尿或呼气中的乙醇含量。

判定醉酒时，必须与某些疾病、损伤及其他中毒相鉴别。如神经、精神疾病，运动失调和震颤、颅脑损伤、机动车内一氧化碳中毒等。

活体鉴定另一任务是判定是否酒后驾驶或醉酒驾驶。中华人民共和国标准《车辆驾驶人员血液、呼气酒精含量阈值与检验》（GB19522-2010）规定了中国人最高允许驾驶的血液乙醇浓度（blood alcohol content concentration，BAC）为$<$20mg/dl。驾驶员BAC≥20mg/dl为酒后驾驶，BAC≥80mg/dl为醉酒驾驶。

（二）尸体鉴定

尸体鉴定的主要任务是判定是否乙醇中毒死亡。生前明显的饮酒史、典型的乙醇中毒症状和醉酒过程，或在解剖时闻及乙醇的气味仅可提示饮酒，重要的是血、尿及其他器官中乙醇的定性、定量检测。若血液（外周血或排除死后再分布的心血）中乙醇浓度达400～500mg/dl，可单独构成死因。怀疑长期酗酒或慢性乙醇中毒（死亡）者，可分段采取毛发检测其中EtG、FAEEs含量，毛发EtG检测可反映酗酒者3个月内的饮酒情况。也可采取指甲检测其中EtG。但在法医学鉴定时常须对各种因素进行综合评价，在判定死因时还应考虑以下问题：

1. 与疾病的关系　如原患高血压病、冠心病、肺心病或其他心血管疾病、肝病、急性胰腺炎及支气管肺炎等，乙醇中毒可成为死亡的诱因或辅助因素。

2. 与外伤的关系　醉酒状态下遭受损伤，易引起外伤性休克及死亡；脑外伤早期对乙醇敏感，可加重病情，加速死亡。

3. 与窒息的关系　醉酒后可因行为和意识障碍，发生意外吸入异物或呕吐物窒息，或者面部向下倒入水坑或水池中溺死，此时需与其他原因（如外力）引起的窒息相鉴别。

4. 与机体状态的关系　青年人多在服用过量乙醇后死亡，老年人则服少量亦可死亡。还应考虑到饮酒时间的长短，以往是否嗜酒及对乙醇是否过敏，是否病理性醉酒或复杂醉酒。

5. 与其他因素的关系　寒冷、过热以及与其他药物联合应用（如巴比妥类、非巴比妥类安眠药、吗啡等中枢神经抑制药和降糖药、甲硝唑、灰黄霉素、阿的平、妥拉苏林、甲基苯肼等醛脱氢酶抑制药）易中毒死亡。因此，不能忽略酒内或血液等检材中其他药（毒）物的检测。

（三）饮酒量和血乙醇浓度的推断

血乙醇浓度是乙醇中毒法医学鉴定的主要依据，实践中常遇到需要由饮酒量推算血乙醇浓度，或从血乙醇浓度推算饮酒量，或根据血液、组织、体液或呼气乙醇浓度关系推断血乙醇浓度范围，更重要的是根据检查时（活体或尸体）的乙醇浓度推算肇事或事发当时的血乙醇浓度，以评估肇事或事发当时的反应状态，判断责任能力。可采用以下方法：

1. 根据Widmark公式可作大略推算饮酒量或血乙醇浓度

$r=A/(P\cdot C)$，r为分布常数，有个体差异，但在同一人基本是一定的，一般r值为0.75～0.80，A为所饮乙醇量（g），P为体重（kg），C为血中乙醇浓度（mg/ml）。以上计算出A值为g，然后以乙醇的相对密度（比重）为0.789换算成ml数（A×1.26ml/g）即可求出饮入乙醇量。反之可以饮酒量推算血乙醇浓度。此公式适用于一次饮酒后吸收过程停止影响时饮酒量和血乙醇浓度的推断。

2. 根据国人乙醇代谢动力学方程推算饮酒量或血乙醇浓度

$\ln C=\ln C_0+0.7433(1.5880C_0+6.5551)/(1.5880C+6.5551)-0.4075t$，C为饮酒后t时刻BAC，$C_0$

为一次饮酒后乙醇完全吸收后的BAC，t为饮酒后时间。①酒后采一次血液，测BAC，应用此方程求出乙醇完全吸收后的BAC（C_0），结合酒精的表观分布容积（0.53L/kg）计算出饮酒量；②已知饮酒量及酒后某一时刻的BAC，也可确定其饮酒时间；③无条件抽血采样或无条件测定BAC的情况下，已知饮酒量和饮酒时间，可推算酒后任意时刻的BAC。

3. 根据血中乙醇消除速率推断肇事或事发当时血乙醇浓度　事发后较长时间采血或肇事者经抢救一段时间后死亡，血中乙醇检测浓度高于10mg/dl时，可按国人血乙醇消除速率11.73mg/（dl•h）±1.76mg/（dl•h）[10～15mg/（dl•h）]推断肇事或事发当时血乙醇浓度。

4. 根据血液与组织、体液或呼气乙醇浓度关系推断血乙醇浓度范围

（1）尿：活体和尸体尿中乙醇浓度（urine alcohol content，UAC）和BAC相关性好，但也存在变异。当UAC大于20mg/dl时，可用UAC/BAC＝1.0～1.38估算血乙醇浓度范围。如交通事故中死亡者UAC测定值为100mg/dl，可推断其血乙醇浓度范围为100～138mg/dl。

（2）玻璃体液：玻璃体液乙醇含量（VHAC）检测在乙醇中毒法医学鉴定中意义较大，尤其在腐败尸体检测中更有价值。吸收早期BAC/VHAC为1.29±0.57，而在吸收后期和清除期B/V为0.89±0.19。因此，可用公式BAC＝0.89 VHAC来估算血液乙醇浓度范围。

（3）前列腺和睾丸：睾丸、前列腺乙醇浓度与血乙醇含量相近，尤其在清除阶段更相近。可用睾丸、前列腺乙醇浓度推断血液乙醇浓度。

（4）肌肉：肌肉乙醇浓度（MAC）比较稳定，MAC/BAC比率为0.74～0.94。乙醇在犬体内可发生死后再分布，但120小时内（尸体已腐败）MAC无变化。因此，可用肌肉乙醇浓度推断血液乙醇浓度。

（5）呼气：呼气乙醇浓度（BrAC）与血乙醇浓度关系比较恒定，可用BAC/BrAC关系推断BAC。目前市售的呼吸酒精检测仪多采用Mason和Dubowski提出的BAC/BrAC为2100∶1的关系进行转换。但呼吸酒精检测仪对多种含碳物质均有响应。因此，呼吸酒精检测仪在检查酒后驾驶或醉酒驾驶时，只能作为筛选仪器，阳性者还应采取血、尿进一步进行乙醇定性和定量分析。

（6）其他器官和体液：乙醇吸收后，体内分布达平衡状态时，人脑、肝等器官中乙醇含量与BAC的关系可用于推算血液乙醇浓度范围。但应注意其变动范围较大。

如两例交通事故中死亡而无法采血者，肝脏中乙醇浓度分别为98.1mg/dl和237.7mg/dl。根据人体内血和肝乙醇浓度关系推断其尸体乙醇浓度分别为66.3mg/dl和160.6mg/dl，可分别判定为生前酒后驾车和醉酒驾车。另一重大交通肇事案中死亡司机尸体内无法取到血液，玻璃体液和睾丸中乙醇浓度为293.0mg/dl和280.0mg/100g，利用血和玻璃体液及睾丸中乙醇浓度的关系推断其血酒精含量为260.0mg/dl和280.0mg/dl，可判定其为生前醉酒驾驶。

5. 根据保存血样中乙醇/正丙醇比值估算采样时的血乙醇浓度　若血液标本常温保存一段时间后，同时检出乙醇和正丙醇，且血中乙醇/正丙醇大于（等于）20时，可用“BAC－20×血正丙醇浓度”来估算采样时的血乙醇浓度。

由于乙醇代谢受多方面因素影响和个体差异，以上方法所推断的饮酒量和血乙醇浓度均为近似值，不可能提供精确的结果。在应用于鉴定时，要结合多方面的资料慎重考虑。

（四）生前饮酒和死后产生乙醇的鉴别

乙醇中毒法医学鉴定中常遇到生前饮酒、死后微生物作用产生乙醇的鉴别问题。死后应及时取材和检测检材内乙醇含量，常温保存尸体和检材中均可产生乙醇。在气温低于20℃环境，死后1日内取材或测定比较正确。如超过1天，不可忽视死后尸体和保存检材中组织腐败所产生的乙醇量。可通过以下方法或指标鉴别生前饮酒和死后产生乙醇：

1. 乙醇非氧化代谢产物　饮酒者体内EtG、FAEEs和EtS可持续存在至其体内乙醇完全排出后；未饮酒者体内无EtG、FAEEs和EtS。乙醇非氧化代谢产物是生前饮酒的标志物，血、尿、玻璃体液或组织中检出EtG、FAEEs或EtS均可证明生前饮酒。

2. 尿中(5HTOL/5HIAA)比率 正常人尿中5-HTOL/5-HIAA比率为4.3～4.4pmol/nmol±1.8pmol/nmol(0.9～9.4pmol/nmol),尿中5HTOL/5HIAA比率升高(>15)提示生前饮酒。但应排除乙醛脱氢酶抑制剂(双硫醒,disulfiram;二硫化四乙秋兰姆,antabuse)所致5HTOL/5HIAA比率异常升高的情况。

3. 乙醇/正丙醇浓度比值 尸体内产生乙醇同时,可平行产生正丙醇(n-propanol),下面情况之一均可证明生前饮酒:①血中乙醇/正丙醇浓度比值大于(等于)20;②脑中乙醇含量大于等于0.5mg/g,脑中乙醇/正丙醇浓度比值≥40;③脑中乙醇含量0.1～0.49mg/g,脑中乙醇/正丙醇浓度比值≥60。但尸血中加入白色念珠菌(candida albicans)和葡萄糖室温保存24小时,即可产生乙醇,但未平行产生正丙醇。因此,若腐败尸体血中检出乙醇而未检出正丙醇时,应检测其血或尿中EtG、FAEEs、EtS或5HTOL/5HIAA比率来鉴别。

4. 尿中乙醇检测 一般认为,尿中检出乙醇是生前入体的证据。但目前研究证明生前未饮酒溺水死亡尸体和糖尿病死亡尸体尿中均可检出乙醇,因此,尿中检出乙醇作为生前饮酒标志应排除葡萄糖(糖尿病)和微生物污染。

(五)生前饮酒和死后灌入乙醇的鉴别

乙醇中毒法医学鉴定中偶可遇到生前饮酒和死后灌入乙醇的鉴别,可通过尸体脏器或体液中乙醇非氧化代谢产物(EtG、FAEEs、EtS)检测和尿中5HTOL/5HIAA比值测定进行鉴别,也可通过尸体各组织和体液中乙醇的含量及比例关系进行佐证。

(六)死后再分布的判断

乙醇中毒法医学鉴定中,若尸体$C_{中央血乙醇}/C_{外周血乙醇}$比值≥1.15,即可判定乙醇发生了死后再分布,应根据外周血的乙醇浓度判断其中毒程度或饮酒状态。

若解剖时只取到心血,而未取或无法取到外周血时,尤其是心血中乙醇浓度远高于其致死浓度而胃内容中有较高浓度乙醇残留时,则应排除胃内乙醇死后弥散所致的死后再分布,可根据心血乙醇浓度与脏器或体液乙醇浓度的比例关系进行判断。必要时可根据受乙醇死后再分布影响小的尿、玻璃体液、前列腺和睾丸或(和)肌肉与心血乙醇浓度的正常比值来推断死亡当时尸体心血中乙醇浓度。

二、甲醇中毒

甲醇(methanol,methyl alcohol,CH_3OH)又称木醇、木酒精(wood alcohol,wood spirit),为无色透明的易燃液体,有高度挥发性,具微弱乙醇香味。甲醇可与水、乙醇、酮、醚、酯、卤代烃和苯等有机溶剂混溶。

甲醇是重要的有机合成原料和溶剂,在工业上用途很广,可用于制造甲醛、聚丙烯醇、甲胺、纤维素、防冻剂等,也可用作染料、塑料、胶片、油漆等生产时的溶剂,深加工后可作为一种新型清洁燃料,也加入汽油掺烧,还可广泛用于农业、医药、化妆品工业,有"工业酒精"之称。

【中毒原因】

急性中毒多为误服甲醇代替乙醇作为饮料所致。国内外均有饮用掺有工业酒精(甲醇)的假酒发生严重群体性甲醇中毒的报道。其中包括,墨西哥圣萨尔瓦多市曾发生122人中毒死亡事件;1996年云南会泽190多人中毒,36人中毒死亡;1997年广西33人中毒死亡,12人失明;1998年山西朔州296人中毒,27人死亡的"1.26"事件;2004年广州115例中毒,14人死亡的"5.11"事件;2004年湖南安化县、湖北省枝江市、湖北省南漳县3起31人中毒,11人死亡事件。有些是由于酿酒方法不当,工艺落后,致使白酒或米酒中甲醇含量过高而引起中毒。也有服用甲醇自杀者,他杀少见。偶有陷害致盲的报道。职业接触、长期少量吸入甲醇蒸气可致慢性中毒。

【毒理作用】

甲醇可经胃肠道、呼吸道和皮肤接触吸收。甲醇在体内分布很快,各组织中甲醇含量与该组织的含水量成正比。肝、肾、胃肠道、眼房水、玻璃体液、脑脊液、血液和胆汁中甲醇含量较高,而脑、脂肪、肌肉组织中较低。

甲醇主要在肝代谢。吸收的甲醇约 90%～95% 在肝内醇脱氢酶作用下氧化为甲醛，然后在醛脱氢酶作用下很快氧化为甲酸，甲酸经过氧化酶的作用氧化为二氧化碳和水。约有 2%～5% 的甲醇以原形由肾和肺排出。甲醇在体内代谢缓慢，排泄也缓慢，有明显的蓄积作用。甲醇氧化成甲醛、甲酸所需时间在 12 小时以上，中毒 6 天后，尿中仍可检出甲醇；中毒过久者，尿中可检出超过正常量的甲酸（>0.251g/d）。

甲醇中毒除其本身作用外，更危险的是其氧化产物甲醛和甲酸的续发毒性作用。甲醛的毒性比甲醇大 33 倍，甲酸的毒性也较甲醇大 6 倍。甲醇中毒引起视觉损害和代谢性酸中毒主要由代谢产物引起。但甲醛在体内很少被检出，所以现认为甲醇中毒主要由甲酸及甲酸盐引起。

甲醛对视网膜神经节细胞和视神经具有特殊毒作用，能抑制视网膜神经细胞的糖原酵解酶，抑制氧化磷酸化过程，使之不能合成 ATP，神经细胞变性，导致视神经萎缩，严重者双目失明。近年来研究表明，甲醇中毒的原发性眼损害部位在视神经，而不是在视网膜神经节细胞，主要表现在后极部视盘及筛板区与眶尖部的神经纤维受损。由于眼房水、玻璃体液内含水量达 99% 以上，中毒时眼内甲醇含量很高，故毒害作用最强。

甲醇的主要毒理作用是引起代谢性酸中毒。甲醇氧化可使细胞内 $NAD/NADH^+$ 比例下降，促进厌氧微生物的糖酵解，产生乳酸。而甲酸盐可与细胞色素氧化酶的铁结合，抑制细胞内氧化过程，引起轴浆运输障碍，而发生中毒性视神经病，并诱导线粒体呼吸抑制和组织缺氧，使体内乳酸、羟丁酸及其他有机酸积累，加上甲酸的作用，可引起酸中毒及血液循环紊乱，而酸中毒又可加重视神经损害，严重酸中毒可导致昏迷死亡。

甲醇也具有麻醉作用，甲醇及其代谢产物可直接损害眼球组织和引起血管麻痹扩张，损害神经系统和肝。有研究认为，甲醇通过影响细胞膜钙泵的活性，使 Ca^{2+} 由细胞外流向细胞内，引起血管平滑肌痉挛，使眼底微循环血流明显减少，造成神经损伤，严重时可使全身，特别是脑血管受损，通透性增加，血浆渗出或出血，引起中毒性外周循环障碍。使脑组织发生弥漫性病变，对肝、肾也有毒性作用。

甲醇还可通过胎盘屏障，孕妇误服甲醇可致胎儿中毒。

【中毒致死量】

中毒量 5～10ml，10～20ml 以上可致失明，致死量为 30～60ml，致死血浓度为 71mg/dl，但有较大的个体差异。

【中毒症状】

口服潜伏期较长，一般为 12～24 小时，少数可长达 2～3 天。但口服纯甲醇中毒症状出现较快，最短者仅 40 分钟。同时摄入乙醇潜伏期可延长。临床上主要以视力障碍及神经系统症状突出，胃肠道症状也较常见，可并发胰腺出血。按中毒程度、临床表现可分为 3 型：

轻度中毒：患者类似醉酒状态，有头痛、头晕、腹痛、兴奋、耳鸣、震颤、轻度共济失调，眼球疼痛、视物模糊等。一般在数日后即可恢复。

中度中毒：患者神经系统症状较严重。可有呕吐、呃逆、软弱无力、对周围事物淡漠等。数小时至 2～3 天后，可出现视力障碍，先有复视、眼前出现闪光及雾感、视物不清、眼球胀痛，以后视力急剧减退，甚至失明。有的中毒者可突然失明，此时眼科检查可见瞳孔散大、固定，对光反射减弱或消失。眼底检查可见静脉扩张，视神经乳头充血、水肿，继之苍白或视神经萎缩。早期视野改变出现中心暗点或中央暗点（central scotoma），晚期则为周边视野缩小。视神经损害很少完全恢复正常。

重度中毒：出现剧烈头痛、头晕、意识蒙眬、惊厥、谵妄，可很快进入休克、昏迷，同时有恶心、呕吐、冷汗或出现酸中毒、幻觉、幻视、双目失明、多发性神经炎等。常因严重酸中毒昏迷死亡或死于呼吸麻痹。有的并发急性坏死性胰腺炎及心、肝、肾受损，表现为肝大，肝、肾功能异常，心电图示 ST 段和 T 波改变，室性期前收缩，心动过缓，甚至心搏骤停。少数口服中毒者在急性期或恢复期可有锥体外系损害的症状或持久的帕金森综合征。有的可出现发音、吞咽困难以及锥体束征。有的可出现假性延髓性麻痹和痴呆。急性甲醇中毒常因严重的酸中毒昏迷死亡或死于呼吸麻痹。

代谢性酸中毒为甲醇急性中毒的主要临床表现之一。轻度可无症状，仅 CO_2 结合力降低，严重者出现呼吸困难、Kussmaul 呼吸。实验室检查 CO_2 结合力常在 30% 以下，血液甲醇和甲酸浓度增高。

甲醇有局部刺激作用，吸入可引起眼和上呼吸道刺激症状，皮肤反复接触可致局部脱脂和皮炎。

慢性甲醇中毒多见于职业性接触，主要表现有肾炎、膀胱炎、视力减退、视野缺损、视神经萎缩及视神经炎等，同时伴有神经衰弱综合征和自主神经功能紊乱。

【尸体检验所见】

口服甲醇中毒者若迅速死亡，其尸检呈一般急性死亡常见的尸体征象，但局部刺激征象较明显，可见胃黏膜充血、点状出血，胃内容物中可闻及甲醇气味。如中毒病程迁延者，病变则主要在脑及脑膜。尸检可见脑及脑膜淤血、水肿和点、片状出血，脑的病变以第三脑室、中脑导水管周围及第四脑室较明显，还可能有软化灶形成，多发生在壳核和内囊区，有学者认为这是甲醇中毒较特殊的病变。有的可见双侧豆状核及周围白质出血，软化灶形成。严重脑水肿，可致脑疝形成。镜检见大脑皮质、海马沟和基底神经节的神经细胞呈急性缺血性改变，脑神经细胞肿胀或固缩，细胞周围及血管周围间隙明显增宽。白质区可见髓鞘广泛破坏，仅皮质下髓鞘结构仍保存，白质中心部位轴索呈串珠状改变，但未断裂，毛细血管内皮增生。视神经充血、水肿和出血，神经纤维崩解，神经胶质细胞增生，甚至视神经萎缩。肺淤血、水肿，心、肝、肾等实质细胞变性，甚至灶性坏死。部分可见胰腺坏死。

吸入中毒死亡者，主要病变是肺弥漫性充血、水肿，点、片状出血，可继发气管炎、支气管炎及支气管肺炎。皮肤接触处可出现湿疹和皮炎。

【检材采取】

胃内容物、呕吐物、血、尿及脑、肝、肾等均可作为检材。眼房水和玻璃体液是很好的检材。注意检测尿中代谢产物甲酸的含量。因甲醇易挥发，应及早取材、密封送检。死后 1～2 天内检测有价值。

【法医学鉴定要点】

对于可疑甲醇中毒死亡者，根据接触史、临床表现及眼底检查，参考实验室分析和特殊检查，结合尸体征象、毒物分析，一般不难作出诊断。有饮酒史，呼气中有醇香味，临床表现有皮肤发绀、头痛、呕吐、剧烈腹痛、视物模糊等症状，尤其突然出现失明、出现中央暗点、视盘先红后苍白等甲醇中毒的特有征象，有鉴定价值。毒物分析主要依靠血液、尿液中甲醇及甲酸含量的测定。一般中毒死亡者经甲醇定性、定量分析及尿中检出超常量甲酸即可判定。对病因不明的昏迷及生前发生酸中毒者，在排除糖尿病等疾病后，结合 CT、MRI 检查和尸检结果，以及玻璃体液和血液、饮用酒的甲醇含量测定，综合分析，即可做出较为准确的结论。

对于可疑甲醇中毒存活者，除根据临床表现和实验室检查外，特殊检查如 CT 和 MRI 检查可见基底节和壳核及周围白质密度降低，出血或水肿，提示有软化灶存在，可成为诊断急性甲醇中毒性脑病的重要手段，特别对散发病例有较大帮助。应用视觉诱发电位（VEP）测定，对判断甲醇中毒所致的视神经早期损害具有较高的特异性和灵敏度。

甲醇中毒致盲后的损伤程度可根据《人体重伤鉴定标准》判定。甲醇职业中毒按《职业性急性甲醇中毒诊断标准》（GBZ53-2002）可分为轻度中毒和重度中毒。

（贠克明）

第二节　催眠镇静药中毒

常见的催眠镇静药物包括巴比妥类和非巴比妥类药物。催眠镇静药物对中枢神经系统具有剂量依赖性的抑制作用，同一药物在较小剂量产生镇静，较大剂量时有催眠作用，过量则引起中毒。巴比妥类药物具有成瘾性，容易产生药物依赖并且不良反应较多，在临床上的应用日渐减少。非巴比妥类催眠镇静药中毒在法医学实践中较为多见。

一、非巴比妥类催眠镇静药中毒

非巴比妥类催眠镇静药为中枢神经抑制药，包括强安定药和弱安定药两类。前者为抗精神病药，以吩噻嗪类药物为代表；后者为抗焦虑性镇静药，有抗惊厥作用，常用的有地西泮、氯氮平、三唑仑、甲丙氨酯、导眠能、甲喹酮等。本类药物对中枢神经抑制作用缓和，耐药性和成瘾性较弱，目前临床应用广泛，容易获得，经常发生中毒。

（一）吩噻嗪类药物中毒

吩噻嗪类（phenothiazines）衍生物种类很多，属三环类，其中典型药物为氯丙嗪（chlorpromazine），又称冬眠灵、可乐静、氯普马嗪，是应用最广泛的抗精神病药物。其他常用的还有奋乃静（perphenazine）、异丙嗪（promethazine，非那根），三氟拉嗪（trifluoperazine）和硫利达嗪（thioridazine）等。现以氯丙嗪为例，介绍如下。

盐酸氯丙嗪有糖衣片剂及注射液两种，味苦而麻，有吸湿性，易溶于水、乙醇和氯仿；不溶于醚或苯。对光敏感，暴露于日光中易氧化分解。

【中毒原因】

常见于精神病患者大量吞服氯丙嗪自杀或长期较大剂量用药引起的中毒；误服中毒亦有发生，中毒致死者以小儿较多见。也有诱服或用注射投毒他杀的案例报道。

【毒理作用】

氯丙嗪主要抑制中枢神经系统，其作用部位在脑干网状结构上行激活系统、大脑边缘系统及下丘脑。对自主神经的抑制作用也较显著，具有抗肾上腺素、抗纤颤、抗过敏、抗休克、降温、抗痉挛、镇吐等作用。对肾上腺素能 α 受体有阻断作用，使血管扩张，血压下降。

氯丙嗪口服后 2～4 小时、肌内注射 15～30 分钟达到血浆浓度峰值，胃内容物或合用抗胆碱能受体阻断药能延缓胃肠道吸收。进入机体后分布于全身组织，脑、肺、肝、脾、肾中较多，脑内浓度可达血浆浓度的 10 倍。主要在肝脏代谢，以多种代谢物的形式经肾脏排泄，其中以硫氧基氯丙嗪的形式排出 8%。因其脂溶性高，易蓄积于脂肪组织，停药后数周甚至半年仍可从尿中检出代谢物。

氯丙嗪与巴比妥类、吗啡或其他抑制剂、麻醉剂、降压药、抗胆碱药、抗震颤药都有协同作用。曾有用毒鼠强、异丙嗪和酒精 3 种毒物混合致死的案例报道。

【中毒致死量】

氯丙嗪中毒致死量的范围变动很大。一般认为氯丙嗪口服致死量为 15～150mg/kg，或 5～7g，致死血浓度为 5～10mg/L。有的精神病患者长期使用较大剂量，其血中浓度可能很高，与中毒致死者不易区别，但肝中浓度一般不超过 10mg/kg。

【中毒症状】

急性中毒出现暂时性兴奋，继而嗜睡，共济失调，震颤、痉挛，神志模糊，进而昏迷，出现肌肉松弛、痛觉消失、反射消失、体温降低、呼吸减慢、血压下降、瞳孔明显缩小、发绀。最终抑制中枢神经系统致呼吸循环衰竭而死亡。

在长期接受大剂量氯丙嗪或其他吩噻嗪类药物的精神病患者中，可出现吩噻嗪猝死综合征（phenothiazine sudden death syndrome），其可能的死亡机制为：低血压危象（体位性）、心室纤颤或循环衰竭、痉挛所致的窒息和肺动脉栓塞等。

【尸体检验所见】

急性中毒死亡者无特殊病理改变。因可引起共济失调，抑制咳嗽反射，致胃内容物反流入气管，同时窒息征象明显，内脏器官淤血或伴有漏出性出血，肺、脑水肿及尿潴留。胃黏膜及内容物中可发现药品碎片，胃黏膜可见充血及点状出血。镜下脾与胰腺间质、肺泡隔、小肠黏膜层内可见嗜酸性粒细胞浸润。

慢性中毒死者可见皮肤黄疸，肝细胞变性、坏死，脂肪变性，胆汁淤滞，甚至胆栓形成。脑神经细胞皱缩，尼氏体消失。药物过敏死亡者可见皮疹和较多的嗜酸性粒细胞浸润。

【检材采取】

尿为最好的检材，血液和（或）肝为测定致死浓度所必需的检材，脑、肾也可以。

【法医学鉴定要点】

注意有无精神病服药史，有短暂兴奋，继而震颤、昏迷、呼吸浅表、瞳孔缩小、血压、体温降低等表现，经毒物检测判定氯丙嗪中毒不难。长期大剂量应用氯丙嗪可能发生吩噻嗪猝死综合征，应注意有无心血管疾病或癫痫病史。另外，也应注意有无其他中枢神经系统抑制性药物的协同作用。

（二）苯二氮䓬类药物中毒

苯二氮䓬类药物（benzodiazepines）为弱镇静安眠药，易被滥用。以氯氮䓬（chlordiazepoxide，利眠宁，librium）和地西泮（diazepam，valium，安定）为代表。还有三唑仑（triazolam）、氯氮平（clozapine）、硝西泮、奥沙西泮、艾司唑仑、氟西泮等。一般为片剂。

苯二氮䓬类药物多为淡黄色或白色粉末状结晶，味苦，易溶于氯仿、丙酮，不易溶于水。在酸性、中性和碱性中均可用有机溶剂提取，但遇强酸、强碱易分解。

【中毒原因】

多为自杀，与毒品、酒精等混合应用发生协同作用所致的中毒最常见。长期服用导致蓄积或突然大量服用均可引起中毒。也可见于药物滥用意外中毒或麻醉抢劫，因三唑仑吸收快，在麻醉抢劫中多见。

【毒理作用】

苯二氮䓬类药物具有中枢神经系统抑制和肌肉松弛作用。对大脑皮质、中脑、海马、脊髓等部位苯二氮䓬受体结合后，作用γ氨基丁酸（GABA）能神经突触传导，增强GABA的抑制作用。其抗惊厥及对肌肉松弛作用都大于苯巴比妥。大剂量时可使中枢神经系统、心血管系统受到抑制，锥体外系功能障碍。中枢神经系统抑制和肌肉松弛可以引起中枢性和周围性呼吸障碍。因此，苯二氮䓬类药物中毒者常由于中枢神经、心血管和呼吸系统抑制可引起呼吸、循环功能停止而死亡。

地西泮口服后吸收迅速，由肝脏代谢，主要代谢产物为N-脱甲基安定（nordiazepam）、奥沙西泮，最后形成葡萄糖醛酸结合物由尿液排出。

苯二氮䓬类药物与巴比妥类、吗啡、乙醇或其他抑制剂、麻醉剂有协同作用。

【中毒致死量】

地西泮致死量为100～500mg/kg，致死血浓度为20mg/L；氯氮䓬致死量约为2g，致死血浓度为30mg/L。6例服用三唑仑过量死亡者，平均死后血浓度为39μg/L（10～57μg/L）。中毒例数虽多，但死亡率不高。

【中毒症状】

一般为倦睡，但不引起深度睡眠，易被唤醒，言语如常，肌肉软弱，共济失调，大剂量时可导致昏迷，血压下降，呼吸、循环抑制，呼吸、心跳停止。

本类药物长期持续服用可出现成瘾性，停药后有戒断症状，表现为抑郁、精神激动、失眠及癫痫发作。

【尸体检验所见】

急性中毒者尸斑较显著，口唇、指甲发绀。内脏淤血、水肿明显，支气管内可有白色泡沫。心、肺表面可有点状出血。胃内可发现残存的药末或药片。膀胱内尿潴留。病程迁延死亡者，常并发支气管肺炎（坠积性肺炎）、肺水肿。大脑半球苍白球可有对称性软化灶形成，伴神经胶质细胞反应。脑实质内小血管周围可见漏出性出血。

慢性中毒死亡者，尚可见皮疹、肝细胞坏死及胆汁淤滞，肾小管上皮细胞变性、坏死。

长期药物滥用过量死亡者，神经细胞退行性改变较明显，神经细胞变性、坏死，胶质细胞增生明显，淀粉样小体形成，有的可见脑内小血管炎改变。

【检材采取】

尿、胃内容物、血液以及肝、肾、脑均可作为检材，其含量次序为肝＞脑＞血＞肾＞肺。

【法医学鉴定要点】

有服药史，临床表现为倦睡，肌肉松弛，共济失调或突然昏迷等。毒物检测必须进行药物的定量检测，以区别正常治疗用量或中毒。该类药物与乙醇有协同作用，可增加对中枢的抑制，故应注意有无饮酒。

（三）其他弱安定剂中毒

1. 甲丙氨酯（miltown，meprobamate）　又名安宁、氨甲丙二酯、眠尔通，是具有轻度安定及镇痛作用的中枢性肌肉松弛剂，毒性较低，临床应用较为广泛，时有意外中毒或自杀的案例，自杀者以服用几种催眠镇静药引起的混合中毒多见。甲丙氨酯的基本作用是抑制中枢神经系统，主要作用部位在丘脑。若一次服用大剂量（10g 以上）能使中枢神经深度抑制，引起血压下降，呼吸抑制，肌肉无力，昏迷甚至休克、死亡。乙醇和甲丙氨酯有极强的协同作用。有报道，血中乙醇浓度为 0.5mg/ml 时，甲丙氨酯浓度为 0.004mg/ml 即可使人陷入沉睡状态。主要在肝脏代谢，口服量的 10%～15% 以原形从尿排出，50%～60% 则变成羟基甲基甲丙氨酯排出，故尿中可检出原形和代谢产物。血中致死浓度大于 3mg/dl，肝中为 10mg/100g。检材采取依次为尿、肝、肾、血液及胃内容物。

2. 格鲁米特（glutethimide）　又名导眠能、道力顿（doriden）、苯乙哌啶酮或戊亚胺。中毒多见于用药过量或自杀。对中枢神经系统具有抑制作用，作用部位是网状结构。具有肯定的催眠镇静作用，且持续时间较长。对呼吸中枢的抑制和抗惊厥作用仅为苯巴比妥的 1/3。急性中毒者表现昏迷、血压下降等。严重中毒者可因呼吸抑制、循环衰竭而死亡。机体吸收后，几乎全部被代谢，代谢产物广布于全身，脂肪组织和肝内浓度较高，在胆汁内被浓缩，但排入肠道后有重吸收现象。致死量为 10～20g。最小致死血浓度为 20mg/L。

3. 甲喹酮（methaqualone，hyminal）　又称海米那、安眠酮，属喹唑酮衍生物，久用成瘾，有些病人在服治疗量后，能引起精神症状。甲喹酮被吸收后，分布于脂肪组织，然后逐渐释放出来，在肝内与葡萄糖醛酸结合，随尿和粪便各排出一半，6～7 天内排完。甲喹酮也可以原形从尿中排出。其毒理作用为抑制中枢神经系统，主要作用于大脑皮质，过量可使呼吸抑制。用量超过 8g 可致严重中毒，甚至死亡。一般致死量为 10～20g。

上述几种药物中毒，尸检均无特殊发现，可取胃内容物、血、尿及肝、肾、脑留作化验。对格鲁米特和甲喹酮中毒者，还可加采脂肪组织作为检材。

二、巴比妥类催眠镇静药中毒

巴比妥类（barbiturates）药物是脲和丙二酸缩合而成的巴比妥酸衍生物。人工合成的巴比妥类药物已有 2500 余种，其中用于临床的约 50 种，但常用的不过 10 种左右，也是法医实践中较常遇到的（表 4-2）。

表 4-2　常用的巴比妥类催眠药

药名	中毒量（g）	致死量（g）	致死血浓度（mg/dl）
巴比妥（veronal）	3～6	5～10	11～38
苯巴比妥（luminal）	2～7	4～9	6.4
异戊巴比妥（amytal）	1.5～2	2～5	1.3～9.6
丙烯巴比妥（dial）	2～2.5	＞2.5	
戊巴比妥（nembutal）	0.05～0.2	1.5～5.0	1.7～7.5
司可巴比妥（seconal，速可眠）	0.1～0.2	1～5	2.1
环已巴比妥（evipan，安眠朋）	0.1～0.3	＞10	
硫喷妥钠（pentothal-Na）	0.2～1.0（iv）	1	

巴比妥酸衍生物易溶于乙醇、醚和氯仿等有机溶剂，其溶液略呈酸性，其钠盐易溶于水，呈碱性。

【中毒原因】

大多数为自杀，但误用或滥用引起中毒者也不少见，极少见于他杀。也有用于麻醉抢劫。硫喷妥(钠)作为静脉麻醉药，因用量过大或注射太快也可引起急性中毒。

【毒理作用】

巴比妥类药物口服易从肠黏膜吸收，其钠盐肌内注射吸收快。入血后与血浆蛋白结合，迅速于分布全身组织和体液中，也能通过胎盘进入胎儿体内。含血丰富的器官如肝、肾较其他组织含量较高。脂溶性高的易通过血脑屏障进入脑组织。

巴比妥类催眠药对中枢神经系统具有广泛的抑制作用。作用于脑干网状结构上行激活系统，提高电刺激阈值，降低刺激传入神经所引起的网状结构及皮质诱发电位，使皮质处于广泛性抑制状态。较大剂量影响条件反射、非条件反射及共济协调等作用。大剂量可直接抑制延脑的呼吸中枢及血管运动中枢而致呼吸、循环功能障碍而死亡。

巴比妥类催眠药与酒精、吗啡或非巴比妥类催眠镇静剂均有协同作用。如酒精可增加巴比妥类的吸收速率并阻碍肝的代谢而延长巴比妥类的作用，引起重度中毒甚至死亡。

【中毒症状】

急性中毒者有头痛、眩晕、嗜睡，可以被叫醒，反应迟钝，言语不清，动作不协调，判断力及定向力障碍。甚至沉睡，不能言语，呼吸正常或略慢，眼球震颤，瞳孔略小等。严重者出现昏睡，或出现兴奋、谵妄、躁狂、幻觉、惊厥及四肢强直，腱反射亢进，锥体束征阳性，后进入昏迷，全身松弛，各种反射消失，瞳孔缩小(后期散大)，对光反射消失，呼吸缓慢或变快，可有发绀及潮式呼吸、肺水肿、呼吸衰竭，脉搏细速、血压下降，甚至发生休克及严重肝、肾损害等。皮肤上可出现疱疹，多在手臂及足跟部。

严重者可于 15 小时内因呼吸停止而死亡。迁延时间稍长者因循环衰竭或坠积性肺炎而死亡，也有合并尿毒症而死亡者。

慢性中毒者出现皮疹、言语不清、失眠、健忘、情绪不稳定、共济失调、食欲减退、便秘等。

【中毒致死量】

因药物种类不同有很大差异，一般最小致死量为其治疗量的 10 倍。常见的巴比妥类镇静催眠药中毒量和致死量见表 4-2。

【尸体检验所见】

常呈器官淤血、水变性和点状出血，肺水肿、脑水肿。尸斑较显著，口唇、指甲发绀，手臂、足跟部皮肤可出现疱疹。有的可在胃内发现残存未溶解的白色粉末或药片，胃黏膜可发生糜烂或出血。膀胱内尿潴留。

迁延数天后死亡者，常并发坠积性肺炎，大脑半球苍白球可有对称性坏死灶，伴有显著神经胶质反应，在视丘和屏状核中也可有软化灶。有的病例有脑血管周围水肿及细小环状出血。

慢性中毒死者，可见皮疹、肝细胞坏死及胆汁淤滞。

【检材采取】

胃内容物、血液及尿液为最适宜。血液是重要的定量分析检材。脑脊液也是最佳检材。脑、肝及肾也可作为化验检材。若出现疱疹，可抽取疱疹内液体作为检材。

腐败尸体以采取肝组织为宜。苯巴比妥在尸体组织中不易分解消失。曾有人分别从埋葬 7 年、14 年和 25 年的尸骨及腐烂物中检出苯巴比妥。

【法医学鉴定要点】

首先采集中毒病史，调查有无自杀动机，根据中枢神经系统抑制(昏睡、昏迷)、呼吸浅表、发绀、血压下降等临床症状和体征，结合尸检征象和胃内残留药物等所见高度怀疑中枢神经系统抑制药物中毒，尽快进行定性、定量检验证实。必须强调做定量分析，以确定是否达到致死血浓度。如含量不高，应注意有无并用其他催眠镇静药物或乙醇等。

第三节　麻醉药物中毒

麻醉药物中毒一般都与医疗纠纷有关。中毒原因主要是由于未严格按照操作程序进行、药量过大、药物浓度计算错误、给药速度过快、吸入麻醉浓度高、时间长、局麻药误注入血管、硬膜外麻醉误注入蛛网膜下腔引起全脊髓麻醉等技术错误导致中毒死亡。也有用麻醉药自杀的报道，极少见于他杀。麻醉药有时可以产生严重的过敏性休克。

麻醉药中毒死者无特异性病理改变。法医学鉴定应注意以下几方面：

1. 详细了解病情和治疗经过，死者生前的症状和体征及麻醉的每个环节。

2. 全面收集各种物证　包括：病史志、麻醉记录、手术记录以及抢救记录；所用的药物标签、药物残液和空瓶。

3. 系统、细致、有针对性的尸体解剖检查　硬膜外阻滞麻醉和局部封闭麻醉要逐层检查软组织上针痕的路径，检查硬脊膜是否完整，有无针痕。检查脊髓是否损伤，血管是否有针刺损伤等。麻醉导管在体内残存者，可先行回抽提取残留药液或脑脊液分析化验，再经导管注入亚甲蓝溶液，以检查穿刺针及导管是否进入蛛网膜下腔或血管。

4. 检材的采取具有特殊性　对于怀疑硬膜外和脊髓麻醉中毒死亡者，应取各段脊髓、脊髓腔脑脊液、侧脑室脑脊液、心血、外周血、尿、脑、心、肝、肺、脾、肾、肌肉等检材进行毒物分析。

5. 正确评价药物检测分析结果　麻醉药中毒者往往经过一定时间抢救后死亡，死后的血药浓度或脑脊液、脑组织中的药物浓度并非中毒当时的药物浓度，药物在体内经一段时间的代谢含量已很少或阴性，尤其是挥发性麻醉药。

6. 麻醉药中毒死亡的法医学鉴定　要注意与麻醉药过敏性休克相鉴别。

一、乙醚中毒

乙醚（ether）为无色透明的液体，有特殊臭味，微甜，有极强的挥发性和燃烧性，蒸气与空气混合，遇火能爆炸。乙醚急性中毒主要见于吸入过量，也有麻醉抢劫的案例报道。口服中毒者罕见。

乙醚经呼吸道吸入后，很快被吸收入血，对中枢神经系统产生广泛的抑制作用。随着血中药物浓度的增加，对机体的作用不断加深，深度抑制脑干延髓呼吸中枢甚至麻痹而死亡。

乙醚蒸气浓度超过 30%（小儿 15%，婴儿更低）能直接作用于心脏传导系统，引起心律失常甚至心脏骤停。

乙醚吸入过量，麻醉加深则出现呼吸浅慢、血压降低，心搏无力、脉搏细弱、瞳孔散大、各种深浅反射均减弱或消失、肌肉松弛、呼吸极不规则，可出现呼吸浅速、抽泣样或叹息样呼吸，呼吸节律紊乱和出现较长时间的停顿等，最终呼吸衰竭而死亡。

乙醚的治疗血浓度为 900～1000μg/ml。经口最小致死量为 25～30ml；中毒血浓度为 1300～1400μg/ml；致死血浓度为 1500～1900μg/ml。

二、普鲁卡因中毒

普鲁卡因（procaine），又名奴佛卡因（novocaine），多用于浸润麻醉、神经传导阻滞麻醉、腰麻、硬膜外麻醉以及四肢的局部静脉麻醉。有时与利多卡因联合使用。

正常使用和局部低浓度普鲁卡因“封闭”治疗，用量过大或大剂量高浓度快速误入血管时，可发生急性中毒。普鲁卡因有时发生过敏反应，可有过敏性休克和药疹等。

普鲁卡因用药过量引起中枢神经系统及心血管反应。对中枢神经系统的作用是先兴奋后抑制，最后转入昏迷、呼吸麻痹，可因呼吸衰竭而死亡。对心血管系统的作用是可降低心肌兴奋性，使心肌收缩力减弱、传导减慢和不应期延长，可使小动脉扩张。可因血压下降、心脏抑制、心室纤颤、心跳停止而死亡。

普鲁卡因中毒表现有：恶心、呕吐、出汗、心率加快、呼吸困难或呼吸停止、颜面潮红、谵妄、兴奋、惊厥、抽搐、血压下降、休克等。复合麻醉有时可引起溶血及高铁血红蛋白血症。

普鲁卡因的治疗血浓度为 0.2～15μg/ml。中毒量：静脉注射 10mg；致死量：静脉注射 1.0g；口服 10g。致死血浓度为 20μg/ml。

三、利多卡因中毒

利多卡因（lidocaine），又名赛罗卡因（xylocaine），局部麻醉作用较普鲁卡因强 2 倍，维持时间长 1 倍，毒性也大。主要用于阻滞麻醉和硬膜外麻醉，有时也用于室性心动过速及频发性期前收缩。或与普鲁卡因联合使用。

利多卡因硬膜外麻醉意外，用药过量中毒，甚至死亡者报道较多。也有个别过敏性休克致死的案例报告。

利多卡因中毒机制与普鲁卡因基本相同，药物过量引起中枢神经系统先兴奋后抑制、麻痹，抑制心血管系统，但局部血管扩张作用不明显。

利多卡因的中毒表现为：①中枢神经系统：头晕、眼花、兴奋、欣快、言语增多；进而出现嗜睡、淡漠、谵妄、语言障碍，有时可出现抽搐、癫痫样大发作；严重者意识不清、瞳孔散大、抽搐及呼吸抑制等。②心血管系统：窦性停搏、房室传导阻滞、血压下降，严重者心脏停搏。

利多卡因的治疗血浓度为 1～6μg/ml；中毒剂量为 0.2g，中毒血浓度为 6μg/ml，致死血浓度为 10μg/ml。

第四节　生物碱类药中毒

一、番木鳖碱中毒

番木鳖碱（strychnine）又称士的宁，含于番木鳖（马钱子）和吕宋豆的种子中。其成熟种子内含有 1.5%～5% 的生物碱，主要为番木鳖碱和马钱子碱（brucine）；二者在体内作用大致相同，但番木鳖碱的毒性为马钱子碱的 8～30 倍。番木鳖碱味极苦，微溶于水，易溶于乙醇、氯仿。性质稳定，不易分解。

【中毒原因】

药用过量中毒可见于治疗肌肉无力或治疗“再生障碍性贫血”。非法行医者用马钱子治疗小儿麻痹症、脑瘫，常有误服过量或炮制调剂不当引起意外中毒，甚至死亡。也有小儿误食含番木鳖碱的毒饵发生中毒、死亡。有用番木鳖碱自杀的案例报道，用于他杀者极少，偶有趁患者服药之机投入番木鳖碱毒杀的案例。

【毒理作用】

番木鳖碱从消化道或皮下、肌内注射处很快吸收，主要分布在肝、肾、胃、肠和脊髓，大部分由肝破坏，约 20% 尿排出，最初 6 小时内排出最多，24～48 小时内排完。

番木鳖碱是对中枢神经系统作用最强的毒物之一，对脊髓有高度选择性的兴奋作用，能增强脊髓的运动性反射，引起反射性、强直性和泛发性痉挛；能兴奋大脑，提高感觉功能；也能兴奋延髓，主要提高呼吸中枢的兴奋性，剂量过大则产生抑制。大剂量可直接抑制心肌。

【中毒致死量】

口服致死量为 0.075～0.12g；皮下注射为 0.005g。番木鳖碱中毒曾有多例报道，中毒血浓度为 0.075～0.1μg/ml，致死血浓度为 2～10μg/ml。

【中毒症状】

一般在口服后 10 分钟左右出现烦躁不安、焦虑、头痛、头晕、面色苍白、恐怖、呼吸困难、吞咽困难、颜面及颈部肌肉强硬。继之出现全身性阵发性强直性痉挛，角弓反张、全身发绀；颜面肌痉挛，呈露齿笑容，称为“痉笑”(risus sardonicus)；两眼瞪大凝视，瞳孔散大，口唇歪斜；体温升高，呼吸、脉搏增快，血压升高。兴奋过后继而麻痹，可因呼吸麻痹或呼吸肌痉挛性收缩而窒息死亡。

【尸体检验所见】

尸僵发生早而强，持续时间长，四肢痉挛性屈曲（图 4-2），足显著内翻和伸展，两臂弯曲，两手位于胸前呈握拳状。其他病理变化主要是器官淤血、点状出血，特别是脊髓内小血管周围可有片状出血。

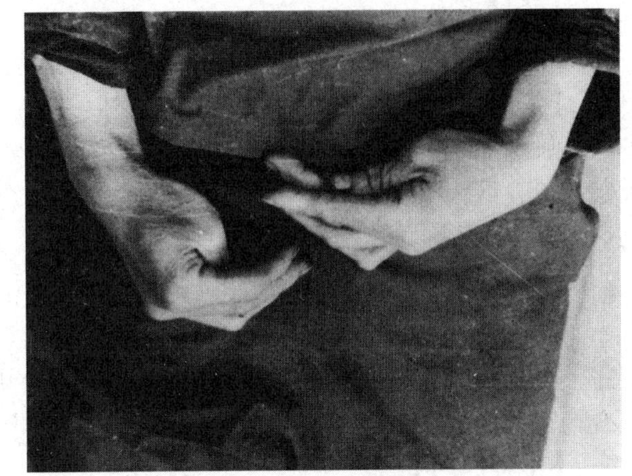
图 4-2　急性马钱子碱中毒
尸体双手呈痉挛状态

【检材采取】

血液为常规检材。口服者以胃内容物最好，尿、肠次之。器官中以肝、脑和脊髓含量较高，肾也可以。

【法医学鉴定要点】

番木鳖碱极少用于他杀，大多数因误服中毒，自杀也较少见。根据番木鳖碱中毒的典型阵发性强直性痉挛，一般不难确定毒物分析的范围。有必要时可以考虑用毒物分析提取物进行动物试验，观察其特征性表现。

番木鳖碱中毒需与破伤风加以区别。番木鳖碱中毒者痉挛发作突然，无外伤史，受轻微刺激即可引起全身强直性痉挛。痉挛发作时全身肌肉包括对抗性肌群同时参加，不一定先从下颌肌开始。破伤风则发作缓慢，均有外伤、感染、发热等病史，痉挛常始于下颌肌，表现为声音嘶哑、语言障碍。

番木鳖碱中毒还须注意与其他引起痉挛的毒（药）物，如毒鼠强、氟乙酰胺、异烟肼、马桑等中毒相鉴别。

番木鳖碱不易分解，尸体腐烂，仍可检出。文献报道在中毒死亡 6 年后的尸体中，尚能检出番木鳖碱。还有从中毒死亡 2 年及 12 年后的尸体器官中检出番木鳖碱的报道。

二、阿托品类中毒

阿托品(atropine)存在于颠茄、莨菪及曼陀罗等数种茄科植物中。与其作用近似的还有莨菪碱(hyoscyamine)和东莨菪碱(scopolamine，hyoscine)。人工合成的阿托品类代用品有 654-2（山莨菪碱）、丙胺太林、后马托品、溴本辛、贝那替嗪等。

【中毒原因】

中毒多因医用过量（如有机磷农药中毒急救）。用阿托品自杀者非常少见，偶见有将茄科植物投毒，或假借医疗进行他杀。有多例用于麻醉抢劫者。

【毒理作用】

阿托品有抗乙酰胆碱的作用，使平滑肌弛缓，抑制腺体分泌，麻痹动眼神经使瞳孔散大，解除小动脉痉挛，改善微循环。对中枢神经系统，特别是呼吸、血管运动和体温调节中枢先有兴奋作用，使血管扩张，颜面皮肤潮红，呼吸困难和发热等，以后逐渐转入抑制。对于脊髓可刺激肌反射功能而发生抽搐。对心神经末梢的作用呈初兴奋后麻痹作用。

【中毒致死量】

口服中毒量为 5～10mg，致死量为 80mg，儿童为 10mg。致死血浓度为 0.2μg/ml。

【中毒症状】

表现为颜面潮红，口咽干燥，高热，瞳孔散大，视物模糊，心动过速；大脑兴奋，表现为健谈、烦躁不安、幻视、幻听、精神错乱，随后变成谵妄、躁狂和惊厥。最后出现抑郁、衰竭以至昏迷。死于窒息和心力衰竭。

【尸体检验所见】

主要是器官淤血、水变性，肺及脑重度水肿。瞳孔散大及皮肤红斑有时可见。咽黏膜有时可变成暗紫红色。胃中可发现曼陀罗植物残渣。

【检材采取】

血、尿为最好，其次为肝、肾组织。阿托品在尸体中能保存达数月之久。

【法医学鉴定要点】

阿托品中毒因医用过量或误食此类有毒植物。典型中毒症状，如突发咽干、皮肤潮红、兴奋、躁狂及瞳孔散大等具有一定的特征性。临床上结合所吃食物或服药史不难诊断。根据毒物分析结果，予以判定。

三、烟碱中毒

烟碱（nicotine）又名尼古丁，烟草中的含量一般为1%～8%，有烟叶的臭气，味辛辣，易溶于热水、乙醇、乙醚及苯中。

【中毒原因】

多因使用含有烟碱的农药不当引起中毒，如烟草粉、烟草浸液及40%硫酸烟碱。曾有喝烟草水自杀者；偶有用于堕胎或灌肠（驱虫）引起中毒死亡的案例。国外用烟碱自杀者较多见，他杀罕见。

【毒理作用】

烟碱主要作用于中枢神经系统和自主神经，小剂量具有兴奋作用，大剂量则具兴奋和抑制双相作用。作用于自主神经节和神经肌肉连接点，引起“烟碱样作用”，进而使之麻痹；兴奋中枢神经系统，如呕吐中枢、血管运动中枢、交感神经节、肾上腺髓质及颈动脉化学感受器引起心动加速和血压升高。口服烟碱对消化道还有刺激作用。

【中毒致死量】

口服致死量为40～60mg，无吸烟习惯者1mg可引起中毒，小儿10mg即可致死。烟碱的中毒血浓度为1μg/ml；致死血浓度为1～52μg/ml（肝浓度为10～40μg/ml）。

【中毒症状】

口服者可有食管、胃部烧灼性疼痛、呼吸加快、呼气有烟草气味、恶心、呕吐、腹泻、流涎、出汗、头痛、眩晕、面色苍白、心跳加快、血压升高、瞳孔先缩小后散大，视、听觉障碍等症状。严重中毒者口腔、咽部及胃有烧灼痛，呼吸困难，口、鼻可见棕色泡沫，发绀、昏迷、抽搐，进而呼吸困难加重、缓慢或浅表，心律不齐、心功能衰竭，多因呼吸麻痹而死亡。早期死亡可由刺激心迷走神经节发生心脏停搏所致。

【尸体检验所见】

口鼻腔可见棕色泡沫，有烟草气味，胃黏膜见急性炎症改变。其他器官淤血、水变性等。

【检材采取】

胃内容物、呕吐物为主要检材，血、尿及肝、肾均应作检材。

【法医学鉴定要点】

口服中毒者有胃部烧灼性疼痛、焦虑、激动、痉挛、呼吸衰竭等症状及呼气、胃内容物、呕吐物中有烟草气味，对急性烟碱中毒具有一定特征性。在评定尿内烟碱含量时，应注意尿液的酸碱性（酸性尿中烟碱排泄速度会加快）。

四、氨茶碱中毒

氨茶碱（aminophylline）属咖啡因类生物碱，为茶碱和乙二胺的复合物，含茶碱77%～83%。

【中毒原因】

多见于医源性中毒，自杀、他杀少见。氨茶碱的治疗量与中毒量很接近，剂量过大、静脉注射过快、浓度过高或配伍禁忌时极易中毒或死亡。小儿对氨茶碱较敏感，老年人清除氨茶碱的功能减退，易中毒。氨茶碱有一定的蓄积作用，可发生慢性中毒。

【毒理作用】

氨茶碱主要兴奋中枢神经系统，随剂量增加依次作用于大脑皮质、延髓（呼吸中枢、心血管运动中枢及迷走神经中枢）、脊髓，使中枢神系统由极度兴奋转为抑制，各系统功能障碍。氨茶碱对血管运动中枢及心肌具有兴奋作用，可引起心悸、血压下降，甚至心搏骤停和心室颤动而死亡。氨茶碱可引起肾功能损害、儿茶酚胺释放增加、血糖增高、血钾浓度降低等。

【中毒致死量】

氨茶碱的有效血浓度是10～20μg/ml，中毒血浓度为30～40μg/ml，致死血浓度为210～250μg/ml。中毒剂量为2.6mg/kg；致死剂量为15mg/kg，静脉滴注大于1g。

【中毒症状】

口服氨茶碱中毒者，首先表现为恶心、呕吐、上腹灼痛，严重时呕吐咖啡色物及便血。同时可出现神经系统兴奋症状，轻者失眠、头痛、耳鸣，继则烦躁不安，重者出现谵妄、肌肉纤维颤动、抽搐、持续性惊厥以致昏迷。对呼吸中枢，初有兴奋作用，继则衰竭。心血管系统表现为血压下降、心律失常及心动过速。其他有颜面潮红、大汗、蛋白尿、血尿、发热、血糖升高、血钾降低等。注射氨茶碱引起中毒者，多首先出现心血管系统症状，心律失常、血压下降乃至休克。中毒死亡的主要原因为全身持续惊厥，呼吸、循环衰竭及心室颤动。

慢性中毒的主要症状为中枢神经兴奋和脑膜刺激征象。

【尸体检验所见】

各器官淤血、水变性，呈急性死亡征象。口服中毒死亡者，胃内可有残存药渣、药片，胃肠内容物可呈咖啡色或血样，黏膜下可有点、片状出血。

【检材采取】

血、肝、肾、脑和注射器、输液器残液进行定性、定量检测。

【法医学鉴定要点】

根据中毒者的病史、临床诊治经过，以及中枢神经系统、心血管系统的典型症状和体征，结合尸检所见、药物分析结果综合分析，多能明确诊断。注意临床用药的剂量、给药浓度、速度等。氨茶碱（乙二胺）易引起过敏反应，甚至过敏性休克死亡，应与氨茶碱中毒相鉴别。

第五节　其他脑脊髓功能障碍性毒物中毒

一、异烟肼中毒

异烟肼（isoniazid，isonicotinic acid hydrazide，INH）又称雷米封（rimifon），是最有效的抗结核药物之一。可溶于水和乙醇，微溶于氯仿，几乎不溶于乙醚。

【中毒原因】

多见于误服或自杀（与结核病有关）。偶有小儿将异烟肼误作糖片食后中毒。慢性中毒则因长期服用较大剂量异烟肼所致。

【毒理作用】

异烟肼的化学结构与维生素 B_6 相似，在体内代谢过程中相互拮抗。脑组织内维生素 B_6 缺乏可使中枢神经抑制性递质γ-氨基丁酸（GABA）生成减少，导致中枢神经系统兴奋性增高，出现阵发性强直性抽搐。因抽搐、呼吸肌痉挛所致窒息是急性异烟肼中毒死亡的主要原因。另外，异烟肼在三羧酸循环中阻断乳酸转换成丙酮酸，可导致乳酸性酸中毒。

【中毒致死量】

一般认为急性中毒剂量为5～10mg/kg，或1.5～40g；致死量约为200mg/kg。异烟肼的治疗血浓度为0.21～10μg/ml，中毒血浓度为20～50μg/ml，致死血浓度为100μg/ml（脑组织致死浓度117μg/ml，肝组织致死浓度266μg/ml）。

【中毒症状】

急性异烟肼中毒者，服药后30分钟～2小时出现恶心、呕吐、头痛、头晕或眩晕、兴奋、欣快感、轻度腹痛、视物不清、眼前感觉带色光亮及斑点、言语含糊、幻觉、呼吸及中枢神经系统抑制，代谢性酸中毒、血清乳酸含量增高、高血糖、肌肉震颤、平衡失调，重者昏迷，周身强直性痉挛、呈癫痫大发作样抽搐。

迁延性中毒者则可引起肝、肾功能损害，出现蛋白尿、血尿、管型等，甚至引起急性肾衰竭而死亡。部分可出现肝大、黄疸及转氨酶升高、肝功能异常。有的可出现精神错乱（中毒性精神病）。心电图也可异常。

慢性异烟肼中毒多在服药数周或数月内，表现为周围神经炎、中枢神经系统症状及肝损害征象。

【尸体检验所见】

急性中毒死亡者，尸体可保持抽搐状态，尸僵显著，窒息征象明显。胃、十二指肠黏膜显著充血，可伴有点状出血。各器官淤血、水变性。

迁延性中毒死亡者，可见肝、肾损害。肝细胞水变性、脂肪变性，并可见灶性坏死（图4-3）。肾小管上皮细胞脂肪变性及坏死，部分肾小管管腔内可见草酸钙结晶。

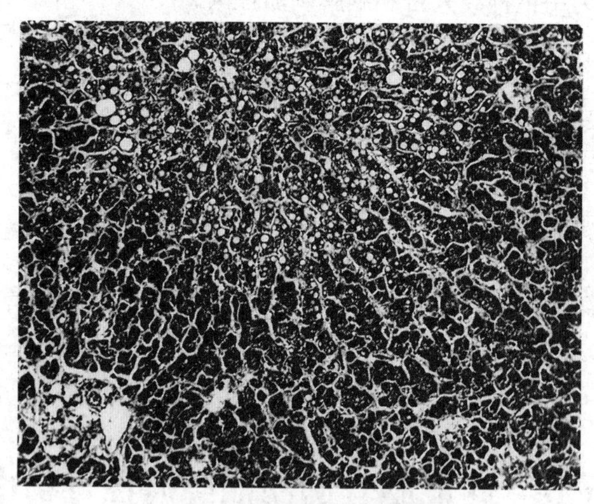

图4-3 异烟肼中毒死者的肝

于中毒后6天死亡，灶性肝细胞脂肪变性和坏死

慢性中毒者的肝病变有时与病毒性肝炎难以鉴别。慢性中毒引起周围神经炎的主要病变为轴索变性和髓鞘崩解。

【检材采取】

胃及胃内容物、血、尿、肝、肾及脑均可。

【法医学鉴定要点】

中毒者常为结核病人或其家属及相关人员。注意服药史。癫痫大发作样抽搐是较特殊的症状，但应注意与破伤风和番木鳖碱、毒鼠强、氟乙酰胺、马桑等中毒相鉴别。异烟肼中毒要与其药物过敏相鉴别。

异烟肼中毒者可检出血中乳酸增高，注意排除糖尿病酮症酸中毒。

二、解热镇痛抗炎药中毒

（一）水杨酸类中毒

水杨酸类药（salicylates）主要包括阿司匹林（aspirin，醋柳酸，乙酰水杨酸，acetylsalicylic acid）和水杨酸钠（sodium salicylate）。其他复方制剂或化合物包括：复方阿司匹林片、扑尔感冒片及贝诺酯（扑炎痛）等。

【中毒原因】

大量吞服见于自杀，或在治疗中剂量过大及频繁使用所致的中毒。国外常见长期水杨酸类滥用者产生药物依赖。2 岁以下的儿童对水杨酸极为敏感，治疗剂量也能引起意外中毒，表现为发热、过度换气和神经症状，可能被误诊为感染而继续应用水杨酸类药物治疗导致严重后果。

【毒理作用】

中毒剂量水杨酸类具有多种毒理作用：①对中枢神经系统先兴奋后抑制，产生脑水肿；②刺激呼吸中枢，导致过度换气，可以引起呼吸性碱中毒，继而产生代谢性酸中毒；③使周围血管平滑肌张力降低，抑制延髓血管运动中枢，引起循环衰竭；④对消化道黏膜有直接刺激作用，可引起糜烂、出血甚至穿孔；⑤能抑制环氧化酶，抑制血小板聚集和凝血酶原的合成，导致广泛性出血；⑥对肝、肾功能造成相应的损害。

【中毒致死量】

水杨酸类药的治疗血浓度为 20～200μg/ml，中毒量为 5～15g，中毒血浓度为 300μg/ml，致死血浓度为 400～500μg/ml。阿司匹林和水杨酸钠中毒量为 30～40g。

【中毒症状】

急性水杨酸中毒，常见有恶心、呕吐、出汗、腹痛、眩晕、耳鸣、耳聋、血管扩张、脱水、心动过速和过度换气。继而可引起激动、精神错乱、胃肠道出血、呼吸性碱中毒、低钠血症伴代谢性酸中毒及水、电解质平衡紊乱。严重中毒可发生肺水肿、脑水肿，抽搐，最终呈去大脑状态，也可出现心脏停搏。

慢性水杨酸中毒常出现嗜睡、精神错乱，易被误诊。

【尸体检验所见】

颜面和指端发绀，胃内容物中仍可见未溶化吸收的药片，胃黏膜表面及皱襞间有药物残渣，可嗅到乙酸气味。胃黏膜充血、肿胀，点状、灶状出血。心、肺表面及胸膜下可见出血点及出血斑。

如迁延死亡者，胃肠出血量较多，可见黑便。肾小管上皮细胞水变性，中毒性肝病等。

【检材采取】

提取胃内容物、血、尿及肝、肾等组织进行毒物分析。

【法医学鉴定要点】

根据大量服用水杨酸类药物史；中枢神经系统抑制、出血和胃肠道症状等临床表现；血液二氧化碳结合力降低、凝血酶原时间延长等检查指标，结合毒物检测结果加以判定。

水杨酸类药可引起过敏反应，甚至过敏性休克，应加以鉴别。

（二）去痛片中毒

去痛片（somedon）又称索米痛，为氨基比林、非那西丁、咖啡因、苯巴比妥 4 种药物成分的复方制剂，每片含氨基比林 0.15g，非那西丁 0.15g，咖啡因 0.05g，苯巴比妥 0.015g。

【中毒原因】

绝大多数为口服自杀中毒。

【毒理作用】

去痛片的毒理作用是其四种成分作用的总和，而且具有协同作用。

氨基比林（aminopyrine）又名匹拉米洞（pyramidon），能通过抑制体温中枢内前列腺素的合成而发挥解热作用，同时使周围血管扩张；中毒后有明显的中枢神经系统兴奋作用，继而抑制。

非那西丁（phenacetin）又名对乙酰氨基苯乙醚，毒理作用与氨基比林基本相同，但抗炎作用弱。

咖啡因（caffeine）又名咖啡碱，是强有力的中枢神经系统和心血管系统兴奋剂。中毒量的咖啡因先兴奋大脑，继之兴奋延髓、脊髓。高度兴奋导致局部或全身强直性惊厥，严重时可导致呼吸循环功能衰竭。直接作用于心肌，使心率加快、心肌收缩力增强、耗氧量增加，可诱发或加重心肌缺血、心律失常。此外，咖啡因对胃肠有刺激作用，还可使血糖升高。

【中毒致死量】

口服氨基比林和非那西丁的最小致死量为10g/70kg。咖啡因成人口服致死量一般为10g，中毒血浓度为15～60μg/ml，致死血浓度为80μg/ml。

【中毒症状】

①中枢神经系统症状：头痛、头晕、烦躁不安、耳鸣、精神紊乱、谵妄、肌肉震颤、剧烈抽搐、惊厥、痉挛、肌张力增高、呼吸急促、多汗、昏迷等。②心血管系统症状：心跳加快、血压升高，可出现心律失常及室颤等。后期出现低血压、休克、循环衰竭。③其他：恶心、呕吐、上腹部灼痛、体温骤升骤降、溶血性贫血、发绀等。

【尸体检验所见】

尸僵发生早而强，持续时间长，舌可有咬伤。胃内可有残留药物，胃黏膜可见点片状出血。神经细胞变性，脑内小血管周围出血。其他器官淤血、水变性。

【检材采取】

提取胃内容物、血、尿和肝、肾、脑组织进行毒物检测。

【法医学鉴定要点】

根据服药史、中毒后频繁抽搐等中枢神经系统症状和体征，结合尸体检验所见和毒物分析结果不难鉴定。但要注意去痛片中的四种成分经化验单项成分可能未达到中毒致死量，其协同作用可致个体死亡。

（蒋　朴）

思考题

1. 简述乙醇的毒理作用与中毒症状之间的联系。乙醇中毒时如何采取毒物分析检材？如何保存？法医学鉴定要点有哪些？
2. 如何区分生前饮酒和尸体或保存检材中死后产生乙醇？
3. 如何根据血液、组织、体液或呼气乙醇浓度关系推断血乙醇浓度范围？
4. 简述甲醇的毒理作用及法医学鉴定要点。
5. 如何根据血乙醇浓度推断饮酒量？
6. 如何鉴别生前饮酒和死后灌入乙醇？
7. 如何判断尸体内乙醇发生了死后再分布？
8. 番木鳖碱的毒理作用和临床表现有哪些？
9. 氨茶碱中毒的法医学鉴定要点有哪些？
10. 异烟肼的毒理作用有哪些？

第五章　毒品与吸毒

学习目标

通过本章的学习，你应该能够：

掌握　毒品、吸毒、药物滥用、药物依赖性的概念；阿片类中毒的毒理作用、临床表现及尸体检查所见；苯丙胺类药物中毒毒理作用、尸体检验所见、检材采取及法医学鉴定要点。

熟悉　毒品的分类、可卡因中毒、氯胺酮中毒的毒理作用、中毒症状和法医学鉴定。

了解　大麻中毒的症状，苯环己哌啶、麦角酰二乙胺、γ-羟基丁丙酯、咖啡因、曲马多、三唑仑、丁丙诺啡、挥发性有机溶剂等其他滥用毒品简况；毒品管制和预防措施。

章前案例

某日某男被发现死于某小区一房间内，室内发现吸管及锡纸。据家属介绍，死者有多年吸毒史。为查明死因，进行法医学尸体检验。体表检见多处刺青，体表各处未检见注射针眼。双侧眼睑球结膜苍白，角膜轻度混浊，瞳孔缩小。双手指尖部青紫明显，十趾苍白。解剖检验见：左前额头皮帽状腱膜见 7.0cm×5.0cm 局灶性出血。胃内有食糜 300g，胃内容物呈淡褐色液状。膀胱空虚。毒（药）物检测结果，在死者肝组织及心血中检出毒品海洛因成分。其死亡原因是否为海洛因类毒品急性中毒？

毒品滥用和毒品犯罪已成为威胁人类健康、社会稳定和经济发展的严重问题。毒品滥用及毒品犯罪已遍及世界 200 多个国家和地区，全球毒品滥用者超过 2 亿。毒品滥用已成为个别国家仅次于心脑血管疾病、呼吸系统疾病和恶性肿瘤的第 4 位致死原因。毒品在我国渗透蔓延局势日趋严峻，以传统毒品海洛因为代表的阿片类和新型毒品苯丙胺类为主要滥用毒品，近几年出现了娱乐性毒品如氯胺酮等滥用的趋势，滥用人群以青少年为主，使我国吸毒现象成为广受关注的严重社会问题。截至 2013 年底，中国累计登记在册吸毒人员为 247.5 万名，同比上升 18%；其中苯丙胺类冰毒滥用人数增长迅猛，滥用冰毒（含片剂）人员 84.7 万名，同比上升 42.1%，占吸毒人员总数的 34.2%（数据来源：中国国家禁毒委员会《2014 年中国禁毒报告》）。吸毒引发许多违法犯罪活动，如卖淫、杀人、抢劫、盗窃等，吸毒与卖淫、嫖娼的结合使艾滋病和性病迅速蔓延。吸毒引发意外中毒、自杀、他杀等非自然死亡日益增多，法医鉴定实践中涉及毒品滥用死亡的案件不断增多。毒品与吸毒问题已成为法医毒理学研究的重要内容。

第一节 毒品和吸毒的基本知识

一、毒品和吸毒的概念

(一) 毒品的概念和分类

毒品(drugs, illicit drugs)是指国际禁毒公约和有关法律法规规定管制的能够使人形成瘾癖的麻醉药品和精神药物的统称。毒品又称“具有依赖性特性的药物”“违禁药物”或“国际管制的麻醉药品和精神药物”。毒品的定义有如下特点:①毒品主要包括麻醉药品和精神药物两大类;②长期使用能够使人形成瘾癖,即具有依赖性;③由有关法律法规和国际禁毒公约进行管制,其管制的品种与范围根据不同时代和地区的情况不断加以修订。

根据国际禁毒公约,即《1961年麻醉品单一公约》(Single Convention on Narcotic Drugs, 1961)和《1971年精神药物公约》(Convention on Psychotropic Substances, 1971)的规定及我国人民代表大会常务委员会《关于禁毒的决定》及国务院规定的国家管制药品,将毒品分麻醉药品和精神药物两大类进行国际管制及国家管制,它们有时被统称为“精神活性药物”(psychoactive drugs);另外还有一些具有依赖性潜力的化学物质没有被列入公约管制范围。因此,可以将具有依赖性特性的药物(毒品)分为以下三大类:

1. 管制的麻醉药品(narcotic drugs) 是指连续使用后易产生依赖性、能形成瘾癖的麻醉药品。

(1) 阿片类:包括天然来源的阿片以及其中所含的有效成分,如吗啡,可待因;也包括人工合成或半合成的化合物,如海洛因(heroin)、哌替啶(pethidine)、杜冷丁(dolantin)、美沙酮(methadone)、芬太尼(fentanyl)等。

(2) 可卡因类:包括可卡因(cocaine)、古柯叶(coca leaf)、古柯糊(coca paste)等。

(3) 大麻:包括大麻(cannabis sativa)、大麻酯(cannabinoid)、大麻成品等各种大麻制剂。

2. 管制的精神药物(psychotropic substances)

(1) 镇静催眠药和抗焦虑药:如巴比妥类、苯二氮䓬类等。

(2) 中枢兴奋剂(central stimulants):如苯丙胺、甲基苯丙胺、亚甲二氧基甲基苯丙胺、亚甲二氧基乙基苯丙胺等混合型苯丙胺类。

(3) 致幻剂(hallucinogens):如麦角酰二乙胺(lysergic acid diethylamide)、麦司卡林(mescaline)、色胺类致幻剂、苯环己哌啶(phencyclidine, PCP)、氯胺酮(ketamine)。

3. 其他

(1) 烟草(tobacco)。

(2) 酒精(alcohol)。

(3) 挥发性有机溶剂(volatile organic solvents),如甲苯、丙酮、四氯化碳等。

自20世纪80年代起,西方国家出现一类称为“策划药”(designer drugs)的毒品,它们是受管制药物的衍生物,经过毒品制造者在化学结构上加以改造,成为作用与毒性更强的毒品,加上毒品制造者粗制滥造,成品中掺有毒性杂质成分,容易造成滥用者中毒死亡,这类毒品已被列入国际禁毒公约加以严格管制。目前在美国毒品市场中非法销售的策划药有:哌替啶类似物,如MPPP(1-methyl-4-phenyl-4-propionoxypiperidine);苯丙胺类似物,如MDMA(3, 4-methylenedioxy-methamphetamine);芬太尼类似物,如3-甲芬太尼(3-methyl fentanyl);苯环己哌啶类似物,如TCP[1-(1-12-thienyl) cyclohexyl piperidine]。

目前,国内滥用的主要毒品是阿片类和苯丙胺类,阿片类毒品以阿片、吗啡、海洛因为代表;苯丙胺类毒品以甲基苯丙胺、混合型苯丙胺类MDMA、MDEA为代表。娱乐性毒品氯胺酮等已有明显流行蔓延趋势,应引起重视和关注。

（二）吸毒的概念

吸毒（addiction）指某些人为了变换情绪或诱导欣快感，非法使用明令禁止的药物（即毒品）的违法行为。吸毒即“滥用毒品”“毒品成瘾”“毒品依赖”。这个概念包括两层含义，一是使用的药物是明令禁止的毒品，这些毒品是除特殊医疗目的以外禁止生产、销售和使用的；二是使用药物的目的不是为了临床治疗需要，而是为了寻求不正常的精神享受。吸毒和毒品在世界上任何国家都是违法的。吸毒与“药物滥用”（drug abuse）的概念并不等同，吸毒是药物滥用的组成部分，药物滥用范围更广泛，所涉及药物种类更多。

常见的吸毒方式有口服、咀嚼和吮吸、鼻吸、皮下或肌内注射、静脉注射等。国内毒品滥用者通常采用卷烟吸入，锡箔纸燃烧烫吸（“追龙”，chasing dragon）、静脉注射、皮下或肌肉内包埋等滥用方式，其中以烫吸为最常用的吸毒方式。近年来，采用静脉注射方式的比例明显上升，有学者预言此滥用方式将是大多数海洛因滥用者的最终选择。吸毒者往往用安定类药物做溶剂，将海洛因溶化注射，成为联合用药的多药滥用者（multiple drug abuser）。静脉注射不但造成躯体和精神严重损害，而且由于不洁注射带来更大危害，特别是艾滋病的传播，使海洛因依赖人群又面临更大的毁灭性灾难。

二、药物滥用与药物依赖性的概念和诊断标准

（一）药物滥用的概念

药物滥用（drug abuse）是国际上通用的术语，指的是与医疗目的无关的反复大量使用某种或某些具有依赖性潜力（dependence potential）的精神活性物质的行为。这种用药行为与公认的医疗实践、社交性和境遇性用药以及错误性用药无关，且表现为强制性有害用药方式和明显的依赖倾向。由此可见，药物滥用的概念应包括如下含义：

1. 是一种在已知社会文化背景中偏离了社会习惯和医疗使用的医疗药品、社会毒品和其他化学物质（如麻醉品、精神药物、酒精、烟草、有机溶剂等）。

2. 在没有医生指导或违背医嘱情况下超剂量和超范围自我用药。

3. 使用者表现为强迫性觅药和用药行为及采用有害的用药方式。

4. 用药的后果往往导致精神心理和身体生理及社会性危害，并表现出依赖性潜力和滥用倾向。

（二）药物依赖性的概念

药物依赖性（drug dependence）是指由致依赖性药物（成瘾物质）与机体相互作用并产生特殊精神和躯体状态，表现为强制性连续不断使用药物来取得特定的心身效应，或以此避免药物戒断综合征出现。这种非医疗目的周期性或连续反复用药行为，也可理解为人们常习惯使用的“药物成瘾性”。1973年WHO规定将“药物成瘾性”一律改称为“药物依赖性”。药物依赖性分为精神依赖性和躯体依赖性两种。

1. 精神依赖性（psychic dependence）　又称心理依赖性（psychological dependence），指由于用药使人产生一种特殊的欣快感和欢愉舒适的内心体验，在精神上驱使用药者表现为一种周期性连续用药的渴求和强迫用药行为，以获得心理上的满足和避免精神上的不适。一般单纯精神依赖性的病人断药后不出现明显的躯体戒断症状。

2. 躯体依赖性（physical dependence）　又称生理依赖性（physiological dependence），是指由于反复连续用药使机体处于一种适应状态，这种状态使一旦中断用药即可产生一系列强烈的躯体方面的损害，出现由于生理功能改变而产生的临床症状和体征，即药物戒断综合征（abstinence syndrome），表现为：它使人非常痛苦，甚至有生命危险，往往同时伴随强烈的用药心理渴求和强迫性的觅药行为。躯体依赖性是相当一部分药物依赖者逃避戒断和戒毒治疗，导致中途失败的病理生理学基础。

致躯体依赖性的药物主要有海洛因等阿片类、酒精类、巴比妥类镇静催眠药，也有学者认为可卡因和苯丙胺类中枢兴奋剂也可能产生不同程度的躯体依赖性。

（三）药物滥用与药物依赖性的诊断标准

1. 药物滥用　根据美国精神病学会《诊断和统计手册》（第五版）（DSM-V）的诊断标准，凡在明知连续或间断使用某种具有精神活性药物会给身心和社会带来相应问题而继续滥用该药、有些精神和躯体症状持续存在至少一个月，或在较长时限内重复出现同类情况时，可认定为药物滥用者。

2. 药物依赖　1981年WHO专家委员会报告中认为："药物依赖性是一组包括认知、行为和生理方面的多元现象，这意味着对它进行评价时采用综合性标准。"一般在下述标准中凡是具备其中至少3条，并且某些症状持续时间至少1个月即可诊断为药物依赖者。

（1）具有连续强迫性用药的主观意识，即使在戒断过程中或经历一次或数次戒断努力失败时，仍有用药愿望和觅药行为。

（2）相当一段时间内持续滥用较大剂量的致依赖药物。

（3）经常以种种努力和手段来获取滥用药物或毒品，用以体验其所带来的心理欣快和精神满足。

（4）滥用药物的目的是为缓解或避免出现特征性戒断综合征。

（5）由于滥用药物而直接影响了工作、生活和学习。

（6）在明知滥用该药对身心健康和社会活动会造成影响的前提下，仍不可自制地继续滥用。

（7）出现滥用药物的特征毒性反应和戒断症状及其他精神障碍，使工作、学习、生活能力明显下降。

（8）产生药物耐受性，滥用药物剂量递增。

三、吸毒的危害性

吸毒给个人、家庭和社会带来极大的危害性，主要表现在以下几个方面。

（一）对个人和家庭的损害

长期吸毒，对机体造成不同程度损害，包括各种精神障碍和躯体的病理损害，严重者可造成死亡。吸毒往往导致家庭经济困难、家庭破裂。

1. 吸毒造成个体的精神损害和心理障碍表现　长期滥用毒品易造成病态心理特征，突出表现是以焦虑、抑郁为主的神经症、精神病样表现、人格缺损和明显的反社会行为，经常出现自伤、自杀行为。其吸毒造成的变态心理行为不可能被家庭和社会接受，从而加重心理障碍和精神变异。同时吸毒者性心理和性功能有不同程度障碍，表现为性欲减退或消失、性功能障碍或丧失。

2. 吸毒造成机体多系统多器官的病理性损害及多种感染性并发症，严重影响滥用者的健康，甚至造成滥用者死亡。静脉注射毒品者常发生各种感染并发症，最常见的是乙型肝炎和各种化脓性感染。近年来静脉滥用药物带来艾滋病问题，美国"疾病预防控制中心"（the Centers for Disease Control and Prevention，CDC）2013年统计数据显示，美国的艾滋病患者累计数为1 155 792人，2011年诊断为艾滋病的38 825名男性中，注射毒品者2220人（5.7%）；10 257名女性中，注射毒品者1428人（13.9%），异性性行为传播者8814人（85.9%）。共用注射器吸毒而引起的艾滋病感染，其传播速度很快。2006年，我国全国艾滋病病毒感染者中通过注射毒品传播的占38.5%，而在这一人群中，吸毒行为会导致吸毒者通过各种途径（特别是针管注射的途径）面临艾滋病感染的高风险。

据报道，在2001年四川省发现的HIV感染者中，74.8%的人是吸毒者；在云南省1989～2000年间发现的HIV感染者中，有62.8%的人是吸毒者。另外，在云南省对319例吸毒者进行HIV抗体检测后，被检测出HIV感染人数为106例，感染率33.23%。据中英性病艾滋病防治合作项目2001年的报告，我国HIV感染者中约70%是吸毒者。上述数据说明通过共用不洁针头和注射器是我国海洛因滥用者HIV高感染率的最主要途径。

据相关资料，1998～2003年，亚太地区注射吸毒人群中艾滋病感染率高达84%。2003年的数据显示，在西方发达国家，注射吸毒人群的艾滋病感染率超过或接近5%。这一比例在法国达19%，意大利达65%，西班牙为66%。在东欧和中亚，注射吸毒人群的60%～80%属于HIV病毒感染者，在东亚和太平洋地区的许多国家，注射吸毒人群占艾滋病感染者比例约为38%～77%。

3. 吸毒过量造成急性中毒死亡 毒品滥用过量中毒(特别是海洛因滥用者)多发生于静脉注射用药的情况下，往往导致意外死亡。吸毒过量致死大多数发生在下列情况：①短期戒断后再次复吸：海洛因依赖者经过一定时期戒断治疗后，机体对海洛因耐受性降低或消失，滥用个体不知此时自身对海洛因敏感性增高，而仍经验性使用脱毒前的剂量，甚至使用更大剂量，导致过量中毒死亡。这类死亡占海洛因滥用死亡总数的 80% 以上。②初染毒品者过量用药。③海洛因质量和纯度问题：添加剂和混杂物造成混合中毒致死。④由于毒品滥用引起精神障碍及行为异常，发生自毁性滥用行为导致中毒死亡。

4. 吸毒严重危害家庭 由于吸毒者病态的心理特征，对家庭失去责任感、道德沦丧、人格丧失、生活颓废，为了满足吸毒欲望不择手段，卖物卖房，不惜花费大量金钱，造成个人和家庭经济严重困难。药物滥用所造成的上述恶果往往最终导致家破人亡。

(二) 对社会的危害

吸毒往往带来严重的社会问题。吸毒者为了获取毒品满足个人需要常常不择手段，从事各种违法犯罪活动，诸如偷窃、抢劫、拐骗、卖淫、杀人等犯罪活动。药物滥用还带来一些社会问题，如失业、家庭离异或遗弃子女等，加重社会负担，引发社会不稳定。与吸毒密切相关的毒品贩运活动日益猖獗，严重危害社会治安，政府不得不付出大量资金对付这一社会毒瘤，加大针对非法毒品生产、贩运的打击力度。吸毒使滥用者劳动能力下降，直接影响劳动生产力，影响社会的文明进程，这一切给社会经济造成严重损失。

四、毒品的管制和预防

对毒品滥用问题，各国政府均采取措施进行严格管制，同时积极开展国际合作，共同对付这种社会问题。联合国大会 1981 年通过了一项关于“国际药物滥用管制战略”，此战略措施中，减少毒品供应和降低毒品需求是国际禁毒(drug control)的两大战略。由于静脉滥用毒品带来艾滋病扩散问题，近年提出将减少毒品危害(harm of drugs)作为禁毒战略之一。

1. 国际禁毒公约管制 当前各国执行的国际禁毒公约主要有三个，即《1961 年麻醉品单一公约》《1971 年精神药物公约》和《1988 年联合国禁止非法贩运麻醉品和精神药物公约》。我国已是上述三个国际禁毒公约的参加国。国际禁毒公约的宗旨是：①禁止非法生产、贩运和滥用麻醉品和精神药物；②确保受管制的药物仅用于医疗和科研目的。上述公约分别将麻醉药品、精神药物以及经常用于非法制造麻醉药品和精神药物的物质分类进行管制，要求缔约国执行公约的有关规定，采取必要措施将受管制药物的生产、制造、进口、出口、分配、储存、贸易、使用和拥有等只限于医疗和科研目的，并要求各国定期向国际麻醉品管制局报送上述各项内容中规定的统计和估量数据。针对全球性药物滥用问题，联合国系统中有三个专设的禁毒机构，它们是：麻醉品委员会(Commission on Narcotic Drugs，CND)，国际麻醉品管制局(International Narcotics Control Board，INCB)，联合国毒品和犯罪问题办公室(The United Nations Office on Drugs and Crime，UNODC)。此外，世界卫生组织及其他一些国际组织亦设有禁毒工作的部门。

2. 我国的禁毒概况 我国政府一贯十分重视对麻醉药品和精神药物的管理以及对药物滥用的管制，积极开展国际合作，参加国际的禁毒斗争，取得了很好的成绩，获得国际上的高度赞赏。近年来我国采取以下主要措施：①加强立法与管制措施：颁布了一系列药品法规，如《中华人民共和国药品管理法》(1984 年)，《新药审批办法》(1985 年)，《麻醉药品管理办法》(1987 年)，《精神药品管理办法》(1988 年)。1990 年全国人大通过《关于禁毒的决定》。②设立国家禁毒机构：1990 年成立“国家禁毒委员会”，由公安部牵头，统一负责国内外禁毒事务。③加强药物滥用问题的科研工作：成立了“中国药物依赖性研究所”“中国药物依赖性治疗中心”及“国家麻醉品实验室”等国家级药物滥用的专门研究机构。④开展国际禁毒合作：《2014 年中国禁毒报告》指出，2013 年中国禁毒部门坚持减少毒品需求与遏制毒品供应并重，扩大传统毒品治理成果与遏制合成毒品蔓延并重，打击整治与预防挽救并重，努力提升禁毒工作能力和水平。

3. 预防措施　毒品滥用的预防主要从以下几个方面着手：①加大宣传毒品的相关知识，吸毒的危害性：政府应不断加大毒品知识的宣传，通过学校、社区、单位和机构等不同途径，使用不同方法对毒品的知识和危害性进行宣传教育，使每个社会成员对毒品的认识比较深刻和客观。②加强高危人群的宣传教育工作：吸毒的高危人群是指容易沾染毒品的重点人群。在我国，容易沾染毒品的重点人群，从年龄来分，以青少年为主；从职业来分，以无业人员、个体户和流动人口居多；从层次来分，文化素质低的占多数。因此，学校、社区和家庭应联合起来，共同肩负着这一重要使命。③从个人来讲，应树立理想信念，正确对待挫折和困难，正确把握好奇心，抵制不良诱惑，不结交有贩毒和吸毒行为的人群。

五、吸毒的法医学鉴定

吸毒的法医学鉴定主要包括与吸毒有关的死亡和与吸毒有关的精神障碍的鉴定问题。

（一）吸毒所致死亡与吸毒者死亡

吸毒所致死亡（deaths resulted from drug addiction）的概念及标准各国不尽一致，但一般是指与吸毒直接相关的死亡。主要包括以下四种情况：

1. 故意或意外过量用药的中毒死亡　吸毒过量中毒死亡占吸毒死亡总数的一半以上，尤其多发生于静脉注射用药情况下。

2. 长期滥用药物或吸毒所致的死亡　直接死因主要是与吸毒有关的并发症、感染及多器官功能衰竭。静注毒品引起突然死亡也可能是药物过敏或药物直接作用的结果。

3. 与药物依赖有关的自杀　药物滥用和吸毒者突然戒断所依赖的药物，容易导致躯体极度难受，出现严重的戒断症状和焦虑、抑郁而自伤或自杀。有的吸毒者在药物作用下因幻觉、妄想的支配而发生自杀行为。

4. 药物作用影响下发生的意外死亡　吸毒者滥用药物对中枢神经系统及心血管系统等有明显影响，并且往往是多药滥用者，容易发生突发性晕厥或心律失常而引起交通事故、高坠或溺水意外死亡。

吸毒所致死亡和吸毒者的死亡（deaths among drug addicts）是两个不等同的概念。后者中可能有相当部分其死亡实际上与吸毒无关，如吸毒者因其他与吸毒无关的疾病而死亡，因与吸毒无关的原因而自杀、他杀或意外死亡。这在吸毒死亡的法医学鉴定中应引起高度注意。

（二）案情调查

涉及吸毒相关问题的法医学鉴定中的案情调查非常重要，常能为案件的性质提供线索。对疑为与吸毒有关死亡的法医学鉴定应着重从以下几个方面进行。

1. 一般情况　调查被鉴定者的姓名、性别、年龄、婚姻、职业、籍贯及家庭住址情况；向被鉴定者的家属、朋友或知情人员详细询问被鉴定人生活习性、性格特征；调查有无吸毒史、吸食何种毒品以及首次吸毒的时间等等。

2. 死亡前的症状和经过　向委托单位、相关人员或抢救的医生详细询问死亡的具体临床表现、死亡的经过，是否有呕吐物和排泄物，以及是否保留等。

3. 了解被鉴定者的家庭及社会关系，了解被鉴定者的思想情绪，有无躁狂和抑郁样精神表现等。

（三）现场勘验

现场勘验对于吸毒相关死亡有着十分重要的意义，有时通过对现场的勘验就能对案件的性质作出判断，是自杀、他杀还是意外（包括急性中毒或诱发潜在疾病）。现场勘验应注意被鉴定者被发现的时间、地点、周围环境，是否在现场遗留有注射器、未用完的毒品、吸毒的用具以及死者的血液、尿液等排泄物；同时，仔细全面地检查，看现场是否存在有搏斗的痕迹、指纹和足迹，有无遗书或日记。法医工作人员应客观地记录现场的情况并照相，必要时可绘图说明。

（四）尸体检验

通过被鉴定者系统的尸表检验和解剖检验，结合死亡前的具体临床表现，可以明确死亡原因和性质。因过量吸食毒品所致的死亡常表现为体表有多个新旧不一的注射针眼，特别是在四肢，可伴有局部的感染，体形消瘦，急性重度的脑、肺水肿，全身性的淋巴结炎，有时可发现多个器官的炎性改变和毒性改变，如心肌炎、支气管肺炎和肝炎等，体表常无暴力损伤的痕迹。

在吸毒者因暴力或自杀的案例中，体表检查同样可以发现新旧不一的注射针眼，但在解剖检验中能发现致命性的机械性暴力或疾病。因此，对涉及吸毒相关死亡的尸体检验应全面系统地记录体表至体内的每一处损伤或疾病。

此外，常规进行毒药物检测，在体内生物检材中常能检出毒品的有效成分。

（五）吸毒所致精神障碍

吸食或戒断某种毒品特别是精神依赖性强的毒品后所引起的精神障碍已成为一个突出的问题，也日益受到社会各界的关注。特别是吸毒相关的精神障碍者的刑事责任能力的认定在法律上缺乏相应的条文规定，是参照精神病犯罪还是醉酒犯罪来处理，在学术界有不同的看法。

第二节　阿片类中毒

阿片类药物是指从天然阿片原生植物罂粟中提取的生物碱和人工合成的可使机体产生类吗啡效应的药物。阿片类药物是人类药用历史最为悠久的强效镇痛药，临床上常用阿片生物碱及其衍生物减轻疼痛、治疗腹泻和镇咳。由于阿片类药物具有不同程度的依赖性和耐受性，属吗啡型致依赖性药物，医学称它为“麻醉性镇痛药”或“成瘾性镇痛药”。海洛因是阿片类非法滥用范围最广、造成危害程度最为严重的代表品种，被称之“硬性毒品之王”。罂粟则是人类使用历史最早的阿片类的天然原生植物。

阿片（opium）俗称“鸦片”，阿片的原生植物是罂粟（见文末彩图 5-1），罂粟未成熟的蒴果用刀割裂渗出的浆汁，经干燥形成的黑色膏状物即为阿片。现已知阿片含有 25 种以上生物碱，总称为阿片生物碱，阿片中总生物碱含量一般约 20%～25%，产地不同其含量有差异。阿片生物碱主要以吗啡为代表的菲类生物碱和罂粟碱为代表的苯基异喹啉类生物碱为主要组成成分。其中比较重要的有下列 6 种：吗啡（morphine，9%～10%）、那可汀（narcotine，5%）、罂粟碱（papaverine，0.8%）、可待因（codeine，0.3%）、蒂巴因（thebaine，0.4%）、那碎因（narceine，0.2%）。吗啡是阿片中最主要、含量最多的有效成分，故阿片中毒与吗啡中毒相同，仅前者中毒过程发展较缓，致死量较大。

图 5-1　罂粟的花及蒴果

吗啡（morphine）早在 1806 年被德国药师从阿片中提出纯品，1821 年吗啡作为医用商品在市场流通。因吗啡神奇的止痛功效和无以匹敌的精神感受促成吗啡的广泛滥用和流行。供医疗用的吗啡盐类主要为盐酸吗啡、硫酸吗啡，盐酸吗啡应用较多。

海洛因（heroin）化学名“二乙酰吗啡”（diacetylmorphine），俗称“白面”，最早由英国 C.R Wright 医师于 1874 年在实验室合成，1898 年德国开始规模化生产该药，并正式注册商品名为“海洛因（heroin）”。海洛因的镇痛作用是吗啡的 4～8 倍，且作用迅速、效能稳定，但其成瘾性和毒性是吗啡的 3～5 倍以上。毒品流通市场根据海洛因的纯度及有效成分多少，一般将海洛因分为“黄皮”“1 号”“2 号”“3 号”“4 号”等多级品系。其中流通、滥用范围最大的就是被称为“毒品之王”的 4 号海洛因。

【中毒原因】

阿片类药物中毒以吗啡中毒（morphinism）和海洛因中毒（poisoning by heroin）较多见，哌替啶、盐酸二氢埃托啡滥用后造成慢性中毒也日益增多。阿片类中毒多见于医疗上误用或用药过量，如有误用阿片酊作为棕色合剂药用而引起中毒的病例。小儿对吗啡特别敏感，所以中毒多发生在小儿；吗啡具有很强的耐受性和依赖性，长期吗啡滥用者可致慢性中毒；偶有用吗啡自杀者，多数与职业接触有关；用吗啡注射他杀者少见。

随着海洛因、阿片的广泛滥用，毒品滥用成瘾造成大量吸毒人群的慢性中毒，出现严重的躯体损害和精神心理障碍，并发疾病死亡和自杀死亡的人数也日益增多；滥用过量急性中毒是海洛因成瘾者死亡的主要原因。还有的以身体携带海洛因贩毒，因包装物破裂而致急性中毒死亡。海洛因滥用过量中毒大多数发生于静脉注射毒品的情况下，往往导致意外急性死亡，主要见于短期戒毒后再次复吸、初染毒品者过量用药、海洛因质量不纯、混杂应用造成混合中毒致死；少数“海洛因性精神障碍”者发生自毁性滥用行为致死；长期海洛因滥用者容易合并感染，如肝炎、艾滋病等造成死亡；部分海洛因滥用者存在多药滥用现象，同时滥用安定类精神药物（如艾司唑仑、三唑仑等）、麻醉性镇痛药物（如哌替啶、盐酸二氢埃托啡、丁丙诺啡、美沙酮、阿片制剂）和非麻醉性镇痛药物（如曲马多、索密痛片、布洛芬等），在多药滥用情况下易发生中毒或意外交通事故、高坠或窒息等死亡，容易被怀疑为他杀或自杀；有个别应用海洛因注射致人死亡的他杀案例报道。

【毒理作用】

1. 体内转运、转化过程　吗啡及海洛因等阿片类药物可经消化道、鼻黏膜、肺或通过注射等吸收。一般胃肠道途径吸收较胃肠外途径吸收缓慢。口服时以非脂溶性形式存在于胃内，很少从胃黏膜吸收，大部分从肠道吸收。口服给药所能达到的血药浓度只有注射给药的一半或更少。皮下或肌内注射吸收率较高，皮下注射 30 分钟后即可吸收 60%，约 1/3 与血浆蛋白结合，游离型吗啡迅速经血液分布于全身实质器官，如肺、肝、肾、脾及骨骼肌。吗啡对中枢神经系统并无特殊亲和力，仅有少量吗啡可通过血脑屏障，且足以产生高效的药理作用，说明吗啡与中枢吗啡受体（阿片受体）具有很高的亲和力和药理活性。

吗啡的生物转化主要在肝，60%～70% 的吗啡在肝内与葡萄糖醛酸结合成 6- 葡萄糖醛酸吗啡而失效，10% 脱甲基成为去甲基吗啡，20% 为游离型，主要自尿排出。葡萄糖醛酸结合吗啡及少数游离吗啡于 24～48 小时内大部分自肾排泄，5%～14% 由粪便排出，只有 2%～12% 经代谢转化的吗啡以原型从尿中排出，最重要的代谢产物是吗啡 -3- 葡萄糖醛酸，吗啡的血浆半衰期 2.5～3 小时，另有少量吗啡经乳汁和胆汁排出，也可通过胎盘进入胎儿体内。

海洛因多以烫吸、燃吸、静脉注射、肌内注射等方式吸收，这些滥用方式均可使海洛因迅速且较为完全的吸收入血。海洛因入血后被酯酶催化，脱去一个乙酰基成为 6- 单乙酰吗啡立即发挥药理作用。6- 单乙酰吗啡在肝内水解为吗啡，这两种海洛因代谢产物均可与葡萄糖醛酸结合形成结合型吗啡。有学者认为，乙酰化吗啡透过血脑屏障进入中枢神经系统的量比吗啡大 10 倍，这也许可以解释静脉注射海洛因所体验到瞬间快感比注射吗啡更为强烈。海洛因的药理效应全部或大部分通过 6- 单乙酰吗啡或吗啡起作用。

2. 毒理机制　阿片类毒品具有躯体依赖性和精神依赖性。

躯体依赖性的主要机制如下：

（1）吗啡和海洛因等阿片类药物具有极强的麻醉作用，对中枢神经系统兼有兴奋和抑制的双重作用，以抑制占优势。①抑制大脑皮质、视丘下部和脑干，产生明显的镇痛、镇静、嗜睡作用。实验证明，阿片类药物主要作用于第三脑室周围灰质，并证明脑、脊髓内存在阿片受体，分布于杏仁核、四叠体、下丘脑及脊髓内胶质区（Rolando 胶质区，为感觉神经传导痛冲动的转换站）。该受体与吗啡二者相互作用，使神经突触去极化发生困难，痛冲动传导受阻而止痛。②抑制咳嗽中枢产生明显的镇咳作用，镇咳机制可能与阿片类作用于延脑孤束核的阿片受体，使该核的舌咽与迷走神经活动改变有关。③抑制呼吸中枢。使用治疗剂量吗啡即可产生抑制呼吸效应，使呼吸频率减慢；达吗啡中毒量时，呼吸次数少至 3～4 次 / 分，出现不规则的周期性呼吸，导致机体严重缺氧。急性吗啡中毒直接死因是呼吸中枢麻痹。其机制是吗啡直接抑制延脑呼吸中枢神经元的放电活动，降低呼吸中枢对血液 CO_2 张力的敏感性。④吗啡激活中脑前核阿片受体使动眼神经兴奋，引起特有的瞳孔缩小，形成针尖样瞳孔。此外吗啡刺激呕吐中枢，引起恶心、呕吐，并往往与阿片类引起的欣快症并存。

（2）对脊髓具有兴奋作用，使脊髓反射增强。这一点在吗啡与其他麻醉品中毒鉴别上有一定意义。

（3）对消化系统具有止泻和致便秘作用。使胃肠道平滑肌蠕动减少，增加括约肌收缩；抑制消化液分泌，加重食物消化迟缓。阿片类吸毒者食欲明显下降。

（4）吗啡和海洛因扩张周围血管，引起体位性低血压。大剂量则出现心率缓慢。

（5）使膀胱括约肌张力增高、收缩加强，排尿困难，引起尿潴留。海洛因依赖者尿少，排尿困难是一个较为普遍的临床表现。

精神依赖性机制：阿片类毒品的精神依赖性与多种机制有关。目前较为公认的机制认为主要与中脑边缘多巴胺系统有关，包括多巴胺、多巴胺受体、多巴胺转运体等，不同的大脑区域，尤其是伏隔核、海马等脑区，被认为与毒品精神依赖性机制密切相关。

【中毒致死量】

成人一次注射 60mg 吗啡可引起急性中毒症状，100mg 吗啡引起严重中毒，吗啡致死量为 200～500mg。但吗啡成瘾者对吗啡有极强耐受性，可耐受正常量的 35～40 倍，而不致发生中毒。小儿及肝病患者对吗啡敏感。干阿片的致死量一般为吗啡的 10 倍，阿片成瘾者例外。海洛因其中毒剂量和致死剂量尚无一致实验结论。根据吗啡毒理参数推算，海洛因中毒剂量为 50～100mg，致死量为 750～1200mg。但由于海洛因滥用者的个体耐受性不同，致死量存在较大差别。阿片类致死血浓度：吗啡为 0.05mg%；可待因为 0.2mg%。文献曾报告 10 例死者组织中吗啡浓度（表 5-1）。

表 5-1　10 例海洛因滥用死亡者组织及体液中吗啡浓度（mg/L 或 mg/kg）

	血液	肌肉	肝	尿液
平均值	0.7	0.8	3.0	52
范围	0.2～2.3	0.1～2.0	0.4～18	14～81

【中毒症状】

阿片类药物急性中毒的症状是中枢神经系统深度抑制。早期症状表现为颜面潮红、头晕、沉重、意识蒙眬、精神恍惚、疲劳感，常有恶心、呕吐，逐渐进入昏睡状态。典型的中毒症状表现为：①呼吸深度抑制：表现为呼吸慢而浅表，呼吸频率可慢至 2～4 次 / 分，甚至出现周期性潮式呼吸。急性呼吸功能障碍引起严重缺氧是海洛因滥用者最常见的死亡原因。②瞳孔缩小：海洛因中毒者瞳孔极度缩小，呈针尖状，对光反射消失。针尖样瞳孔是海洛因中毒的主要特征性之一。③发绀：阿片类药物的中枢性呼吸抑制，机体发生严重缺氧，引起全身性发绀。④心率减慢、脉搏细弱、血压下降。⑤皮肤湿冷、体温降低。⑥骨骼肌松弛无力，下颚松弛，舌后坠常阻塞呼吸道，促发窒息。严重者可发生全身性抽搐，甚至出现角弓反张。⑦尿少或尿潴留。⑧量大或静脉注射时，可以迅速陷入昏迷，中毒者意识不清或丧失，对外界刺激无应答反应，各种反射消失，最终发生死亡。

阿片类慢性中毒者表现消瘦、贫血、精神萎靡、早衰、食欲不振、便秘、性功能减退或消失，窦性心动过速和频发室性期前收缩，不同程度呼吸困难等症状。阿片类药物戒断即出现典型的戒断综合征，如呕吐、腹泻、躁动不安、失眠、恐惧、流泪、出汗、瞳孔散大、循环衰竭等戒断症状，严重者甚至虚脱死亡。

【尸体检验所见】

1．尸体外表检查所见　急性阿片类中毒死亡者，其尸体外表没有显著变化，仅呈一般窒息征象。尸斑青紫，尸僵持续时间较短，口鼻、呼吸道有泡沫液体溢出，有时呈血性。死亡早期可见典型的针尖样瞳孔缩小，但死后较长时间检查也可能见不到这种变化。用鼻黏膜吸食者有时可在鼻腔内发现毒品粉末。用注射方式吸毒者，可在皮肤上发现注射痕迹。静脉注射毒品常见的部位是上臂肘静脉处，但其反复注射而使肘静脉发炎、硬化、血栓形成而闭塞，局部皮肤呈条索状硬化（见文末彩图 5-2）。注射部位也可在手腕、手背、足背、腹股沟等处静脉；有时可见皮下、肌内注射的部位在腹壁、阴茎背部、舌下、阴道、指间等较隐蔽部位。新鲜注射处周围常有皮下出血，有时现场尸体旁可见注射器及毒品器具。部分吸毒者在自救或被吸毒同伴抢救时，采用注射食盐水，往往在注射部位出现水肿。

慢性阿片类药物中毒死亡者，因长期滥用毒品死者多数营养不良，显著消瘦、贫血、腹胀明显。长期注射方式吸毒者，注射部位可见静脉炎症、皮肤化脓或瘢痕条索、色素沉着等。由于长期吸毒者不注意个人卫生和免疫功能下降，可见皮肤脱屑、多发性化脓感染。吸毒者常有奇特的文身图像，在胸、背及四肢皮肤刺纹龙、虎、狮、鹰、蛇、花等各种图案。长期吸毒者常见自杀、自伤切割留下的瘢痕。

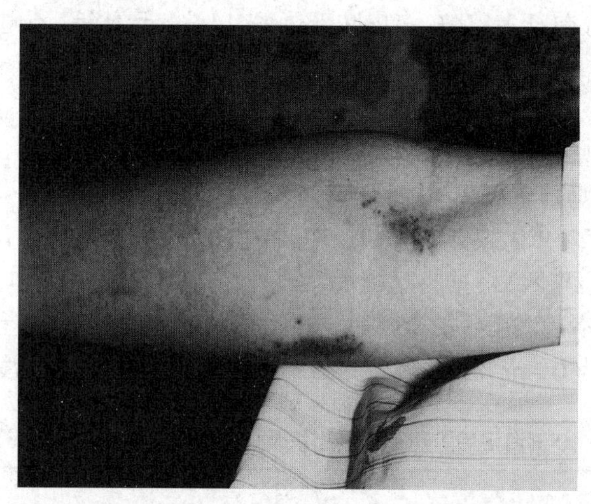

图 5-2　长期海洛因静脉注射滥用者上肢皮肤的注射针痕
注射部位静脉发炎、硬化，皮肤呈条索状硬化，注射针眼呈串珠状或密集分布

2．尸体解剖所见

（1）呼吸系统：海洛因或吗啡过量急性中毒死亡者常见肺显著淤血、水肿。其重量从 600g 至 2500g 不等，重而实，被称为“海洛因性肺水肿”。镜下，弥漫性肺泡腔内充满水肿液，间质血管淤血、灶性肺泡内出血，灶性肺气肿，肺泡腔内巨噬细胞显著增多。气管及支气管腔内常有泡沫性液体。长期吸毒而慢性中毒死亡者常见支气管肺炎、多发性肺脓肿的改变。肺滑石样变、肉芽肿、纤维化也较常见，在偏振光显微镜下可见十字形或无定形双折光性晶体，这是由于毒品中的掺合物（淀粉、滑石粉）沉积所致。部分长期吸毒者合并脓胸、慢性支气管哮喘，甚至部分发生海洛因性阻塞型肺气肿。

（2）中枢神经系统：急性中毒死亡者脑神经细胞不同程度的变性、坏死，灶性血管周围出血，急性脑水肿。长期吸毒死亡者，可见多灶性神经细胞坏死，灶性软化，周围胶质细胞增生，形成胶质结节。局部蛛网膜下腔淋巴细胞增多，脑膜增厚。电镜下，海洛因急性中毒死亡者海马区神经细胞线粒体极度肿胀、空泡变、嵴断裂，核内异染色体成团聚集。

基底节神经纤维髓鞘崩解，板层结构紊乱（图 5-3）。长期滥用毒品死亡者还可见白质脑病，局灶性脑梗死、败血症性脑脓肿、脑萎缩及脊髓炎、多发性神经炎等。

（3）免疫系统：长期吸毒者淋巴组织常见反应性增生，肝门、肺门、肠系膜等部位淋巴结肿大，胸腺和脾大也多见。光镜下，早期淋巴小结增生，晚期可见淋巴小结萎缩。电镜下，海洛因长期滥用者脾小结萎缩变小，淋巴细胞数量显著减少（图 5-4），细胞凋亡多见，胞核内假包涵体形成。淋巴结内可见晶体状折光的异物沉积。

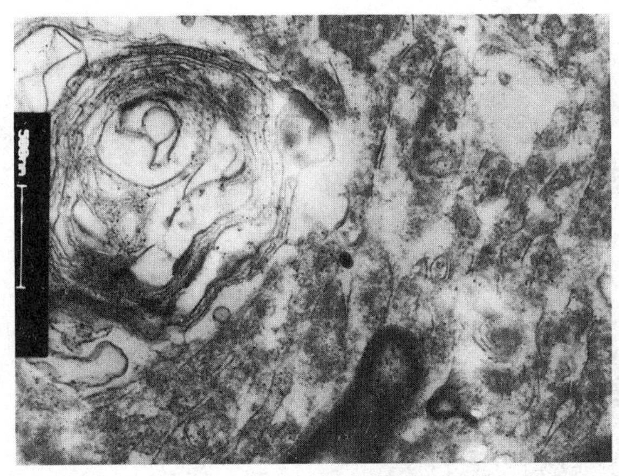

图 5-3　急性海洛因中毒的脑

基底节神经纤维髓鞘崩解，板层结构紊乱（超微结构改变）

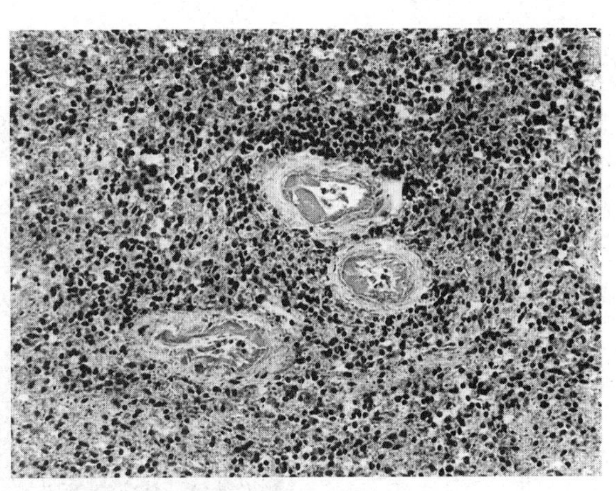

图 5-4　海洛因成瘾者的脾

脾小结萎缩变小，淋巴细胞数目显著减少

合并艾滋病感染病例日益增多，常见艾滋病感染时肺的特征性改变，即卡氏肺囊虫性肺炎及巨细胞病毒性肺炎。

（4）心血管系统：长期滥用毒品者，可出现缺血性心脏病、感染性心内膜炎、间质性心肌炎（见文末彩图 5-5），常发生心律失常和急性充血性心力衰竭死亡。静脉滥用混合毒品时易发生中毒性心肌病导致猝死，易引起心肌损害的掺加物有奎宁等，因其对心肌有直接毒性。静脉滥用毒品者易发生血栓形成和血栓性静脉炎。

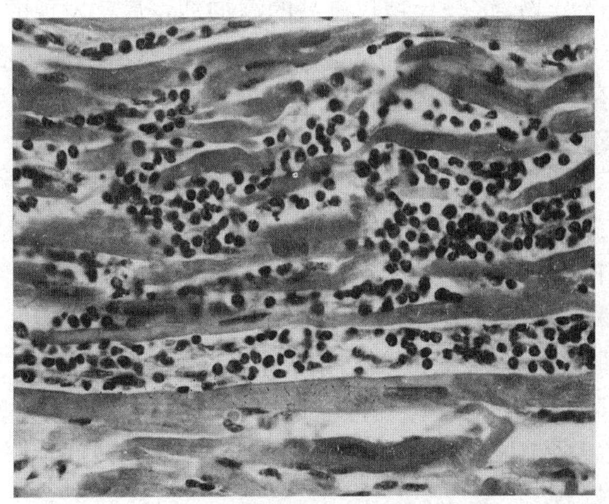

图 5-5　长期海洛因滥用者合并慢性间质性心肌炎

心肌间质有大量淋巴细胞、单核细胞浸润，心肌形态结构基本正常

（5）消化系统：胃肠道携带毒品，由于毒品渗漏致急性中毒者，胃、肠道内可发现毒品包裹颗粒，甚至发生胃、肠破裂出血。长期滥用毒品者，慢性胃肠炎多见。肝的病变明显，以慢性肝炎、肝硬化

最常见。Paties 等随机选取的 150 例毒瘾者尸检的肝进行研究，发现非特异性肝炎病变达 52%，慢性活动性肝炎 24%，急性肝炎 12%，肝脂肪变 3.3%，肝硬化 2%，肝无明显病变者仅 6%。

(6) 泌尿生殖系统：吸毒者易发生蛋白尿及尿潴留。部分可发生急性肾小球肾炎、急性肾病综合征，高浓度的血清肌球蛋白及尿中肌球蛋白伴发急性肾衰竭。长期滥用海洛因者睾丸萎缩，曲细精管生精细胞数目减少，基底膜增厚，间质细胞减少，间质结缔组织增生（图 5-6），有时可见多核巨细胞形成。电镜下，生精细胞细胞质浓缩，细胞器明显减少。支持细胞内脂质和吞噬体明显增多。部分携带毒品的案例可在阴道内发现毒品。

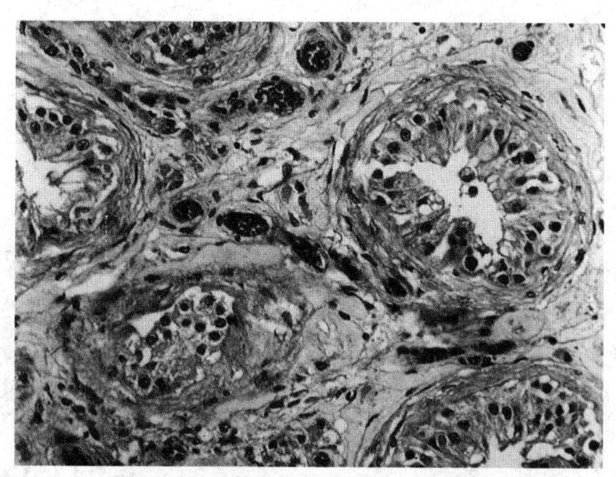

图 5-6　长期海洛因吸毒者的睾丸

睾丸萎缩，曲细精管生精细胞减少，基底膜增厚，睾丸间质细胞减少，间质轻度增生（唐承汉供图）

此外，长期滥用海洛因可致骨骼肌病变，即横纹肌溶解或肌病，尿中出现肌球蛋白伴肾功能损害。1989 年 Pascual 统计 48 例海洛因中毒并发中枢神经系统和肌损害，包括骨骼肌分解综合征（muscular decompose syndrome）、神经肌肉病变（neuromuscular disease）、横纹肌溶解（rhabdomyolysis）。

在吸毒死亡者病理组织学诊断中有特殊价值的是在器官组织内检出异物，特别是用偏振光显微镜检查时可见特殊的双折光异物，这些异物是毒品的添加剂。最常发现的器官是肺、脾、肝、淋巴结及骨髓。随着免疫组化方法在药物滥用领域的广泛应用，对海洛因滥用者器官组织中如心肌、肝、脑、肾等组织检测吗啡的存在已用于检案鉴定中。目前认为，采用吗啡免疫荧光组织化学法检测组织内吗啡的存在，是一种简便、可靠且较特异的方法之一。

【检材采取】

阿片类毒品经口服者，取呕吐物、洗胃液、胃肠内容物；鼻吸食者用干拭子擦拭双侧鼻孔黏膜；注射者切取注射处皮肤、皮下组织及肌肉组织，并取非注射侧组织作对照。不论进入途径如何，血液、尿液、胆汁均是最好的检材。脑、肺、肝、肾也是较好的检材，其他如胃肠、粪便也可作为检材。目前，多主张用多种检材采取（如血液、尿液、脑、肝、肺、注射部位组织的采取），分别进行检测分析。对长期阿片类毒品的滥用者，可用毛发作检材。使用气质联用分析或免疫荧光组化技术能检出数月前的用药情况。根据毛发各节段吗啡含量，可推测滥用毒品的时间期限。一般头发的取材为 5～10g，以带毛根拔下头发为好。

【法医学鉴定要点】

阿片类药物滥用中毒的法医学鉴定主要依赖案情调查、现场勘查、尸体解剖和毒物分析结果的综合分析。

1. 案情调查　调查有无吸毒史、吸毒种类、吸毒时间长短、死前的症状表现和死亡经过。阿片类毒品中毒突出的中毒表现是昏睡、呼吸深度抑制、呼吸缓慢、皮肤发绀、瞳孔呈针尖样缩小，严重者为血压下降、体温下降、四肢冰凉等改变。吗啡或海洛因过量急性中毒者，可迅速进入昏迷，因呼吸中枢麻痹急速死亡，缺乏中毒的典型症状，特别是某些初吸毒者或戒毒后复吸者易发生过量中毒死亡。

2．现场勘查　毒品滥用者中毒或死亡后的现场勘查具有重要意义，有些现场就能明显提示是吸毒死亡。如死者身旁遗留注射毒品的注射器（常为一次性注射器）、未用完的毒品以及吸食毒品用的特殊用具等。多人吸毒情况下部分吸毒者过量中毒死亡往往尸体被移走，丢弃到垃圾箱、下水道或其他地方，容易怀疑为他杀。

3．尸体解剖　体表注射瘢痕，消瘦、贫血、色素沉着、文身及脑、肺急性水肿、多器官并发慢性感染如肝炎、支气管肺炎、全身淋巴结炎性肿大等具有一定的病理价值，但无特征性诊断价值。尸体解剖是吸毒死亡法医学鉴定的必要步骤，通过尸体解剖查明真正死因。因吸毒者死亡与吸毒所致死亡不同，前者的死因可能并不与吸毒有关，而可能是暴力性死亡如颅脑损伤等，甚至是被其他毒物谋害死亡。通过尸体解剖，能判断其吸毒方式和吸毒时间长短，还能为毒物分析提取有关检材。对吸毒死亡者的脑、心、肝、肾、脾、肾上腺可制成冷冻切片或石蜡切片进行吗啡免疫组化染色检查。

4．毒物分析　毒物分析是认定是否吸毒死亡的重要手段，体内检出吗啡及吗啡代谢物可认定吸毒。但不能单纯依靠毒物分析的结果，中毒致死量中提供的数据及其范围只能参考使用，因为吗啡的耐受性及成瘾性以及毒品的死后再分布，取材时间不同，变化很大。血液中阴性，而胆汁和尿中可能为阳性。反之吸毒后很快死亡，则可能是血液中检出毒品成分，而胆汁、尿液阴性。因此提倡在尸检时提取不同体液和不同器官供毒化检测。对尿液中毒品及代谢产物，可用胶体金抗体尿检试纸法进行快速检测。特别要注意无耐受者或过敏者，实际中毒致死所需的毒品量可能远低于通常的致死量。阿片类毒品依赖者戒断症状发作时，可因急性呼吸、循环功能衰竭死亡，但要注意有无疾病、外伤或窒息，分清死因的主次。

值得特别注意的是，由于相当一部分海洛因滥用者是艾滋病病毒携带者，甚至是艾滋病患者，或是乙肝病毒携带者或肝炎患者，对他们进行尸检时应注意加强自身防护，特别是当怀疑有艾滋病时，可在尸体解剖前采取血液检测 HIV 抗体，确定是否 HIV 抗体阳性，再进行尸体解剖。如确定是 HIV 阳性，则应采取严密的自我防护措施：尸检者戴两层手套以防止可能的意外损伤；解剖手术衣外加穿隔离防护衣及鞋套；戴上防护面具和防护眼镜，以防死者的血液对皮肤、黏膜的可能污染；尸体解剖器械及解剖台应用消毒液消毒；所取的血液及组织检材在容器或塑料袋上特别标明，防止对实验室检测人员的污染。

第三节　可卡因中毒

可卡因（cocaine）是古柯叶中所含的主要生物碱，含量约 0.6%～1.8%，又称古柯碱。可卡因是最早发现的局部麻醉药，1879 年用于临床。但由于该药易滥用成瘾且水溶性不稳定，临床上已少用。可卡因毒品的主要产地是南美洲安第斯山附近的玻利维亚、秘鲁和哥伦比亚，被称为“银三角”的毒品生产区，该地区可卡因吸食者已蔓延至社会各阶层，引起严重社会问题。

可卡因化学名为苯甲酰甲基芽子碱（benzol methyl ecgonine）。可卡因是一种白色结晶，味苦，熔点 98℃，难溶于水，易溶于乙醇、乙醚、氯仿，其盐类易溶于水。加水煮沸分解为芽子碱、苯甲酸和甲醇。

【中毒原因】

可卡因是一种强效中枢兴奋剂，具有很强的精神依赖性，用药者对它有强烈渴求，因此在人群中的滥用倾向（abuse liability）明显，在西方国家是常用毒品之一。可卡因滥用者中毒往往因用药过量，造成脑出血或血管性虚脱死亡；长期滥用者往往并发精神病，引起自杀或意外死亡；用可卡因他杀者少见。近年发现长期大剂量滥用可卡因亦能产生躯体依赖性，断药后出现戒断症状，表现疲乏、抑制、睡眠延长、增加饥饿感。近 10 年来从美国兴起一种成分为可卡因游离碱的毒品，俗称“快克”

(crack，亦译“克赖克”)，采用吸入烟雾的方式，是美国当前的头号毒品问题，并迅速蔓延到欧洲。我国部分海洛因滥用者有将可卡因与海洛因混合后静脉注射，以增强快感。

【毒理作用】

可卡因可从任何部位的黏膜吸收。经口服者，部分在胃内被水解使其作用消失。常用鼻腔内给药、静脉注射和吸入等给药途径，前两者使用盐酸可卡因。吸收后在肝内代谢水解为苯甲酸芽子碱，进而水解为芽子碱(ecgonine)，在血或血浆中可卡因可水解为芽子碱甲酯(ecgonine methyl ester)，由尿排出。约 10%～20% 未经代谢由尿排出。

可卡因阻断神经纤维冲动的产生和传递，引起感觉和运动障碍，阻止交感神经末梢突触前膜摄取儿茶酚胺，对血管有收缩作用，可引起高血压，甚至脑出血。对心的作用因剂量大小而异，小量使心率减慢，中等量增加心率，大剂量严重抑制心肌活动致血管性虚脱。可卡因最突出的作用是对中枢神经的刺激作用。开始作用于大脑皮质使之兴奋，产生一种欣快的精神状态，解除疲劳及饥饿，进而延及皮质下中枢，过度兴奋则转为抑制。严重者发生精神忧郁、幻觉持续存在、失去自我控制能力，有的因呼吸、心跳停止死亡。

长期滥用可卡因者形成明显的精神依赖性和对药物的耐受性，耐受者使用剂量有时与毒性阈值极其接近，使用不当会造成严重并发症甚至死亡。

【滥用方式】

1. 咀嚼古柯叶或泡茶　这种方式未引起明显不良后果，因所含可卡因的释放及吸收缓慢且不完全。咀嚼者只为了寻求兴奋效应，解除疲劳。

2. 鼻吸盐酸可卡因　这种方式常用。盐酸可卡因是一种从古柯叶中提取的白色结晶粉。黑市名“可口”(coke)、“雪”(snow)，或“金粉”(gold dust)等。使用时一个鼻孔被压住，用另一鼻孔吸入，通过黏膜吸收使可卡因迅速进入血液循环，峰值时可获短期欣快感(3～4 分钟)。

3. 静脉注射　将盐酸可卡因溶于水供静脉注射，或将其与海洛因混合剂(speedball)供静脉注射，以增强欣快感和消除单独使用海洛因时出现的疲劳感等。

4. 烟吸可卡因游离碱　可卡因游离碱易挥发，不溶于水，故将其加入烟草或大麻卷烟中点燃吸入。药物被吸入后，从肺到脑只需几分钟，欣快和兴奋作用比静脉注射产生的还要快而强烈，因此具有更高的依赖性潜力。

近年来在生产国又出现一种粗制可卡因硫酸盐 - 巴苏克(basuca)，约含可卡因硫酸盐 40%～80%，纯可卡因 10%～15%。同样采用上述点燃吸入方式。

【中毒致死量】

可卡因中毒量为 30～50mg；口服致死量为 500～1000mg；对可卡因过敏者 30mg 可致死；肌内注射或黏膜用 30mg 亦可死亡，黏膜炎症可使吸收加快。

【中毒症状】

中毒者在兴奋早期表现为欣快，感到心情舒畅、思维能力增强，情绪不稳定、易激惹、失眠、无食欲、性欲亢进，有阵发性暴力行为；恶心、呕吐，突发性头痛，面部和手足肌肉抽搐、脉速、心律失常、血压升高、呼吸加快加深。由于血管收缩皮肤苍白。有的出现假性幻觉或类偏执精神分裂症样的可卡因精神病。兴奋期进展后，中毒者反射亢进、阵发性痉挛及强直性抽搐，血压和脉搏连续升高，可死于高血压引起的各种合并症。可卡因的直接心肌毒性作用也可引起死亡。如中毒后期，进入抑制期，中毒者肌肉松弛无力、昏迷、瞳孔散大、反射消失，呼吸、循环衰竭死亡。

慢性可卡因滥用者体重减轻，并患有各种类型的营养不良症。长期鼻黏膜吸食者，由于可卡因的血管收缩作用，可引起鼻中隔坏死和穿孔。静脉注射者合并肝炎、心内膜炎，甚至艾滋病发生。烟吸可卡因游离碱引起呼吸系统炎症表现。长期滥用大量可卡因有产生精神病危险。可卡因性精神病表现为偏执狂和持续幻觉存在。有一种典型症状是有皮下蚁走感、奇痒难忍，造成严重抓伤甚至断肢致残。

【尸体检验所见】

急性中毒死亡者呈窒息死征象，各器官淤血明显。因血管收缩可能出现心肌梗死。用鼻吸食者，有时在鼻腔内发现毒品粉末。

长期滥用者消瘦、营养不良。用鼻吸食者，因鼻中隔的反复慢性炎症可检见鼻中隔黏膜萎缩，甚至穿孔。注射者见新鲜注射针眼及陈旧不等的注射瘢痕，心损害明显，肉眼观右心室常呈扩张。镜下心肌灶性带状坏死甚至梗死。有时合并肺炎、心内膜炎、肝炎等感染性疾病。有时可见脑出血、动脉瘤破裂、血管栓塞、异物肉芽肿形成及折射晶体物质沉积。

【检材采取】

血液、尿液为必取检材，脑、肝、肾组织也是理想检材，都可用于测定其代谢产物。肺、鼻拭子或注射周围组织，根据吸毒途径而采取。检材可加0.5%氟化钠溶液防止水解丢失。

【法医学鉴定要点】

注意毒品接触史。中毒症状反映中枢神经系统的强兴奋剂作用及对心的损害。急性中毒者突然昏迷、室颤、脉搏消失，因心麻痹和心功能衰竭而迅速死亡，尤其是对心血管疾病患者可致突然死亡。慢性中毒者可产生精神病危险，出现持续幻觉，往往伴发暴力行为，造成严重社会后果。身体消瘦、合并感染及鼻中隔穿孔。不论是急、慢性中毒，均需作毒物检测，进行可卡因及其代谢产物（苯甲酰爱康宁、爱康宁甲酯和爱康宁）的定性、定量分析，检出可卡因或其代谢产物方可认定。

第四节　苯丙胺类中毒

苯丙胺类药物系一类人工合成的非儿茶酚胺拟交感神经药，是苯丙胺及其衍生物的统称，有很强的中枢兴奋作用，并易形成药物依赖性，涉及有几十个品种。根据本类药物化学结构及药理作用不同可分为以下四类：

1. 兴奋型苯丙胺类　这类药物以中枢神经系统兴奋作用为主，苯丙胺（amphetamine）、甲基苯丙胺（methamphetamine）是其代表药，其他还有甲基卡西酮（methcathinone）和哌醋甲酯（methyl phenidate）等。

苯丙胺（amphetamine）又名苯异丙胺或安非他明，临床应用其盐类。苯丙胺有旋光性，一般有两种异构体：右旋（d-）及左旋（l-）苯丙胺。右旋苯丙胺的中枢兴奋作用是左旋的3～4倍。

甲基苯丙胺（methamphetamine）又称去氧麻黄素，是苯丙胺的衍生物，纯品为无色液体，亦具旋光性，很不稳定，多用其盐酸盐，其中枢兴奋作用是苯丙胺的二倍。盐酸甲基苯丙胺的结晶体似冰样，在欧美各国被称为“ice”（冰）、“crystal”（结晶）、“speed”（快速）；我国将它称为“冰毒”；在东南亚一些国家称为“麻果”，系泰语“麻古”的音译，其主要成分为甲基苯丙胺和咖啡因；一些国家称为“疯药”，在日本称为“觉醒剂”。

2. 致幻型苯丙胺类　这类药物可使用药者产生很强的致幻作用。代表药物主要有二甲氧基甲基苯丙胺（2，5-dimethoxy-4-methylamphetamine，DOM）和溴基二甲氧基苯丙胺（4-bromo-2，5-dimethoxyamphetamine，DOB），它们的致幻作用比麦司卡林（麦斯卡林，mescaline，又称北美仙人球碱，是一种美洲仙人掌的成分，具有致幻作用）强100倍以上。

3. 抑制食欲型苯丙胺类　这类药物根据作用差别又可分成两类：①具有抑制食欲作用，但又有一定成瘾性和滥用潜力，常见的有苯甲吗啉（phenmetrazine）、苯双甲吗啉（phendimetrazine）、二乙胺苯丙酮（diethylpropion）等；②以食欲抑制作用为主，精神作用较弱，很少被滥用，临床可用作减肥药，如芬氟拉明（fenfluramine）及右旋芬氟拉明（dexfenfluramine）等。

4. 混合型苯丙胺类　这类药物兼具兴奋和致幻作用。种类较多，最常滥用的是二亚甲基双氧基安非他明（3，4-methylenedioxymethamphetamine，MDMA），被称为“ecstasy”（狂喜）、二甲氧基安非他明（2，5-Dimethoxyamphetamine，MDA）和亚甲二氧基乙基苯丙胺（3，4-methylenedioxyethylamphetamine，

MDEA）等。混合型苯丙胺类药物与兴奋型苯丙胺类药物及某些化学物质混合所制成的片剂，服用后能令人兴奋如狂、摇头不止，被称为“摇头丸”或“快乐丸”。

二亚甲基双氧安非他明（MDMA），化学名为 N，a- 二甲 -3，4- 甲烯二氧苯乙胺，是安非他明类衍生物，属中枢神经兴奋剂，是我国规定管制的精神药品。“摇头丸”以 MDMA 和 MDA 等苯丙胺类兴奋剂为其主要成分。在国外，最常见的称谓是 Ecstasy、Adam、Dollar、Fido、Bomb 等。在我国台湾地区常见称呼包括“快乐丸”“衣服”（取 Ecstasy 第一个字母的发音）；在我国香港地区及南亚等地，则叫“甩头丸”“快乐神”“劲乐丸”“狂喜”“迪士高饼干”等；在新加坡则被称作“爱它死”。其外观多呈片剂，形状多样，五颜六色。已发现的不同形状和图案的“摇头丸”有 200 多种。摇头丸具有兴奋和致幻双重作用，在药物的作用下，用药者的时间概念和认知出现混乱，表现出超乎寻常的活跃，整夜狂舞，不知疲劳。同时在幻觉作用下使人行为失控，常常引发集体淫乱、自残与攻击行为，并可诱发精神分裂症及急性心脑疾病。

苯丙胺类药物的合成原料主要是麻黄素（ephedrine）和去甲伪麻黄素（nonpseudoephedrine），常被一些犯罪分子转入非法途径生产苯丙胺类毒品，于 1988 年列入精神药品管制。

【中毒原因】

苯丙胺类药物具有耐受性、依赖性，可因滥用及医疗用药过量发生中毒死亡，最常见于兴奋型和混合型苯丙胺类。20 世纪 80 年代，甲基苯丙胺滥用出现新的高峰，盐酸甲基苯丙胺在亚洲和欧美各国流行起来，其作用与可卡因相似，但却比可卡因能更快地产生欣快作用，持续时间也较其长数倍。在此基础上又出现了致幻型苯丙胺类兴奋剂（摇头丸）的滥用，并在世界各地广泛传播，滥用场所一般在社交集会、迪厅、卡拉 OK 厅、通宵夜总会等，滥用人群多为青少年，常与同伴共同服用。现在甲基苯丙胺和“摇头丸”（主要是 MDMA）等娱乐性毒品的滥用超过了海洛因、可卡因等传统毒品而成为最常滥用的毒品之一。

我国在新中国成立前曾有苯丙胺滥用问题。新中国成立初期和 1962 年个别省市发生过去氧麻黄素即甲基苯丙胺（商品名“抗疲劳素片”）滥用，但很快得到控制。近年来，受国际上苯丙胺类兴奋剂（amphetamine-type stimulants，ATS）泛滥的影响及国外毒品犯罪分子的渗透，在我国沿海和内陆许多大城市出现了“冰毒”和“摇头丸”滥用现象，使我国面临着继海洛因之后 ATS 流行滥用的新威胁。

ATS 造成滥用的原因有多种，概括起来主要有以下几种：① ATS 一直被人们视为软性毒品，认为其毒性较低，不似海洛因等硬性毒品那样剧烈，易于接受。② ATS 与可卡因相比，兴奋作用较持久，生效快，并很少出现大起大落的感觉；滥用方式可有口服、鼻吸、静脉注射、呼吸道吸入等多种途径，使用方便。③ ATS 有广泛的滥用人群，互相交流体验和欣快的感觉，在世界各地均较易获得，价格较可卡因、海洛因低廉。④ ATS 化学合成技术简单，易于掌握，广泛被非法分子利用进行地下加工。⑤ ATS 的精神兴奋作用表现为使用过后在心理上形成满足感，并感觉做事有信心，充满活力，同时能减少食欲，减轻体重，易被人特别是演艺界、加夜班者、持久劳动人员接受。⑥甲基苯丙胺通过吸烟、口服等非注射方式摄入人体而不影响毒品的吸收，使吸毒者认为可以逃避社会公德的谴责，避免感染性疾病的发生。上述原因促进了甲基苯丙胺的滥用。

【毒理作用】

苯丙胺类药物可经口服、吸入和静脉注射等途径吸收。该类药物口服后在胃肠道吸收迅速，进入血后可分布至各个器官和组织，易通过血脑屏障，30 分钟内即可出现中枢神经系统症状，并持续 10 小时以上。甲基苯丙胺在体内代谢方式主要是侧链水解，一部分脱甲基形成苯丙胺，一部分可羟基化形成羟基苯丙胺，再氧化为羟基去氧麻黄素。苯丙胺通过脱氨基转变为苯丙酮，再氧化为苯甲酸，最终可代谢为苯甲酸和马尿酸，以与葡萄糖醛酸、硫酸等结合的形式排出。小剂量苯丙胺还可氧化为苯丙醇胺（phenylpropanolamine，PPA）。这些代谢产物均具有药理活性。苯丙胺排泄缓慢。经尿排出可历经 4～7 天，24 小时排泄原形约 35%～45%；酸化尿液可加快排泄速度。

口服 MDMA 几分钟便可起效，1～1.5 小时达高峰，药效可持续 4～5 小时。代谢方式主要通过在肝内脱甲基作用。从尿中排泄的有 MDMA 原形、甲基苯丙胺、苯丙胺及其他代谢产物。

苯丙胺类药物属拟交感胺类中枢兴奋剂，可以选择性地作用于脑干以上的中枢神经系统部位，提高大脑皮质兴奋性，增强中枢神经系统活动。研究表明，滥用苯丙胺类药物所致的欣快感和重复动作主要与使突触间隙单胺类神经递质含量上升（多巴胺、去甲肾上腺素、5- 羟色胺等）有关。正常情况下，单胺类神经递质可通过单胺氧化酶（monoamine oxidase，MAO）的作用产生一系列产物由尿排出。苯丙胺类可抑制 MAO 活性，使单胺类神经递质的代谢受到抑制，血中浓度增高，导致脑内多巴胺和去甲肾上腺素积聚而产生神经和精神作用，苯丙胺类产生的欣快感，很可能就是由于增强了去甲肾上腺素神经细胞的作用所致。甲基苯丙胺还可损害多巴胺能神经，通过外侧视丘下部，减少摄食，抑制食欲；并可使脊髓和脑干的神经反射亢进，拮抗巴比妥类药物对脑干网状结构上行激活系统的抑制作用，兴奋呼吸中枢，使呼吸加深加快。常见的苯丙胺类兴奋剂作用由大到小依次为 D- 甲基苯丙胺＞D- 苯丙胺＞L- 苯丙胺＞L- 甲基苯丙胺。

致幻型和混合型苯丙胺类药物具有精神活性作用，它们兼有兴奋作用和致幻作用，其兴奋作用比苯丙胺和可卡因低。这些药物的作用机制一方面与苯丙胺相同，另一方面可引起中枢 5- 羟色胺能神经末梢大量释放神经递质 5- 羟色胺（5-HT），同时又可抑制神经元合成 5-HT，降低色氨酸羟化酶的活性，造成脑内 5-HT 和 5- 羟吲哚乙酸水平降低，使中枢神经系统 5-HT 水平暂时大量减少。通常在用药后 24 小时内出现 5-HT 水平下降，几天后可出现 5-HT 再次骤减。MDMA 还对 5-HT_2 受体有弱的激动作用，这可能与致幻作用有关。另外，MDMA 等致幻型药物还能大量破坏 5-HT 能神经元，甚至造成长期和永久性损伤。

长期滥用苯丙胺类药物，机体易产生依赖性，且主要表现为精神依赖性。有报道经正电子发射断层成像（PET）研究证实，长期服摇头丸成瘾者有五羟色胺的神经性损害，临床上表现为发作性焦虑惊恐、抑郁、认知功能障碍、记忆紊乱以及其他精神神经症状。

【中毒致死量】

甲基苯丙胺治疗量为每次 3～5mg，一日三次，极量 25mg。10mg 可出现轻度中毒症状。滥用者一般每次使用 30～50mg，也有注射量高达 100～300mg 者。甲基苯丙胺致死血浓度约 4mg/L，致死量为 20～25mg/kg 体重。

MDMA 和 MDEA 口服或鼻吸使用剂量一般为 125～750mg。根据服用 MDEA 和 MDMA 后死亡案例的分析，MDEA 致死血浓度约为 4～10mg/L，MDMA 致死血浓度约为 5mg/L。

【中毒症状】

兴奋型苯丙胺类药物急性中毒症状与可卡因中毒相似，表现为兴奋、不安、精神与体力均显活跃、饥饿感减轻、动作快而不准、焦虑、紧张、性欲亢进、不眠、眩晕、意识紊乱；严重者可出现谵妄、恐慌、狂躁、幻觉、产生冲动行为、伤人或自伤。外周交感神经症状可表现有心动过快、血压升高、头痛、高热、颜面潮红、大汗、心悸、心律失常、虚脱，可因高血压危象、循环衰竭死亡。

过量使用 MDMA、MDEA 等有致幻作用的苯丙胺类药物所致急性中毒，可在口服后几分钟出现中毒症状。开始表现为兴奋、焦虑、坐立不安、激动、心动过速、呼吸急促，继而出现恶心、呕吐、牙关紧闭、肌肉疼痛、强直、高血压、大量出汗、口渴、低钠血症、手部颤抖、视觉模糊、眼球震颤、感觉异常、失眠、夜间磨牙、共济失调、惊厥、抽搐、虚脱、昏迷；严重者可出现心律失常、心搏骤停、急性肾衰竭、高血压危象、恶性高热，体温可达 40～44℃；可有纵隔积气、弥散性血管内凝血、横纹肌溶解及肝损害的症状。可因循环衰竭和急性心律失常而死亡。

滥用者为追求欣快感、心情的高扬感、陶醉般的幻觉等，反复使用苯丙胺类药物，其结果是为了达到原先用药的快感，需不断增加用药的剂量，使机体产生耐受现象。静脉滥用者使用剂量增加更快，甚至每隔 2～3 小时注射一次。有报道对苯丙胺尚未产生耐受的人，30mg 便会引起中毒反应；已产生耐受的人，其用量可增至 2000mg 才体验到欣快效应。

长期滥用苯丙胺类药物可使体重减轻，营养不良、厌食、恶心、呕吐、腹泻、疲劳、失眠、注意力不集中、情绪不稳、指甲脆化、夜间磨牙、不愈性溃疡，严重者可出现高血压、中毒性心肌病、心肌梗死、脑血管出血、心律失常，甚至出现充血性心力衰竭、横纹肌溶解及急性肾衰竭的症状。在精神方面主要表现为精神分裂症样改变，其特点是没有意识障碍、遗忘症状群和智能障碍，也缺乏明显的躯体性症状。病人常可出现性格改变，如无为、漫不经心、轻浮、粗暴、威胁言行或孩童样性格，其后遗症状可见迁延性精神病反应和再发再燃现象。

静脉注射滥用者可引起各种感染性疾病，如肝炎、肺炎、HIV 感染等。怀孕妇女长期接触苯丙胺和甲基苯丙胺可使胎儿出现心血管发育畸形和骨骼发育畸形、低体重儿、早产、新生儿死亡率及宫内死亡增加，能使子宫异常兴奋收缩而导致胎盘出血、剥脱、早产等一系列并发症。

减少或停止使用苯丙胺类药物，可出现戒断反应。一般身体戒断症状轻微，主要表现为精神症状，出现疲劳、抑郁、睡眠障碍、多梦等。严重者可出现与人群脱离感、意欲减退、感情麻木、幻觉、妄想等精神病状态。当受到轻微的心理压力、饮酒等以后很容易再发，即出现“回闪”效应，是指一次服药后几天、几周或几个月，用药者还能反复出现幻觉的现象。这可能会导致异乎寻常的举动、自杀或他杀。心理压力、精神紧张及使用抗组胺药物等都会诱发此效应。

苯丙胺类滥用者中多药滥用现象很常见，为避免用药后的不适，一些人常合并使用巴比妥类镇静安眠药、咖啡因、酒精、麦角酰二乙胺、海洛因等，可造成更加严重、复杂的中毒反应。

【尸体检验所见】

急性中毒死亡者无特殊病变。尸僵出现早且较强，脑水肿，肺淤血、水肿，其他器官也呈淤血、水肿改变。

长期滥用死亡者尸检可见：体重减轻，营养不良；脑水肿、出血，镜下见神经细胞变性、坏死和胶质细胞反应，有的可见蛛网膜下腔出血、垂体坏死或脑疝形成；心外膜下及心肌间质血管周围出血，心肌细胞水肿，收缩带坏死或广泛坏死，坏死组织周围可见中性粒细胞和巨噬细胞浸润，有的可见心肌纤维化；肺淤血、水肿、出血、血栓形成，肺泡上皮坏死、脱落；肝细胞脂肪变性及点、灶状坏死，肝窦扩张、淤胆，汇管区淋巴细胞和浆细胞浸润，有的可见肝炎、肝硬化；肾小管上皮细胞坏死，有的肾小管腔内可见肌红蛋白管型；在肝、肺、心肌等多个器官还可见非特异性肉芽肿形成。静脉注射滥用者在肺和肝中尚可见双折射结晶；HIV 感染者较多，有的发展为艾滋病，可伴有卡氏肺囊虫性肺炎和 Kaposi 肉瘤。注射局部组织可见出血、水肿、感染、结痂，久用者纤维结缔组织增生，异物肉芽肿形成，真皮纤维化，静脉血栓形成或硬化。

【检材采取】

尿是最佳检材。血液必不可少，还可采取肝、肾、脑等组织。肝中可检出代谢产物苯丙酮。注射用药者还应采取注射局部的皮肤及皮下组织及非注射处的对照组织作为检材。

【法医学鉴定要点】

有苯丙胺类药物接触史，中毒症状反映出中枢兴奋和交感神经兴奋的症状，长期滥用者体形消瘦，有幻觉、妄想等精神症状，尸检见心肌损害，肝、肺等肉芽肿形成，指甲脆化，脑出血等，结合毒物分析不难作出鉴定。有些中毒症状不明显或死亡迅速者的鉴定还有赖于案情调查，查明毒品来源、吸毒史等，结合毒物检测结果进行综合分析。对毒物检测结果分析时，须考虑尿液的 pH 值、药物进入体内的时间及进入途径。

服用“摇头丸”中毒死亡者多为青年人，年龄一般在 30 岁以下，可死于歌舞厅、大街上或家里，常有多人服药史，通过调查可获悉。中毒症状有明显口渴、高热、兴奋、不安、抽搐、高血压及肝、肾衰竭等，解剖可见脑、心肌、肝细胞坏死等，结合毒物分析可确定中毒死亡。有的案例毒物检测只检出微量药物，甚至检不出，死亡可能由药物作用引起并发症所致，须结合案情综合判断。

活体鉴定中以检查运动员是否服用兴奋剂为常见，有应用过量中毒者。

第五节 大麻中毒

大麻(cannabis sativa)在我国俗称“火麻”,是一种大麻科、大麻属一年生草本植物(见文末彩图5-7),茎高1～3m或更高,雌雄异株,生长迅速,4～5个月成熟。原产于亚洲中部,后传入世界各地,在五大洲均有分布。大麻的栽培种植至少已有3000年历史,有印度大麻和美洲大麻之分。我国新疆种植的属印度大麻品种。

图5-7 大麻叶

在大麻的花、叶、茎、种子中存在有不同比例的有效成分,其中以叶和花顶分泌的油脂中含量最高。因此,不同地区对大麻植株不同部位的提取物往往冠有不同的名称,如从雌株顶端的花和叶片中提取的树脂称为哈吸什(hashish),叶、茎部位的提取物称玛利华纳(marijuana),其他名称还有班(Bhang)、华纳(juana)等。这些提取物经加工干燥后呈棕色、具有特殊大麻气味的黏性粉末,可制成块状的大麻饼。其他制剂还有大麻浸膏、大麻烟、大麻油及大麻晶等,也有制成饮料或糖果服用的。此外,新疆还有专供吞服用的小丸称为“麻炯”(majun)。美国还有一种称为“钝毒”(blunts)的大麻制品,它是以大麻取代烟草的雪茄,其中混有苯环己哌啶(苯环利定,phencyclidine,PCP)或可卡因。

大麻烟滥用起始于印度,至少有5000余年历史。大麻的用药方式主要有:将玛利华纳及选料精致的bhang用各种类型的烟斗或用纸做成的卷烟点火吸食;树脂状的哈吸什和ganja等可采用“嘬”的方式,即将其置于锡纸上,在下面加热,树脂化为轻烟,再用吸管吸入气道。哈吸什的药效比玛利华纳强4～8倍。另外,大麻制品皆可口服。

大麻中含有近60种有效成分,具有精神活性、作用最强的主要是四氢大麻酚(9-delta-tetrahydrocannabinol,9-△-THC或THC,$C_{21}H_{30}O_2$)。一般室外种植的大麻中THC含量较低,约3%～7%,甚至更低。近年来发展起来的室栽大麻技术,使THC含量一般达7%～10%,有的高达20%～30%。

【中毒原因】

大麻被认为是人类应用最古老、最广泛的药物之一。古时大麻作为镇静、镇痛药,曾在近东、中亚和埃及等地民间广泛应用。西方国家从16世纪开始将大麻作为草药治疗风湿病和支气管病,并将其作为阿片的代用品使用。19世纪它曾是美国最流行的止痛药。1850～1950年在欧洲有一百多种来源于大麻的药品被应用。由于大麻的致幻作用和对机体、社会造成的危害,大麻的药物价值和医疗用途一直处于争议。近年来,世界上一些地区尤其是欧美宣称大麻合法化,使其再次成为科学、医学和政治上争议的焦点。目前有两种大麻衍生物在欧洲一些国家获得批准使用,它们是大麻隆(nabilone)和屈大麻酚(dronabinol),主要用于治疗癌症化疗病人和AIDS病人的恶心、呕吐及厌食症。也有采用吸烟或口服大麻治疗青光眼、哮喘、多发性硬化及解痉、刺激食欲等。

然而大麻滥用造成的危害却不容置疑。20 世纪 60 年代以来，大麻在世界范围的滥用，特别是在西方和非洲国家已泛滥成灾，吸食者多为青少年。这不仅严重损害着他们的身心健康，也产生了许多严峻的社会问题。近年来，大麻在亚洲一些国家如菲律宾、越南、韩国等亦广泛流行。我国新疆是大麻主要滥用地区之一。

大麻属于低毒性物质，很少有急性中毒死亡的报道。多是由于慢性大麻中毒引起的意外事故。长期吸食大麻，常产生许多精神症状，如恐惧、心理混乱、人格解体等导致反常行为，伤人或自伤，甚至自杀；大麻的幻觉作用可使人发生定向力障碍。若司机使用大麻，可引起交通事故。大麻常与其他成瘾物质如酒精、巴比妥类安眠药、海洛因、可卡因、苯丙胺等联合使用，可造成中毒死亡。

【毒理作用】

大麻可通过口服、鼻吸、呼吸道吸入或静脉注射四氢大麻酚等途径吸收，多见以吸烟方式经肺吸收。一般吸入大麻后 20～30 分钟可出现症状，也有快至几分钟出现症状者。口服大麻也能完全吸收，但在服后 30～120 分钟才出现症状，血浆峰值时间在 2～3 小时。THC 脂溶性强，极易分布于脂肪丰富的组织，并可在脂肪组织中大量蓄积，缓慢释放入血液循环，在血液中可存在几天或几周。有从使用大麻后 28 天后的血液中还能测出 THC 的报道。THC 的半衰期为 3 天，慢性用药者平均为 4.1 天（2.9～5 天）。长期吸食大麻者，THC 还可在头发中蓄积。

进入体内的 THC 在肝细胞微粒体酶的作用下，发生羟基化和羧化作用，先生成活性代谢产物 11-羟基四氢大麻酚（11-hydro-9-delta-THC），然后羧化成非活性产物四氢大麻酸（11-nordelta-9-tetrahydrocannabinol acid，THC-COOH），很快与葡萄糖醛酸结合生成酯。它们可随尿液和粪便缓慢排泄，从尿排泄一般可维持一周左右，尿内 THC 原形只有痕迹量。

大麻主要影响精神活动，其作用机制和特异性作用位点还没有被证实。但大麻的作用受很多因素影响，包括个体差异、心理状态、是否使用过大麻、用药途径、大麻中 THC 含量及外部条件等。较大剂量可使人产生显著情绪与行为反常，出现离奇幻觉、类偏执狂等精神病反应；并可造成思维迟钝、混乱及时间、空间定向力障碍，人格改变，自发行为减少，不能意识到危险动作的后果等。

THC 可作用于心血管系统，引起心率加快，平均每分钟增加 20～50 次，有的甚至达 140 次 / 分；扩张血管，引起眼结膜充血，眼内压降低；大量使用可影响中枢胆碱能神经和多巴胺能神经的活性，引起心悸、高血压、直立性低血压，上述作用可被普萘洛尔（propranolol）抵消。THC 还可延长巴比妥类的睡眠时间，产生解痉作用，抑制多突触反射，延长苯丙胺的兴奋作用等。

长期使用大麻可以产生耐受性和依赖性，尤其是心理依赖性，其形成机制正在探讨中。

研究发现长期慢性使用大麻可影响内分泌系统，引起促性腺激素（FSH 和 LH）分泌障碍，减低睾酮水平；THC 还可直接作用于睾丸间质细胞的细胞色素 P450，抑制睾酮合成，可使男性乳房发育、阳痿等；女性月经周期发生改变，引起闭经或无排卵周期，造成暂时性不育。大麻还可抑制机体免疫反应，主要是细胞免疫，使细胞因子 IL-2、IL-12、IL-15、IL-16 产生减少，抑制自然杀伤细胞的活性。

长期吸食大麻烟可发生慢性支气管炎、鼻窦炎、哮喘、咽炎等；引起支气管黏膜鳞状上皮化生和黏膜下腺体增生，肺泡和肺间质单核细胞浸润。血中碳氧血红蛋白浓度高于吸香烟者。

青少年滥用大麻易形成“动机缺乏症状群”（amotivational syndrome），表现为情感淡漠，缺乏向上精神，人格与道德沦丧，对事物缺乏兴趣和追求。

孕妇使用大麻可对胎儿产生影响。研究发现 THC 可使胚胎细胞和淋巴细胞染色体发生改变，并干扰 DNA 合成，影响胎儿正常生长发育。

大麻与抗毒蕈碱类药物、三环类抗抑郁药、乙醇、双硫醒、氟西汀、茶碱等联合使用可产生协同作用。

【中毒致死量】

大麻对人的致死量尚不能确定。有文献记载，大麻的致死量约为 2～10g/kg，随植物不同部位而异。四氢大麻酚口服 LD_{50} 为 700～1400mg/kg，静脉注射为 20～40mg/kg，腹腔注射为 400mg/kg。产生精神作用的最低 THC 血清浓度为 25ng/ml。有报道，一个 70kg 的人静脉注射大麻的致死量为 2g。

【中毒症状】

大麻急性中毒与乙醇作用类似，不过定向力障碍及人格变异等症状比乙醇中毒多见。初呈醉酒状，兴奋，眼结膜发红，行动不稳，心率加快，瞳孔散大，口咽干燥，恶心，呕吐，情绪激动，自觉欣快，产生梦幻般的陶醉感，感觉时间过得非常慢。有时发生狂喜、爱吵好斗，行动鲁莽。可产生浮在空中、漂在浪上、视人变形等离奇幻觉。有时发生中毒性谵妄，出现焦虑、不安、恐惧、一时性抑郁、心悸、心理紊乱，甚至产生灾难或濒死感，有的会产生敌对或自杀意念。进入抑制期后，则表现出肌肉无力，运动失调，言语不清，知觉异常，嗜睡，继而进入深睡，很少发生死亡；若发生死亡者多为呼吸抑制所致。

长期吸食大麻可表现出冷漠、呆滞、做事乏味，懒散，情感枯燥，易怒，睡眠周期改变，体重下降，慢性腹泻、腹痛等，还可引起意志消沉，丧失进取心，学习、记忆与交谈能力受到损害，严重影响青少年的身心健康。长期大量使用者，一旦停止使用大麻，几小时内即可出现戒断症状，表现为易激惹、坐立不安、神经质、失眠、食欲下降、体重减轻、震颤、体温升高、寒战等。

【尸体检验所见】

很少有大麻急性中毒死亡的报道。如因滥用大麻引起精神症状而发生意外死亡者，除见损伤外无特殊病理变化。体表可见眼结膜充血，口唇、口腔黏膜干燥，手指及牙齿可见烟釉痕迹。吸食大麻者的衣服及身上可散发出大麻气味。

【检材采取】

口服者取胃及胃内容物，一般取血、肝、小肠较好，肾、脑、粪次之。尿中可检测 THC 代谢产物四氢大麻酸。长期吸食大麻者，还可取毛发作检材。手指、牙齿上的烟釉也可作检材。唾液被认为是有用的检材。采取大麻植物标本，重点收集吸食剩余的毒品及烟斗残渣以资对照。

【法医学鉴定要点】

案情调查有吸食大麻烟或内服该类药物毒品史，临床表现有离奇幻觉、情绪与行为反常等反映大麻中毒特点的症状及红眼、身上散发有大麻气味，手指、牙齿烟釉痕和谵妄、思维混乱等精神症状，均为大麻中毒的可疑线索，经毒物分析检出 THC 或其代谢产物可以判定。

【案例】

新疆是我国大麻滥用较突出的地区。钟木兴报道 5 起因摄入过量大麻引起精神失常而杀人或自杀的案例。5 名吸食大麻者均为男性，吸食时间最长者为 33 年。5 人均因在一日之内吸食数次大麻引起中毒，表现为离奇幻觉、判断力丧失、精神和行为异常，不能意识到自己行为的后果。其中 4 人一次连续刺伤、杀死数人，包括自己的妻子、儿女，手段残酷，却不自知；一人刎颈自杀。

第六节　氯胺酮中毒

氯胺酮（ketamine），系非麻醉性镇痛药类，属于苯环己哌啶（苯环利定，phencyclidine，PCP）的衍生物，临床上用作手术麻醉剂或麻醉诱导剂，具有一定精神依赖性。氯胺酮为白色粉末，故俗称"K 粉"，其化学全名为 2- 邻 - 氯苯基 -2- 甲氨基环己酮，属 N- 甲基 -D- 天（门）冬氨酸［N-methyl-D-aspartic acid，NMDA］受体拮抗剂。

氯胺酮存在两个异构体：左旋（d-）及右旋（l-）氯胺酮，商业产品为两者的混合物。左旋氯胺酮具有麻醉作用，而右旋氯胺酮具有兴奋作用和导致心律失常的毒副作用。在使用同样剂量的情况下，右旋氯胺酮的作用强度是左旋氯胺酮的 3～4 倍。

我国对氯胺酮制剂一直采取严格的管制措施。2001 年 5 月，原国家药品监督管理局将氯胺酮列入二类精神药物管理，2003 年国家禁毒委已将氯胺酮和海洛因、冰毒、吗啡等一起列为毒品，2004 年 7 月，原国家食品药品监督管理局将氯胺酮（包括其可能存在的盐及制剂）列为第一类精神药品管理。

【中毒原因】

氯胺酮产生滥用的基础为“分离性幻觉”作用，其梦幻作用是导致滥用的基本因素：氯胺酮可抑制丘脑 - 新皮质系统，选择性地阻断痛觉，故具有镇痛的药理学作用；另一方面，氯胺酮对边缘系统呈兴奋作用，由此造成氯胺酮的一些作用特点，如痛觉消失、意识模糊而不是完全丧失、浅睡眠状态、对周围环境的刺激反应迟钝、感觉与环境分离，呈一种意识和感觉分离状态，称为“分离性麻醉”(dissociative anesthesia)。此外，氯胺酮还具有一定的兴奋、致幻、依赖性及耐受性。

氯胺酮曾以“舞会药”“娱乐性使用”在欧美等国家流行蔓延，自 20 世纪 90 年代末，氯胺酮流入日本、泰国等亚洲国家。近几年我国许多大城市也出现氯胺酮滥用现象，氯胺酮使用以青少年人群为主，滥用方式主要以鼻吸或卷入香烟中吸食，通常是与海洛因、大麻等毒品合并使用，或与摇头丸同时溶于酒水、可乐等饮料中服用，可起到两种或多种毒品相互作用产生的协同效应。氯胺酮有“迷奸药”之称，是一些不法之徒用于迷奸女性的工具。因而其也是导致暴力犯罪，引发淫乱行为，增加 HIV 感染机会的重要因素之一。

氯胺酮滥用的原因：①药性：氯胺酮效果强而快速，一般滥用剂量低于致命剂量 30 至 60 倍。在滥用初期没有特别的戒断症状，难以察觉对身体的危害，仅表现为较烦躁、情绪起伏较大。②滥用方式多为鼻吸或掺入饮料中使用，看似比注射方式损害较低和方便，故受到滥用者欢迎。③由于暴利的驱使，非法生产者较多，滥用者在许多场所都容易购买到氯胺酮，包括青少年常到的迪厅、卡拉 OK 场所、酒吧等。④氯胺酮价格便宜，其包装小巧，方便携带和收藏。⑤其他原因，包括赶潮流、受朋友影响及没有消闲节目等。

【毒理作用】

氯胺酮可经鼻吸、口服、静脉注射、肌注、气雾法摄取等多种途径吸收。其作用机制复杂，涉及 NMDA 受体、阿片类受体、单胺类受体、毒蕈碱受体和电压依赖性钙通道受体等，同时具有中枢兴奋、中枢抑制、镇痛、抗焦虑、麻醉、致幻等作用。

1. 麻醉作用　氯胺酮为非竞争性 NMDA 受体拮抗剂，是临床常用的一种麻醉药，以其镇痛效果好、咽喉反射不消失、诱导快、主要在肝内代谢等优点而著称。本药静脉注射后首先进入脑组织，表现其麻醉特性，它可选择性抑制脑区内的兴奋性神经递质（乙酰胆碱、L- 谷氨酸）及 N- 甲基 -D- 天门冬酸受体，选择性抑制丘脑的内侧核，阻滞脊髓至网状结构对痛觉传入的信号并与阿片受体结合，由此产生特殊现象：一部分脑神经（痛觉中枢）被抑制，另一部分脑区（边缘系统）兴奋，即产生分离性麻醉作用。

氯胺酮可产生类精神分裂症样症状，这种作用在成人较突出和常见，而儿童对此反应相对较轻、主诉较少，因此目前临床上主要用于小手术、小儿检查或诊断操作时麻醉诱导及辅助麻醉。

2. 中枢兴奋作用和致幻作用　氯胺酮的药理学作用强度呈剂量依赖性。滥用者滥用剂量低于临床麻醉剂量，为 100～200mg，从而产生情绪上的快感、精神病样症状等。氯胺酮静脉注射后 30 秒即可产生快感，鼻吸后 5～10 分钟、口服后 10～30 分钟也可产生。

氯胺酮中枢兴奋作用的基本原理是，在 NMDA 受体活化状态下结合于受体门控通道的苯环己哌啶位点，阻断 NMDA 受体通道，从而导致谷氨酸能系统的作用减弱。氯胺酮的正性强化作用（positive reinforcing effect）可能是通过促进 DA 释放和阻断 DA 突触前神经元的再摄取而实现的。单胺能受体（包括去甲肾上腺素能、多巴胺能、5- 羟色胺能）上有氯胺酮的结合位点，氯胺酮与其结合抑制单胺类神经递质的再摄取。

氯胺酮的致幻作用部分是由于阻断 NMDA 受体通道，破坏了丘脑皮质的内外信息通路。一般认为感觉和认知信息通路的不足会导致信息过度充溢，继而引起认知能力的破坏和精神异常。

氯胺酮具有一定的耐受性。长期反复给予氯胺酮能使活体肝药物酶的代谢率提高 2 倍。同时，能使血浆衰变率加快，这可能是氯胺酮耐受的重要机制。

3. 其他作用　氯胺酮还具有抗炎、脑保护、解除支气管痉挛、超前镇痛等生物活性，涉及的作用机制包括NMDA受体、阿片类受体、单胺类受体、毒蕈碱受体和电压依赖性钙通道受体等。

【中毒致死量】

滥用氯胺酮70mg以上会导致中毒，200mg会产生幻觉，500mg将出现濒死状态，900mg足以致死。氯胺酮对人的致死量尚不能明确。

【中毒症状】

氯胺酮作用较快，用药后一般5～10分钟内即可达到滥用者追求的轻微梦幻感。摄入10mg的量便足以产生自我感觉良好的、幻觉的、漂浮的、知觉轮换和扩张的感觉。

服用氯胺酮后都会出现“去人格化”（depersonalization）、“去真实感”（derealization）、人体形象（body imagery）改变、梦境、幻觉以及恶心、呕吐。这些梦境和幻觉有些是愉悦的，有些则是痛苦的，这些梦境和滥用者近期的梦境及经历的事件有关，这种梦幻作用因滥用者个体精神状况和滥用场景而异。

氯胺酮的作用可概括为“正性”和“负性”反应两类。氯胺酮的“正性反应”包括浮漂感和分离感、刺激感、幻境、增加认知感或精神联系、欣快感。“负性反应”包括运动失调、讲话含糊不清、头昏、精神错乱、过度兴奋、不愉快感觉、视物模糊不清、负性幻觉、社交能力下降、焦虑、恶心、失眠、性欲下降。

氯胺酮滥用发生急性中毒死亡的很少见。氯胺酮的毒性反应呈剂量相关的特点，使用剂量越大，反应越明显，普遍的毒性反应包括眼球震颤、瞳孔散大、胸闷、胸痛、呼吸抑制、焦虑、血压上升、心跳过速、呕吐、流涎、谵妄、尖叫、兴奋、烦躁不安、定向障碍、认知障碍、易激惹行为、鲜明的梦幻觉、错觉、精神分离状态或分裂症、中等肌张力增加和颤抖等。有些甚至发生氯胺酮过敏反应，表现为急性荨麻疹、眼结膜水肿、喉水肿、休克，常伴有呼吸道分泌物增多、咳嗽、呼吸急促、心动过速等。氯胺酮急性中毒死亡原因多为急性呼吸、心搏骤停。长期使用氯胺酮者有明显的精神依赖性，并可出现一定的耐受性。

【尸体检验所见】

口服氯胺酮死亡者口角可能会见到呕吐痕迹，双手甲床可有轻度发绀。解剖尸体可见双肺膨满，叶间裂有散在的浆膜下出血点。心尖有散在出血点，胃肠胀气。肝被膜下有散在出血点。脑实质水肿，蛛网膜下腔淤血。慢性中毒者镜检见：局灶性肺泡壁毛细血管扩张充血，间质血管淤血。心外膜增厚，心外膜下纤维素性渗出，心肌纤维嗜酸性变，部分心肌纤维断裂。心肌间质部分小血管内皮脱落，部分小血管壁玻璃样变性，心肌纤维以小血管为中心散在纤维化，局灶性纤维素性坏死，坏死灶内有炎症细胞浸润。脑神经细胞和血管周围出现较大间隙，胶质细胞增生并有淀粉小体形成，神经纤维肿胀并见脱髓鞘改变。

【检材采取】

尿液是氯胺酮及其代谢物分析检测的首选检材。血液中药物成分相对稳定。口服者取胃组织及胃内容物。长期滥用氯胺酮者还可采取毛发作为检材。另外还可提取脑、肝、胆汁、肾等组织进行氯胺酮含量检测。注射用药者还应采取注射局部的皮肤、皮下组织及非注射处的组织作为对照检材。

【法医学鉴定要点】

①详细调查案情，确证氯胺酮滥用史极为重要。②及时提取相关检材进行氯胺酮定性定量分析。③氯胺酮可导致小动脉内膜损伤，小血管壁变性，小血管供血区域心肌纤维缺血，纤维化。慢性氯胺酮中毒引起一定特征的心血管病变：①心脏重量在正常范围，冠状动脉的病理变化尚不足以作为冠心病猝死的确诊依据；②心肌纤维化以心肌间小血管为中心；③脑、肾等其他器官的小血管存在一定程度管壁变性，小血管供血区域组织出现缺血、变性等改变。

【案例】

某女，66岁，职员。在自己家中感到头晕送到医院终因抢救无效死亡，医院根据既往病史及临床症状诊断为心源性猝死。死者死亡前数月曾多次出现头晕、胸闷和呼吸困难等症状，这些症状可自行缓解，但后期出现失眠、健忘症状，先后到医院诊治，做多项化验和心电图检查，均未查出异常结果。案情调查发现其丈夫为外科医生，将从手术室窃取的氯胺酮先后多次投入死者食用的饮料中，最后造成其慢性中毒死亡。

尸体解剖检见：死者双侧口角咖啡样流注痕，双肺膨满，触之有“握雪感”，挤压切面有水气泡溢出，肺叶间裂有散在的浆膜下出血点，心尖有散在出血点，肝被膜下有散在出血点，脑实质水肿，蛛网膜下腔淤血。光镜下见：心外膜增厚，心外膜下纤维素性渗出，心肌纤维嗜酸性变、断裂。心肌间质部分小血管内皮脱落，部分小血管壁玻璃样变性，心肌纤维以小血管为中心散在纤维化，局灶性纤维素性坏死，坏死灶内有炎症细胞浸润。肾间质灶状纤维化。胰间质纤维化。脑神经细胞和血管周围出现较大间隙，胶质细胞增生并有淀粉小体形成，神经纤维肿胀并见脱髓鞘改变。对心血及胃内容物进行毒物检验：经气相色谱质谱联用法（GC-MS）检出氯胺酮成分，血中浓度为3.8μg/ml，胃内容物检出浓度为17.0μg/ml。

第七节　其他毒品中毒

一、苯环己哌啶

苯环己哌啶（phencyclidine，PCP）又称苯环利定，合成于20世纪50年代，最初是作为一种分离麻醉剂（dissociative anesthetic）应用于临床。在使用过程中因其精神方面的副作用日益严重而被停用。20世纪60年代到70年代末，PCP作为毒品在欧美国家广泛滥用。至今仍是滥用较广泛的物质之一，常被用作其他毒品的代用品或与其他毒品混合使用，其滥用者很少单独使用一种毒品。滥用的方式有口服、抽吸、闻吸、肌内或静脉注射。根据用药方式不同，PCP作用可在几分钟到一个小时内出现，并可在体内存留较长时间，其半衰期为11～51小时。

PCP的毒理作用复杂。根据用药剂量不同，PCP对动物和人体可产生中枢神经系统兴奋、抑制、致幻和镇静作用，所引发的精神行为效应可分为苯丙胺样、巴比妥样和其他独特行为等，在滥用药物中归为具有致幻作用的精神活性药物。PCP在体内的作用位点包括有N-甲基-D-天门冬氨酸受体复合物上的PCP位点、σ受体、M受体和N受体；PCP还影响脑内多巴胺、5-羟色胺、乙酰胆碱、γ-氨基丁酸等众多神经递质的合成、储存、转运和代谢，并可选择性地阻断突触前膜K^+通道。

PCP易引起人体中毒，非注射方式使用5mg即可出现口齿不清、步态不稳、眼球震颤、手脚麻木，同时伴有出汗。较大剂量可出现高热、视物模糊、困倦、淡漠、记忆丧失、肌张力增高，甚至肌肉强直或惊厥、昏迷。精神症状表现为人格解体、思维不连贯等精神分裂症样表现，还会出现敌意和冲动行为。注射滥用者认知改变更为强烈。使用PCP易形成耐受性。一次服用即可体验到欣快感，对外界刺激敏感性增高、情绪提高。典型的欣快作用可持续4～5小时。长期大量使用者突然停药，可出现记忆障碍、言语和思维困难，这些症状可持续半年到1年。

二、麦角酰二乙胺和麦司卡林

1．麦角酰二乙胺（lysergic acid diethylamide，LSD或LSD-25）　是麦角中麦角酸的半合成化合物，属吲哚族类致幻剂，于1938年由瑞士化学家艾伯特•霍夫曼（Albert Hofmann）意外合成，并于1943年发现其致幻作用，霍夫曼曾亲自服用并记录了服用LSD后的主观体验。纯品LSD为白色结晶性状物，无味，难溶于水。它是一种效力很强的致幻剂，致幻作用比大麻强，其有效剂量仅为微克水平，并有很强的滥用倾向，常将其他物质掺入赋形为各种片剂、胶囊或将水溶液滴在带有卡通或其他图案的吸墨纸上，或加在称为“窗玻璃”的薄、方形凝胶上，有时会掺入到糖块或饼干中出售。LSD是目前已知的药力最强的迷幻剂。

20世纪60～70年代，西方国家曾出现广泛滥用LSD的浪潮，后因禁止生产和使用，使LSD的滥用受到遏制。20 世纪 80 年代以来，LSD 滥用又开始呈现上升势头。但在我国尚未发现 LSD 的使用和滥用问题。

LSD 的滥用方式一般为口服，亦可经静脉或皮下注射，或洒在烟草上以吸烟方式吸入。

LSD 的致幻作用极强，很小剂量就可产生幻觉，单独因 LSD 中毒致死者甚少，由于中毒引起的幻觉、妄想，可能会导致自杀、他杀或其他意外事故的发生。

LSD 产生精神作用的机制还不十分清楚。研究认为，LSD 主要是通过提高脑内 5- 羟色胺（5-HT）水平或抑制 5-HT 释放而发挥作用，如 LSD 与 5-HT 可竞争同一受体，导致低剂量 LSD 促进突触传递，高剂量 LSD 抑制突触传递，使正常的感觉传入过程受到干扰，引起错误的感觉反应，最终形成感知歪曲现象。LSD 还可影响其他神经递质的作用，如刺激中脑交感神经中枢，影响去甲肾上腺素水平，引起体温升高，血糖升高；减弱多巴胺受体的作用等。同时 LSD 还影响去甲肾上腺素、多巴胺、5-HT 在大脑底部网状激活系统的平衡。通过刺激网状结构，增加传导到大脑皮质的感觉信息，加之 5-HT 的作用，可降低大脑对传入信息的反应能力，从而引起错觉与幻觉。对于致幻剂辨别作用所进行的拮抗研究发现，致幻剂的辨别刺激可以被 5-HT2（主要 5-HT2A 亚型）受体拮抗剂所拮抗，这提示致幻剂通过激动 5-HT2 受体产生致幻作用。

一般服用 LSD 0.1～0.5mg 可引起幻觉。成人致死量约为 14mg 或更高。口服 LSD 后 30～60 分钟可出现症状，2～3 小时达高峰，能持续 8～12 小时或更长。吸入或静脉注射症状出现得更快。LSD 的作用与用药量、使用者的性格特点、周围环境及是否合用其他药物等有关。

低剂量（20～50μg）可表现不安，警觉性提高，交谈能力增强，思维敏捷，注意力集中，精神放松等，这种愉快的感觉可持续几个小时。中等剂量（75～150μg）则出现眩晕、肌肉抽搐、定向力减退，运动失调，烦躁，情绪易激动，心跳加快，血压升高，产生欣快感或恐怖感，出现色彩丰富的幻视、错视（看到身体形象改变），幻听，感觉增强或联感（如听到某种声音而产生看见某种颜色的感觉），感官倒错（如听到颜色，感到声音）等，同时出现时间和空间距离感觉紊乱、肢体分离等异常感觉，用药者常能意识到这种感觉失真。较大剂量（200～500μg）还可产生自我意识减退或消失，甚至产生中毒性精神病，出现迫害妄想，导致精神分裂，此时可能会发生自伤或攻击行为。

在 LSD 滥用后可出现"回闪"（flashbacks）效应。长期反复使用 LSD 可产生耐受性和精神依赖性，但不产生躯体依赖性和戒断症状。LSD 与某些种类的致幻剂间存在交叉耐受，如麦司卡林、塞洛西宾等，与大麻不产生交叉耐受。另外，用药者还常将 LSD 与其他毒品（如 MDMA）联合使用。

2. 麦司卡林（麦斯卡林，mescaline）　通用名称为三甲氧苯乙胺，别名北美仙人球毒碱，是苯乙胺的衍生物。由生长在墨西哥北部与美国西南部的干旱地一种仙人掌的种籽、花球中提取。1919 年，麦司卡林首次被人工合成。麦司卡林是一种强致幻剂，没有医药用途。能使人产生幻觉，服用 2～3 小时后出现幻觉，幻觉可持续 7、8 小时甚至 12 小时以上。同其他致幻剂如 LSD 相比，服用麦司卡林后仍能保持较多的自我意识。有时它会产生诸如头晕目眩、恶心腹泻的副作用。吸食麦司卡林的危害主要是造成使用者精神混乱，导致其产生暴力性行为。服用者若发展为迁移性精神病，还会出现暴力性攻击及自杀、自残等行为。

三、γ- 羟基丁丙酯

γ- 羟基丁丙酯（Gamma-hydroxybutyrate，GHB）是一种无色、无味、无臭的中枢神经抑制剂，常见形态为液体或粉末状，在滥用者中俗称"液体迷魂药"（liquid ecstasy）或"G"毒，亦称"神仙水"。在欧美国家，它同 MDMA、氯胺酮（K 粉）一起被称为"俱乐部药物"（club drugs），其滥用人群主要是参加夜总会、狂欢舞会或通宵舞会的青少年。

GHB 在 1960 年合成，欧美国家曾用作麻醉前用药及促进肌肉生长剂，1990 年美国食品与药品管理局（Food and Drug Administration，FDA）宣布使用 GHB 产品不安全，并责令停止生产和销售。GHB 的安全范围很小，小剂量可引起镇静、欣快感，通常口服 10mg 就会产生暂时性记忆丧失，过量使用可导致意识丧失、心率缓慢、呼吸抑制、痉挛、体温下降、昏迷等。当GHB与苯丙胺类兴奋剂合用时，可出现恶心、呼吸困难，甚至死亡。

对GHB成瘾性目前了解不多，但用药者若每天规律地用药，可产生耐受性和依赖性。调查发现，吸食者在服用GHB 5～10分钟开始产生放松、欣快和性欲增加的感觉，作用可维持1.5～3小时。但要保持这些体验须不断增加剂量。一些长期使用者很难减少或间断使用GHB，如果停止使用，便产生极度兴奋、精神亢奋、心率加快、失眠、焦虑、震颤和出汗等症状。

从近年来的滥用情况发现，GHB是一种具有潜在危险的非法药物。部分长期使用者会发生呼吸困难、暴力及自残行为。美国自1992年以来医院急诊科接受因过量服用GHB中毒和服用后出现不适的病人迅速增加，从1995年至今已有32件致死案例。另外，因GHB无色无味，尤其是液体似白开水样，很容易成为犯罪工具，加之其药效快，不出2分钟就能让人昏睡，10多分钟就能让人昏迷不醒，许多不法之徒利用它来作案。GHB会产生暂时性记忆缺失效果，被害人事后往往无法回忆起加害人，给案件侦破带来一定困难。GHB在欧美国家已是严重泛滥的软性毒品，在我国香港、澳门、台湾地区的滥用对象以青少年为主，它能够刺激神经，使心血管快速扩张，引起头晕、心悸、视力模糊和贫血。鉴于它的危害性，一些国家已将其列为一级管制药品，在我国也是管制麻醉类药品。因此，应加强对GHB的认识，遏制其滥用。

另一种新型气态毒品"P5"也含有GHB成分，被装入潜水用氧气筒内进行非法贩运，使用时将其加入如口红式的小型钢瓶内，方便携带和吸食，并易逃避警方搜查。这种气态的P5毒性比粉状和液态的GHB更强。

四、咖啡因和安纳咖

1. 咖啡因（caffeine）　化学名为1，3，7-三甲基黄嘌呤，是从茶叶和咖啡豆中提取出来的一种生物碱，纯品为无臭、带有苦味的白色结晶性粉末，微溶于水。口服、直肠灌注及注射给药均可迅速吸收，滥用者常采用吸食和注射两种。咖啡因的血浆半衰期为3～7小时。适当使用咖啡因有祛除疲劳、松弛平滑肌、兴奋神经和利尿等作用，但大量或长期使用可对人体产生损害。咖啡因对大脑皮质有兴奋作用，服用小剂量（50～200mg）即可使睡意消失、疲劳减轻、精神振奋、思维敏捷、工作效率增高；较大剂量（200～500mg）可兴奋延髓呼吸中枢和血管运动中枢，使呼吸加深加快、血压升高，并可出现急躁、紧张、震颤、失眠等症状。中毒剂量（5g）时也可兴奋脊髓，引起心律失常、阵发性惊厥、抽搐、昏迷，甚至死亡。长期、大量使用咖啡因可形成耐受性和依赖性，其精神和躯体依赖性较轻微，但停止使用后也会出现头痛、恶心、打哈欠、浑身困乏、易激惹、精神不振、注意力不易集中、腹泻等戒断症状，一般可持续数小时或更久，通常都不严重。孕妇长期服用咖啡因会导致下一代智能低下、肢体畸形。因此，咖啡因也被列入国家精神药品管制范围。2003年5月，我国破获了一起新中国成立50多年来全国最大的贩卖咖啡因毒品案，有7个贩毒集团参与，涉及全国10个省市30余个地区，贩卖咖啡因近100吨。

2. 安纳咖　学名苯甲酸钠咖啡因（caffeine sodium benzoate，CNB），是由苯甲酸钠和咖啡因以近1∶1的比例配制而成，同咖啡因一起被列入各国精神药品管制。安纳咖也属于中枢神经系统兴奋剂，通过兴奋中枢神经调节大脑皮质的活动，并具有一定的解热镇痛作用。长期使用安纳咖也会形成耐受性，并会产生与咖啡因相似的依赖性和毒副作用。在我国山西运城、内蒙古包头等地已发现制造、贩卖安纳咖的案件。

五、曲马多

曲马多（tramadol hydrochloride），又称盐酸曲马多、氟比汀、曲马朵等，化学名为（±）-2-（二甲氨甲基）-1-（间-甲氧苯基）-环己醇盐酸盐，其结构与吗啡、可待因相似，是20世纪70年代末由原西德研究开发的中枢作用镇痛药。由于它的镇痛效果与哌替啶相当，约为吗啡的十分之一，能缓解各种原因引起的急慢性疼痛，尤其对心肺功能不好、实施胸部或上腹部手术后的患者镇痛效果显著，且不具有呼吸抑制，治疗量不影响心血管系统功能的特点，上市后迅速传遍欧洲市场。20纪90年代初中国的各大医院也开始应用，适用于各种急、慢性中度至次重度疼痛的治疗，临床上应用非常广泛。

近年来，由于我国禁毒工作的深入开展，海洛因等传统毒品获取的渠道日益困难，而曲马多由于价廉、容易获取等特点，曲马多作为吸毒者的替代品或新的毒品滥用呈现迅猛之势。滥用的方式主要以口服为主。因此，曲马多又有“亚毒品”和“软毒品”之称。2008年1月1日起国家将曲马多列入第二类精神药品进行管制。

曲马多具有阿片激动作用，通过其单体原药及在生物体内的代谢物M1（1-O-去甲基曲马多）而诱导出较强的阿片受体激动作用，但研究表明，对吗啡依赖的大鼠，曲马多不能替代吗啡的作用，不能抑制吗啡的戒断反应。此外，曲马多是一个对映消旋混合体，由于这一特殊的结构，曲马多能对中枢神经元再摄取去甲肾上腺素（NE）和5-羟色胺（5-HT）起轻度抑制作用，从而增加脑内单胺类神经递质水平而发挥作用。由于这种复合的作用模式，曲马多具有不同于其他典型阿片类药物的特点，如镇痛作用强、呼吸抑制小、对心血管功能影响小，且抑制免疫系统作用也比吗啡轻等。

曲马多具有较轻的躯体依赖性潜力，精神依赖性的产生及其严重程度与用药剂量有关。相关资料显示，正常人如每天服用曲马多200mg，大约半年后会产生药物依赖，而如果每天服用300～400mg（6到8颗）甚至更多，可在短期内上瘾。长期大剂量服用可致中枢神经兴奋、呼吸抑制，并可产生耐受性和成瘾性及其他不良反应。其成瘾性比传统毒品慢一些，大量服用可以产生类似海洛因成瘾症状，可使人产生药物依赖并发生人格改变，打人、毁物、撒谎、行为放荡等。

曲马多使用过量中毒会导致昏迷、体温下降、肌张力减退、幻觉、恶心、呕吐、心动过缓/过速、痉挛、呼吸抑制和呼吸暂停等以中枢抑制症状为主的症状。尽管纳洛酮可以消除其导致的呼吸抑制作用，但无法消除其他因抑制单胺类物质再摄取而产生的中毒症状。

六、三唑仑

三唑仑（triazolam），其化学名为1-甲基-8-氯-6-（2-氯苯基）-4H-〔1，2，4〕三氮唑[4，3-α]〔1，4〕苯并二氮杂䓬，又称为三唑氯安定、海乐神、酣乐欣，常见为淡蓝色片剂。是常用的有效催眠药之一，也可用于焦虑及神经紧张等。它是一种强烈的麻醉药品，口服后可以迅速使人昏迷晕倒，故俗称迷药、蒙汗药、迷魂药。三唑仑具有抗惊厥、抗癫痫、抗焦虑、镇静催眠、中枢性骨骼肌松弛和暂时性记忆缺失作用。本类药物作用于中枢神经系统的苯二氮䓬受体，加强中枢抑制性神经递质γ-氨基丁酸（GABA）与GABA A受体的结合，增强GABA系统的活性。苯二氮䓬受体分为Ⅰ型和Ⅱ型，有研究认为Ⅰ型受体兴奋可以解释苯二氮䓬类药物的抗焦虑作用，而Ⅱ型受体与该类药物的镇静和骨骼肌松弛等作用有关。随着用量的加大，临床表现可自轻度的镇静到催眠甚至昏迷。

三唑仑可引起身体依赖和心理依赖。因为其安眠镇静效果比普通安眠药强45～100倍，服用0.75mg剂量的三唑仑，能让人在10分钟快速昏迷，昏迷时间可达4～6小时。由于其易溶于水及各种饮料中，也可伴随酒精共同服用，且无任何味道，故常被不法分子所利用，国内曾报道过多起用该药实施抢劫、迷奸犯罪的案件。此外，三唑仑还可使人出现狂躁、好斗甚至人性改变等情况。

在我国，三唑仑是国家一类严格管制的精神药品，但近年来三唑仑作为毒品滥用的情况有上升的趋势，应引起重视。

七、丁丙诺啡

丁丙诺啡（buprenorphine）是一种兼具有阿片受体激动和拮抗活性的药物，它是一种高亲脂性药物，注射或舌下含化起效都比较快，低剂量时具有阿片受体的激动活性，高剂量则出现阿片受体拮抗作用。目前丁丙诺啡有针剂和片剂剂型，许多国家包括我国都使用丁丙诺啡来对海洛因成瘾者进行短期或早期戒毒治疗。但由于它极易形成依赖性，因此，各国对丁丙诺啡的使用控制也极为严格，我国把它列为第一类精神药品进行管制。

丁丙诺啡除了它的药物作用外，还有较严重的毒副作用，常见毒副作用有：易成瘾、神经系统损害、记忆力下降、失眠、嗜睡、出汗、便秘、头痛、恶心，可能引起高血压和诱发高血压，呼吸抑制等。据报道，丁丙诺啡有两种危险的滥用情况：一是将药片用作静脉注射或过大剂量的口服；二是与其他镇静类药物（如地西泮、酒精）合用，这样使用易引起呼吸抑制，导致昏迷、甚至死亡。我国江门地区曾在吸毒人群中出现一种极其危险的“丁丙诺啡滥用模式”，即把丁丙诺啡舌含片溶于地西泮注射液中进行静脉注射。静脉注射的地西泮（diazepam）可迅速进入中枢而生效，并可迅速转移至其他组织，丁丙诺啡可伴随地西泮发挥作用；同时地西泮还可加强丁丙诺啡的药理作用；丁丙诺啡和地西泮都可造成肝、肾功能的损害。此外，静脉注射方式可在短时间内形成药物依赖，也容易造成心血管系统疾病以及传染性疾病的传播。

使用“丁丙诺啡”和“地西泮”连续注射后，极易使人产生依赖性，出现非常明显和严重的戒断症状。包括：极度营养不良，消瘦、全身疲惫、无力、心悸、呼吸困难、腹痛、失眠、焦急、注意力不集中，思维迟钝、发冷、发热、哈欠等，这些戒断症状常可持续较长时间。

八、挥发性有机溶剂的滥用

挥发性有机溶剂（如脂肪族和芳香族碳氢化合物、氯化碳类、氯仿、乙醚、醇类、酮类、醋酸酯类等）滥用，是指吸进某种气体或挥发性液体以达到解除焦虑、改变心境等目的而使用和滥用。近20年来，挥发性溶剂的滥用已成为青少年中普遍存在的一个问题。据报道，美国约有10%的青少年吸入挥发性溶剂。我国在1994年对北京地区15所学校进行的一项调查中发现，有23%的学生对有机溶剂的气味表示不同程度的喜好。挥发性溶剂最常被滥用的形式是日常生活中用于厨房、厕所或浴室内的各种气溶胶或烟雾喷射剂及一些医药成品，如胶水、空气清洁剂、稀料、涂改液、防冻液、驱蚊燃烧剂、抗出汗剂、火箭推进气体等。常见被滥用的挥发性溶剂有醇类、汽油、酮类、芳香烃类、卤化烃类、亚硝酸类等。滥用方式多为鼻嗅或口吸。有的人为了加强效果，将塑料袋套在头上或上半身进行吸入，由于吸入后导致意识迟钝，不能放开袋子，可致缺氧窒息而死。

大多数挥发性溶剂起效很快但持续时间较短，使用后可先产生短暂的兴奋，随后发生中枢神经系统抑制。急性中毒早期可表现出头脑清醒且有欣快感、话多、头昏、言语不清、共济失调、易激惹、视听幻觉等。随着中枢神经系统作用的加深，可产生各种错觉、幻觉、妄想，滥用者还会体验到梦幻般的欣快感，并出现更剧烈的头痛、持续咳嗽、呕吐、腹泻、胸痛等。中毒严重者会产生中枢抑制，出现大小便失禁，最终可因呼吸抑制、心律失常而死。

经常使用挥发性溶剂可发生部分耐受性及心理依赖，出现强制性、反复使用及戒断后复吸的特点。心理依赖性一般在经常使用后3～6个月可形成。躯体依赖性的形成还存在一定争议。但有报告称在撤药后（一般6～24小时）可出现细微的静止性震颤、焦虑、易激惹或失眠等症状。长期吸食可造成慢性中毒，表现出头痛、头昏、记忆力减退、全身乏力、失眠多梦，有的还会出现谵妄、抽搐、感觉异常等。各种不同溶剂或其中所含的有毒成分（如汽油中的铅）还可造成器官的严重损害。如四氯化碳可引起肝、肾损害，汽油受所含铅、苯的影响可造成周围神经炎、贫血、中枢或周围神经瘫痪。此外，大量滥用各种溶剂还会造成小脑、脊髓、心肌、气管和肺受损，发生再生障碍性贫血、白血病等。有些溶剂吸入后还会通过胎盘影响胎儿发育。因此应充分认识有机溶剂对身体和神经系统的损害，避免长期接触，通过宣传和监督来减少其滥用和复吸，减轻危害。

（李利华　洪仕君）

思考题

1. 什么是毒品？如何进行毒品中毒的法医学鉴定？
2. 简述阿片类药物中毒毒理作用机制。

3. 简述阿片类药物中毒尸体检验所见和法医学鉴定要点。

4. 简述苯丙胺类药物中毒主要的毒理作用和中毒症状表现。苯丙胺类药物中毒的法医学鉴定应注意哪些问题？

5. 简述氯胺酮滥用对人体的毒性作用和中毒症状表现。

第六章　呼吸功能障碍性毒物中毒

学习目标

通过本章的学习，你应该能够：

掌握　呼吸功能障碍性毒物中毒的毒性分类；氰化物、一氧化碳中毒的毒理作用、尸体检验所见、检材采取及法医学鉴定要点。

熟悉　氰化物、一氧化碳中毒的中毒原因、中毒致死量、中毒症状；亚硝酸盐中毒的中毒原因、毒理作用、中毒致死量、中毒症状、尸体检验所见、检材采取及法医学鉴定要点。

了解　硫化氢、苯中毒原因、毒理作用、中毒致死量、中毒症状、尸体检验所见、检材采取及法医学鉴定要点。

章前案例

某男，30岁。某年秋末，与其妻(29岁)、女儿(30天)同居一室入睡。约6小时后其妻“醒”来听到婴儿啼哭，并发现丈夫已死亡。尸体解剖见尸斑暗红，胸部已形成腐败静脉网，鼻孔流出鲜红色液体。提取心血进行毒物分析，HbCO浓度为40%，未检出其他毒物。对其妻检查：神志恍惚，定向力和记忆力差；前臂、手背、下肢、足外侧有多处边界清楚的水疱。现场约11m^2的卧室，门窗紧闭，床前有一蜂窝煤炉，炉内煤火已燃尽。其死亡原因是否为CO中毒？

呼吸功能障碍性毒物是指进入机体直接妨碍氧的供给、摄取、运输和利用，造成机体缺氧，导致呼吸功能障碍，甚至死亡的毒物。根据它们的毒性作用机制可分为三类。

1. 影响氧的供给　大气为混合性气体，在气压101kPa(760mmHg)时，空气中氧含量为20.96%，含氮量78%，氩0.94%，二氧化碳0.04%，还含有微量的氦、氙、氪、氡、氢和少量的氨、臭氧和水蒸气。当空气中的氧含量低于16%时，机体出现呼吸频率增加，心动过速；当低于10%时，出现恶心、呕吐、嗜睡和昏迷；低于6%时，发生抽搐、呼吸停止，随后心跳停止而死亡。氧的供给减少常因空气中含有超量的某些气体，如氮、甲烷、乙烷、二氧化氮或水蒸气等，使空气中的氧含量降低，导致机体缺氧窒息。此外，如空气中混有其他窒息性气体和刺激性气体，如氯气、光气、氮氧化物、二硫化碳等，也可引起机体缺氧，致窒息死亡。

2. 影响血液摄取或运输氧的功能　从肺吸收的氧运输到组织细胞，约97%的氧与血红蛋白化学性结合，约3%的氧溶解于血液中运输。凡可妨碍血红蛋白对氧的化学性结合，或阻碍血红蛋白向组织细胞释放所携带的氧而导致组织细胞供氧障碍的毒物，称为化学窒息性毒物。常见的有一氧化碳、一氧化氮、苯的氨基或硝基化合物和亚硝酸盐等。

3. 影响氧的利用　在细胞水平，氧的利用需依赖呼吸酶的作用。毒物作用于呼吸酶，使生物氧化过程发生障碍，此时血液中氧虽不缺乏，但细胞不能利用氧，造成细胞内“窒息”而产生一系列缺氧表现，也称组织细胞性缺氧。如氰化物和硫化氢属于此类毒物。

呼吸功能障碍性毒物可经呼吸道、消化道、皮肤等途径侵入机体。气态毒物或沸点低、易挥发的毒物主要经呼吸道侵入。肺在平静呼吸时肺泡表面积约 $30m^2$，深呼吸时约 $300m^2$；肺泡的气 - 血屏障结构菲薄，正常厚 0.4μm，吸入的毒物很快通过气 - 血屏障进入血液循环。吸入的毒物根据其毒理作用不同，部分可作用于呼吸道局部引起呼吸道或肺实质病变，而造成中毒性呼吸系统损伤；大部分吸入的毒物在肺组织中仅起一过性作用，呼吸道病变并不明显，而表现全身中毒反应。液态和固态毒物主要侵入途径是胃肠道，少数可通过皮肤吸收（如苯的氨基或硝基化合物）。

各类呼吸功能障碍性毒物，其主要致命环节都是引起全身组织器官缺氧性损害，其中脑组织受损最早。脑耗氧量占机体总耗氧量的 20%～25%，因此脑对缺氧最为敏感。神经组织的能量来源主要由腺苷三磷酸分解所提供，而脑组织中腺苷三磷酸的储量有限。在缺氧条件下能量供应不足，使神经细胞功能和结构受损，导致细胞毒性脑水肿。此外，由于组织中二氧化碳积累，pH 降低，都会抑制神经细胞活动，并影响血脑屏障功能和结构，使血管通透性增加，导致血管源性脑水肿，最后引起颅内压增高、脑血液循环障碍等急性中毒性脑病。轻度缺氧时临床表现注意力不集中、情绪不稳定、定向能力障碍；严重缺氧，可出现头痛、头晕、嗜睡、抽搐、昏迷等症状，并可引出病理反射，瞳孔变化（缩小、散大、双侧不等大），呼吸和心跳不规则等体征；急性重度缺氧可迅速死亡。全身其他器官（心、肝、肾等）也相继出现充血、出血、水变性、实质细胞变性等改变。

在法医学实践中，呼吸功能障碍性毒物中毒常见于自杀、他杀和突发性灾害事故。突发性灾害事故案件，常伴有群体性中毒的情况，确定诊断比较容易。自杀、他杀案件，需要结合案情、尸体解剖及毒物检测进行综合分析判断。

第一节　氰化物中毒

凡化学结构中含有氰基团（-CN）的化合物均属于氰化合物（cyano-containing compounds）。它具有广泛的工业用途，且多具较强毒性。一般将其无机化合物统称为氰化物（cyanides），而将其有机化合物统称为腈类（nitriles）。

1. 无机氰化物，在法医工作中常见如下。

（1）简单的氰化物：如氰化氢（HCN）、氰化钠（NaCN）、氰化钾（KCN）、氰化钙[$Ca(CN)_2$]、氰气（NC＝CN）及卤代氰化物（氯化氰、溴化氰）等。此类化合物在体内很容易解离出氰基，多为高毒物质。卤代氰化物因能解离出卤离子，故经呼吸道吸入时还会产生强烈的呼吸道刺激作用。

氢氰酸（hydrocyanic acid）是氰化氢水溶液，具有苦杏仁特殊气味的无色透明液体。溶于水、乙醇、乙醚。在室温中易挥发为氰化氢气体，有剧毒。主要用作工业原料，在电镀业和采矿业中应用，也作熏蒸消毒剂和杀灭害虫或鼠类等。

氰化钠（sodium cyanide）和氰化钾（potassium cyanide）均为白色易潮解的晶体，俗称山奈。能迅速溶于水，微溶于乙醇。遇酸立即分解，释放出氰化氢气体。与二氧化碳作用后形成碳酸盐，其毒性明显减低。主要用于从矿石提取金和银、电镀、液式渗碳、淬火、制作农药等。

（2）复杂的氰化物：如铁氰化钾[$K_3Fe(CN)_6$]、亚铁氰化钾[$K_4Fe(CN)_6$]、亚硝基铁氰化钠[$Na_2Fe(NO)(CN)_5$]、硫氰酸钠（NaSCN）等。此类化合物因在体内不易解离出氰基，故毒性均较低，在加热后或与酸作用时产生氰化氢而毒性增高。

2. 有机氰化物　如丙烯腈（CH_2CHCN）、乙腈（CH_3CH）、丙腈（C_2H_5CN）等，燃烧腈纶和某些塑料时即可产生腈类毒气。

3. 植物性含氰苷　许多植物中含有氰苷，含量较高的有杏、李、桃、苹果、枇杷、樱桃等的果仁和木薯、酸竹笋、高粱嫩叶等。其毒性大小取决于氰苷含量及植物中催化氰苷水解酶的活力。氰苷在胃内酸性条件下，在其本身的水解酶（如苦杏仁酶）作用下释放出氢氰酸而引起中毒。也有学者认为氰苷在十二指肠的碱性环境中发生水解作用引起中毒。

【中毒原因】

1. 法医实践中自杀或他杀是氰化物中毒死亡的常见原因。我国部分地区用氰化物私自提取金银矿石，或用氰化物制成“捕兽丸”毒杀兽类而致氰化物在民间流散和滥用，时有服毒或投毒案发生。还有少数利用氰化物通过胃肠外途径（皮下或肌内注射、静脉注射、塞入阴道等）进行投毒。

2. 工业中毒事故 氰化物在工业上应用甚广，在金属提取、金属加热处理、电镀及化工生产合成纤维、塑料、橡胶过程中，操作不慎、防护不当可引起中毒，尤其在个体经营的小厂矿中多见。也有因工业废水外溢、装运氰化钠的储液罐车导致氰化物污染环境，造成严重生态灾难的案例。

3. 食用含氰苷食物 民间常以苦杏仁作菜肴，若处理不当即可引起中毒。也有儿童误食苦杏仁中毒的病例。偶有服用苦杏仁浸泡液自杀死亡者。

木薯是我国南方主要杂粮之一。薯皮中含氰苷量最高。当年木薯含氰苷为59.4mg/100g，隔年木薯含氰苷为17.4mg/100g，煮熟后含氰苷量为8.7mg/100g。生食或加工不当可引起中毒。

【毒理作用】

氰化物可通过消化道、呼吸道和皮肤吸收。其毒性作用取决于在体内代谢过程中释放氰离子的速度和数量。CN^- 可与活性金属离子，如铁、铜、锌等结合，这些金属离子是体内多种酶类的重要辅基，此种结合可直接导致酶失活，受累酶类多达40余种。在可与 CN^- 结合的金属中，三价铁离子（Fe^{3+}）与 CN^- 的亲和力最强，反应最迅速；Fe^{3+} 主要存在于细胞的线粒体内，是细胞呼吸过程的重要酶类——氧化型细胞色素氧化酶的辅基，该酶在氧化型（金属辅基为 Fe^{3+}）和还原型（金属辅基为 Fe^{2+}）的不断转换中完成电子传递。CN^- 与 Fe^{3+} 结合后可中断电子传递，使生物氧化过程终止，细胞失去对氧的利用能力，引起细胞“内窒息”，细胞的生理生化功能随之停止，结构损伤，最终可导致细胞死亡。CN^- 对细胞呼吸酶抑制所造成的内窒息是其毒性作用的核心。此外，CN^- 还可使含有巯基或硫的酶失活，使其毒性更强。

由于中枢神经系统对缺氧最敏感，耐受性小，脑组织最先受损，因此脑是氰化物最主要的毒性靶器官，中枢性呼吸衰竭是氰化物中毒最常见的致死原因。此外，小剂量氰化物中毒时，可因对颈动脉体及主动脉体化学感受器的毒性作用而产生氧张力降低样反应；较大剂量氰化物中毒尚可直接引起肺动脉及冠状动脉收缩，造成心力衰竭、休克、肺水肿。氰化物的碱基还对消化道、阴道黏膜有腐蚀作用。某些腈类化合物的分子本身对中枢神经系统具有直接抑制作用，特别是对呼吸中枢有直接麻醉作用。

【中毒致死量】

氢氰酸的口服最小致死量为0.7mg/kg；在空气中的浓度达0.2～0.5mg/L时，即可致人死亡。急性吸入氢氰酸的浓度和毒性之间的关系见表6-1。

表6-1 氢氰酸的急性吸入浓度与中毒症状关系

浓度（mg/m^3）	毒性反应
300	立即死亡
200	10分钟后死亡
150	30分钟后死亡
120～150	对生命有危险，一般在1小时内死亡
50～60	能耐受30分钟至1小时
20～40	接触后，出现头痛、恶心、呕吐、心悸
5～20	个别人有头痛、头晕反应

氰化钠与氰化钾的口服致死量为1～2mg/kg。致死血浓度为1mg/dl。口服苦杏仁40～60粒，小儿口服10～20粒即可引起中毒或死亡。苦杏仁炒熟后，毒性大减。甜杏仁毒性较小，相当于苦杏仁毒性的1/30～1/20，见表6-2。

表 6-2 几种植物核仁中含氰苷量及致死量

种类	含氰苷量(%)	相当于 HCN 含量(%)	致死量(g/kg)
苦杏仁	4.5	0.27	0.4～1
枇杷仁	0.4～0.7	0.023～0.041	2.5～4
甜杏仁	0.11	0.0067	10～25

服用未经处理的木薯 150～300g，可在 4～7 小时内出现中毒症状，甚至死亡。

【中毒症状】

大部分氰化物为剧毒物质，其中毒症状依其种类、中毒途径和毒物量不同而异，且毒性作用强度与摄入量呈显著正相关。当口服大量(50～200mg)或吸入高浓度(250～300mg/m^3)氰化物时，可在 4～6 秒钟内突然昏倒、呼吸困难、强直性痉挛，约经 2～3 分钟后呼吸、心跳停止，呈“闪电式”死亡。如较小剂量中毒，则病程较长，按临床中毒症状可分为以下四期：

1. 前驱期(刺激期)　吸入者有眼、咽喉及呼吸道黏膜刺激症状。口服者则口腔、咽喉有麻木和烧灼感、流涎、呕吐，还有头昏、头痛、耳鸣、乏力及大便紧迫感等。此期一般不超过 10 分钟。

2. 呼吸困难期　前驱期后出现胸闷、心悸、呼吸困难、胸部紧迫感等症状。皮肤、黏膜呈鲜红色、血压升高、心率加快、心律不齐及传导阻滞、瞳孔先缩小后扩大，并有眼球突出及恐怖面容。神态由淡漠转入昏迷。

3. 痉挛期　大小便失禁、大汗淋漓、体温下降，强直性惊厥为此期特征。

4. 麻痹期　感觉和各种反射均消失，呼吸浅而慢，最终因呼吸麻痹死亡。

四期经过 10～30 分钟，但各阶段有时极难明确划分。如抢救及时或轻度中毒者，症状可在几小时至 2～3 天内缓解好转。病程中易并发脑水肿、肺炎、肺水肿。重者治愈后可出现神经衰弱综合征等后遗症。

长期小剂量接触可出现神经衰弱及自主神经功能紊乱、神经肌肉酸痛、胃肠功能紊乱、全身乏力等症状，还可引起甲状腺肿大，主要是其解毒产物——硫氰酸盐在血中水平升高，阻碍甲状腺对碘的摄取，并抑制碘与酪氨酸生成碘酪氨酸，进而影响甲状腺素的合成；血中甲状腺素浓度降低反馈性地引起垂体前叶促甲状腺素分泌增加，使甲状腺增生肥大。

口服苦杏仁或木薯后，其所含的氰苷须水解后才能引起中毒，因此潜伏期长，中毒症状常发生于食后 3～6 小时，也可短至 30 分钟。中毒轻者出现呕吐、头痛及嗜睡；重者除上述症状外尚有腹痛、痉挛、昏迷。呕吐物中可有苦杏仁味。苦杏仁全部中毒经过约 3～10 小时，抢救不及时可致昏迷、死亡。

中毒症状与血中氰化物浓度有关，见表 6-3。

表 6-3 中毒症状与血中氰化物浓度间的关系

血氰化物浓度(mg/L)	中毒表现
0.5	皮肤黏膜潮红、心动过速、头痛、头晕、神志清醒
1.0～2.5	严重头痛、呼吸急促、心动过速
>2.5	反应消失、血压降低、皮肤黏膜青紫、心动过速、呼吸缓慢、眼球突出、瞳孔放大、死亡

【尸体检验所见】

氰化物中毒死者，由于全身组织细胞在 CN^- 的毒性作用下丧失了利用氧的能力，血氧消耗量甚少，静脉血中氧饱和量增高，以及血液中有氰化高铁血红蛋白形成，故静脉血为鲜红色，并且皮肤、肌肉、黏膜及尸斑呈鲜红色。死亡迅速者发绀明显，则尸斑呈紫红色，而口唇及肺仍呈鲜红色。尸僵明显。血液呈流动状，有时心腔内见少量凝血块。内部器官普遍淤血、水肿，尤以肺最为明显。浆膜及黏膜有斑点状出血。气管黏膜充血水肿，腔内有血性泡沫样液体，并可有苦杏仁气味。吸入氰化物中毒者呼吸系统病理变化较明显。

口服氰化物中毒者，整个消化道均有不同程度的充血水肿，食管下段、胃及十二指肠黏膜呈暗紫红色，可有出血、糜烂及坏死。胃内容物有苦杏仁气味。胃黏膜病变因毒物的性状及胃内容物充盈程度不同而表现各异：①当胃内较充盈，毒物为固态且摄入量较小，不足以立即引起死亡者，整个胃黏膜肿胀，伴有散在斑点状出血；②胃内充盈，吞服毒物为固体或浓溶液，量大，则胃底部黏膜呈大片腐蚀，有明显充血、水肿及出血（图 6-1）。③毒物以稀溶液服入，胃黏膜仅呈充血及弥漫性肿胀。

口服苦杏仁中毒者，在胃肠腔内尚可找到未消化的杏仁颗粒，可取材检测。

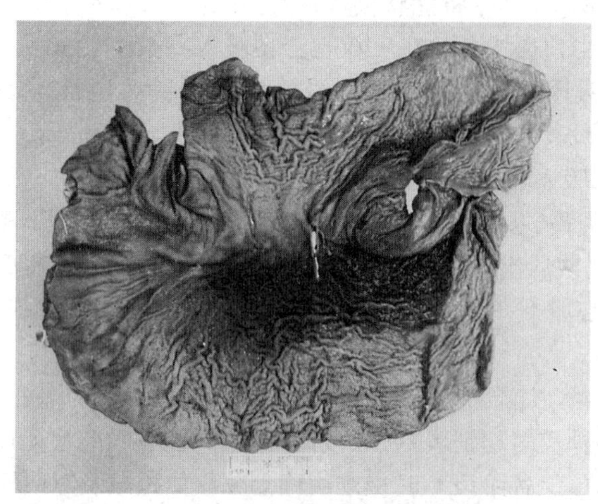

图 6-1　急性氰化钠中毒的胃

胃底部黏膜大片腐蚀出血

消化道内的苦杏仁气味常被其他内容物掩盖。开颅时应特别注意，因颅内无其他气味干扰而易嗅到。氰化钾（钠）中毒时，胃内常有类似发酵面加碱后的气味。

虽然中枢神经系统对缺氧最为敏感，但急性死亡者的脑部病变不明显。病程迁延者，脑部有充血、水肿及神经细胞变性、坏死。病变以大脑各叶及海马最为严重。小胶质细胞增生，有卫星现象及噬神经细胞现象。纹状体、胼胝体及黑质亦常被累及。少数病例尚可见脑内小血管透明血栓形成、豆状核出血坏死及周围神经变性。心、肝、肾等可有不同程度的实质细胞变性。

【检材采取】

根据毒物进入途径不同而异。口服中毒的剩余食物、呕吐物、胃肠及其内容物都是有价值的检材。经皮肤、黏膜吸收或注射中毒者，应采取局部皮肤、黏膜或注射部位的肌肉组织。血液中氰化物浓度最高，故检验血中氢氰酸含量具有重要意义，其次为肝、肾、脑和肌肉。所以不论毒物通过何种途径入体，都应收集心血及肝、肾、脑、肺等组织。要尽早取材，盛装容器中不留空隙，以防毒物分解或挥发而损失，甚至导致阴性结果。检材中不要加甲醛，需冷藏并尽早送检。

【法医学鉴定要点】

氰化物为剧毒物质，作用迅速，中毒者往往来不及送医院救治而迅速死亡。因此，凡突然急速死亡的案例而有中毒可疑时，应考虑氰化物中毒的可能。

口服氰化物中毒死亡者，胃黏膜有显著碱性腐蚀现象有助于诊断。如服入氰化物稀溶液，则胃黏膜仅见充血和轻度肿胀。鲜红色尸斑不一定出现，体腔中杏仁气味也可不明显，因此，对可疑案例均应常规取材作毒物检测。

普鲁士蓝法检测氰化物简单、易行，不需经过水蒸气蒸馏，在尸检当时即可检测，有助于确定死因。

疑为胃肠外途径引起中毒的案例，应分别采取多种检材，包括可疑注射部位组织，并作毒物含量检测。血中致死浓度测定至关重要。中毒者血和尿中硫氰酸盐含量增加，因此，检验硫氰酸盐含量也有助于诊断。因氰氢酸容易挥发，也可因尸体腐败而分解，而尸体腐败时又可产生少量氢氰酸。因此，必须尽早尸检和采样送检。

【案例】

女，29 岁。某日凌晨突然剧烈头痛。9 时不能言语，口中大量涎液流出，时有呕吐，口服苯巴比妥、去痛片无效，10 时昏迷加深，口吐白沫、大汗淋漓、气促、双眼上翻、四肢抽搐，送当地医院抢救无效死亡。尸检所见：唇、指（趾）甲青紫，尸斑显著，呈鲜红色。双眼结膜有出血点。右臀部有两个注射针孔，孔周 10cm × 15cm 皮下出血。双肺广泛散在出血点。心及大血管内血液呈流动状。胃黏膜无明显充血及出血。脑膜紧张、蛛网膜充血，脑回变宽，脑沟变窄。提取心血及胃内容、右臀部注射孔周围软组织送检。结果从心血中检出氰化物，右臀部注射孔周围软组织中检出氰化钠成分。

第二节　一氧化碳中毒

一氧化碳（carbon monoxide，CO）为无色、无臭、无刺激性气体，比空气轻，易扩散，微溶于水，易溶于氨水，易燃、易爆，与空气混合的爆炸极限为 12.5%～74.2%，凡含碳物质在不完全燃烧时均可产生 CO。在冶金、化学、石墨电极制造以及家用煤气或煤炉、汽车尾气中均有 CO 存在。

【中毒原因】

CO 中毒以意外事故多见，常见以下原因。

1. 日常生活中毒　使用无烟囱的煤炉；煤炉烟囱排气不良或因风使 CO 从烟囱倒灌入室内；在封闭室内使用木炭或煤取暖；煤气阀门泄漏或管道破裂，特别是地下煤气管道破裂造成大量煤气外逸，是灾害性群体性中毒的常见原因；液化石油气和天然气燃烧不完全以及火灾时产生大量 CO，均可引起中毒死亡。

煤气的组成没有固定的比例，其成分不尽相同。通常民用煤气的组成（体积 %）为：CO 15.27%、H_2 69.19%、CH_4 11.37%、C_2H_4 0.22%、C_2H_6 0.57%、N_2 3.03%、O_2 0.34%。煤气的臭味来自氨气（NH_3）和硫化氢（H_2S），是在制造煤气过程中同时生成的。

2. 采矿工业　火药或炸药爆炸时可产生大量 CO 气体。如黑色炸药可产生 3%～9% 的 CO；TNT 炸药可生成 57% 的 CO。矿下通风不良，特别是民间小煤窑常在爆炸后有大量 CO 积聚。

3. 冶金工业　煤气发生炉、煤焦炉、鼓风炉、铸造砂型开箱，以及用羰基法制取纯金属均有 CO 生成。煤气发生炉排出气体中含 CO 为 30%～50%；鼓风炉气体含 CO 为 24%～30%。炼焦炉顶含 CO 浓度极高。熔炉或窑门关闭不严可发生 CO 泄漏而中毒。

4. 化学工业　用 CO 为原料制备甲醇、丙烯酸、丙烯酸酯、光气、甲酸、草酸、甲酰胺等生产过程中均可能接触 CO。

5. 其他　各种焙烧窑、家禽孵育房、发动的汽车、坦克及军舰密闭舱中均有 CO 中毒事件发生。长途客车运行过程中有排气管漏气，车厢板又有破损，使废气进入车厢可引起群体性 CO 中毒事故。此外，冬季或夏季在未行驶且开空调的小车内睡眠，废气进入车内，也常有中毒死亡事故发生。近年来因违章安装煤气热水器而造成煤气外泄中毒事故也不在少数。

由于 CO 普遍存在，无色、无臭，常为自杀工具。利用汽车废气自杀，在西方国家较多见，我国近年来也有发生。他杀后伪造现场造成自杀或灾害事故假象的案件时有发生。也有利用煤气或煤炉产生的 CO 作为他杀手段的案例。

【毒理作用】

CO 经呼吸道侵入体内，透过肺泡气 - 血屏障弥散入血。进入血中的 CO 约 90% 与血红蛋白中的二价铁结合，生成碳氧血红蛋白（carboxyhemoglobin，HbCO），使血红蛋白失去携氧能力；约 10% 与肌红蛋白、细胞色素等含铁蛋白结合；以物理状态溶于血中的不到 1%。CO 比氧与血红蛋白的亲和力大240倍；而HbCO的解离比氧合血红蛋白（HbO_2）慢3600倍，故HbCO生成后可在血循环中存在较长时间。HbCO无携氧能力，竞争性地替代HbO_2，还阻碍HbO_2中氧的解离和组织内二氧化碳的输出，最终导致组织缺氧和二氧化碳潴留，产生中毒症状。据此，人们长期以来把HbCO作为判断CO中毒的主要指标。HbCO含量越高，机体缺氧越明显，中毒症状越严重。

近年的研究发现CO可直接引起细胞缺氧。实验提示，除HbCO原因外，CO与氧竞争细胞色素氧化酶造成细胞内窒息是CO中毒的另一重要机制。细胞色素氧化酶是细胞色素α和α_3的络合物，存在于需氧细胞线粒体内膜中，构成呼吸链的最后环节。当吸入高浓度CO时，CO与细胞色素α_3结合，使电子最终不能传递给氧分子，造成细胞内窒息。

正常人体内由于含铁血红素的分解，每小时可产生0.42ml的内生性CO，使体内产生约占血红蛋白总量0.5%的HbCO。有溶血性疾病患者血中HbCO可达4%～6%。吸烟者体内HbCO更高，可达5%～15%。不吸烟者血液中HbCO含量与中毒症状的关系见表6-4。

表6-4　不吸烟者血液中HbCO含量与中毒症状的关系

常压下CO浓度（mg/m^3）	平衡状态下HbCO%	中毒症状
57	7	无明显症状或轻度头痛
115	12	中度头痛、眩晕，轻度中毒表现
285	25	严重头痛、眩晕，轻度中毒表现
570	45	恶心、呕吐、可能虚脱，中度中毒表现
1150	60	昏迷，严重中毒表现
11 500	90	死亡

CO在机体内不蓄积。在停止CO吸入后，HbCO逐渐分离，其中98.5%是以CO原形从肺中呼出；1%在体内氧化成二氧化碳。在停止接触CO后，吸入气体中氧分压与半衰期呈负相关。所以高压氧舱治疗CO中毒有明显疗效。

【中毒致死量】

血液中HbCO达到50%以上即可致死。影响HbCO形成的因素很多，如空气中CO的浓度、接触时间、肺通气量、个体感受性等。其中CO浓度及接触时间对HbCO达到饱和度的速度和时间密切相关，浓度越高、接触时间越长，则HbCO饱和度的百分比越高。浓度（百万分之一）和接触时间（小时）之积称为中毒系数。中毒系数小于300，可无症状；达到600时出现症状；达到1500时即有生命危险。

空气中CO含量为0.1%时，接触2小时；0.15%时，接触1小时；0.3%～0.4%时，接触半小时；0.64%时，接触10～15分钟；1.28%时，接触1～2分钟；均可导致死亡。

CO中毒死者血中HbCO饱和度多为60%～80%，但也有低于50%者。儿童、老人及孕妇对CO较为敏感。CO可透过胎盘影响胎儿。重症冠心病、严重慢性肺疾患或脑动脉硬化者对CO耐受力低，甚至HbCO饱和度在20%左右时也可引起中毒症状，甚至死亡。

【中毒症状】

中毒者出现以脑为主的急性缺氧症状和体征。急性CO中毒程度与吸入空气中CO浓度及血中HbCO含量呈正相关。临床上除依据中毒症状外，常以血中HbCO含量作为判断中毒程度的依据：轻度中毒，HbCO>10%；中度中毒，HbCO>30%；重度中毒，HbCO>50%。临床上又按其发病速度分为闪电式、急性和慢性中毒三种。在法医工作中，以闪电式和急性中毒多见。

1. 闪电式中毒　常因短时间内吸入较高浓度CO所致。中毒者可突然昏倒，意识丧失，反射消失，在短时间内因呼吸中枢麻痹而死亡。

2. 急性中毒　常有头部沉重感、前额发紧，继而有剧烈头痛、眩晕、心悸、胸闷、恶心、呕吐、耳鸣、四肢无力及共济失调等症状，意识虽尚存在，但中毒者已无力离开险境自救，故在现场勘查时常可见中毒者向门窗方向爬行的姿势。如继续吸入 CO，则很快出现嗜睡、麻木、意识模糊、大小便失禁，乃至昏迷。此时可见皮肤、黏膜呈樱桃红色，尤以面颊、前胸、大腿内侧明显，呼吸、脉搏加速，反射减弱或消失，甚至出现血压偏低、心律失常、抽搐或强直等情况。严重中毒者由于脑水肿而出现深度昏迷，此时可出现病理反射，肤色亦因末梢微循环不良而呈灰白或发绀，最终因呼吸衰竭而死亡。

重度中毒者偶可并发横纹肌溶解（rhabdomyolysis）及筋膜间隙综合征（compartment syndrome）。横纹肌溶解系因 CO 中毒昏迷后肢体受压时间过长，横纹肌缺血、缺氧、坏死、溶解，使大量的肌红蛋白释放入血液循环自肾排出，导致急性肾衰竭，表现为肌肉明显肿胀，触痛剧烈，少尿，电解质紊乱。筋膜间隙综合征的发生机制与横纹肌溶解综合征相似，表现为肌肉高度肿胀、发麻发凉，皮肤水疱，如不及时切开减压，可导致肢体坏死或功能障碍。

急性 CO 中毒迟发脑病（delayedencephalopathy）是指部分急性 CO 中毒者意识障碍恢复后，经 2～3 周的假愈期后，又出现一系列神经精神症状，也称为急性 CO 中毒神经系统后发症。其发病率为 0.2%～47.3%。年龄大、昏迷时间长、有高血压病、从事脑力劳动、恢复期内有强烈精神刺激及饮酒等是迟发脑病的危险因素。发生机制可能与中毒性脑软化及局部脑血管继发性供血不良有关。表现有以下几种：①精神症状：突然发生反应迟钝、记忆力丧失、大小便失禁、生活不能自理，呈痴呆症状；或出现幻视、幻听，语无伦次，行为异常等精神表现。②锥体外系神经障碍：表现为帕金森综合征，四肢肌张力增高、静止性震颤、动作缓慢、主动运动减少、书写过小症及舞蹈症等。③锥体系神经损害：表现为一侧或两侧瘫、上肢屈曲强直、腱反射亢进及病理反射阳性。④大脑皮质局灶性功能障碍：表现为失明、失语等或癫痫发作。

3．慢性中毒　长期接触低浓度 CO 对健康有影响，主要表现为神经系统和心血管系统损害，如神经衰弱综合征、心悸、胸闷、心律失常；心电图有 ST 段下降、QT 延长和束支传导阻滞等。通过人群调查，发现约 20%～25% 的吸烟者血中 HbCO 高于 8%～10%，这些人心肌梗死的猝死率比不吸烟者为高。调查 1000 名吸烟者，年龄 30～39 岁，血液中 HbCO 在 8%～11%，动脉粥样硬化伴心绞痛、冠状动脉血栓形成发生率高于对照组。故慢性接触相当浓度的 CO 可导致心血管病发生率和死亡率增高。

【尸体检验所见】

CO 中毒迅速死亡者，因血液中含大量 HbCO 而使尸斑呈樱桃红色，在肤色较白者尤为显著（见文末彩图 6-2）。除体表外，各器官也呈樱桃红色；特别是肌肉组织，这是因为肌肉中有一氧化碳肌红蛋白形成，尤以胸大肌樱桃红色更明显。皮肤黏膜及浆膜可见斑点状出血。心血呈樱桃红色，不凝固。各器官病变与一般窒息死亡者相同；脑、心、肺、肾等器官内血管扩张淤血，由于血管壁通透性增加而有较多的浆液渗出，引起组织水肿，伴广泛灶性出血。实质细胞发生变性。

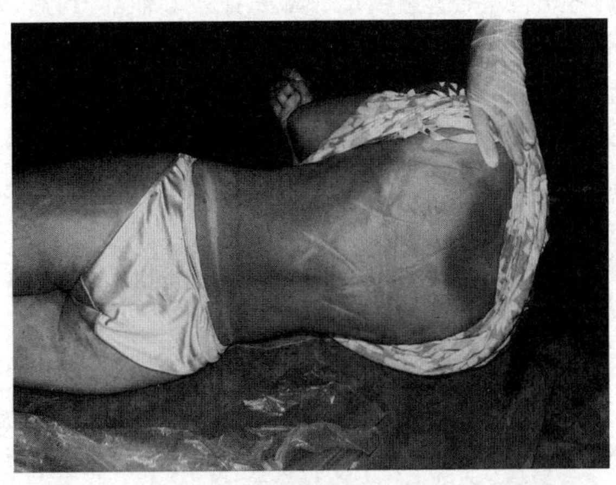

图 6-2　一氧化碳中毒的樱桃红色尸斑（赵子琴供图）

迁延数天后死亡(或经急救处理后死亡),CO 已排出体外,尸斑即无上述特征。此时以中枢神经系统和心肌病变最为严重。脑血管扩张充血、水肿,可出现多发性细小出血点及局灶性出血。常在双侧苍白球形成对称性软化灶(图 6-3)。早期病灶呈球形,直径约 10～15mm,可因缺血而呈苍白色,或因充血、出血而呈淡红色。软化灶与周围组织界限不清,其中神经细胞细胞质模糊不清、核浓缩,部分神经细胞坏死消失。星形胶质细胞和少突胶质细胞增生,或呈肿胀、空泡变性;小胶质细胞增生,可形成胶质小结。病程更长者,脑组织坏死区液化而形成边界较清楚的囊腔。苍白球首先受损是因供应该区的血管细长、缺少吻合支,而更容易发生缺氧和缺血。部分小动脉内可有透明血栓形成,亦可见毛细血管内皮细胞增生,使管腔变窄。往往在大脑皮质、海马、黑质、网状结构及小脑齿状核等处亦可发现坏死软化灶。

大脑白质的变化常较突出,常见有下列三种形式:①血管周围的神经纤维髓鞘脱失:此型多见于持续昏迷不足 1 周的死亡者。②广泛弥漫的神经纤维受损:髓鞘和轴索破坏,以脑室系统周围病变较显著,可延及额叶、颞叶或枕极,加以胼胝体白质受累,在脑的冠状切面上常可见形成蝴蝶状的脱髓鞘分布。本型多见于昏迷持续较长时间(9 天～4 个月)的死亡者。③融合或不融合的脱髓鞘斑片:斑片呈海绵状结构(图 6-4),髓鞘脱失的纤维中轴索相对保持完整,斑片中心可见泡沫细胞,伴星形胶质细胞增生。此型常见于急性 CO 中毒经历假愈期后出现迟发性脑病者。

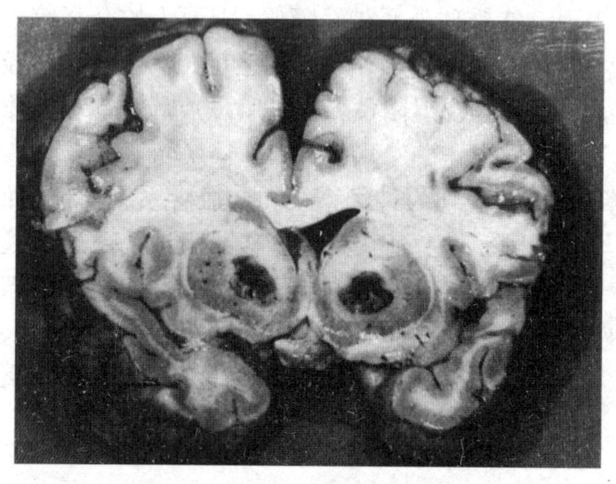

图6-3　迁延性一氧化碳中毒的脑

两侧苍白球对称性出血软化灶(直径 13mm),汽车废气自杀(采自 Ruszkiewicz)

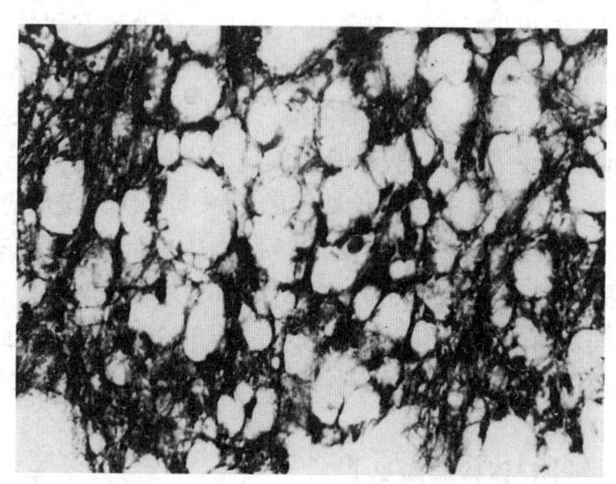

图6-4　迁延性一氧化碳中毒的脑

大脑白质脱髓鞘变性,并有重度脑水肿(Weigert 髓鞘染色)。本例病程 3 月余

CO 引起的心肌损害较突出。这是因为心肌细胞含有大量肌红蛋白、丰富的线粒体和细胞色素氧化酶,CO 与肌红蛋白结合而影响心肌内氧的弥散,抑制细胞色素氧化酶导致心肌能量供应障碍。故重度中毒者常见局灶性心肌坏死。左心室乳头肌顶端供血较其他部位心肌差,故该区心肌容易发生坏死。在坏死的心肌纤维周围常有中性粒细胞浸润。心肌间质充血、水肿或灶性出血。病程迁延时间较长者,坏死组织可为结缔组织取代而形成瘢痕。肾小管上皮细胞和肝细胞变性或坏死。偶见多发性骨骼肌坏死后继发肌红蛋白尿,患者可因急性肾衰竭而死亡。长期昏迷患者可并发坠积性肺炎或压疮。重度中毒者也可引起皮肤病变:在躯干、面部及四肢等部位有红斑、水肿,甚至水疱和大疱形成。

【检材采取】

血液是最有价值的检材。疑为 CO 中毒者应立即抽血检测血液中 HbCO 含量。HbCO 可以缓慢解离,在脱离 CO 接触并移至新鲜空气中或吸氧后,HbCO 含量逐步降低。一般认为在 8 小时后即难以检出。盛放血液标本的容器应装满血液,勿留有空隙,必要时在表面倒一层石蜡以防 CO 被空气中的氧所替代。

CO 可透过皮肤与浅表血管中血液的血红蛋白结合成 HbCO。因此,最好采集心血或各内器官中的血液。测定火灾中炭化尸体的 HbCO 可采取骨髓作为检材。

此外，肌肉，尤其是胸大肌亦是较好的检材。CO中毒死亡的尸体腐败较缓慢，用甲醛液固定的尸体并不影响心血HbCO的检出。

【法医学鉴定要点】

现场勘查对确定CO中毒诊断十分重要，应积极寻找CO来源，必要时测定空气中CO浓度。

CO中毒尸体的尸斑、肌肉、器官及血液呈樱桃红色，是CO中毒的重要征象，但应与氰化物中毒、溺死、冻死或冷藏尸体相鉴别。氰化物中毒者的尸斑，器官和血液的红色不如CO中毒者鲜明；溺死者仅在头、颈及胸部见有淡红色尸斑，器官、肌肉及血液不呈鲜红色；冻死或冷藏尸体只在暴露部位有鲜红色尸斑，下坠部位的尸斑仍呈紫红色。CO中毒者其器官组织虽经甲醛液固定数周仍保持樱桃红色，而非CO中毒者，其器官组织颜色在甲醛液中经几小时红色即消失。有一例尸检时未注意，后发现固定器官呈樱桃红色，而重新勘查现场发现死者在密闭的室内睡眠，因孵豆芽而生煤炉提高室温，有CO来源，最后定为CO中毒。血液中的HbCO测定是CO中毒鉴定的最有力证据。但应注意，迁延性中毒死者或死前曾接受输氧抢救者，HbCO测定可能出现阴性结果。心血管疾病患者或有慢性肺疾患者对CO的耐受力降低，其致死HbCO含量低于健康人。

HbCO在尸体内可以保存相当长的时间，曾有从埋葬数月后的煤气中毒尸体内检出HbCO的报道。尸体经甲醛液固定后仍可检出HbCO。但非CO中毒死亡者，死后其血红蛋白和肌红蛋白可受细菌作用，分解产生CO，可使血液中HbCO达5%左右，体腔液中甚至高达40%以上。因此，腐败尸体的体腔液不适于作为测定HbCO的检材。

凡含碳物质在不完全燃烧时均可产生CO，而任何含氮有机物，如化纤地毯、塑料板、装饰墙纸等着火后不完全燃烧时，烟雾中还可生成HCN。如2000年12月在洛阳东都商厦发生特大火灾，在四楼歌舞厅死亡的309人，全部因吸入有毒气体（含有CO、HCN等）致死。因此，在这类中毒死亡事件尸检时除采血做HbCO含量测定外，应同时检测血中HCN的含量。

【案例】

某男，29岁。某年冬天被人发现裸体死于屋内床上。解剖发现尸斑及胸大肌均呈樱桃红色，胃黏膜弥漫性点状出血，心肺表面有点状出血。余未检见异常。提取心血作毒物分析，结果HbCO浓度为62.9%。现场勘查屋内物品整齐，门窗紧闭，外屋蜂窝煤炉口与烟筒连接部被烟灰阻塞，炉火已熄。根据尸检及毒物分析结果，结合现场勘查，最后认定系CO中毒死亡（意外中毒）。

第三节　亚硝酸盐中毒

含氮的无机和有机化合物种类繁多，其中能引起呼吸功能障碍的含氮无机化合物主要有硝酸盐（nitrate）和亚硝酸盐（nitrite）；含氮的有机化合物主要有硝酸酯类和亚硝酸酯类。

硝酸盐和亚硝酸盐常见有钠盐及钾盐，它们的纯品为白色或淡黄色颗粒状结晶或粉末，无臭，微咸而稍带苦味，外观颇似食盐，易误食中毒。易潮解，极易溶于水。其水溶液为中性或弱碱性。微溶于醇。主要在化工原料、肉类加工和建筑业中用作防冻剂。

硝酸酯基团的结构为-ONO_2。低碳的一元、二元、三元醇的硝酸酯为液体，四元醇以上为固体。它们都不溶或微溶于水，但溶于乙醇及其他有机溶剂。多数用于炸药和燃料工业；硝酸乙酯、硝化甘油、亚硝酸酯类，如亚硝酸异戊酯，主要用作治疗药物，工业上用作有机合成的中间体等。

【中毒原因】

亚硝酸盐中毒见于以下原因。

1. 误用　由于亚硝酸盐的性状与食盐相似，误作食盐使用是引起中毒的常见原因。尤其在北方建筑工地，冬季施工时应用亚硝酸盐为防冻剂，由于管理混乱，食堂误将其作为食盐使用而引起群体性中毒。临床上有误用亚硝酸盐作为氯化钠配制生理盐水，给病人灌肠引起中毒致死的报道。

2. 食用含亚硝酸盐过量的腌肉　亚硝酸盐作为食物添加剂在腌制肉类时可增加色泽、赋香，且有助于防腐保存，如使用过量可致中毒。

3. 食用亚硝酸盐含量高的蔬菜　许多蔬菜可从土壤里浓集硝酸盐，尤其大量施用含氮化肥、除草剂或土壤中缺乏钼时，均可造成蔬菜中硝酸盐大量蓄积。叶菜类可达432mg/kg，茎菜类可达629mg/kg，根菜类可达337mg/kg。大量食用后，蔬菜中硝酸盐可在肠道内硝酸盐还原菌的作用下生成亚硝酸盐被吸收而引起中毒，称肠源性发绀。

腌制的蔬菜含有亚硝酸盐，其含量与食盐用量多少及腌制天数有关。在腌制过程中，最初2～4天亚硝酸盐含量渐增，7～8天达高峰，9天后趋于下降。食盐浓度在5%～10%之间，亚硝酸盐含量随气温增高而增加；大于15%时，则与温度的关系不明显。因此，未腌透的咸菜含亚硝酸盐浓度较高。

煮熟后剩余的蔬菜放置时间过长、霉变发酵的蔬菜（如霉苋菜梗、霉冬瓜等），在沙门菌或大肠埃希菌作用下，或在硝酸盐还原菌或二价铁离子作用下产生亚硝酸盐。

青饲料在温暖季节堆放时间过长，或煮熟后焖泡一定时间后，经硝酸盐还原菌的作用可产生大量亚硝酸盐，猪吃后可产生急性亚硝酸盐中毒死亡。

4. 饮用含有大量硝酸盐的井水　某些地区土壤中含硝酸盐量较高，井水中含大量硝酸盐，在细菌的作用下或在肠道内还原为亚硝酸盐，也可引起中毒。

5. 药物使用不当　烧伤患者局部敷用次硝酸铋、硝酸铵、硝酸钾或硝酸银等，使用时间长可转化为亚硝酸盐，经皮肤吸收引起中毒。亚硝酸异戊酯和硝酸甘油用于治疗心绞痛，误服或误吸过量可发生中毒。氰化物中毒的解救主要采用吸入亚硝酸异戊酯后，再静脉滴注亚硝酸钠 - 硫代硫酸钠，如使用剂量过高，也会造成中毒。

6. 偶见用亚硝酸盐自杀或他杀的案例。

【毒理作用】

各种食品中的硝酸盐和亚硝酸盐主要由消化道进入体内。硝酸盐在体内经肠道内细菌的还原作用生成亚硝酸盐。低碳烃的亚硝酸酯可经肺迅速吸收，在体内水解生成亚硝酸盐和相应的醇，后者部分氧化，部分以原形呼出。

正常人的血红蛋白含有二价铁，与氧结合为氧合血红蛋白。氧与血红蛋白呈松散结合，因此到达外周毛细血管中它很容易将氧转移、释放到细胞。亚硝酸盐中的亚硝酸离子 NO_2^- 可将血红蛋白中的二价铁氧化为三价铁，形成高铁血红蛋白。1g亚硝酸盐可形成20g高铁血红蛋白。高铁血红蛋白呈棕褐色，不能携带氧，且影响氧合血红蛋白释放氧，导致人体缺氧，严重的可引起窒息死亡。

正常人体中存在少量高铁血红蛋白，约占血红蛋白总量的0.5%～2%。红细胞中存在两个还原高铁血红蛋白的酶性还原系统：①无氧酵解过程中生成的以还原型辅酶Ⅰ（NADH）为辅酶的NADH-高铁血红蛋白还原酶系统；②由磷酸戊糖旁路生成的以还原型辅酶Ⅱ（NADPH）为辅酶的NADPH-高铁血红蛋白还原酶系统。前者是正常生理条件下使少量高铁血红蛋白还原的主要途径；后者在中毒时可起解毒作用，但仅在有外来电子传递物（如亚甲蓝）存在时才发挥作用。高铁血红蛋白还可由非酶还原系统还原，如还原型谷胱甘肽、维生素C等。因此，正常生理情况下，少量的高铁血红蛋白在上述还原系统作用下可还原为常态的血红蛋白。当过量摄入亚硝酸盐产生大量高铁血红蛋白并超过生理还原能力时，即产生高铁血红蛋白血症。

亚硝酸盐对心血管也有直接抑制作用，特别是亚硝酸酯类还能使小血管平滑肌松弛、扩张血管和血压下降。

在胃酸作用下，亚硝酸盐可释放出二氧化氮和一氧化氮；亚硝酸盐在体内代谢产生氨和甘油，由肾缓慢排出。

在人的胃中，亚硝酸盐与仲胺（一种蛋白质代谢的中间产物，也存在于多种鱼制品中，鱼类在晒干、烟熏或装罐过程中均可导致仲胺大量增加）可合成具有致癌作用的亚硝胺。

【中毒致死量】

亚硝酸盐是食品添加剂中毒性最强的物质之一，其毒性约为硝酸盐的10倍。人的中毒剂量为

0.3～0.5g，致死量为3g。水中硝酸盐浓度达10mg/m³即有危害。

【中毒症状】

直接摄入亚硝酸盐中毒的潜伏期很短，约10～15分钟出现中毒症状；但蔬菜导致的中毒潜伏期较长，约1～3小时，也有长达20小时的。

亚硝酸盐中毒的早期症状以胃肠刺激症状为主，如恶心、呕吐、腹痛、腹泻等；因周围血管扩张，可出现面部潮红、鼻出血、头痛、出汗、血压下降，甚至昏厥；亦可出现烦躁不安、眩晕、精神症状；随着中毒程度的加重，皮肤黏膜青紫程度加深，缺氧症状明显，出现呼吸困难、昏迷、抽搐、虚脱等症状。严重者可于1～2小时内死亡。

高铁血红蛋白形成是造成缺氧的原因。临床症状、体征与血液中高铁血红蛋白含量有关：如占血红蛋白总量10%～15%，中毒者以皮肤黏膜青紫为主，可见于口唇、口腔黏膜、指甲、面颊、耳廓等处。这种青紫不同于一般缺氧性青紫，呈蓝褐色或蓝灰色；当高铁血红蛋白占30%以上时，出现头痛、头胀、头晕、耳鸣、手指麻木、全身无力等症状；占50%时，则发生心悸、胸闷、气急、恶心、呕吐、昏厥等严重缺氧症状；高于50%可导致心律失常、惊厥、昏迷、休克而致死。

严重亚硝酸酯中毒者，由于亚硝酸酯的扩血管及对心的抑制作用而引起血管性虚脱或休克死亡，皮肤黏膜青紫可不显著。

【尸体检验所见】

亚硝酸盐中毒者血液中含高铁血红蛋白，且缺氧显著，故血液呈暗褐色，透过皮肤黏膜，使尸斑呈蓝褐色样青紫。口唇、指（趾）甲显著青紫。血液不凝固，呈流动性。高铁血红蛋白可以转化为氧化氮血红蛋白（NOHb），呈淡红色，较稳定。当血液中存在大量亚硝酸盐时，除高铁血红蛋白外，尚可形成红色的亚硝酸高铁血红蛋白，此时死者血液可能呈鲜红色而不是蓝褐色，类似一氧化碳中毒。纯亚硝酸盐中毒时，由于在胃中产生棕红色二氧化氮，以致胃黏膜呈棕红色，严重者各器官均可呈棕红色。皮肤、眼结膜、心内膜及心外膜、胃底部、小肠上段、肾盂黏膜可见斑点状出血。由于亚硝酸盐类有明显的扩张血管作用，故心、肺、肝、脾、肾、脑等器官中小血管显著扩张淤血，或有点片状出血。上述器官尚可见实质细胞变性，肝细胞有小灶性坏死。

【检材采取】

残留食物、呕吐物、胃内容物及血液均为检验亚硝酸盐中毒的良好检材。亦可检验血液中高铁血红蛋白的含量。

【法医学鉴定要点】

亚硝酸盐中毒的特征性表现以缺氧症状为主，尤其是皮肤黏膜和尸斑呈蓝褐色、血液呈棕褐色似酱油状，但部分中毒者由于血液中同时出现大量氧化氮血红蛋白或亚硝酸高铁血红蛋白，尸斑及血液也可呈淡红色，需与一氧化碳中毒相区分，但后者有吸入中毒史，前者则以口服为多见。血液中检出亚硝酸盐或高铁血红蛋白有助于诊断。

尸体血液中的亚硝酸盐和高铁血红蛋白容易消失，所以应尽早取血检测。如不能迅速取材，可先用甲醛固定，固定后的血液能延长检出血液中亚硝酸盐的时间。由于正常人体组织、空气、土壤和食品中均含有一定量的亚硝酸盐，故定性检验意义不大，应进行定量分析。

急性亚硝酸盐中毒以意外事故多见，常为群体性，有典型中毒临床表现，法医学鉴定不很困难。若单例发生，则需与其他类似中毒相鉴别。

第四节　其他窒息性或刺激性气体中毒

若呼吸的空气中有窒息性、刺激性的气体，吸入后也可引起机体缺氧，窒息而死亡。常见的有甲烷、液化石油气、硫化氢、氯气、光气、氮氧化物、二氧化碳等。如天然气中甲烷>90%，其次是戊烷、二氧化碳、一氧化碳、硫化氢等，无硫化氢时为无色、无臭、易燃、易爆气体，密度多在0.6～0.8g/cm³，比空气轻。沼气中主要成分是甲烷和二氧化碳，甲烷占60%～70%，二氧化碳占30%～40%，还有少量氢、一氧化碳、硫化氢、氧和氮等气体。甲烷对人体基本无害，在高浓度时则成为单纯性窒息剂。

在实际情况中，混合气体中毒较为多见，如污水处理或在有机物腐败场所（如下水道、粪坑、阴沟等）的空气中含有硫化氢、甲烷、二氧化碳、氨气等；矿井实施地下爆破后会产生高浓度的一氧化碳、二氧化碳、一氧化氮、二氧化氮、二氧化硫和氨气等；液化石油气主要成分为丁烷、丁烯及丙烷、丙烯和少量甲烷、戊烷等。因此，在实际工作中，应结合具体情况进行综合分析。氯气、光气常见于工业性群体中毒，详见本书第十一章。

一、硫化氢中毒

硫化氢（hydrogen sulfide，H_2S）是一种无色而有腐蛋臭味的挥发性气体。H_2S溶于水生成氢硫酸，亦溶于乙醇、汽油、煤油等。若空气中H_2S含量达43%～46%时，易挥发爆炸。H_2S多是工业生产中的废气或由含硫的有机物腐败后产生。腐败尸体可产生大量H_2S气体，粪坑、下水道、腌渍池、阴沟渠等处也可产生H_2S气体。多年来工业卫生的统计资料表明，急性H_2S中毒死亡率居急性化学物中毒死亡率的第1～3位。

【中毒原因】

1．工业生产过程中所产生的H_2S均可引起中毒，常为群体性中毒。如石油、冶金、染料、化纤、化学、橡胶工业生产中均有H_2S产生；采矿工业的矿坑和巷道空气中含有少量H_2S，在通风不良或长久不用的矿井中可有大量的H_2S；造纸、制糖、皮革鞣制、食品加工等工业，由于原料腐败可产生H_2S。

2．有机或无机化合物的分解或腐败，引起H_2S中毒。从事阴沟清理、粪坑清除、腐败鱼类处理、咸菜生产及病畜处理的人员，屡有群体性急性中毒发生。

【毒理作用】

H_2S主要经呼吸道进入机体，亦可经消化道吸收，经皮肤吸收甚为缓慢。吸入后的H_2S很快在上呼吸道被湿润的黏膜所溶解，并与钠离子结合成硫化钠和氢硫酸。进入血液的H_2S主要分布在脑、肝、肾、肠中。①在极高浓度760～1000mg/m^{3}作用下，直接刺激颈动脉窦、主动脉体化学感受器，立即或数秒钟内反射性呼吸抑制，或直接作用于呼吸和血管运动中枢，使呼吸麻痹，致电击样死亡。②H_2S中毒机制与氰化物相似，它在体内能与氧化型细胞色素氧化酶中的Fe^{3+}结合，抑制细胞中电子传递和分子氧的利用，引起细胞窒息或内窒息。中枢神经系统是H_2S中毒的主要靶器官。③当浓度在70～760mg/m^{3}之间时，中毒后以刺激症状和呼吸道损伤为主，H_2S可在眼和呼吸道黏膜溶解，并与水分子结合成氢硫酸刺激黏膜，引起角膜炎、结膜炎、上呼吸道炎和肺水肿。H_2S对心肌损伤可能是心肌缺氧及H_2S直接损害心肌所致。

【中毒致死量】

根据H_2S吸入浓度和接触时间不同，出现中毒症状也不尽相同，见表6-5。

表6-5　H_2S浓度与中毒症状的关系

H_2S浓度（mg/m^3）	中毒症状
70～150	1～2小时，出现眼及呼吸道刺激症状，长期接触可引起亚急性或慢性结膜炎，吸入2～15分钟嗅觉疲劳而不再闻到臭味
300	1小时，可引起严重反应——眼及呼吸道黏膜强烈刺激症状，可引起神经系统抑制，6～8分钟出现急性眼刺激症状，长期接触引发肺气肿
760	15～60分钟，可引起生命危险——发生肺水肿、支气管炎、肺炎。接触时间长时引起头痛、头晕、步态不稳、恶心、呕吐、鼻咽喉发干及疼痛、咳嗽、排尿困难等全身症状
1000	数秒钟，很快引起急性中毒，出现明显的全身症状，开始呼吸加快接着呼吸麻痹而死亡
1400	立即～30分钟，昏迷、呼吸麻痹死亡

【中毒症状】

H_2S 中毒症状以中枢神经系统、眼、呼吸系统损害为主。临床症状分为：

1. 刺激反应　眼及上呼吸道黏膜出现轻度刺激症状，短时间内可以恢复。

2. 轻度中毒　出现头痛、头昏、乏力、恶心、眼痛、畏光、眼结膜充血、咽干、咳嗽等症状，肺部可有干性啰音。

3. 中度中毒　出现胸闷、心悸等症状，视力模糊、眼结膜水肿及角膜糜烂，肺部有干、湿性啰音，呈现化学性支气管炎和肺炎征象，神志出现轻度意识障碍。

4. 重度中毒　神志昏迷，出现肺水肿和脑水肿，呼吸循环衰竭，少数患者有心律不齐、心肌酶谱和心电图异常等心肌损害征象，并有出现心肌梗死的报道。吸入很高浓度的 H_2S，患者可呈电击样中毒，呼吸、心搏骤停。

5. 慢性影响　长期接触 H_2S，可引起眼及呼吸道慢性炎症，重者可致角膜糜烂或发生点状角膜炎，甚至发生视力障碍。全身影响可出现神经衰弱综合征及自主神经功能紊乱。

【尸体检验所见】

H_2S 与血红蛋白结合成硫化血红蛋白，尸斑呈紫绿色或暗绿色，颜面、腹部、胸部皮肤也呈暗绿色，颜色酷似腐败尸绿，应注意区别。眼结膜充血，喉头黏膜充血、水肿、点片状出血，肺泡内有大量渗出物和炎细胞渗出，也可出现间质性肺炎或出血性肺炎、脑水肿。电击式死亡者尸检所见为窒息死亡征象。

【法医学鉴定要点】

了解案情、勘查现场非常重要。H_2S 中毒现场常见于下水道、污水管道、阴沟渠等处。采取中毒现场空间的气体作毒物分析。尸体解剖时注意有无特征性尸体现象，如尸斑呈紫 / 暗绿色，并采取肺、血液、尿液作毒物分析。血液中硫化物浓度可增高，但其结果可受到尸体腐败内生性 H_2S 等干扰，应考虑这些因素。

【案例】

3 民工在下排水道工作时突然死亡。尸检见：3 死者睑结膜明显充血、出血，嘴角见白色泡沫及呕吐物，颜面、胸腹部皮肤呈暗绿色，指、趾甲发绀。其中 1 例肺切面暗红色，淤血、水肿。毒物分析：心血 pH：6.23；CO_2 结合力：266.4mmHg；HbCO 浓度：5%。尿液中的 H_2S 为强阳性。现场排水管内有强烈的腐蛋臭味。死亡事件发生 10 小时后现场取样检测：静态 CO：0.0002%，H_2S：0.01%；动态 CO：0.0246%，H_2S：0.0462%。

二、苯中毒

苯（benzene，C_6H_6）是一种芳香族烃类化合物，无色透明，有特殊芳香味的油状液体。微溶于水，可与乙醚、乙醇、汽油、丙酮和二硫化碳等有机溶剂混溶。

苯是一种不易分解的化合物，与其他化学物发生反应，基本结构不变。在特殊条件下，也仅苯核上的氢原子被其他基团所取代，如被硝基、磺基和卤素取代，形成硝基苯、三硝基甲苯、苯磺酸及氯苯等。苯受氧化剂作用时可氧化成酚。若苯核上有其他侧链，则被氧化的是侧链而非苯核本身，毒性也极易改变。商品苯中混有甲苯、二甲苯、微量酚及二硫化碳等。

【中毒原因】

苯在工业中用途极广，主要用作油、脂、橡胶、树脂、涂料、油漆、喷漆、人造革和氯丁橡胶等溶剂及稀薄剂，苯也用于制造各种化工产品，如苯乙烯、苯酚、合成洗涤剂，合成染料、化肥、塑料、炸药及农药二二三、六六六等。在上述生产和使用过程中会接触到苯而中毒。

【毒理作用】

苯主要以蒸气形态由呼吸道进入人体，皮肤仅可吸收少量，消化道吸收则很完全。30% 苯在肝细胞微粒体内，被混合功能氧化酶系代谢成环氧化苯。环氧化苯不经酶作用转化为酚，在环氧化物水化酶作用下则转化成苯氢二醇，再可被转化为邻苯二酚（儿茶酚）。少量酚进一步代谢为氢醌。邻苯二酚和氢醌可能为苯的毒性中间代谢物。

中毒机制过去认为苯是脂溶性物质，在含脂肪丰富的组织如神经系统和骨髓内蓄积较多，因而引起神经系统及造血系统损害，但这仅能说明苯在体内的分布。目前认为苯的毒性作用，主要是由其在体内的代谢产物酚类引起，酚类转化物特别是氢醌和邻苯二酚在体内蓄积，它们能直接抑制造血细胞的核分裂，对骨髓中核分裂最活跃的原始细胞具有更明显的毒性作用。此外苯还有致癌作用，注射或吸入苯可诱发大鼠多种肿瘤，从疾病发生率的曲线提示，急性白血病的发生率为50%，而对照组少于5%。急性中毒死亡原因多为呼吸中枢麻痹。

【中毒致死量】

苯中毒与空气中苯蒸气浓度和接触时间有关，见表6-6。

表6-6　苯蒸气浓度、接触时间与中毒症状的关系

空气中苯蒸气浓度（mg/m^3）	接触时间（min）	中毒症状
61 000～64 000	5～10	死亡
24 000	30	生命危险
4800	60	严重中毒症状
1600	60	一般中毒症状
100～480	300	头痛、乏力、疲劳

【中毒症状】

1. 急性中毒　①轻度中毒，出现头晕、头痛、眩晕、神志恍惚、步伐不稳，可有嗜睡、手足麻木、视力模糊。消化系统症状可有恶心、呕吐。黏膜有轻度刺激症状如流泪、咽痛或咳嗽等。②重度中毒，出现震颤、谵妄、昏迷、强直性抽搐等症状，极严重者可因呼吸中枢麻痹而死亡。少数可有心肌缺血或Ⅰ～Ⅱ度房室传导阻滞等心律失常表现。

2. 慢性中毒　①轻度中毒，有头昏、健忘、失眠等神经衰弱症状。最早和最多出现的常是持久的白细胞计数减少，白细胞有较多的毒性颗粒、空泡、破碎细胞等。少数病例可有血小板计数偏低，较重者可有红细胞计数偏低或减少。②重度中毒，出现明显的全身无力、头晕、心悸。常因感染而发热。齿龈及鼻腔常出血，女性月经量明显增多。红细胞、白细胞（主要是中性粒细胞）、血小板、网织细胞都明显减少，可降低正常值的1/5左右。骨髓象表现为再生障碍性贫血。苯白血病：苯可以引起各种类型的白血病，而以急性白血病较为多见，早期无特殊的自觉症状。血液检查方面，部分病例先有周围血液白细胞计数持续增加，多数病例是由于在血液涂片中见到幼稚的血细胞后才考虑到白血病，由骨髓检查明确诊断。

【尸体检验所见】

急性苯中毒死亡尸体以中枢神经病变为主，大脑白质广泛水肿，基底核、视丘和下视丘部位的小血管周围间隙明显扩大，血管周围神经组织疏松和淋巴细胞浸润，胶质细胞周围出现大空泡，并有脱髓鞘现象。气管黏膜、胸膜及肺严重淤血和出血，有明显肺水肿、灶性肺不张和气肿。心外膜充血，心肌间质淤血水肿。肝中央静脉和肝窦扩张淤血，有散在灶性淋巴细胞浸润，肝细胞内有较多色素颗粒并出现细胞水肿。肾小球淤血。接触极高浓度死亡，以肺明显出血和水肿为主要病变，大脑仅有轻度血管充血，肝、肾可无明显异常，体内富含脂肪组织的苯含量与接触浓度平行。慢性苯中毒死亡的尸体皮肤苍白，呈贫血貌，全身散在出血斑点，继发性感染灶，鼻与口腔黏膜溃疡，肝、脾、淋巴结可无肿大或轻度肿大，骨髓象呈再生障碍性贫血或白血病表现。

【法医学鉴定要点】

了解案情，勘验现场，结合临床表现，可测尿酚以资参考。酚为苯的主要代谢产物，尿酚的排出量可较全面反映接触苯的程度。国内有人对尿酚作为接触苯的指标进行系统研究，得出尿酚排出量与空气中苯浓度相关的结论，并提出尿酚值大于 10mg/L 时，提示有苯接触，脱离苯接触后，尿酚含量在短期内即恢复正常，故应尽早采集尿液测定。急性苯中毒者须与引起昏迷的其他疾患如脑血管意外、癫痫等区别。

（张海东）

思考题

1. 试述呼吸功能障碍性毒物中毒的分类并举例说明。
2. 试述氰化物中毒的中毒原因、毒理作用和法医学鉴定要点。
3. 试述一氧化碳中毒的中毒原因、毒理作用和法医学鉴定要点。
4. 试述窒息性或刺激性气体中毒的法医学鉴定要点。

第七章 农药中毒

学习目标

通过本章的学习，你应该能够：

掌握 有机磷农药的中毒作用、中毒症状、尸体征象、检材的提取以及法医学鉴定要点。

熟悉 氨基甲酸酯类农药和拟除虫菊酯类农药的中毒作用、中毒症状、尸体征象、检材的提取以及法医学鉴定要点。

了解 百草枯的毒理作用及病理学改变。

章前案例

2013年某月某日，陈某突然出现呕吐、发热及腹泻等症状，于当日被送至某医院治疗。陈某患有精神分裂症十余年，一直服用抗精神病药物控制病情。本次入院后医院以"发热、腹泻3天，加重伴咽痛1天"收入感染科，入院后予以相应检查及对症治疗，但经感染科抗感染、护肝等治疗后，仍发热、气促，并出现呼吸困难和急性肾衰竭；另外，住院期间多次行胸部CT提示双肺纤维化并逐渐加重。经向其家人反复询问入院前该患者的日常起居、行为及心理状态等情况，未发现有何异常。后经多科室会诊，并与其家属协商和沟通，终于得到线索。原来患者数天前自行外出游走曾饮用了某种瓶装的液体。家属在其居住地周边的一处农田边发现一个棕色玻璃瓶，瓶上的标签已模糊不清，瓶内无液体，后检验证明瓶内曾装有某种农药。医院按照此类农药中毒开展救治。但该患者呼吸困难进一步加重，于入院1月余后死亡。陈某是否死于中毒？有可能是哪种毒物？

农药（pesticide）是一类农业生产上用于杀虫、防治病害、除草、杀鼠、杀菌以及促进或控制植物生长的化合物。

我国农药的生产和使用量都非常大。目前世界各国化学农药的原药产量已达200余万吨，有35 000多种商品；在我国使用的农药超过250种，每年实际产量达30多万吨，推测年用量在100万吨左右，各种制剂近1600种。由于接触农药的人群数量大，加之农药的购买没有具体的限制措施，很容易获得。我国每年农药中毒人数超过10万人次，死亡至少5000人。

在急性中毒中，农药中毒居于首位；在农药中毒中有机磷农药中毒占大多数，其中剧毒的甲胺磷和对硫磷中毒占有机磷农药中毒的60%。

农药按用途分类可分为杀虫剂、杀菌剂、除草剂、植物生长调节剂和杀鼠剂等，该分类方法多为农林业应用和农技推广部门使用，也有利于急性农药中毒品种不明时按用药目的去推测和追溯农药接触史。按化学结构则可分为有机磷类、有机氯类、有机氮类、有机硫类、砷（胂）制剂类、氨基甲酸酯类、拟除虫菊酯类等，此分类多为化工合成研究和生产时使用，也可为毒理研究和医学临床治疗所使用。实际工作中，使用最多的是上述两类的混合分类，如有机磷杀虫剂等。

杀鼠剂中毒将在第八章叙述，本章重点讨论杀虫剂中毒。

农药的毒性大小与其结构、纯度、剂型、实验方法、受试动物的性别、健康状况等有密切关系。某种农药的急性毒性大小一般都是采用成年健康大鼠或小鼠等啮齿类动物作为供试动物进行测定，给药途径一般有经口、经皮和吸入。急性毒性的大小一般用半数致死量（LD_{50}）或半数致死浓度来表示（LC_{50}）和分级，我国农药急性毒性分级的方法见表7-1。

表7-1 我国农药的急性毒性分级建议标准（1990年）

毒性分级	大鼠经口 LD_{50}（mg/kg）	大鼠吸入2h LC_{50}（mg/m^3）	大鼠经皮4h LD_{50}（mg/kg）	急毒（鲤鱼） TLM（mg/kg）
剧毒	<5	<20	<20	<0.0001
高毒	5～50	20～200	20～200	0.0001～0.001
中毒	50～500	200～2000	200～2000	0.001～0.01
低毒	>500	>2000	>2000	>0.01

注：此表为我国化工部、农林部、卫生部分级暂行标准；LD_{50}为半数致死量，LC_{50}为半数致死浓度，TLM为半数耐受浓度

不同年代、不同地区使用的农药种类不同，农药中毒的类型也有差别。法医工作者应及时了解农药的新品种、剂型等方面的变化，以利于农药中毒的法医学鉴定。由于试验和使用中出现安全、环境污染、二次中毒等方面的问题，下列农药已被我国禁用：①敌枯双及普特丹，经毒理学试验证明对动物有致畸的危险性。②二溴乙烷及杀虫脒，对人有致癌作用。③二溴氯丙烷，对动物有致突变和致癌作用，可使制药工人的精子减少，引起男性不育。④蝇毒磷，因是高毒农药，不得喷洒蔬菜。⑤艾氏剂、狄氏剂、六六六及滴滴涕属高残留有机氯农药。⑥氟乙酰胺、四次甲基二砜四胺（毒鼠强），对人畜有剧毒，且有二次中毒危险，严禁作为杀鼠剂应用。⑦有机汞类（如氯化乙基汞、醋酸苯汞）及有机锡类（如三苯基锡及三丁基锡），是高毒杀菌剂，可引起严重的神经系统损害，已停止生产和应用。因为上述农药有的仍有积存，有的还在私自非法生产和销售，因而这类农药中毒事件仍时有发生。

为提高药效，减少害物的抗药性或同时兼治害物（较多为虫病害兼治）等目的，农业上常推荐使用混合复配农药，即将两种或两种以上的农药混合在一起使用，农药厂也生产出成品复配农药，混合农药急性中毒已成为急性农药中毒急救和法医鉴定中的一个新课题。

法医工作中以急性农药中毒最常见，个别农药在急性中毒后还会产生慢性远期危害，如某些有机磷农药急性中毒后出现迟发性多发神经病变，较大剂量百草枯急性中毒后的肺纤维化等。

第一节 有机磷农药中毒

有机磷农药（organophosphorus pesticide）是含磷的有机化合物，在农业上主要用于杀虫、除草等，近年来已先后合成杀菌剂、杀鼠剂等有机磷农药，具有高效、代谢快、低残留等特点。近几十年来，有机磷农药的研究和使用得以迅速发展。有机磷类杀虫剂最先于1937年由Gerhard Schrader等多位德国科学家合成。目前，全世界已能合成几百种具有杀虫效果的有机磷化合物，大量生产的约有四十多种，我国最常见的有对硫磷、甲胺磷、敌敌畏、乐果、敌百虫等十多种。

1. 剧毒类　大鼠经口LD_{50}<10mg/kg，如甲拌磷（3911，phorate）、内吸磷（1059，demeton）、对硫磷（1605，parathion）、硫特普、八甲磷、谷棉磷等。

2. 高毒类　LD_{50}<10～100mg/kg，如乙硫磷（蚜螨立死，1240）、久效磷、甲基对硫磷（甲基1605）、苯硫磷（伊皮恩，EPN）、甲胺磷、三硫磷、甲基内吸磷（甲基1059）、敌敌畏等。

3. 中毒类　LD_{50}<100～1000mg/kg，如乐果（rogor，dimethoate）、倍硫磷、稻瘟净（EBP）、杀螟松、稻丰散、敌百虫、辛硫磷等。

4. 低毒类 $LD_{50}>1000mg/kg$，如家蝇磷、杀虫畏、马拉硫磷（4049，malathion）、溴硫磷等。

有机磷农药除少数品种如敌百虫为固体外，其他多为淡黄色或棕色油状液体，具有类似大蒜样的特殊臭味，一般不溶于水，溶于多种有机溶剂及动、植物油中，在水中溶解度高的农药如乐果、敌百虫、甲胺磷等在有机溶剂中溶解度往往小，油溶性小的农药不易通过皮肤侵入人体，因而接触中毒机会较少；有机磷农药无论是液体或固体，在任何湿度下都有蒸气逸出。在常温下，其蒸气压力很低，但一般有较强的效力，有的有剧烈毒性，在空气中虽含量不大，仍具有明显的作用。如甲拌磷在20℃蒸气压仅0.000 84mmHg，但在密闭的空间中，其挥发度可达$12.4mg/m^3$，易造成吸入性中毒。

大部分有机磷农药是磷酸酯或磷酰胺类，这类化合物易与水发生反应而分解变为无毒的化合物。有机磷酸酯类化合物一般在酸性介质中水解速度较慢，在碱性介质中水解速度较快，磷酸酯比磷酰胺易于水解。

多数有机磷农药在氧化剂或生物酶催化作用下容易被氧化，如硫代磷酸酯被氧化为磷酸酯。

多数有机磷农药不能耐受较高温度的作用，加热时在200℃以下就发生分解，如甲基对硫磷在130～140℃即剧烈分解，同时产热升温，甚至形成爆炸。常见有机磷农药的理化特性及毒性见表7-2。

表7-2 常见有机磷农药的理化特性和毒性

名称	颜色性状		气味	大白鼠口服LD_{50}（mg/kg）	成人口服致死量（mg/kg）
	纯品	工业品			
敌百虫	白色结晶	白色块状	工业品有氯醛味	400～900	450
敌敌畏	无色透明液	微黄色液	轻微芳香味	75～107	56
久效磷	白色结晶	红棕色黏稠液	轻微酯味	8～23	-
对硫磷	淡黄色油状	红棕色、暗褐色	弱蒜臭味	6～15	3
杀螟松	淡黄色油状	黄棕色油状	蒜臭味	470～516	-
内吸磷	淡黄色油状	占70%黄色液	无味	2.5～12	2.5
	淡黄色油状	占30%黄色液	恶蒜臭味		
甲拌磷	无色油状	黄褐色油状	恶蒜臭味	2.1～2.7	0.1
乐果	白色结晶	黄色油状	弱蒜臭带樟脑味	500～600	215
马拉硫磷	淡黄色液	淡黄色液	强蒜臭味	450～1400	1375
甲胺磷	白色结晶	黄色黏稠液	刺激性恶臭	20～29.9	-

【中毒原因】

在我国法医检案工作中，有机磷农药中毒已成为最常见的中毒原因，由于广泛采用敌敌畏防治卫生害虫，在城镇以敌敌畏中毒为多见；农村则以甲胺磷、对硫磷等较多见。除常见用于服毒自杀外，也有用于投毒的案例，如将农药掺入食物、饮料或中药等，还有通过胃肠外途径投毒者，如静脉、肌肉、皮下、胸腔、心包腔内注射、吸入或塞入阴道等；有用其他方式杀人后，再经口灌服有机磷农药，而伪装自杀现场，在实际工作中应引起注意和警惕。在农村还有以有机磷农药对家禽、家畜的投毒案例发生。

由于有机磷农药的流散和滥用，意外中毒事件仍较多见。如：①用装过农药的容器装食油、酱油、酒或其他食品引起中毒。②误食被农药毒死的禽、畜、鱼致二次中毒。喷药不久留有残毒的蔬菜，或拌过农药的种粮，均能引起中毒。③误用农药灭虱、治癣，从皮肤吸收而致中毒。④误入喷洒农药不久的田间割草、玩耍引起中毒。⑤其他：以敌敌畏在室内灭蚊，用药浓度过大，引起吸入中毒。也有误将敌敌畏当作胎盘组织浆肌内注射引起重度中毒的案例。

在有机磷农药生产过程中的合成、精制、混配、出料、包装、运送及设备检修、事故抢救时，其蒸气或液体可通过吸入或皮肤污染引起中毒。在农业使用过程中，配制、拌种、喷洒、熏蒸、药械检修时，由于违反操作规程、忽视个人防护，均可因皮肤污染或吸入引起中毒。我国每年农药中毒者10万人，其中有机磷农药中毒占70%以上，死亡率在10%左右。

【毒理作用】

有机磷农药能经无损伤的皮肤、呼吸道、消化道进入体内，迅速分布到全身各组织器官并与组织蛋白牢固结合。有机磷化合物的分布特性在很大程度上取决于进入途径。给药后5～12小时后，血液中浓度达高峰，农药在生物体内主要通过氧化和水解反应降解，大部分代谢产物经肾随尿排出，24小时后即难测出，48小时则完全消失，小部分随大便排出。

有机磷中毒机制为：

1. 对乙酰胆碱酯酶的抑制　有机磷化合物进入机体后，主要抑制机体内胆碱酯酶(ChE)，使之失去活性，从而丧失分解乙酰胆碱的能力，乙酰胆碱在体内蓄积，引起神经系统功能紊乱的中毒表现。乙酰胆碱是胆碱能神经的化学传递介质，蓄积增加时，则发生胆碱能神经系统功能亢进的临床表现。

有机磷化合物进入机体后，其磷酸根迅速与ChE的活性中心结合，形成磷酰化ChE，因而失去分解乙酰胆碱的作用，有机磷化合物对ChE的抑制分为两步：第一阶段，酶的抑制是可逆的，形成一个可逆的复合体，接触到一定时间，才进入第二阶段，酶逐渐转入不可逆抑制，即形成一个磷酰化的ChE，磷酰化胆碱酯酶水解缓慢，在某些情况下测不出来，是较稳定的化合物，从而使ChE失去分解乙酰胆碱的能力，过剩的乙酰胆碱造成神经传导生理功能紊乱，出现胆碱能神经亢奋的一系列中毒症状。

有机磷中毒后如不及时抢救，酶在几分钟或几小时内就“老化”，使磷酰化胆碱酯酶的磷酰化基团的一个烷氧基断裂，形成更稳定的单烷氧基磷酰化胆碱酯酶，称为老化酶。此时即使用ChE复能剂，也不能恢复酶的活性。

2. 对神经病靶酯酶的抑制　某些种类的有机磷农药，在中毒后1～2周，部分病人可发生周围神经病，称为有机磷迟发性神经病(organophosphate induced delayed neuropathy，OPIDN)。通过一系列实验研究发现，神经组织中有一种能被有机磷化合物磷酰化的酯酶与有机磷迟发性神经毒作用有关。这种酯酶最初命名为神经毒性酯酶(neurotoxic esterase)，后改称为神经病靶酯酶(neuropathy target esterase，NTE)。关于它的功能以及迟发性神经毒作用的确切机制，仍有待于进一步深入研究。

具有迟发性神经毒作用的有机磷农药有：甲胺磷、丙氟磷、苯硫磷、马拉硫磷、乐果、氧化乐果、敌敌畏、敌百虫、保棉丰等。

3. 对心肌的损伤　重症急性有机磷中毒时心肌酶的改变表现为血清中α-羟丁酸脱氢酶(α-HBDH)、肌酸激酶(CK)总值、乳酸脱氢酶(LDH)、肌酸激酶同工酶(CK-MB)有明显升高。

4. 免疫毒理机制　部分有机磷农药可作为半抗原，进入机体后和特定的蛋白结合形成抗原，可使皮肤出现过敏反应，如马拉硫磷等。有的有机磷化合物进入机体后，刺激机体产生自身抗体。

5. 其他毒性作用　有机磷化合物进入机体后，还能与细胞内溶酶体膜表面的ChE结合，使溶酶体破坏，溶酶体中存在的磷酸酯酶、β-葡萄糖醛酸酶溢出，使体内代谢紊乱，从而出现中毒的临床症状。有机磷化合物进入机体后，在抑制ChE的同时，尚能直接作用于乙酰胆碱的受体上，具有一定抗乙酰胆碱的作用，这两种作用相拮抗，而出现不同的中毒症状，如抗乙酰胆碱的作用增强时，ChE的抑制作用相对地被减弱，毒性相对减低，临床上的中毒症状亦随之减轻。有机磷还有一些非特异性作用，如使血清蛋白下降，血糖升高，血胆固醇异常，血中醛缩酶、过氧化物酶、过氧化氢酶以及脑、肝的单胺氧化酶活性改变，有的还有致癌、致畸和致突变作用。

有机磷农药中毒的死因：呼吸衰竭是有机磷急性中毒的主要死因，呼吸中枢麻痹在呼吸衰竭中起主要作用；肺水肿、呼吸肌麻痹、支气管痉挛及支气管内积聚黏液则是加重呼吸衰竭的重要因素。目前认为，心损害是重症有机磷中毒后期引起急性死亡的常见原因。

【中毒致死量】

有机磷农药根据其品种、剂型和侵入机体途径的不同，其中毒量和致死量有较大的差异，见表 7-2。

【中毒症状】

有机磷农药中毒的潜伏期因中毒途径不同而有所差异。口服者约 5～20 分钟出现恶心、呕吐，以后进入昏迷状态；经呼吸道者，潜伏期约 30 分钟，吸入后产生呼吸道刺激症状。呼吸困难，视力模糊，而后出现全身症状；经皮肤吸收者潜伏期最长约 2～6 小时，吸收后有头晕、烦躁、出汗、肌张力减低及共济失调等症状。

有机磷杀虫剂中毒可导致三个时相的神经毒性作用，其表现为：

1. 急性胆碱能危象（acute cholinergic crisis） 胆碱能危象在中毒后立即出现，是急性有机磷杀虫剂中毒的主要临床表现，是体内 ChE 被抑制，导致 Ach 过量积聚，过度激动胆碱能受体的结果。

（1）毒蕈碱（M）样症状：多数腺体分泌、平滑肌收缩及括约肌松弛。腺体分泌表现为多汗、流涎、流泪、鼻溢、痰多及肺部湿啰音。平滑肌收缩表现为胸闷、气短、呼吸困难、瞳孔缩小、视力模糊、恶心、呕吐、腹痛、腹泻、肠鸣音亢进。括约肌松弛表现为大小便失禁。

（2）烟碱（N）样症状：交感神经节和肾上腺髓质兴奋，表现为皮肤苍白、心率增快、血压升高。作用于骨骼肌神经肌肉接头，表现为肌颤、肌无力、肌麻痹等，呼吸肌麻痹可致呼吸停止。

（3）中枢神经系统症状：轻者头晕、头痛、情绪不稳；重者抽搐（有机磷杀虫剂中毒较少见）、昏迷；严重者呼吸、循环中枢抑制，因呼吸、循环衰竭而死亡。

在急性胆碱能危象期，可同时伴有心力衰竭、心律失常，心电图可见 ST 段压低，T 波倒置，室性期前收缩、房性期前收缩、血清 α-HBDH、LDH、CK、CK-MB 明显升高。

2. 中间综合征（intermediate syndrome，IMS） 多发生于中毒后 24～96 小时（或 2～7 天），在胆碱能危象和迟发性神经病之间，故称中间综合征，并非每个中毒者均发生。发病时胆碱能危象多已被控制，表现以肌无力最为突出。由有机磷中毒损伤骨骼肌引起，涉及颈肌、肢体近端肌、脑神经Ⅲ～Ⅶ和Ⅹ所支配的肌肉，重者累及呼吸肌。表现为抬头困难、肩外展及髋屈曲困难；眼外展及眼球活动受限，眼睑下垂，睁眼困难，可有复视；颜面肌、咀嚼肌无力、声音嘶哑和吞咽困难；呼吸肌麻痹则有呼吸困难、频率减慢、胸廓运动幅度逐渐变浅，进行性缺氧致意识障碍、昏迷以至死亡。远端肢体肌力、肌张力正常，无肌颤。在进行性缺氧发生之前意识正常，无感觉障碍。当呼吸肌麻痹时，大多数患者膝反射和跟腱反射减退或消失。神经肌电图检查正中神经运动和感觉传导速度以及腓神经运动传导速度正常。发生 24～48 小时后，以 20Hz 和 50Hz 高频率持续刺激腕部正中神经或尺神经，发现拇短展肌和左小指展肌的肌肉反应波幅进行性递减，类似重症肌无力的反应，但低频率刺激未见波幅改变，也无强直后易化现象。全血或红细胞 ChE 活性明显低于正常。该综合征一般持续 2～20 天，个别可长达 1 个月。此类病变主要见于经口中毒的重症患者，多见于含二甲氧基的化合物，如倍硫磷、乐果、氧化乐果等。

3. 有机磷迟发性神经病（OPIDN） OPIDN 多在急性中毒恢复后 1～2 周开始发病，部分延迟至 3～5 周。甲胺磷急性中毒后 OPIDN 发病率为 10%。首先累及感觉神经，逐渐发展至运动神经；开始多见于下肢远端部分，后逐渐发展，有时可累及上肢。最初表现为趾 / 指端麻木、疼痛等感觉异常，逐步向近端发展，疼痛加剧，脚不能着地，手不能触物。约 2 周后，疼痛减轻转为麻木，运动障碍开始表现为肢体无力，逐渐发展为弛缓性麻痹，出现足 / 腕下垂、腱反射消失。少数可发展为痉挛性麻痹，较重者出现肢体肌萎缩，有时伴有自主神经功能障碍。在我国引起此类病变的杀虫剂，发病率最高的是甲胺磷，恢复期一般约 0.5～2 年，少数患者遗留终身残疾。

有机磷中毒患者，经过积极的治疗，在症状明显缓解后，病情突然急剧恶化，重新出现中毒症状而且比前加重，临床上称这种现象为反跳。反跳出现时间一般在急性有机磷中毒后 2～8 天，乐果反跳出现时间较晚，多在中毒的 5～9 天。反跳的预后通常较差，死亡率甚高。出现反跳的机制可能为：①毒物清除不彻底；②有机磷在肝内逐渐代谢氧化增强了毒性。某些有机磷化合物经肝代谢后，毒性可增加多倍，其代谢产物随胆汁贮存于胆囊，当进食或受神经反射刺激时，胆囊收缩，毒物随胆汁进入肠道致再吸收中毒。反跳时由于M受体的敏感性增高，所以中毒症状严重，而机体在经过长期的解毒治疗后对阿托品产生耐受等使治疗困难，所以死亡率高。

国家已颁布职业性急性有机磷杀虫剂中毒诊断标准(GBZ 8-2002)，认为具有下列表现之一者为具有接触反应：①全血或红细胞ChE活性在70%以下，尚无明显中毒的临床表现；②轻度症状，但全血ChE活性不低于70%者。并将急性中毒病情分为三级：短时间内接触较大量有机磷杀虫剂后，在24小时内出现一定毒蕈碱样、烟碱样及中枢神经系统症状，且ChE活性降至50%～70%者，为轻度中毒；前述症状加重，伴肌束震颤等烟碱样表现，且ChE活性降至30%～50%者，为中度中毒；上述表现基础上，出现肺水肿、脑水肿、昏迷或呼吸衰竭者，为重度中毒，其全血ChE多在30%以下。已有法医工作者提出，关于重度有机磷中毒的损伤程度，可参照上述诊断标准加以评定。

【尸体检验所见】

不同品种的有机磷农药中毒所致的病理变化基本相同。急性中毒死者尸检可见下述征象。

1. 尸表观察　尸斑显著，呈暗紫红色。尸僵早而强，有的可见腓肠肌和肱二头肌显著挛缩，有的尚可见股四头肌、腹直肌等骨骼肌的挛缩现象，尤以敌敌畏急性中毒为多见。口唇及指甲明显青紫。大多数瞳孔缩小；少数则两侧瞳孔大小不对称；除经治疗者外，还有部分瞳孔不缩小，甚至呈不同程度的散大。眼结膜有散在点状出血。口鼻周围有白色泡沫，部分病例可闻及有机磷的特殊气味，夏季可在口周见死蝇。

2. 消化系统　口服大量有机磷中毒死亡者，切开胃后可闻到有机磷的特殊气味。有时可见黄色油状农药原液浮于胃内容物液面(见文末彩图7-1)；有机磷乳剂与胃内容物混合可呈白色乳状液。若口服少量高毒有机磷死亡或经洗胃，上述现象可不明显。胃及十二指肠黏膜充血并有点状出血。敌敌畏等有腐蚀性的有机磷可使胃底黏膜呈大片灰白色或灰褐色坏死(见文末彩图7-2)，并有出血。严重者浆膜面亦可见灰色腐蚀性损害。镜下见胃黏膜表层坏死、点状出血，黏膜下层充血、水肿，并有少量中性粒细胞浸润。食管下段、十二指肠和空肠上段黏膜也可见类似胃黏膜的损害。大多数胃肠壁平滑肌出现收缩波，以小肠壁纵行肌层较明显(可沿小肠壁的纵轴方向取材制成病理切片镜检)(图7-3)。肝显著淤血、水肿。胰包膜下及间质可见灶性出血；因分泌过度，胰腺泡上皮细胞质内可见空泡形成，但无胰腺泡上皮坏死。

图7-1　有机磷农药中毒死亡者的胃内容物中见黄色油状农药原液

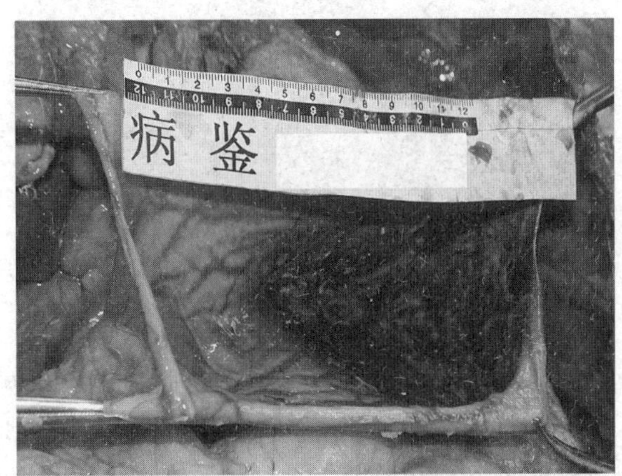

图7-2　有机磷农药中毒死亡者的胃黏膜被农药腐蚀变为灰褐色

3. 心血管系统　右心房及右心室轻度扩张，右心及大静脉内充满暗红色流动性血液。心肌间质充血、水肿。

重症有机磷中毒引起迟发性急性死亡者，国外尸检报道，可见心肌损害，心肌局部Z带消失，有小灶性肌细胞溶解坏死等。

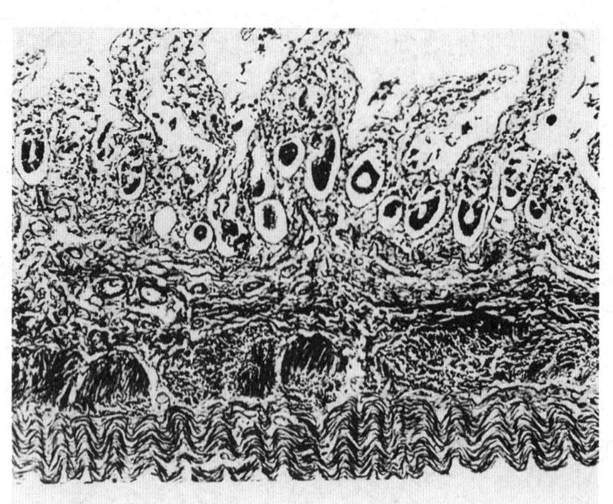

图 7-3　急性对硫磷中毒的小肠壁纵行肌层出现明显收缩波

4．呼吸系统　气管及支气管腔内有多量白色泡沫状液体，肺水肿多较明显。镜下见肺显著淤血、水肿，有的还可见弥散分布的明显灶性出血。部分见细小支气管痉挛性收缩，管壁肌层增厚，支气管黏膜形成皱襞向腔内聚集，使在横切面上呈花边状（图 7-4）。肺气肿区和肺不张区常相间存在。中毒后数小时或数天后死亡者可并发支气管肺炎。

5．中枢神经系统　软脑膜淤血水肿。脑内小血管扩张淤血，呈明显脑水肿，有的可见小血管周围脑组织出现疏松淡染区（图 7-5）。部分可见少突神经胶质细胞肿胀和小血管周围渗出性出血。

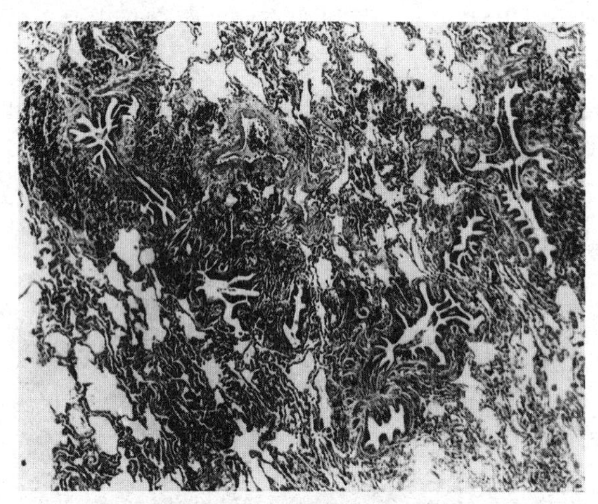

图 7-4　急性对硫磷中毒的肺

细小支气管均发生痉挛性收缩，支气管黏膜形成皱襞向腔内汇集，使管腔变窄，在横切面上呈花边状

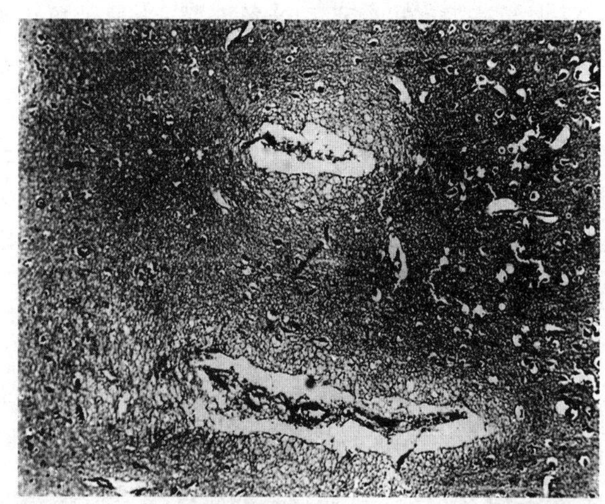

图 7-5　急性马拉硫磷中毒的大脑中毒性脑水肿，小血管周围脑组织出现疏松淡染区

6．其他　肾淤血及轻度水变性。部分尸检例于颌下腺、腮腺腺泡上皮细胞内有空泡形成。

OPIDN 的病理变化主要是周围神经和脊髓长束轴索变性，继发脱髓鞘改变。OPIDN 可引起中毒性肌病，对 8 例甲胺磷中毒性肌病的临床与超微结构观察，在急性中毒后经 15～20 天潜伏期出现对称性手部与小腿肌肉群无力和萎缩。电镜下横纹肌的肌原纤维变性坏死，肌原纤维间的线粒体变性、萎缩和消失，糖原颗粒减少或消失。

此外，已有个别重症有机磷农药中毒病程迁延，引起颈髓坏死软化或坏死性脊髓炎的报道。

【检材采集】

供毒物分析检材的采集应根据毒物进入机体途径的不同而有所差异。口服中毒者取胃内容物、胃组织和血液为最佳；通过呼吸道吸入中毒者应提取肺和血液；如怀疑为注射投毒，应取可疑注射局部皮肤、皮下组织及肌肉送检。如尸解时发现膀胱充盈应注意提取尿液送检，在现场勘察时，应注意提取呕吐物、洗胃液、剩余食物、可疑容器等同时送检。迁延死亡者可提取肝、肾等。如毒物经皮肤吸收并已引起皮肤损害有水疱形成，可抽取水疱内液送检。

【法医学鉴定要点】

有机磷农药中毒在中毒中最常见，服毒自杀最多，意外中毒次之，用于投毒他杀的较少。法医学鉴定应注意以下几点：

1. 有下述检验所见，应怀疑有机磷农药中毒的可能。中毒者大汗、肌束颤动、瞳孔缩小、口吐白沫、衣着和呼吸气体有特殊气味、死亡较快，尸检时见上消化道糜烂、胃内容物表面有油状液，并散发出芳香味或大蒜味，四肢肌群挛缩，显著肺水肿等。

2. 在呕吐物、胃内容物、血及器官中检出有机磷化合物可确定。亦可测定死者血中ChE活性作为参考。

3. 在尿中检出对硝基酚，可确定是对硫磷或含有对位硝基的有机磷化合物中毒或接触者，含量在0.4mg/L以上时，即可出现临床症状；尿中二氯乙醇含量升高，是死者接触敌百虫或敌敌畏的证据。

4. ChE在尸体冷藏条件下比较稳定，可用生化方法或酶组织化学方法测心血、肋间肌、空肠、大脑海马区、尾状核、杏仁核等处的ChE活性。检测时必须与非有机磷中毒死亡尸体对照检材酶活性相比较。如果其酶活性有明显下降或呈阴性反应，可协助诊断。

5. 毒物分析结果是阴性时，应考虑以下几个问题：①检材采取、处理是否得当，特别是生前救治时已洗胃，解剖时再取胃内容物检测，其阴性结果的可能性大；②选用的分析方法是否灵敏，用传统的化学分析方法，不仅检材需要量大，一般需100g以上，而且灵敏度低，易出现阴性结果。总之，在毒物分析结果阴性时，应根据案情、现场勘验、临床表现，结合法医学尸体解剖发现，进行综合评定，作出结论。

第二节 氨基甲酸酯类农药中毒

氨基甲酸酯类农药是20世纪30年代中期，继有机氯和有机磷之后发展起来的一类农药，其是按照毒扁豆碱的化学结构而合成，化学结构归属于氨基甲酸酯，因而得名。

氨基甲酸酯类杀虫剂（carbamate pesticides）具有选择性强、杀虫谱广，均可用增效剂提高其药效，对人类和鱼类有低毒、结构简单和易于合成等特点，广泛用于杀虫、除草、杀菌等。世界各国研究和生产的品种有近千种，我国正式生产的品种近10种，主要有呋喃丹、西维因、叶蝉散、速灭威和仲丁威等。曾有资料统计141例氨基甲酸类农药中毒，其中呋喃丹128例，叶蝉散9例，速灭威及害扑威各2例。呋喃丹是国内生产使用最多的氨基甲酸酯类杀虫剂，故急性中毒也最多。

氨基甲酸酯类杀虫剂按其结构可分为三大类。

1. 取代苯基（含萘基）氨基甲酸酯　已商品化的常用品种有西维因（$C_{12}H_{11}NO_2$）和叶蝉散（$C_{11}H_{15}NO_3$）等，其中西维因是广谱杀虫剂，使用量较大。叶蝉散能有效防治飞虱和叶蝉等水稻害虫及蚜虫。

2. 杂环（含苯并杂环）氨基甲酸酯　已商品化的代表品种有呋喃丹（carbofuran，$C_{12}H_{15}NO_3$），主要用于棉花害虫防治。

3. 氨基甲酸肟酯　这类药剂中具有代表性的品种是涕灭威（$C_7H_{14}N_2O_2$）和灭多威（$C_5H_{10}N_2O_2S$），均有高效广谱杀虫、持效时间长的特点，并可用于杀螨虫和线虫。

近年来合成一些新型氨基甲酸酯化合物，如丁硫威（$C_{20}H_{32}N_2O_3S$）和硫双威（$C_{10}H_{18}N_4O_4S_3$）等，其对哺乳动物毒性大为下降。

氨基甲酸酯类农药纯品多为白色或无色结晶，水中有一定溶解度，剂型主要有颗粒剂、粉剂、乳剂和油剂。在酸性环境中稳定，遇碱易分解。

【中毒原因】

自杀服毒最常见，其次是误食刚喷过农药不久的甘蔗、蔬菜等致中毒，偶见用于投毒他杀，如有用呋喃丹注射到易拉罐饮料内投毒引起被害人中毒昏迷，继之被扼死的案例。在农药的加工、生产和使用过程中，农药污染皮肤或从呼吸道吸收也可引起中毒。在使用呋喃丹杀虫时，因直接用手搓洗原药后喷洒，引起中毒事故的已有多起报道，国外报道的职业性和非生产性氨基甲酸酯类杀虫剂中毒以西维因、呋喃丹为多，国内主要为呋喃丹中毒。

【毒理作用】

氨基甲酸酯类农药主要通过呼吸道和消化道吸收，通过皮肤吸收缓慢，且吸收量低。叶蝉散则不易通过完整的皮肤吸收。吸收入血后，很快分布到肺、肾、肝、心、脑等器官，代谢与排泄迅速，代谢形式主要有氧化、水解和结合 3 种。其代谢产物的毒性多数较原形小，少数与原形相似或增强，如涕灭威的代谢产物涕灭威亚砜和涕灭威砜抗 ChE 作用更强。呋喃丹的氧化产物 3- 羟基呋喃丹与呋喃丹毒性相当。

氨基甲酸酯类和有机磷农药相似，也是一种胆酯酶抑制剂，其引起症状的严重程度基本上与红细胞 ChE 活力的抑制程度相平行。

氨基甲酸酯进入机体后以其整个分子的形式与 ChE 结合，使乙酰胆碱酯酶活性中心上的丝氨酸的羟基被氨基甲酰化，从而阻止了乙酰胆碱与 ChE 的结合，由于 ChE 失去酶解乙酰胆碱的能力而致乙酰胆碱在体内积聚引起中毒。

不同的氨基甲酸酯类农药，其对 ChE 的抑制作用强弱差异很大。与有机磷农药抑制 ChE 的不同点有：

1. 作用快　大多数氨基甲酸酯进入人体后，不像有机磷需先经代谢转变成中间产物再与酶结合，而是直接抑制 ChE，即以整个分子与 ChE 形成疏松的复合物，因此潜伏期较短。

2. 恢复快　氨基甲酸酯与 ChE 并非真正的化学结合，仅是形成一种络合物，在适当条件下很容易分解，重新使 ChE 恢复活力。同时，氨基甲酰化胆碱酯酶可迅速水解，脱氨基甲酰化，生成有活性的酶。一般氨基甲酸酯中毒后，使突触中乙酰胆碱酯酶全被抑制，如中毒后不再继续接触，ChE 可于数分钟开始回升，数小时就几乎完全恢复。因此，氨基甲酸酯对 ChE 的抑制是可逆的，抑制后的 ChE 复能快，临床症状持续时间较短。而有机磷农药的磷酸基与 ChE 活性中心上的丝氨酸结合牢固，所形成的磷酰化酶水解极慢，经过一定时间即转化为“老化酶”。有机磷中毒时，所形成的磷酰化胆碱酯酶自发性脱磷酰化非常缓慢，其半减期为 2～4 天，并且容易“老化”。

3. 多数氨基甲酸酯对红细胞 ChE 的亲和力显著大于血浆 ChE，故其中毒程度与红细胞 ChE 受抑制程度明显相关。

4. 肟类化合物复能剂可以影响氨基甲酰化胆碱酯酶复能，而对多种有机磷农药抑制的 ChE 仅在未“老化”前有复能作用。

有人经动物实验发现，通过静脉注射西维因、混杀威、虫草灵等 5 种氨基甲酸酯 LD_{50} 剂量后，数分钟动物出现明显的麻醉作用。而腹腔注射上述农药后，仅发生轻微的麻醉作用。经口给药则不出现麻醉作用。推测其作用机制是在高浓度静脉注射这类药物时，影响钠离子通过轴突膜，致使神经传导和运动终板阻滞。

【中毒致死量】

氨基甲酸酯类较有机磷类农药毒性低，不同品种间差异大，常见品种的毒性大小见表 7-3。

表 7-3　氨基甲酸酯类农药对大白鼠的毒性

品名	经口 LD_{50}（mg/kg）	经皮 LD_{50}（mg/kg）	成人口服致死量（mg/kg）
西维因（甲萘威，carbaryl）	500～850	＞4000	500
害扑威（eforl，CPMC）	648	＞500（兔）	
呋喃丹（卡巴呋，carbofuran，furadan）	6～14	3400～10200（兔）	11
异丙威（叶蝉散，MIPC）	403～485	＞500	
速灭威（metacrate，MTMC）	498～580	6000	

有一次服用250mg的西维因引起中度中毒，2小时后恢复；一39岁的酒醉男性，饮入80%的西维因溶液大约500ml，6小时死亡；日本有一妇女及其6岁儿子分别口服氨基甲酸酯农药灭多虫2.75g和0.26g引起中毒死亡的报道。

【中毒症状】

氨基甲酸酯类农药中毒后发病快，皮肤接触后30分钟、口服后10分钟即可发病，多在30～60分钟出现症状。临床表现与有机磷农药中毒相似，且病情的轻重与ChE活性下降程度呈平行关系。所不同的是临床症状的出现较有机磷农药中毒时急而严重，但若未死，可在短时间内恢复。重度中毒时，除可出现极度呼吸困难、昏迷、抽搐外，还有心肌损害和心律失常等，大多因呼吸衰竭在24小时内死亡。死亡病例多为经口中毒者。

氨基甲酸酯类农药中毒后恢复快，部分中毒轻者可自行恢复，只要彻底清除毒物，病情通常无反复，一般认为中毒后不发生迟发性周围神经病。

实验室检查以ChE活性降低为主，由于被抑制的ChE活性恢复快，所以测定时要求快速、简便、采血后尽快分析。而血常规、尿常规、血糖、肝功可在正常范围。

尿中氨基甲酸酯类代谢产物的测定，可作为接触指标；如接触呋喃丹者测定尿3-羟基呋喃丹，接触西维因者测定尿1-萘酚，接触残杀威者测定尿2-异丙氧基吩。

【尸体检验所见】

氨基甲酸酯类农药中毒死者尸表改变和组织形态学改变与有机磷农药中毒死者的改变近似，如尸僵出现早，器官淤血、水肿，并可见小灶性出血。由于呋喃丹多为颗粒剂，且有紫兰和粉红两种颜色，因此，尸检时在死者的胃内有时可见沙粒状物，且呈紫色，此时应与磷化锌中毒进行鉴别。曾有一呋喃丹中毒案例，死者女，66岁，某日上午与人发生纠纷，下午突然从其坐的椅子上倒在地上，急送村卫生室抢救，发现已经死亡，死亡经过不到1小时。死后两天尸检所见：右前额见2cm×3cm的擦伤，已皮革样化，相应部位头皮下有出血，范围3cm×3.5cm；颅骨及脑未见明显损伤。胃壁因腐败而胀气，外观呈蓝绿色，剪开有臭气，胃内容为30ml的蓝黑色液体，其中混有少量蓝黑色砂粒样沉淀物，质地较硬。余器官肉眼及病理学检查未见异常。根据胃内容的性状，一度考虑磷化锌中毒，后经过重新调查当地常用农药种类及何种农药为颗粒剂且拌入砂土中使用，最终经毒物检测证实是呋喃丹中毒。

【检材采取】

尸检时应提取胃内容物、胃、血、肺、肝和尿液等进行毒物分析，在现场应注意收集呕吐物、可疑容器一并送检。

【法医学鉴定要点】

在使用氨基甲酸酯类农药的地区，出现急性中毒，中毒症状类似有机磷农药，而呕吐物等又无特殊气味时应怀疑氨基甲酸酯类农药中毒，再结合案情调查和毒物分析结果可以做出鉴定。在毒物分析结果为阴性时，应考虑以下几个问题：①取材是否及时，因毒物进入机体后，分解代谢和排泄速度快，24小时后80%～90%以结合物方式经尿排出体外，可能造成毒物检测结果阴性；②分析方法的选择是否正确。近几年来，我国毒物分析工作者对若干起呋喃丹中毒案件死亡者的器官进行毒物分析时，在中毒者胃、尿和肝中检出了呋喃丹及代谢产物呋喃酚，而在死后经过时间稍长者或器官检材存放较久的情况下只能检出呋喃酚。

临床上有关实验室检查也可以帮助诊断，如中毒者可有ChE活性降低，急性中毒的临床表现与血液ChE、特别是红细胞ChE抑制程度相关，但有时不完全平行。急性中毒时，血ChE活性一般降低在70%以下。由于被抑制的ChE活性恢复快，所以测定时要求快速、简便，采血后尽快送作毒物分析。而血常规、尿常规、血糖、肝功能检查可在正常范围。尿中氨基甲酸酯类代谢产物的测定，可作为接触指标。

法医学鉴定中应注意与有机磷农药中毒进行鉴别，一般氨基甲酸酯中毒者临床症状较轻，尸检变化虽然与有机磷农药中毒类似，但程度较轻，尤其是胃内容无特殊气味，瞳孔缩小可不明显。

需要注意的是，农药混合应用时，可同时存在氨基甲酸酯与有机磷或与其他农药混合中毒的可能，法医学鉴定时，应注意全面考虑。

（乔东访）

第三节　除草剂中毒

近年来，化学除草剂（herbicide）发展很快。目前世界范围内应用的已有 100 多种。在发达国家除草剂的用量占农药的第一位，且有继续增加的趋势。我国使用除草剂的数量和品种亦逐渐增加。各种除草剂中，以百草枯及 2，4- 滴丁酯类毒性较大，常有中毒发生。

一、百草枯

百草枯（paraquat）又名克芜踪、对草快，我国台湾省称巴拉刈，代号 PP148，属联吡啶类化合物，化学名称为 1，1'- 二甲基 -4，4'- 联吡啶二氯化物，多以 10%～30% 浓度的水剂出售，而用于农业上喷洒的稀释液的浓度应不超过 0.05%～0.2%（按百草枯阳离子计）。由于具有广谱、高效、价格低廉、对土壤环境无害（与土壤接触后快速失效）的特性，百草枯是全世界使用最多的除草剂之一，被广泛用于农业和园艺除草，以及大豆、棉花、西红柿等作物的催枯。但是百草枯对人畜毒性极大，无特效解毒药，口服中毒死亡率可达 90% 以上。目前，百草枯在约 100 个国家被允许销售和使用，20 多个国家禁止或者严格限制使用。而我国自 2014 年 7 月 1 日起，撤销百草枯水剂登记和生产许可、停止生产，保留母药生产企业水剂出口境外使用登记，允许专供出口生产，2016 年 7 月 1 日停止水剂在国内销售和使用。

百草枯在酸性或中性的溶液中稳定，但在碱性条件（pH＞12）下则很快水解。

【中毒致死量】

口服百草枯 3.0g（约 10ml），可引起中毒症状，成人口服致死量为 40mg/kg（也有死于 17mg/kg 的报道）或 15ml 以上 20% 的溶液，而儿童为 4～5ml，最小致死血浓度为 1.2mg/L，肝组织的最小致死浓度为 0.2mg/kg。原药大白鼠中毒经口 LD_{50} 为 112～115mg/kg，家兔急性中毒经皮 LD_{50} 为 240mg/kg。

【中毒原因】

百草枯良好的除草作用和对土地的植保作用，使我国近年来百草枯应用广泛，中毒案件时有发生。

【毒理作用】

百草枯可通过皮肤黏膜、胃肠道和呼吸道吸收。百草枯在胃肠道的吸收非常快速但不完全，主要吸收部位在小肠，1～6 小时内吸收率大约为 1%～5%，主要从肾排出。其吸收速度和排泄速度均较快，在肺中浓度较高，其浓度比血浆高 6～10 倍。中毒机制为百草枯通过细胞电子传递系统产生大量过氧化氢等有害活性氧化物质，并消耗对维持机体正常生化和生理过程具有重要功能的还原型烟酰胺腺嘌呤二核苷酸磷酸（NADPH），引起肺、肾、肝等组织器官细胞膜脂质过氧化，造成组织细胞损伤甚至多脏器功能衰竭。由于肺泡细胞具有主动摄取和蓄积百草枯的特性，肺对百草枯极其敏感，即使不是直接接触，而百草枯中毒后的幸存者其肺部也将在 5～10 天内快速纤维化（不可逆）。

【中毒症状】

百草枯对皮肤、眼睛和口腔黏膜具有腐蚀性，损伤类似于碱性腐蚀。皮肤接触后可引起皮肤干裂，眼睛接触后可引起结膜炎和角膜炎，呼吸道吸入者有鼻、喉部刺激症状。百草枯中毒大多来自口服，摄入百草枯 24 小时内出现呼吸道症状，表现为咳嗽、咳痰、呼吸困难，口腔、咽部、食管、胃有烧灼感，接着会出现恶心、呕吐，随之黏膜红肿、溃烂并出现腹泻等，严重者可出现食管黏膜表层剥脱。大部分中毒者会出现舌部的特征性病变，通常为肿胀，被称作“百草枯舌”。有人对 41 例口服百草枯中毒存活患者的临床资料进行了分析，所有患者均表现为口腔黏膜损伤，均出现口腔及舌面黏膜的糜烂及溃疡。

肺和肾是百草枯损伤的靶器官。肺的损伤主要表现为胸痛、呼吸困难及肺影像学改变，进一步发展为呼吸衰竭。口服数天后，会出现肺纤维化，而此延迟的症状可能会影响到急性百草枯中毒的诊断。对于口服中毒很快后死亡的病人，胸部X射线检查结果可能是正常的。百草枯中毒还可出现血尿、蛋白尿及脓尿、尿素氮升高，并逐渐发生肾衰竭，重者出现少尿、肝功能异常，如门冬氨酸氨基转移酶（AST）、丙氨酸氨基转移酶（ALT）值升高，迁延中毒可引起咳嗽、气急、呼吸窘迫、发绀，严重者呼吸困难，肺水肿，直至呼吸衰竭而死亡。

【尸体检验所见】

百草枯中毒的特征性病变主要包括两方面：消化道黏膜损伤和肺损伤。消化道的损伤包括口、咽、食管、喉和上部气管黏膜严重充血，并且可能覆盖有黄绿色上皮脱落。胃黏膜容易充血，并可能伴有一些小的出血点。

肺损伤，分两阶段：①破坏阶段：多发生于接触1～3天内，特征是氧化还原反应，破坏肺泡上皮细胞，并伴有对肾、心、肝的损害；②增生阶段：在接触数天后发生，正常上皮细胞被纤维组织代替，导致大面积肺纤维化、低血氧甚至死于呼吸衰竭，此类肺损伤称为百草枯肺（paraquat lung）。尸检时可见双肺有较特征性的改变，如肺泡上皮细胞变性、脱落、坏死，肺泡腔内出血，可见以中性粒细胞为主的炎细胞浸润，纤维素渗出，肺泡透明膜形成。如存活稍长者，肺泡腔内渗出物开始机化，纤维细胞肥大，分泌胶原纤维，形成稀疏的纤维组织（图7-6），可见masson体样纤维化结节形成。

当损伤到肾时，肾可呈苍白、肿胀状。电镜能观察到肝内毛细胆管扩张，微绒毛减少等。肾上腺皮质坏死，肾小管坏死，出现管型，心肌纤维灶性坏死、心肌炎，肝细胞脂肪变性、坏死、淤胆，肺动脉中层增厚，明显脑水肿等改变。对于中度中毒而存活时间更长的案例，尸检所见不同。

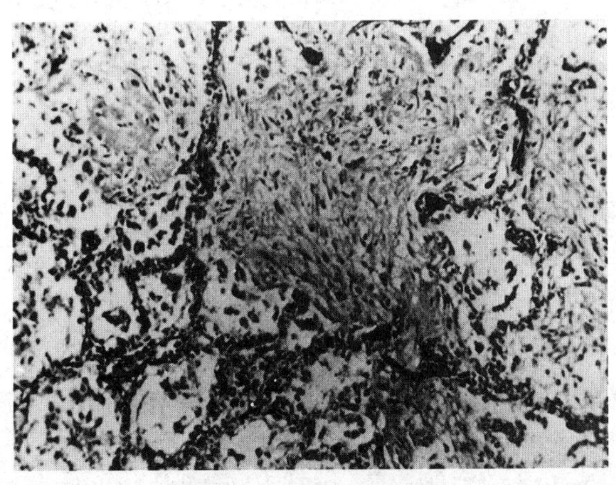

图7-6 百草枯中毒的肺

男，56岁，肺间质和肺泡上皮细胞增生期，伴有正常结构的溶解（采自W.Janssen）

【检材采取】

百草枯入体后大部分以原型物随粪、尿排出。应常规取血液、尿液、粪便、肌肉组织和器官作毒物分析。肺和肾中百草枯的浓度最高，应注意提取肺和肾作为检材，病程迁延者仍可从其尸检器官中检出百草枯。提取尿液可进行快速筛检：在10ml尿液中加入2ml新鲜配制的1%连二亚硫酸钠1mol/L氢氧化钠溶液，如呈蓝色则表明百草枯为阳性，该法仅在百草枯浓度超过1μg/ml时有效。

【法医学鉴定要点】

根据毒物分析结果，结合接触史、尸检病理所见，一般可作出鉴定。在隐匿式百草枯中毒案例需在临床和法医病理工作中注意与非典型性病毒性肺炎相鉴别。

二、扑草净

扑草净(prometryn),又名扑蔓尽、割草佳,属于三嗪类除草剂,其化学名称为2,4-双(异丙基氨基)-6-甲硫基-s-三嗪。纯品为白色晶体,难溶于水,易溶于有机溶剂,在中性、弱酸性或弱碱性环境中稳定,遇强酸、强碱容易分解。

扑草净为一种选择性的除草剂,通过抑制植物的光合电子传递和氧化磷酸化作用,用于防除棉花、蔬菜等作物田间生长的一年生禾本科杂草和阔叶杂草。由于具有低毒、广谱的特性,目前已成为我国应用广泛的一种除草剂。但扑草净在环境中较稳定,不易降解,容易造成土壤、地表水和地下水的污染,并且通过食物链可能会造成对人的危害。自2004年1月1日起,扑草净已被禁止在欧盟销售和使用,但在美洲、非洲和亚洲地区仍在使用。我国目前将扑草净作为除草剂使用,曾允许将其用于水产养殖。2010年7月31日,农业部发布的《农业部公告1435号》中表示,因扑草净在鱼体内代谢情况不明,无法对食品安全性进行评价,因此扑草净被列入《废止标准目录》。

扑草净的毒性作用机制不明。人的中毒剂量未知,大鼠口服致死剂量为3150mg/kg。中毒症状方面,扑草净对眼睛、皮肤和呼吸道有刺激作用。口服中毒时,会感觉到喉咙疼痛和恶心。有人调查了扑草净对连续工龄5年以上的操作工人眼部的损伤,发现扑草净对工人眼部角膜上皮损伤最为严重,导致眼痛、流泪等症状。在一起自杀中毒案中,一名62岁的男性在口服了约50g的扑草净和未知量的乙醇,2小时后,表现出昏昏欲睡并呕吐,7小时后,表现出代谢性酸中毒。血液透析可改善代谢紊乱,但不能降低血清中扑草净的浓度。动物实验表现出嗜睡、肌肉不协调、呼吸困难、眼胀、瞳孔收缩、腹泻、小便过多、抽搐等中毒症状。

大鼠实验表明,7天内,占剂量90%~98%的[^{14}C]扑草净主要以代谢物的形式从尿液和粪便中清除,1.2%~1.9%存在于血中,组织中不超过0.6%。而组织中,浓度从高到低依次为肝、肾、肌肉和脂肪。

法医学鉴定时,在高阴离子间隙代谢性酸中毒的情况下,需要考虑是否是扑草净或其他三嗪类除草剂中毒。

三、除草醚

除草醚(nitrofen),化学名为2,4-二氯-1-(4-硝基苯氧基)苯,属二苯醚类除草剂。纯品为淡黄色针状结晶,原粉为黄色至褐色片状或块状固体,化学性质比较稳定,在常温下贮存两年,其有效成分含量基本不变。实验证明除草醚对哺乳动物有致畸、致突变和致癌作用,我国已于1997年10月发出通知,在2001年12月31日停止生产,并于2001年12月31日前停止销售和试验除草醚,但截至2014年,我国部分地区仍发现违规使用的情况。除草醚的纯品大白鼠急性中毒经口LD_{50}为1894mg/kg,原粉大白鼠急性中毒经口LD_{50}为2368g/kg,对家兔皮肤无刺激作用。

除草醚主要通过皮肤、消化道吸收,在体内代谢为硝基苯,其毒理作用为入血后,生成高铁血红蛋白,使血红蛋白失去供氧能力,引起重要器官与组织缺氧和功能紊乱。个别人对除草醚有过敏反应。除草醚中毒主要表现为头痛、咽干、发绀、轻度溶血、口唇黏膜及四肢指(趾)端发绀、四肢躁动、肺水肿等,部分中毒者肝(脾)大、出现黄疸,严重者可昏迷、休克。通过皮肤接触者,可出现过敏性皮炎、皮肤痤疮、皮肤黏膜发绀,过敏性休克致死者可出现休克的病理改变。鉴定时,可抽取心血测定血中Fe^{3+}的含量和IgE的含量,同时其血、尿中硝基苯的含量有所升高。

四、2,4-滴丁酯

2,4-滴丁酯(2,4-D butylate,2,4-D butyl ester),化学名为2,4-二氯苯氧乙酸丁酯,是一种芳氧羧酸类激素,属苯氧类除草剂,纯品为无色油状液体,工业品具有酚味,挥发性强,遇碱分解。主要用于清除杂草,市售为含2%的2,4-滴丁酯乳油。

2,4-滴丁酯属低毒类除草剂,大白鼠急性中毒经口LD_{50}为700~1500mg/kg,以625mg/kg混入饲料喂鼠两年，未见中毒症状。但国内外均有口服致死的报道，人的中毒剂量为3～4g，口服6.5g可致死。2，4滴-丁酯对机体接触部位有直接腐蚀作用。机体吸收后，该化合物在体内基本上不经转化，以整个分子对机体发生作用，刺激胆碱能系统、减少胰岛素分泌、抑制肾上腺皮质激素的形成，降低过氧化酶、过氧化氢酶活性，减少肾、脑、肝和肌肉的耗氧量，降低平滑肌张力，提高横纹肌张力。亦有中毒儿童失明的报道，原因为中毒性脑水肿、颅内高压导致的继发性视神经萎缩。经消化道中毒者，其舌、喉有灼伤，大汗淋漓，反复呕吐，肌肉疼痛、肌颤、痉挛，呼吸困难，发绀，严重者昏迷，大小便失禁，血压下降，肌张力增高，急性肾衰竭，炎细胞减少。实验室检查可有肝、肾功能异常和心肌损伤，可有暂时性血糖增高和尿糖。

尸检时可见皮肤黏膜发绀，上消化道有明显灼伤，脑水肿，神经细胞变性坏死，肺水肿，急性肾小管坏死、管型。胃内容物有特殊酚味，上消化道有灼伤是其特点，胃内容物是毒物分析较好的检材。

五、敌草快

敌草快（diquat），又称杀草快、双快、利农，化学名为1，1′-乙撑-2，2′-联吡啶二溴盐，属于联吡啶类除草剂。纯品为淡黄色结晶。不挥发，在酸性和中性（pH＝5～7）溶液中稳定。碱性条件下不稳定，紫外线照射易引起分解。常用剂型有95%原粉、20%水剂及20%乳剂。可与百草枯混合制成水溶解性颗粒或各含20%的混合水溶液。其生产性中毒多通过呼吸道和皮肤途径引起，严重中毒多因口服所致。敌草快系中等毒类，人口服敌草快3ml即出现中毒症状，有口服剂量不到30mg/kg导致死亡的报道。大白鼠经口急性中毒LD_{50}为231～440mg/kg，小白鼠为100～170mg/kg；兔经皮LD_{50}为750mg/kg。人每日允许摄入量（ADI）为0.008mg/kg体重。口服急性中毒者，可有胃肠道刺激症状，如口腔溃疡、恶心、呕吐、腹痛、腹泻等。严重者出现中毒性肝病、急性肾衰竭或昏迷。另外药液溅入眼内可引起迟发性眼灼伤，一般3天后出现轻度刺激症状，1周后症状加重。皮肤接触可出现接触性皮炎。如果吸入，可引起鼻出血。亦有研究表明敌草快存在较强的生殖毒性，胎鼠慢性染毒会大幅度提高其发育障碍，造成骨骼畸形、肾功能不全等。法医学鉴定应注意询问是否有除草剂接触史，临床中毒表现有肝损害或肾功能损害时，应高度怀疑敌草快中毒的可能。

第四节 其他农药中毒

一、有机氮农药

由于有机氮类农药（organic nitrogenous pesticides）的主要代表杀虫脒的主要中间体和代谢产物对氯邻甲苯胺（p-chloro-o-toluidine）为对人的强烈致癌物，我国自1993年2月起，禁止杀虫脒、敌枯双等五种农药的生产、销售和使用。但仍有非法生产，可见中毒死亡的案例。属甲脒类农药的还有单甲脒和双甲脒，两者化学结构、毒性、中毒机制、症状等与杀虫脒基本相同。下文以杀虫脒为代表，加以叙述。

杀虫脒［chlordimeform，$Cl(CH_3)C_6H_3N{=}CHN(CH_3)_2$］，化学名为N′-（4-氯-2-甲苯基）-N，N-二甲基甲脒，又名氯苯脒（chlorphenamidine）、杀螨脒和克死螨，是一种既能杀虫又能杀虫卵的高效、广谱的内吸性杀虫剂，纯品为无色结晶，无气味。其盐酸盐极易溶于水。农业上常用其盐酸盐，加工成25%的水剂或粉剂。

【中毒原因】

杀虫脒主要在广大农村中使用，多见于服毒自杀，误服多发生在食用农药污染的食品后。生产性中毒多见于喷施农药方法不当且缺乏防护，通过皮肤接触，或吸入其雾滴、蒸气所致。

【毒理作用】

因杀虫脒挥发性低，故由呼吸道吸入发生急性中毒的可能性小，而主要经过皮肤接触、消化道吸收而中毒。杀虫脒进入人体后，最初主要分布于肝、肾和淋巴系统、脂肪、肌肉、肺、脾、脑等，尤以肝、肾、脂肪及肌肉组织中分布较多。杀虫脒在体内能迅速降解为多种代谢产物（主要有去甲杀虫脒、N-甲酰-对氯邻甲苯胺、对氯邻甲苯胺、5-氯-2-氨基苯甲酸等）。杀虫脒及其代谢产物能迅速经尿、粪排出，也能从胆汁、乳汁中排出少许，在组织中无明显蓄积作用。如在短时间内大量接触药物，机体来不及完成代谢过程，则尿中以原形杀虫脒为主；长时间少量反复接触，尿中排出的以对氯邻甲苯胺为主。

杀虫脒的中毒机制目前仍未完全清楚。综合目前的研究，认为其中毒机制主要有：①对单胺氧化酶（MAO）的可逆性抑制作用，该作用会阻止单胺类物质的氧化脱氨，而导致体内5-羟色胺、去甲肾上腺素等的增多，引发脑血管扩张和通透性增加，影响交感神经，致脑水肿和神经功能障碍；②高铁血红蛋白形成：杀虫脒及其代谢产物对氯邻甲苯胺能引起红细胞和血红蛋白变性，形成高铁血红蛋白，使之失去携氧功能，红细胞溶血，导致全身组织器官缺氧而发生发绀；③直接损伤心脏，可影响心肌的收缩和传导，导致心律失常、心力衰竭等，并会加重肝、肾等组织的缺氧；④可抑制乙酰基转换酶，阻断神经肌肉连接处的传递，可致昏迷和抽搐；⑤中枢性儿茶酚胺 α_2-受体激动剂；⑥局部麻醉作用：又称利多卡因样作用；⑦其他毒性作用：杀虫脒及其代谢物等大量苯胺类物质经肾排泄时可引起肾小管上皮细胞损伤和肾小管基底膜增厚。杀虫脒的代谢产物对4-氯-邻甲苯胺还可引起膀胱黏膜损伤，引起出血性膀胱炎。杀虫脒进入肝内代谢可造成肝损害。另外，有限的人体证据和足够的动物实验数据证实杀虫脒的代谢产物对氯邻甲苯胺具有致癌性。据已有的流行病学数据表明，生产中接触杀虫脒与膀胱癌风险之间有关联。而最近有初步的流行病学数据表明，使用杀虫脒和膀胱癌风险之间也有关联。

【中毒致死量】

人口服25%杀虫脒溶液150ml以上可致中毒死亡，有报道口服50%杀虫脒30ml（约214mg/kg）自杀死亡者。已报道的40例杀虫脒中毒死亡中，一次服25%杀虫脒溶液最少者50ml，最多者800ml。纯品对雄性大鼠急性经口 LD_{50} 为451mg/kg，雌性小鼠急性经口 LD_{50} 为103.6mg/kg。

【中毒症状】

杀虫脒可通过消化道、呼吸道和无损伤的皮肤侵入机体，其潜伏期较短，口服后1小时左右出现症状，主要表现为意识障碍、发绀和出血性膀胱炎三大症状，其症状与中毒剂量有密切关系。

1. 神经系统症状　开始有头昏、头痛、乏力、肌肉酸痛、肢体麻木等，面色多苍白，稍后出现视物模糊、步态不稳、肌肉震颤，抽搐、嗜睡及昏迷等，其中以嗜睡比较突出，少数患者昏迷经治疗清醒后可出现幻觉、偏执等精神症状，但持续不久可恢复。

2. 消化系统症状　有恶心、呕吐及明显厌食，经口中毒恶心、呕吐出现早而且明显，少数病例有上消化道出血。恢复期可有一过性肝功能异常。

3. 血液系统症状　主要为由高铁血红蛋白血症所致的化学性青紫，中度以上中毒常较明显。

4. 泌尿系统症状　主要为出血性膀胱炎，中度以上中毒者常于中毒后1～2天内出现尿频、尿急、尿痛等尿路刺激症状，部分患者同时有肉眼可见血尿，镜下血尿则十分常见，几近100%。有的还有膀胱区压痛，多见于神经症状和化学性青紫之后。

5. 心血管系统　损害很常见，约15%患者中毒初期血压升高，重症及晚期多有血压下降，甚至发生休克。口服中毒心肌损害相当常见，包括心电图S-T段及T波改变、期前收缩、心动过速及Q-T间期延长等，个别病例可在此基础上发展为心源性猝死。

6. 呼吸系统症状　多见呼吸浅而慢，少数严重中毒者出现呼吸衰竭，个别病例尚可发生肺水肿。

7. 其他症状　瞳孔扩大者较多，也有瞳孔缩小者，有些病例初始有低热，但中毒晚期体温多降低。手足多汗但无大汗。妇女可致月经失调（经期或近经期），孕妇可造成流产。

实验室检查MAO活力下降，有高铁血红蛋白血症及镜下血尿等尿检异常。

【尸体检验所见】

尸表发绀明显，口唇及口腔黏膜有腐蚀性损伤，瞳孔散大；解剖时可发现食管和胃黏膜广泛腐蚀糜烂，黏膜及黏膜下层有明显出血；十二指肠黏膜也可见类似变化。肝重量轻度增加，肝细胞水变性、脂肪变性和肝细胞灶性坏死；膀胱黏膜灶性出血，少量炎细胞浸润；心肌水变性，间质疏松水肿；脑水肿明显。

【检材采取】

急性口服中毒，取胃内容物、血、尿作毒物分析的检材较好。

【法医学鉴定要点】

尽管国家已禁止生产和销售杀虫脒，但在广大农村中仍可得到，加之无特殊刺激气味，其中毒也较常见。如临床上出意识障碍、发绀和血尿三大症状，变性血红蛋白测定和红细胞中发现海因茨小体（Heinz body），解剖发现皮肤黏膜发绀，口腔、消化道黏膜腐蚀性损伤，应怀疑杀虫脒中毒。如在胃内容物、血、尿中检出杀虫脒原形和其代谢产物 4- 氯邻甲苯胺，可作出判断。应注意杀虫脒有机磷农药单独及混合中毒表现的鉴别诊断（表 7-4）。

表 7-4 杀虫脒、有机磷农药、杀虫脒与有机磷农药混合剂中毒鉴别诊断

诊断	意识障碍	发绀	出血性膀胱炎	瞳孔缩小	肌束震颤	MetHb	ChE
杀虫脒中毒	+	+	+	−	−	↑	N
有机磷中毒	+	−，+	−	+	+	N	↓
杀虫脒和有机磷混合中毒	+	+	+	+	+	↑	↓

二、拟除虫菊酯类农药中毒

除虫菊酯类（pyrethrins）来源于天然的植物除虫菊（*Pyrethrum cinerariaefolium*）及其类似物的花的提取物，包括 6 种有效成分，即除虫菊酯Ⅰ（pyrethrin Ⅰ）、除虫菊酯Ⅱ（pyrethrin Ⅱ）、瓜菊酯Ⅰ（cinerin Ⅰ）、瓜菊酯Ⅱ（cinerin Ⅱ）、茉莉菊酯Ⅰ（jasmolin Ⅰ）和茉莉菊酯Ⅱ（jasmolin Ⅱ）。除虫菊酯Ⅰ和除虫菊酯Ⅱ均有强烈的杀虫作用，干花的除虫菊酯含量大约为 0.7%～1.6%。

拟除虫菊酯类（pyrethroid）为人工合成的除虫菊酯类的结构类似物。由于克服了除虫菊酯类的光化学不稳定性，并且具有对虫害毒性大，对哺乳动物相对低毒、在自然环境中容易分解等特点，而得以大量生产和使用，主要用于棉花、果树、茶叶的病虫害防治，牲畜寄生虫的防治，粮食贮藏，家庭灭蝇蚊和蟑螂等。使用量仅次于有机磷农药，所占份额超过世界杀虫剂市场的 30%。根据化学结构的不同，拟除虫菊酯类被分为不含 α- 氰基的Ⅰ型和含 α- 氰基的Ⅱ型两种类型。Ⅰ型拟除虫菊酯类包括联苯菊酯、氯菊酯、苄呋菊酯、丙烯菊酯等；Ⅱ型拟除虫菊酯类包括氟氯氰菊酯、氯氰菊酯、氰戊菊酯、溴氰菊酯等。与Ⅰ型拟除虫菊酯类相比，Ⅱ型拟除虫菊酯类杀虫活性增加了约 10 倍，但对哺乳动物的毒性也更大，因而大多数拟除虫菊酯类中毒案与Ⅱ型有关。

这类化合物多数为黄色或黄褐色油状液体、黄色固体或白色无味的结晶粉末，对光、热较稳定，在碱性环境易分解。

【中毒原因】

生产性中毒多由于喷洒的农药操作不当造成，如逆风喷洒，皮肤吸收大量药液造成中毒；喷药后未洗手，再手拿食品进食也可造成中毒；在农药的合成、加工、分装等生产过程中，因药液污染皮肤、黏膜或空气中含量过高而吸入也可中毒。误把农药作为药品注射治疗的案例亦偶有报道。有儿童误服储存于汽水瓶中的药液而中毒的。在法医学鉴定实践中，用此类农药自杀的较多见。也有用静脉注射方式投毒他杀的报道。

【毒理作用】

拟除虫菊酯类农药可通过呼吸道、皮肤、胃肠道进入机体，并迅速分布于全身各组织器官，其中中枢神经系统含量最高。进入机体后主要被肝的酯酶和微粒体混合功能氧化酶催化分解。顺式异构体的解毒主要靠氧化反应，反式异构体的代谢主要靠水解反应。含Ⅱ型拟除虫菊酯中的氰基在胃内停留较久，在胃中形成硫氰酸盐。

拟除虫菊酯类的杀虫作用机制是其结合并改变昆虫神经细胞膜的电压-门控的钠离子通道的功能，从而扰乱神经系统的电信号传导。而昆虫与哺乳动物的电压-门控钠离子通道的结构和功能具有高度的保守性。因此，类似地，拟除虫菊酯类杀虫剂也是通过作用于电压-门控的钠离子通道对哺乳动物发挥其神经毒性。而有研究者提出，对于某些拟除虫菊酯类，电压-门控的钙离子通道和氯离子通道也是其毒性作用的靶点，但该观点还未被普遍接受。

除神经毒性外，拟除虫菊酯类还对男性具有生殖毒性，会影响精子质量、损伤精子 DNA 和导致生殖激素水平紊乱等。

【中毒致死量】

拟除虫菊酯类农药的毒性因动物种属、给药途径、所用载体、剂型的不同而有显著差异，未查见对人毒性大小的资料，对实验动物的毒性参见表 7-5。

表 7-5 拟除虫菊酯类农药对大白鼠的中毒致死量

品名	经口 LD_{50}(mg/kg)	经皮 LD_{50}(mg/kg)	吸入 LD_{50}(mg/m^3)
溴氰菊酯（敌杀死，deltamethrin）	38.7	>2940	600
氯菊酯（除虫精，permethrin）	>2000	>2000	23 500
氯氰菊酯（安绿宝，cypermethrin）	251	1600	
氰戊菊酯（速灭杀丁，fenvalerate）	451	>5000	>101
炔呋菊酯（DK-5 液，prothrin）	>2000	>3500	>2000
甲氰菊酯（灭扫利，fenpropathrin）	164	870	>96

【中毒症状】

中毒潜伏期与毒物进入机体的途径、摄入量、品种、剂型有关，一般在 20 分钟至 3 小时之间。

经皮肤中毒者常先出现面部、口唇及手部皮肤刺痛、发痒、烧灼或麻木感，重者出现过敏性皮炎，并伴有神经系统症状，可出现头晕、头痛、乏力、失眠、恶心、食欲不振、胸闷、视物模糊、畏光等中毒表现。

口服中毒者消化道症状较明显，多先出现上腹部烧灼感，恶心、呕吐、腹痛、腹泻等，并伴有流涎、口唇和四肢麻木、肌肉震颤、头晕、头痛、恶心和呕吐等，重者出现四肢痉挛、抽搐、惊厥性扭曲、舞蹈样动作、意识不清、昏迷，严重者可出现精神症状，如狂笑、不认亲人、骂人等。心血管系统可出现血压升高、心律失常、心力衰竭等。

经呼吸道吸入中毒者，有流泪、结膜充血、流涕、鼻咽部充血、咳嗽等刺激症状。

拟除虫菊酯对全血 ChE 活性无明显影响，血常规炎细胞可升高，肝功、肾功、电解质可在正常范围。心电图检查，可出现窦性心律不齐、T 波低平及双向、窦性心动过速、室性期前收缩及 ST 段下降。

拟除虫菊酯与有机磷混配农药中毒者，临床表现与单纯有机磷中毒无异，亦可出现瞳孔缩小、肌束震颤或肺水肿。

拟除虫菊酯杀虫剂急性中毒预后比较好，治愈后无后遗损害，死亡率也较低，1983～1988 年报道的 573 例，死亡仅 7 例，其中 1 例死于误注大量阿托品致阿托品中毒，另 1 例为与有机磷混用中毒，余 5 例死前均有抽搐未能控制，其中 1 例有肺水肿。

【尸体检验所见】

近年来，随着拟虫菊酯类在我国的广泛使用，尸检资料也在不断积累。目前的研究未发现中毒死亡者有较特殊的病理改变。经口服中毒死亡者，可见瞳孔缩小，口鼻部分泌物增多，尸僵发生早、强。剪开胃可闻及特殊的芳香味。如农药为乳剂，与胃内容物混合后呈乳白色；如为油剂，则浮于胃内容物表面，偶见胃黏膜有散在出血点、黏膜灶性坏死。

【检材采取】

口服中毒时取胃内容物、呕吐物、血、尿、脑、肝组织送检为宜。拟除虫菊酯类进入人体内后代谢快，不易检出原形，其代谢物主要通过尿液和粪便排出体外，值得注意的是有少量农药以原形从粪便中排出。

【法医学鉴定要点】

我国已颁布《职业性急性拟除虫菊酯中毒诊断标准》GBZ43-2002。根据短期内密切接触较大剂量拟除虫菊酯的历史，出现以神经系统兴奋性异常为主的临床表现，结合现场调查，在排除其他有类似临床表现的疾病后，可以作出诊断。拟除虫菊酯类农药中毒在法医学工作中已较常见，特别是在我国的产棉区。现场勘验时，一定要注意收集各种可疑容器、剩余食物、呕吐物等，以备送检。市售拟除虫菊酯类农药多为 2.5% 或 10% 乳剂，具芳香味。尸检时应注意胃内容物的性状，多为乳白色，且有特殊的芳香味。中毒表现以神经症状为主，但血 ChE 活性正常，此不同于有机磷类和氨基甲酸酯类中毒。拟除虫菊酯进入机体后分解代谢快，多数分布在中枢神经系统和血液、脂肪组织中，要求尽早作解剖取材，并及时送检化验，主要检测其代谢产物，如硫氰酸盐、3- 苯氧基苯甲酸（3-PBA）等。

三、五氯酚钠中毒

五氯酚钠（sodium pentachlorophenol，$C_6CL_5ONa \cdot H_2O$）是一种触杀型灭生性除草剂，有残效期短、其水溶液在太阳光下容易分解的特性，还可用于消灭钉螺、蚂蟥等有害生物，以及用于木材防腐。

五氯酚钠纯品为白色针状或鳞片状结晶，工业品为灰白色或淡红色粉末，有特殊气味。常温下不易挥发，在潮湿空气中易吸潮变成块状或片状。

【中毒原因】

多见于农村中使用五氯酚钠除草或灭螺时防护不当，皮肤接触药物或误食被污染的水和食物引起中毒，偶见于服毒自杀。近年来有多起人畜涂抹含高浓度五氯酚钠的药物治疗皮肤病而中毒死亡的报道。有报道 3 例非法行医者用五氯酚钠外用治疗皮肤病而中毒死亡的。

【毒理作用】

五氯酚钠可通过皮肤、呼吸道和胃肠道吸收，皮肤吸收迅速。吸收后在肝和肾中含量高，在脂肪、脑和肌肉中可检出少量五氯酚。人和动物机体正常代谢时物质氧化和磷酸化总同时进行，保持能量平衡，称为偶联。物质氧化所释放能量使腺苷二磷酸（ADP）磷酸化形成 ATP。ATP 储存能量后又释放自由能供给机体生理生化过程需要转化为 ADP，ADP 刺激物质氧化产生能量，被磷酸化为 ATP。该过程偶联进行，保持机体能量平衡。五氯酚钠是氧化磷酸化的解偶联剂，可使机体生物氧化产生的能量不能用于 ADP 的磷酸化，使细胞氧化过程受刺激，磷酸化过程被抑制，而氧化过程所激增的能量，不能通过磷酸化转变为腺苷三磷酸或磷酸肌酸的形式予以贮存，而以热能散失。因而引起新陈代谢亢进和高热，基础代谢率明显升高，体温可高达 40℃。由于磷酸化过程发生障碍，身体所产生的能量无法提供给肌肉收缩时使用，使肌肉对刺激反应迟钝，并很快陷于完全抑制，呈僵直状态。由于新陈代谢亢进和高热，可造成中枢神经系统、肝、肾等器官的损害。五氯酚钠被人体吸收后排泄较慢，并有蓄积作用。

值得注意的是，巴比妥类药物对五氯酚钠有增毒作用，而阿托品类药物由于可抑制出汗和阻止散热，故五氯酚钠中毒者应禁用。一例五氯酚钠中毒者，临床考虑有机磷农药中毒，并给予较大剂量阿托品，给药后体温迅速升高，后抢救无效死亡。另外阿司匹林等退热药，因在体内产生的水杨酸盐也是氧化磷酸化的解偶联剂，可增加五氯酚钠的毒性，也不宜应用。

【中毒致死量】

人经口最小致死剂量为 30mg/kg；人经皮最小致死剂量为 60mg/kg。五氯酚钠的毒性作用与环境温度有密切关系，动物实验证实，在 5～10℃时的非致死量，在 36～37℃条件下可引起 60% 的动物死亡。大白鼠经口 LD_{50} 为 78mg/kg；吸入毒性大白鼠 LD_{50} 为 152mg/m^3，小白鼠 LC_{50} 为 229mg/m^3；经皮毒性以5%五氯酚钠水溶液浸尾，每天8小时，历时8天，小白鼠死亡率达70%以上，以2.5mg的粉剂置于剃毛后的鼠腹上，小白鼠在2小时内全部死亡。

【中毒症状】

急性中毒者起病急促，往往在接触药品后几小时内即可出现中毒症状，且病情变化快，重者可在数小时内死亡。中毒者常出现全身软弱、无力、下肢沉重，且进行性加重，直至卧床不起。体温在1～2小时内突然升高，可达41℃以上，大汗淋漓，以夜间为甚，同时可出现口渴、心悸、呼吸加快、面色潮红等症状。经消化道服入者有恶心、呕吐、腹痛、腹泻等胃肠道症状。重度中毒者可出现失水、酸中毒、昏迷、抽搐及肺水肿、循环衰竭、呼吸肌麻痹等，并多在24小时内死亡。死亡原因多为高热及循环衰竭。如病程迁延，则可出现肝、肾损害的症状和体征。

五氯酚钠对眼睛和皮肤有强烈刺激作用，不慎接触常引起流泪、畏光、结膜充血、瞳孔缩小、皮肤灼痛、红斑、发痒、起疱、皮肤变棕色等。

有研究发现，五氯酚钠急性染毒可导致大鼠脾细胞DNA断裂损伤，慢性染毒引起巨噬细胞功能障碍。另有报道称，五氯酚钠能诱发体外细胞染色体畸变，是非基因致突变或弱基因致突变物。

实验室检查可见尿总五氯酚和血浆游离五氯酚增高，外周血炎细胞和中性粒细胞升高。《职业性急性五氯酚中毒诊断标准》GBZ34-2002对轻度和重度中毒的表现和标准进行了规定。

【尸体检验所见】

尸僵出现早而明显，尸冷较慢，皮肤黏膜可见散在出血点，内脏器官无特殊病理改变。迁延性中毒案例，可见心肌变性，肝小叶中央区肝细胞变性坏死，肾小管上皮细胞变性坏死等。

【检材采取】

心血、尿液、粪便、肝、肾等是较好的毒物分析检材。正常人尿中不含五氯酚，尿五氯酚的生物阈限值为2mg/L，临床以低于此阈值作为恢复标准。

【法医学鉴定要点】

法医学实践中五氯酚钠中毒的案例多见于皮肤接触后引起的中毒。如果中毒者出现体温显著升高、四肢软弱无力、死亡多在中毒后24小时内、尸僵发生快而明显，具有一定参考价值，毒物分析结果阳性是鉴定的主要依据。

【案例】

死者何某，女，16岁。因患牛皮癣，曾多次求医，死前1周内在游医处购得外用药6包，以开水溶化后涂洗患处，每次洗后不用水清洗，涂洗4包1周后，出现烦躁不安、呼吸急促、大汗淋漓等症状去某医院急诊住院，先拟诊为“上呼吸道感染”，给予对症治疗，后因疑为“有机磷农药中毒”给阿托品1mg肌注作诊断性治疗，用药后约10分钟患者出汗停止，体温39℃，呼吸困难，继之出现意识障碍、呼吸衰竭，于住院后10小时死亡。尸检病理诊断：①脓疱型牛皮癣；②肺、肝、脑等淤血水肿；③肾、脾等淤血。毒物检测：①未用完的药物中检出五氯酚钠，其含量为16.6mg/100mg药粉，每包药物重11.5～12g，含量为1.909～1.992g。②送检何某的尿液中检出五氯酚钠，其含量为8.08mg/100ml。本例是游医滥用五氯酚钠于治疗牛皮癣，毒物经皮肤损害处吸收引起急性中毒死亡。（周文镛提供）

四、矮壮素中毒

矮壮素（chlormequat chloride）又名稻麦立、三西、氯化氯代胆碱，是一种植物生长调节剂，用于防止植物陡长和倒伏，增强植物抗旱、抗寒、抗盐碱能力，使农作物矮而壮。化学名称为2-氯乙基三甲基氯化铵，分子式为$ClCH_2CH_2N^+(CH_3)_3Cl^-$。其纯品为白色无味棱柱状结晶，原粉为浅黄色粉末，吸湿性强，易潮解。

【中毒原因】

因矮壮素在农村中较广泛使用，服用其自杀的案例时有报道；曾有将矮壮素溶液误认为是白酒饮用引起中毒和死亡的报道；亦有用其作肌内注射投毒他杀的案例和误认为可以治疗癌症而肌内注射致死者，也有错认为是抗生素而肌内注射致死的报道。

【毒理作用】

矮壮素可经过皮肤、消化道吸收进入机体，特别容易通过破损的皮肤进入机体。矮壮素是胆碱酯酶的竞争性抑制剂，其作用机制类似于有机磷农药中毒，入体后强烈刺激乙酰胆碱受体，使突触后膜持续去极化，引起躯体神经及副交感神经功能紊乱，诱发胆碱能危象。

【中毒致死量】

矮壮素属低毒植物生长调节剂。原粉雄性大白鼠急性经口 LD_{50} 为 670mg/kg，雌小白鼠 LD_{50} 为 1020mg/kg，雄豚鼠 LD_{50} 为 615mg/kg。大白鼠急性经皮 LD_{50} 为 4000mg/kg，对大白鼠经口无作用剂量为 1000ppm；矮壮素易通过损伤皮肤吸收，将 50% 工业品 500～1000mg/kg 涂于小白鼠有损伤的皮肤上，40 分钟后即可引起死亡。而死亡快慢与皮肤损伤面积有密切关系，有将其按 1250mg/kg 涂于小白鼠无损伤皮肤一周，未引起死亡的报道。目前尚未有对人的致死量的报道。有口服矮壮素水溶液（50% 浓度）10～15ml 致死的，部分案例中出现与酒精同时服用致死，其协同作用亦会降低其致死血浓度。另见也有肌注 1ml 致死的报道，可用作参考。

【中毒症状】

口服中毒者发病急促，症状为胆碱能危象的表现：严重头晕、四肢乏力、口唇和四肢麻木、流涎、恶心、呕吐、口吐白沫、口唇发绀、瞳孔缩小，重度中毒者出现抽搐和昏迷，服毒者可于服矮壮素后 1 小时左右迅速死亡，死因常见于室颤所致的心脏停搏。

【尸体检验所见】

矮壮素中毒死者大体观察和镜检均无特殊。口服中毒者胃内容物有鱼腥味，胃黏膜有片状出血，气管、支气管内有多量白色泡沫状液体，肺胸膜可见散在点状出血，并有严重的肺充血、水肿。部分案例中死者出现非特异性的心肌肥大。脑水肿明显。肝、肾等实质器官淤血。肌内注射中毒者在注射部位可见皮下组织和肌肉有出血坏死（图 7-7）。

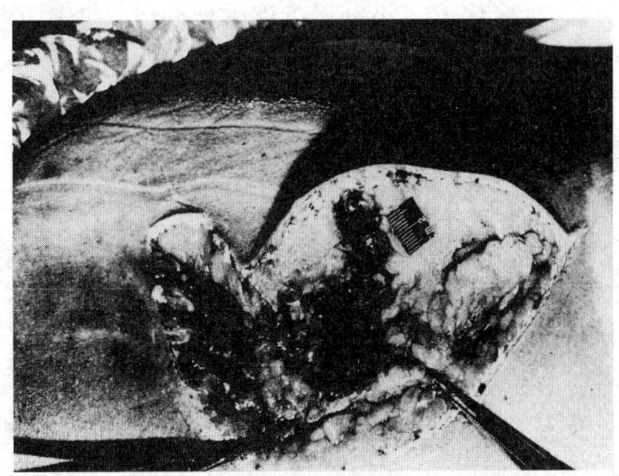

图 7-7　急性矮壮素中毒，右侧臀部肌肉组织内出血

（肌内注射投毒，他杀。南通县公安局供图）

【检材采取】

尿液、胃及胃内容物均是较好的检材，尸检时应注意采取。内脏器官以肝和脑较好。

【法医学鉴定要点】

矮壮素中毒的临床表现类似有机磷农药中毒，应注意从胃内容的颜色和气味上区别，前者的胃内容为浅黄色，有鱼腥味。本品的水剂呈酸性，pH＝3，对人体皮肤、肌肉等组织有较强的腐蚀性，使用后被接触的肌肉、脂肪、血管等软组织呈紫黑色坏死。由于矮壮素入体后代谢速度快，且大部分原体与胆碱酯酶受体结合，故其在血中的检测时限短，在肝、脑、肾等组织中的含量亦不高，而在尿液中相对更长，因此从胃及内容物、尿中检出矮壮素和其代谢产物是鉴定的主要依据。

五、沙蚕毒素类中毒

沙蚕毒素(nereistoxin)类杀虫剂是20世纪60年代，从海生环节足动物异足索沙蚕体内分离出的一类有效成分，属于新型有机合成仿生杀虫剂。经过一系列研制和开发迄今已商品化的沙蚕毒素类杀虫剂共有5种，为巴丹(padan，又名杀螟丹)、杀虫单(monosultap)、杀虫双(bisultap)、杀虫环(thiocyclam，又名硫环杀、易卫杀)和杀虫蟥(bensultap)，均具有S-C-C(N)-C-S结构。其中杀虫双原为制造巴丹的中间体，后由我国于20世纪70年代发现其杀虫活性，并开发成为杀虫剂，现已在我国广泛用于水稻、蔬菜和果树等多种农作物上害虫的防治，成为我国这类农药中制造和使用最多的品种，因而急性中毒也以杀虫双最多，已报道者达百余例，几乎均为经口误服或服毒自杀所致。

纯品大多为白色或无色结晶，市售工业产品多制成水剂或水溶性粉剂。杀虫双常为25%或18%的水剂，呈茶褐色，稍有奇异臭味。

【中毒原因】

多见于口服自杀或误服，偶有用于他杀的案例。在生产性和运输环节中也可有意外中毒者。

【毒理作用】

本类杀虫剂在恒温动物体内吸收、代谢和排出都比较快，分布以肾最高，其次是肝、脾、肺、心、脑，依次降低，主要由尿排出。吸收后一般生成有毒的沙蚕毒素或二氢沙蚕毒素，它们较母体化合物更容易透过血脑屏障，引起中枢神经损害，但这些有毒的代谢物可较快经氧化解毒，转变为二磺酸化合物和N-脱甲基化合物等经尿排出。

已知沙蚕毒素杀虫剂的致毒机制，主要作用于神经传导的突触部位，与烟碱型乙酰胆碱激动剂/竞争性拮抗剂位点结合，占领了激动剂位点从而抑制了神经兴奋的传导；毒素与受体结合后，受体上相邻半胱氨酸残基之间的二硫键断裂，从而破坏了受体的立体结构，阻断了受体正常的神经功能；与受体通道上非竞争性高亲和力阻断剂位点结合，阻塞受体通道。它们对神经-肌肉的阻滞作用与左旋筒箭毒碱类似，但作用明显较后者缓慢。小剂量以周围性神经-肌肉阻滞为主，大剂量可直接作用于中枢神经。此外，它们也有轻度的抗ChE活性，可兴奋M胆碱受体。体内很多具有重要功能的巯基酶，也可通过二硫键的形式而受到损害，这也是巯基类络合剂可用于解毒治疗的药理基础。无论对受体的占据还是对巯基酶的损害，其毒作用都是可逆的。

杀虫双是含有N，N-二甲氨基及硫代硫酸根离子两个特征基团(离子)的弱碱性盐，氧合血红蛋白破坏成高铁血红蛋白，导致组织缺氧。同时，作为弱碱性盐，刚进入人体血液时一般具有相对较高的浓度，能沉淀部分血红蛋白，影响了氧合作用的正常进行，并通过其阴离子与人体细胞色素氧化酶中的铁离子形成络合物，引起有机硫代硫酸盐式的中毒。

【中毒致死量】

目前尚无人口服致死量及参考致死血浓度的报道。曾有一例69岁女性，误服25%杀虫双水剂500ml，2小时后呼吸与心跳停止而死亡。

【中毒症状】

临床所见病例主要为杀虫双急性中毒，故以杀虫双中毒的临床表现为代表加以叙述。

由于沙蚕毒素类杀虫剂与有机磷类和拟除虫菊酯类的临床症状相似，往往贻误治疗。急性中毒临床表现主要有三个方面：神经系统损害、膀胱损害和高铁血红蛋白血症。绝大部分中毒由经口服所致，其中毒潜伏期短，约30分钟，短者10～15分钟，长者也只在2小时左右。轻、中度中毒主要表现为头昏、眼花、心悸、乏力、出汗、流涎、面色苍白、肌束颤动等神经中毒症状和恶心、呕吐、腹痛、上腹不适感等消化道症状，有些病例尚伴低热和轻中度意识障碍。严重中毒以导致神经精神症状为表现的急性中毒性脑病为主，毒素作用于中枢神经系统，引起脑血管通透性增加和弥漫性脑水肿，造成脑功能严重障碍。中毒者烦躁不安，全身肌肉抽动，抽搐和昏迷，瞳孔缩小，对光反应迟钝，并可因呼吸肌麻痹致呼吸衰竭。大量口服尚可引起心、肝、肾等器官损害。所有中毒症状，包括昏迷在内，一般持续时间均不长，如能安全渡过急性期（24 小时之内），多可顺利恢复。

实验室检查部分病例全血 ChE 活力有轻度下降，一般均在正常值的 50% 以上。余无特异性改变。

【尸体检验所见】

目前无详细尸体解剖的资料报道，毒物分析检材的采取除常规提取血、尿和肝等外，应注意提取肾组织。

【法医学鉴定要点】

主要根据服毒或接触史，有上述临床表现，并最终经毒物分析证实，才能作出鉴定意见。

（饶渝兰）

思考题

1. 有机磷农药中毒的中毒症状主要有哪些？法医学鉴定的注意事项是什么？
2. 氨基甲酸酯类农药中毒的中毒症状和法医学鉴定要点是什么？
3. 百草枯中毒的毒理作用、病理改变及百草枯肺的概念是什么？
4. 作为一名法医，在疑为农药中毒的案件中，应考虑哪些问题及检材如何提取？

第八章　杀鼠剂中毒

学习目标

通过本章的学习，你应该能够：

掌握　杀鼠剂毒物中毒的毒物分类；毒鼠强、氟乙酰胺、磷化锌和抗凝血剂杀鼠剂中毒的毒理作用、身体检验所见、检材采取及法医学鉴定要点。

熟悉　毒鼠强、氟乙酰胺中毒的中毒原因、中毒致死量、中毒症状；磷化锌和抗凝血剂杀鼠剂中毒的中毒原因、毒理作用、中毒致死量、中毒症状、身体检验所见、检材采取及法医学鉴定要点。

了解　磷化氢、磷化铝中毒原因、毒理作用、中毒致死量、中毒症状、身体检验所见、检材采取及法医学鉴定要点。

章前案例

某男，70 岁，因宅基地与邻居发生纠纷及肢体接触，约 2 小时后被发现死于邻居家门前，在当地引起纠纷，死者家属认为死亡方式是他杀。尸检见冠状动脉左前降支及右冠状动脉粥样硬化斑块，管腔狭窄程度Ⅰ级，脑水肿，肺水肿及灶性出血。后在肝组织、胃及胃内容物中均检出毒鼠强，最后认为该死者为毒鼠强中毒而死亡，死亡方式是自杀，才平息了一场纠纷。

杀鼠剂（rodenticide）是用于防治鼠类等有害啮齿类动物的药剂，通常指杀鼠药物及辅料制成的各种制剂。杀鼠剂有效成分种类繁多，因制剂、成分种类和比例不同，鼠药的商品名在市场上常被冠以“毒鼠灵”“三步倒”“邱氏鼠药”“猫王”“王中王”及“一次灵”等不同名称。有的鼠药成分复杂，由多种毒药物组成，甚至有些鼠药中含有国家明文禁止生产和销售的氟乙酰胺及毒鼠强。

据国家中毒控制中心 2000 年统计分析，杀鼠剂为国内第 2 位的中毒毒物，占中毒的 28.62%，仅次于农药中毒（占 29.22%）。国内某单位 1957～2008 年中毒尸检 607 例，杀鼠剂中毒 79 例（占 13%），为第 2 位常见中毒。

在欧美国家，杀鼠剂中毒数量较少，且以抗凝血杀鼠剂中毒为多，如 Litovitz 等报道的 1999 年美国中毒资料中，杀鼠剂中毒死亡仅为 3 例，且均是抗凝血杀鼠剂自杀，这与其杀鼠剂的管理有关，在美国，占专业杀鼠剂 80% 市场份额的有效成分就是抗凝血杀鼠剂。其他发展中国家，如印度，以磷化铝中毒为多见。波兰以香豆素类衍生物和磷化锌中毒为主。

目前我国农业、公安、卫生、工商、环保等九部委已发出通知，要求任何单位和个人均不得制造、买卖、运输、储存、使用和持有毒鼠强、氟乙酰胺等国家禁用的剧毒杀鼠剂，但由于少数不法分子的违法制售，以及既往毒鼠强、氟乙酰胺产品的储存及流散，近年来人畜中毒甚至死亡的事件仍不断发生。2011 年在我国西北某省发生群体性氟乙酰胺中毒，44 人中毒，3 人死亡，2015 年湖北某地发生群体性毒鼠强中毒，31 人中毒，1 人死亡。

常用的杀鼠剂按其化学特点可分为以下四类：

1. 熏蒸杀鼠剂　经呼吸道使鼠类中毒的化合物称为熏蒸杀鼠剂，常用于消灭车厢、船舱、飞机货舱、货栈、建筑物及下水道等处的鼠类。包括：在空气中吸收水分放出有毒气体的固体剂型，如氰化钙和磷化铝；低沸点的有毒液体，如氢氰酸、氯化苦（CCl_3NO_2）和溴甲烷等；压缩气体，如二氧化硫、磷化氢和二硫化碳等；烟剂，如一氧化碳烟炮等。其他如环氧乙烷也可用作熏蒸杀鼠剂。

2. 无机杀鼠剂　如白磷、磷化锌、磷化铝、铊的盐类（如硫酸铊、醋酸铊等）、碳酸钡及亚砷酸钠等。铊、钡、砷等对人畜毒性均很大，现多已不用，只有磷化锌仍在使用。

3. 有机合成杀鼠剂　本类药物种类很多，用途较广，主要有以下几种：①抗凝血杀鼠剂：能影响凝血功能，导致鼠类广泛性皮下及体内出血致死。根据其化学结构分为：茚满二酮类：如敌鼠、敌鼠钠盐及杀鼠酮等；香豆素类杀鼠剂：如华法林（warfarin）、立克命、大隆、溴敌隆等。其中华法林被认为是第一代抗凝血杀鼠剂；氯苯敌鼠、溴敌隆、敌拿鼠、大隆及立克命等被认为是第二代抗凝血杀鼠剂，又被称为“超级华法林”（super warfarin）。第一代抗凝血剂常需多天、多次摄入，才能毒杀害鼠，第二代比第一代抗凝血剂的急性毒性大，尤其可以更有效地毒杀对第一代有抗药性的鼠种。②有机氟类：如氟乙酰胺、氟乙酸钠、氟乙醇、甘氟等。③毒鼠强。④取代脲类：如安妥、捕灭鼠、灭鼠优、敌捕鼠等。⑤有机磷酸酯类：毒鼠磷、除鼠磷、溴代毒鼠灵。⑥氨基甲酸酯类：如灭鼠安、灭鼠腈、铁灭克等。⑦其他有机杀鼠剂：如甲基嘧啶，毒鼠硅、甲基鼠灭定、双鼠脲、灭鼠宁、α-氯醛酸、维生素 D_2 和 D_3、环庚烯（UK-786）、氯化苦、溴甲烷等。

4. 天然植物性杀鼠剂　如红海葱、马钱子类药物等，可使鼠类发生全身性强直性痉挛，最后因心血管衰竭或窒息引起死亡。如雷公藤可直接作用于雄鼠睾丸，使雄鼠不能产生成熟的精子，达到灭鼠的目的。其他还有多种可用于灭鼠的中草药，如苍耳、狼毒、曼陀罗等，但上述植物的有效成分含量低，需较大用量或多次摄入才能灭鼠。

第一节　毒鼠强中毒

毒鼠强（tetramine 或 tetramethylenedisulphotetramine，TETS），又称“三步倒”“灭鼠王”“没鼠命”“四二四”“特效灭鼠灵”等，化学名四亚甲基二砜四胺，分子式 $C_4H_8O_4N_4S_2$。1949 年由德国 Bayer 公司首先合成，纯品为白色粉末、无味，性质稳定，255～260℃分解。由于其稳定性高、不易降解，进入土壤和水，可以造成环境污染，食用毒鼠强中毒的动物可造成二次中毒，给社会安定带来极大的隐患，是国家禁止制造、买卖、运输、储存、使用和持有的剧毒杀鼠剂之一。

【中毒原因】

由于生产工艺简单，成本低，杀鼠效果好，少数不法分子违法生产，加之既往产品的储存及流散，毒鼠强在城乡仍有流散，近年来中毒案例数总体下降，但群体性中毒时有发生，是目前我国中毒最常见的杀鼠剂。国家中毒控制中心于 1997 年和 2001 年在全国 11 个省市集贸市场采集的 116 份灭鼠剂样本中，毒鼠强占 25%，个别市场甚至达到 90%。

由于毒鼠强中毒死亡率极高，也十分容易得到，且毒性强、无刺激性气味和色泽，无特效解毒药，所以常被用于服毒自杀或投毒他杀。投毒者大多直接投放于食物或混在其他药物中，通过消化道途径进入体内，偶有通过消化道外途径，如呼吸道以及注射等。2002 年 4 月江西九江市系列投毒案造成 4 人死亡，以及 2002 年 9 月江苏南京市汤山镇特大投毒案造成 42 人死亡、300 多人中毒事件，均为毒鼠强所致。

毒鼠强意外中毒也较常见。1997 年曾发生某部队 183 名官兵因误食被毒鼠强污染的米饭而意外中毒事件。用毒鼠强浸泡、混入粮食或食品作为毒饵，极易混入粮食或直接误食而中毒，尤以小儿多见；饮用污染的饮水也可发生中毒；偶有因生产、包装毒鼠强而接触高浓度粉尘，经呼吸道吸入后发生急性中毒的报道。许多中毒者的毒鼠强接触史不易查清，即所谓“隐匿式中毒”。有时在一个地区或一个家庭内，多人同时或先后发病。全国许多地区发生的以癫痫样抽搐为特征，甚至造成死亡的所谓“怪病”，最后调查证实多系毒鼠强中毒。

毒鼠强可引起二次中毒，二次中毒的中介物包括动物及植物。食用因毒鼠强中毒死亡的牲畜和家禽肉，会发生二次中毒；某些植物可吸收毒鼠强，并在植物体内长期残留，如被毒鼠强污染的土壤种植的冷杉，四年后结的籽仍可毒杀野兔。湖北某地一罪犯将毒鼠强施放到邻居种的蔬菜上进行报复，导致1人死亡、5人中毒。

【毒理作用】

毒鼠强经胃肠吸收快，不能透过完整皮肤吸收。毒鼠强进入体内，分布于各组织器官中，肝中的浓度最高，占中毒剂量的1%，脑组织中占0.23%。

毒鼠强对中枢神经系统有强烈的兴奋作用，但对周围神经、神经肌肉接头及骨骼肌无作用，具体表现为全身肌肉的强制性痉挛。

毒鼠强可拮抗中枢神经系统抑制性神经递质γ-氨基丁酸（GABA），阻断GABA对神经元的抑制作用，使运动神经元过度兴奋，导致全身肌肉发生反复而持久的抽搐，以及强直性痉挛和惊厥，其死亡机制与呼吸肌痉挛性麻痹致窒息和呼吸功能衰竭；同时可抑制体内某些酶的活性，如单胺氧化酶和儿茶酚胺氧位甲基转移酶，使其失去了灭活肾上腺素和去甲肾上腺素的作用，导致中枢神经功能紊乱，亦可出现兴奋性增强的症状；另外，毒鼠强本身有类似酪氨酸衍生物生物胺类作用，导致肾上腺素作用剧增。

【中毒致死量】

毒鼠强属剧毒类毒物，人的口服致死量为5～12mg，也有报道为0.1～0.2mg/kg体重。对鼠类的毒性约为有机磷的200～700倍，是氰化钾的80～100倍，氟乙酰胺的4倍。大鼠口服急性中毒LD_{50}为0.25mg/kg，小鼠为0.20mg/kg。小鼠腹腔注射LD_{50}为0.1～0.2mg/kg，大多数在2小时内死亡。高原鼠兔腹腔注射LD_{50}为0.15mg/kg，一般在给毒后5分钟内出现中毒症状，十几分钟后死亡。一名10月龄婴儿，在中毒20天及40天检测血中毒鼠强浓度，结果分别为0.313μg/ml和0.230μg/ml，6个月后尿液中才检不出毒鼠强。3例口服中毒死者血液内毒鼠强浓度为0.99μg/ml、肝3.73～3μg/ml、胃31～78.7μg/ml。

【中毒症状】

口服中毒可即刻出现中毒症状，多数潜伏期为10～30分钟；死亡大多发生在中毒后半小时到3小时。中毒症状出现的快慢取决于吸收速度和剂量，空腹和剂量大者中毒症状出现快，胃内充盈及剂量小者中毒症状出现慢。

毒鼠强中毒最突出的症状为突发强直性、阵发性抽搐，类似“癫痫大发作”。每次抽搐持续时间从2分钟到十余分钟不等，重者抽搐间隔时间缩短，发作越来越频繁；轻者则抽搐间隔时间较长，发作越来越少。如中毒后未迅速死亡，一般抽搐症状在3～10天后缓解，有的持续半月以上，或间隔一段时间后又发作。

中毒早期可有意识障碍，表现为意识模糊、谵妄或浅昏迷，但持续时间较短。抽搐发作时可伴有昏迷、瞳孔散大、呼吸困难、口吐白沫、呼吸音增粗等，严重者因呼吸衰竭而死亡。抽搐发作或缓解期间可有不同程度的精神症状，如兴奋、躁动、幻听、幻视等。心率稍增快，血压变化不大。有的中毒者抽搐发作前有头昏、头痛、乏力、恶心、呕吐（非喷射状）、胸闷、心悸等前驱症状。约有半数患者有心动过缓、肝区疼痛和肝大的表现，心电图检查可见心动过缓、窦速、频发房早、室早或ST段及T波改变，血清丙氨酸氨基转移酶（ALT）及心肌酶谱（AST、LDH、CPK）可有不同程度的升高。心的损害一般较肝为重，持续时间较长。脑电图出现异常，部分出现中、长程发放的棘波、棘慢波等癫痫性放电，类似癫痫发作。体温、呼吸及血压基本正常，少数中毒者出现发热、血尿等症状。

中毒后2周内，约有半数患者在痉挛控制后可出现精神症状，如可再次出现躁狂或抑郁状态、谵妄及各种幻觉和错觉，人物定向障碍、对声音敏感、受惊后长时间大喊大叫，持续最短3天，长者达6

个月。有的患者出现反复癫痫发作，其间隔时间有的甚至长达3年。也有部分中毒者表现为全身出血，如吐血、鼻出血、黑便、尿血和皮下出血等。

毒鼠强中毒者有时会出现病情反复的情况，其主要原因是毒鼠强性质稳定，很少生物降解，在人体内以原型存留于组织器官内，当毒鼠强再释放到血液内，并进入中枢神经系统，则症状再次加重，但一般再次出现的症状较前为轻。

【尸体检验所见】

死亡急速者尸斑和尸僵显著，窒息征象较明显，主要表现为口唇、指甲发绀，睑、球结膜点状出血。有时因抽搐咬伤舌，可在舌尖发现牙印痕或咬伤出血，但与癫痫病相比，多表现为新鲜出血。

各器官组织多表现为淤血、水肿等急性死亡的病理变化。脑组织的病理学改变以脑水肿为主，部分案例可见脑蛛网膜下腔点灶状出血，较少见脑实质内及脑干点状或小灶性出血（图8-1），有1例迁延性中毒者昏迷时间达20天，在基底神经节出现对称性软化灶。心的病变以淤血为主，部分案例可见心肌间质出血和心肌纤维断裂，左心室乳头肌心肌纤维收缩带坏死、肌浆溶解及凝聚（图8-2）。肺淤血、水肿，可见点灶状出血，胰间质灶性出血，胃黏膜斑点状出血，以及肝细胞水变性等。4例中毒者肝穿刺活体组织检查，见肝细胞水变性和不同程度脂肪变性，2例检查电镜下见肝细胞线粒体减少，粗面内质网有脱颗粒现象，说明毒鼠强中毒可导致肝损害。

中毒病程长者可继发支气管肺炎及灶性肺出血，肝细胞水变性及灶性坏死，肾小管上皮细胞水变性等。

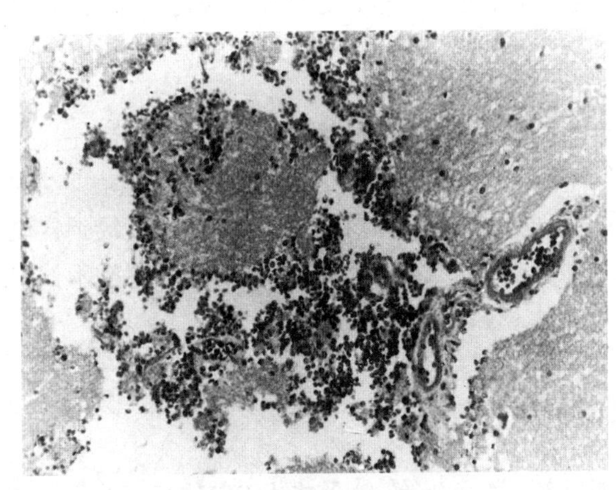

图8-1　毒鼠强中毒的脑

中脑小灶性出血，中毒15小时后死亡

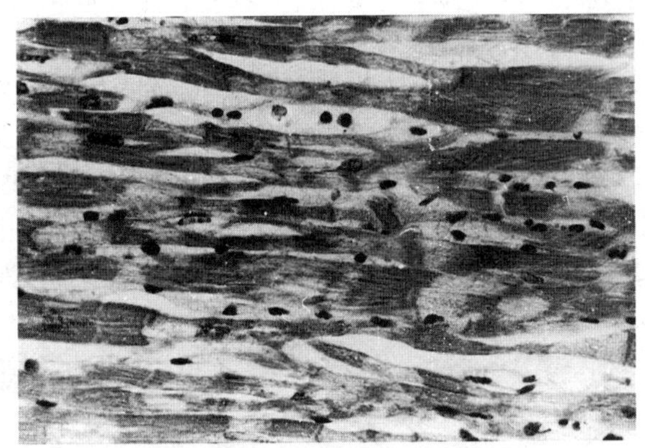

图8-2　毒鼠强中毒的心肌

心肌细胞收缩带坏死，肌浆呈带状凝聚，嗜酸性增强；其间肌浆淡染，中毒2小时后死亡

【检材采取】

除剩余饭菜和呕吐物外，口服中毒者因胃及胃内容中毒物含量最高，是应提取的检材。其他如血液、尿、肝、肾、心、肺等也是较好的检材。

毒鼠强稳定性很高，在体内代谢较慢，即使中毒较长时间，血、尿中仍有可能检出毒鼠强。有报道从中毒4天后的血液、10天后的尿液中，用气相色谱法仍检出毒鼠强。腐败尸体及经甲醛固定后的器官也可供毒物分析用，但毒鼠强会向固定液渗透，故固定液中也可检出毒鼠强，而组织器官中毒鼠强的浓度会有不同程度的降低。

有报道从埋葬2年半后开棺的尸体组织中检出毒鼠强，但开棺验尸的案件应考虑是否存在周围土壤污染的可能，故提取检材时，最好同时提取周围土壤做对照。

对犯罪嫌疑人指甲或口袋布片进行毒鼠强毒物分析亦有价值，甚至有报道从投毒10天后的犯罪嫌疑人指甲垢中检出毒鼠强，这对案件的侦破具有重要的意义。

【法医学鉴定要点】

毒鼠强中毒常出现肌肉痉挛和抽搐，凡有癫痫样抽搐反复发作排除癫痫者，均应考虑其中毒的可能性。但也需注意与其他痉挛性毒物中毒（如氟乙酰胺、士的宁、异烟肼等）以及相关疾病（如癫痫）相鉴别。毒物分析是鉴别的唯一途径，通常采用气相色谱 / 氮磷检测器（GC/NPD）及 GC/MS，其灵敏度高，最小检出限为 0.05ng。

法医学鉴定中，个别案例在脑干可见多发性小灶性出血，在案情不明及缺乏毒物检验资料时，须注意与原发性脑干挫伤相鉴别。尸检时要注意检查舌，尤其是舌尖，检查舌尖是否存在陈旧性损伤，并与癫痫大发作死亡进行区分。怀疑毒鼠强中毒死亡者的胃内容物或呕吐物及吃剩的食物，在缺乏毒物分析所需仪器条件的情况下，可考虑进行动物实验，以初步判断是否存在中毒，可取少量给实验动物灌胃，实验动物可在数分钟后出现阵发性抽搐，严重者可致实验动物死亡。同时，应注意毒鼠强与氟乙酰胺、呋喃丹或其他毒药联合投毒的可能。

【案例 1】

某男，63 岁，农民。因其子致人重伤后逃跑，干警到其家中未捉拿到疑犯后，拟将其带到派出所询问，走 100m 后死者突然倒地、口吐白沫伴有抽搐，起身又走几步再次倒地，被家人抬回家中，约半小时后死亡。当时曾有邻居及家人称其有抽搐病史，死者家属认为其是被打致死。当地法医对其进行尸检，见心包内有淡黄色液体约 100ml，提取心、肺、肝送病理学检查。见心增大，重 360g，心肌间质淤血。肺切面有泡沫状液体溢出，镜下部分肺淤血水肿，可见散在小灶性出血，部分肺泡呈气肿状。21 天后再次尸检提取死者喉头、脑、脾及胃肠送检。舌尖有 3 处相邻的小灶性咬伤出血，结合其过去抽搐史曾考虑癫痫大发作致死。后从胃及胃内容物中检出毒鼠强，才鉴定为毒鼠强中毒。

【案例 2】

某男，79 岁。因故与人发生纠纷，派出所在调解过程中，该男说派出所民警打人，并感不适，遂入院治疗，19 小时后出现脑电图异常，治疗期间多次出现烦躁、四肢抽搐及肌张力增高等症状，经对症治疗 30 日后死亡。当地法医对其进行尸检，见冠心病（心脏 350g，冠状动脉左前降支 2 级粥样硬化斑块），脑底动脉节段性硬化，融合性肺炎。从死者血液和肝中检出毒鼠强，胃及胃内容物未检出毒鼠强，最终认为死因为毒鼠强中毒继发肺部感染，而死于多器官功能衰竭。

第二节　氟乙酰胺中毒

氟乙酰胺（fluoroacetamide），又名敌蚜胺、强力灭鼠剂、氟索儿等，分子式为 FCH_2CONH_2。是一种高效、内吸、长效杀虫及杀螨剂，能防治多种农业害虫和鼠害。氟乙酰胺纯品为白色针状结晶，无臭、无味，受热可升华。易溶于水呈无色、无味、透明的水溶液。化学性质稳定，干燥条件下长期放置不发生化学变化，但在酸性或中性水溶液中可水解成氟乙酸，在碱性水溶液中水解成氟乙酸盐。常见剂型有原粉、乳剂及浸有氟乙酰胺的毒饵。

由于氟乙酰胺毒性剧烈，可引起二次中毒，20 世纪 70 年代就被国家禁止生产和使用。但由于其生产工艺简单，成本低，利润高，杀鼠效果好，仍有地方非法生产。被列为禁用的有机氟类杀鼠剂还有氟乙酸钠和甘氟。2011 年我国西部某县发生急性氟乙酰胺群体性中毒，44 人中毒，3 人死亡。

【中毒原因】

氟乙酰胺外形与碱面、食糖或食盐相似，容易被混淆，所以易投毒他杀或误食中毒，人食用了被氟乙酰胺毒死的禽畜易发生二次中毒甚至死亡；也可见于服毒自杀。氟乙酰胺进入体内的主要途径为消化道吸收，也可从呼吸道及皮肤侵入体内。

【毒理作用】

氟乙酰胺性质稳定，不易挥发，毒性又很强，口服是其最主要的中毒途径，此外也可从呼吸道及皮肤侵入体内，入血后初期分布比较均匀，其后主要分布于肾。氟乙酰胺及其代谢产物氟乙酸的主要排泄途径是随尿排出(约50%),肠道、汗腺排出较少。氟乙酰胺的检测时限较其代谢物更短,中毒3天后,尿中不能检出氟乙酰胺,但20天以后仍能检出氟乙酰胺的代谢产物氟乙酸。

氟乙酰胺的中毒机制主要是阻断三羧酸循环,使柠檬酸在组织中大量积聚,同时氟乙酰胺及其含氟代谢产物氟乙酸、氟柠檬酸对神经、循环、泌尿等系统产生损害。

口服的氟乙酰胺,经胃酸作用水解脱氨生成氟乙酸,氟乙酸在细胞内与线粒体的辅酶A结合,生成氟乙酰辅酶A,再与草酰乙酸缩合生成氟柠檬酸。氟柠檬酸能与乌头酸酶牢固结合而使酶失活,阻断三羧酸循环中柠檬酸的氧化,使柠檬酸在组织中大量积聚(肾、心、脑中的柠檬酸分别比正常量增长80倍、20倍、8倍),从而引起机体代谢障碍。由于氟柠檬酸与乌头酸酶的结合是不可逆的,故这一过程称为"致死合成"(lethal synthesis)(图8-3)。

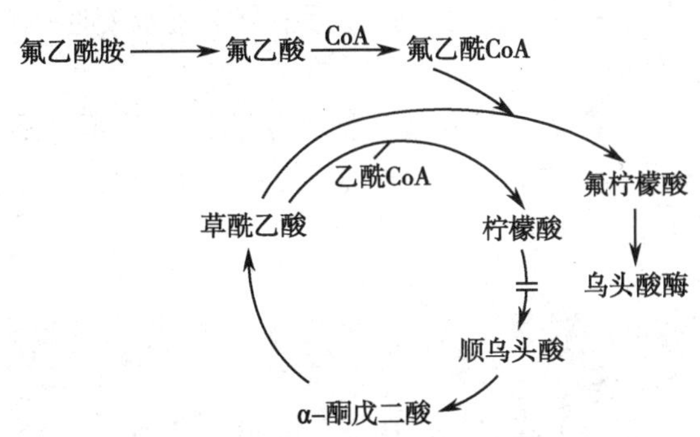

图8-3 氟乙酰胺的"致死合成"

氟乙酰胺除阻断三羧酸循环导致能量代谢障碍之外,氟乙酰胺及其含氟代谢产物氟乙酸、氟柠檬酸能直接刺激神经系统,并对心肌细胞产生损害;导致痉挛的机制包括,其一氟离子具有亲钙性,致使血钙下降,神经系统应激性增加,可发生痉挛,其二柠檬酸对肌肉的直接刺激也是发生肌痉挛原因之一;氟与血红蛋白结合生成氟血红蛋白,引起缺氧、发绀、呼吸困难,因而引起消化、心血管、呼吸、神经系统等一系列中毒症状。氟乙酰胺中毒可致体内红细胞、心肌细胞及骨骼肌细胞坏死,血红蛋白、肌红蛋白经肾排泄而阻塞肾小管,可导致急性肾衰竭。

急性氟乙酰胺(包括氟乙酸盐)中毒致死的主要机制是中枢神经系统和循环系统损伤所致的痉挛性抽搐和心律失常,迁延死亡者多为多器官功能衰竭。此外,累积的柠檬酸对磷酸果糖激酶有抑制作用,能使细胞丧失丙酮酸,而丙酮酸能对抗乌头酸酶的抑制作用,所以亦有人认为对磷酸果糖激酶的抑制才是真正的致死机制。

【中毒症状】

口服氟乙酰胺急性中毒的潜伏期多为2小时左右,剂量很大时可缩短至0.5～1小时,也有15小时以后发生中毒症状的。急性中毒死亡大多发生在口服后2～4小时内。

氟乙酰胺中毒在神经、循环、呼吸和消化系统均有症状表现,早期主要表现在消化、神经和循环系统,而后可出现泌尿和呼吸系统功能受损。

轻度中毒表现为恶心、呕吐、头痛、头晕、口渴、视力模糊、复视、上腹部有烧灼感。重症患者疼痛加剧,烦躁不安,视力丧失,阵发性抽搐、颈强直,有的可出现四肢软瘫。以后有呼吸抑制、皮肤发绀、血压下降、昏迷、大小便失禁。约有25%病例出现肾损害,甚至发生急性肾衰竭,可出现少尿、水肿、无尿、血尿、蛋白尿、管型尿、血肌酐及血尿素氮升高。

以神经系统症状突出者称神经型,抽搐是典型症状,重症中毒者表现为强直性痉挛。抽搐反复发作,进行性加重,致呼吸衰竭或窒息而死亡。

以心血管系统症状突出者称心脏型。中毒病例可出现心慌、胸闷、心律失常及心肌酶谱的改变,如AST、LDH及CK等升高,心电图检查可发现窦性心动过速、房室传导阻滞、ST段下降、T波低平、QT间期延长,最后因心室纤颤而死亡,该型病例易被误诊。

【中毒致死量】

氟乙酰胺属剧毒，有报道成人口服 0.07～0.1g 可致死，也有报道最小的口服致死量为 20μg/kg。大鼠一次经口急性中毒 LD_{50} 为 5～10mg/kg；小鼠经皮肤急性中毒 LD_{50} 为 60～70mg/kg。

【尸体检验所见】

尸僵出现早，腐败慢，口唇及指甲发绀显著。胃肠道有出血性炎症表现，以胃和十二指肠最明显，消化道黏膜有广泛出血。小肠浆膜充血，肠黏膜有斑纹状出血。各内脏器官淤血、水肿，浆膜面有点状出血。

迁延性中毒死亡者可见脑神经细胞、神经胶质细胞及神经轴突肿胀变性，两侧大脑壳核有对称性软化灶形成，软化灶内脑组织结构疏松，可见较多吞噬脂质的泡沫细胞（图 8-4）。肝细胞脂肪变性及小叶中央区轻度坏死。脾内可见散在灶性出血。肾小管上皮水变性并有轻度坏死。可见轻度间质性心肌炎。昏迷者可继发支气管肺炎。

小剂量多次摄入氟乙酰胺中毒案例的病理学检查和动物实验可见脑膜充血、水肿，神经细胞肿胀，有噬神经细胞现象和卫星现象，神经胶质细胞增生，并形成胶质小结。亚急性中毒还可引起淋巴小结的生发中心坏死。

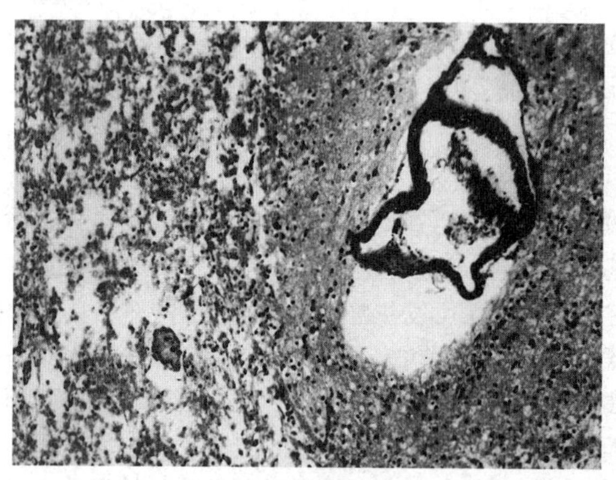

图 8-4　氟乙酰胺中毒的脑

两侧大脑壳核出现对称性软化灶，脑组织结构疏松，可见较多吞噬脂质的泡沫细胞，中毒迁延 5 个月死亡

【检材采取】

检材以呕吐物、胃内容物、吃剩的食物或饮料为最好，体内检材为血液、肝、肾及尿。

氟乙酰胺在体内易分解，有报告在服毒后超过 24 小时即难以检出氟乙酰胺原体，而以氟乙酸的形式存在。故除检测器官及体液中的氟乙酰胺外，还应检测氟乙酸等含氟的代谢产物。血液和尿中含氟量显著增高，肾等器官中柠檬酸含量明显增高，均可作为鉴定依据。如发现明显高于正常值的氟离子，应考虑有机氟（如氟乙酰胺、氟乙酸钠和甘氟）中毒的可能。检测氟乙酰胺较为理想的方法为气相色谱 / 质谱法（GC/MS）及高压液相色谱法（HPLC）。

【法医学鉴定要点】

痉挛性抽搐是神经型氟乙酰胺中毒的典型症状，但需与毒鼠强及其他痉挛性毒物中毒、癫痫进行鉴别。心脏型中毒者则以心肌损害为主要表现，应加以注意。氟乙酰胺中毒尸检无特征性病变，主要表现为急性血液循环障碍，多器官浆膜和黏膜的点状出血及脑水肿等。

氟乙酰胺的毒物分析目前仍较困难，氟乙酰胺中毒在体内除检验氟乙酰胺外，也可检查氟乙酸、氟离子或血液、组织中的柠檬酸水平。由于氟乙酰胺化学性质较稳定，有在死后 6 年仍可从腐败肉泥中检出。国内曾报道 4 例用氟乙酰胺少量多次投毒致死案例，因其中毒病程较长，临床均误诊为“非特异性脑炎”，造成疾病致死的假象，其中2例尸体已火化，后因案情上有疑点，取骨灰测定其氟含量有明显增高，最终揭露出他杀的真相。

【案例】

1995年5—10月，广东某地出现多起不明原因的人畜死亡，前后时间长达半年。开始是鸡、猪、狗等家畜全部死光。上百人先后发病，其中14人先后死亡。症状表现为头痛，抽搐，重者全身软瘫。后经查明罪犯主要因迷信动机用氟乙酰胺多次投毒，先引起禽、畜中毒死亡，继之村民误食死禽畜肉发生二次中毒而致大批发病，甚至死亡。其中5例尸体解剖及病理组织学检验均见重度脑水肿，其余各器官高度淤血水肿；肺膜、心外膜、肝包膜下均有出血点。肺切面有血性液体溢出。胃、十二指肠黏膜广泛点片状出血。

第三节　磷化锌中毒

磷化锌（zinc phosphide，Zn_3P_2）是一种被广泛使用的杀鼠剂，其特点是作用快、灭鼠效果好。但由于其毒性高，对人畜不安全，并可造成二次中毒，现已较少应用。它由锌粉与红磷（3∶1）混合后，在惰性气体中灼热而制成。市售磷化锌纯度约为80%～90%，呈灰黑色粉末，有电石气臭味，不溶于水及乙醇，微溶于碱与油，易溶于酸。在干燥和光线较暗情况下，性质较稳定，但遇水或遇酸及阳光作用能缓慢分解产生无色有剧毒、蒜臭味的磷化氢气体。

磷化锌与豆面、芝麻或米饭拌和制成毒饵，被用于农业、卫生、防疫部门杀灭各种鼠类，并常用作粮食熏蒸杀虫剂，以杀灭粮食害虫。

【中毒原因】

磷化锌中毒自杀、他杀、误服或环境污染中毒均有发生。以往磷化锌在杀鼠剂中毒中占首位，但20世纪90年代后国内磷化锌中毒显著减少。

因磷化锌具有电石气臭味，并呈灰黑色，故磷化锌中毒自杀较他杀多见。有报道123例急性磷化锌中毒，服毒自杀者达120例，其特点是大多将毒物混入食物内或饮水中口服，所用剂量较大。误服中毒者，常见于灭鼠时因管理不善，把磷化锌毒饵放置在不适当的地方被误食，或将毒饵放在食物附近污染食物而中毒；也有食用磷化锌中毒死亡的动物而发生二次中毒。长期接触磷化锌还可造成精神和神经紊乱，急性和亚急性肝功能损害。

磷化锌他杀投毒方式多为掺入食物、投入中药或装入胶囊内诱服。小剂量多次投毒的案例也有报告。磷化锌中毒多为消化道摄入，亦有罪犯用磷化锌塞入被害人阴道内引起中毒，经92小时后死于急性肾衰竭。

【毒理作用】

磷化锌多由口服进入体内，在胃内与胃酸作用，产生磷化氢气体与氯化锌化合物（$Zn_3P_2+6HCl \rightarrow 2PH_3\uparrow+3ZnCl_2$）。

磷化锌中毒主要是磷化氢的毒性作用。磷化氢被吸收后，主要作用于中枢神经系统、心血管系统和肝、肾等实质器官。其中以中枢系统损害最严重，并引起相应的中毒症状。其损伤机制在于磷化氢进入细胞内，可抑制细胞色素氧化酶，影响细胞代谢过程，造成细胞内窒息，从而使细胞代谢发生障碍，引起细胞变性坏死。急性中毒严重者常有致死性休克和重度紫癜型出血；如中毒病程迁延，则可引起心、肝、肾等实质器官的损害。

直接经呼吸道吸入磷化氢气体中毒者，其呼吸系统及神经系统的症状发生较快，可发生肺水肿、充血及心肌损害，也可引起中枢神经系统病变，且在肝及心血管损害的基础上发生全身广泛性出血；经口中毒者，则消化系统的症状发生较早，且较突出。

【中毒致死量】

成人致死量一般为2～3g（40～60mg/kg）。磷化锌纯品对大鼠经口LD_{50}为45mg/kg，小鼠LD_{50}

为 3～5mg/kg，对鼠的平均致死时间为 3～10 小时，最短 1 小时，最长为 2 天。

【中毒症状】

一般在口服磷化锌后 15 分钟至 2 小时内出现中毒症状，中毒症状主要涉及消化系统、神经系统、循环系统等。

消化道症状一般发生早且较明显，主要表现为上腹部不适、烧灼感、恶心、剧烈呕吐、腹痛、腹泻、口渴；呕吐剧烈者，呕吐物可含胆汁及咖啡样的血性液体；呕吐物有时可见混有灰黑色的泡沫或粉末，并可嗅到磷化氢所特有的电石气臭味。

神经系统症状主要表现为头晕、头痛、乏力、烦躁、神志不清及意识障碍。有的四肢麻木及昏迷。有时可见瞳孔缩小及抽搐。循环系统症状为心跳过速或心跳缓慢、血压下降及休克等。病程迁延者则可引起心、肝、肾等器官的损害，表现为肝大、黄疸，ALT 和黄疸指数升高。尿少、血尿、尿中有蛋白及管型等；血中非蛋白氮水平升高，二氧化碳结合力降低。心电图检查有心肌损害，如 ST 段下降，T 波低平；有的表现为房颤、多发性心房期前收缩、Ⅱ度房室传导阻滞等，重症中毒者可死于心肌损害。

死亡时间一般为中毒后 2 小时至 2 天，多见于 5～12 小时，最早可在中毒 1 小时后死亡。中毒者死前全身青紫及抽搐。有时经抢救后可恢复到清醒状态，但迁延 1～2 日后再度昏迷而死亡。

【尸体检验所见】

磷化锌中毒死者皮肤干燥，呈不同程度的脱水现象，尸斑呈暗紫红色，口唇及指甲发绀。中毒 2～3 天以上死亡者可见皮肤及巩膜黄染。

中毒后急性死亡者，有时打开腹腔即可嗅到磷化氢特殊的电石气臭味，剪开胃肠等则更明显。由于死者生前因口渴而大量饮水，胃充盈并有大量液体。胃及十二指肠黏膜充血、肿胀，有散在点状出血。由于磷化锌相对密度（比重）大，往往沉于胃内低下处，胃黏膜皱襞间可有灰黑色磷化锌粉末黏附。肺淤血、水肿及灶性出血。心肌间质淤血、水肿及小血管周围漏出性出血。肝细胞、肾小管上皮细胞水变性，有的肝细胞有水变性及散在小灶性坏死。

中毒病程迁延 2～3 天以上死亡者，肝大（或缩小），色黄，质较软，切面肿胀，边缘轻度外翻，有的切面呈红黄相间的斑纹状。镜下见肝小叶外围带出血、坏死，坏死区肝细胞消失，仅残存少数核碎屑，有较多嗜酸性粒细胞、中性粒细胞及淋巴细胞浸润。其他的肝细胞广泛脂肪变性并轻度淤胆，细胞核大小不等，双核多见。肝窦扩张淤血，少数毛细胆管内出现胆圆柱（图 8-5）。肾近曲小管上皮细胞水变性或脂肪变性，在细胞基底部出现多数细小脂肪滴（可经脂肪染色证实）。心肌细胞灶状变性，细胞质内也可出现多数细小脂滴（图 8-6）。上述心、肝、肾等实质器官的损害，与急性黄磷中毒的病理变化相类似。

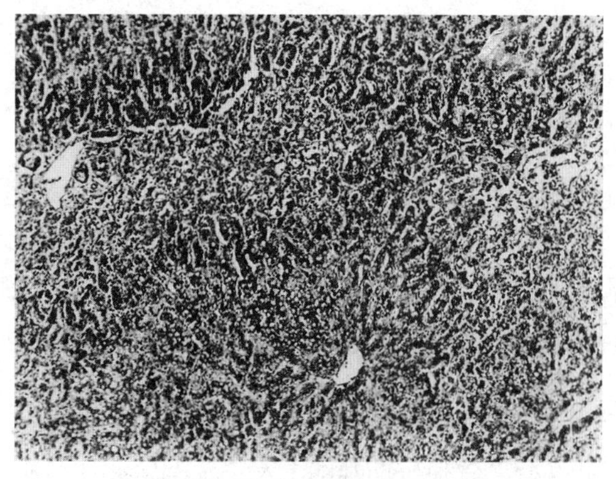

图 8-5　急性磷化锌中毒的肝

肝小叶外围带出血坏死，坏死区有较多嗜酸性粒细胞、中性粒细胞和淋巴细胞浸润；肝细胞有广泛脂肪变性，细胞质内出现多数大小不一的脂滴

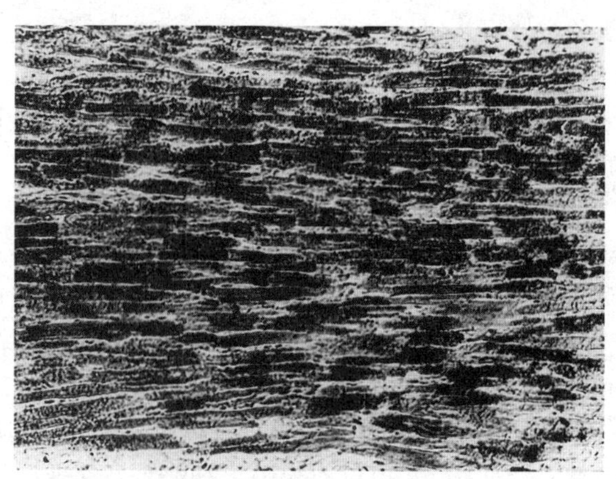

图 8-6　急性磷化锌中毒的心肌

心肌细胞细胞质内出现无数细小脂滴（油红 O 染色）

【检材采取】

口服中毒死者，胃及胃内容物是最好的检材。如能从胃、十二指肠黏膜采取灰黑色粉末或颗粒，则更有利于直接作磷化锌的毒物检测；其次是血液、肝及肾、现场容器内的残留物、死者生前的呕吐物。血清及尿中无机磷的增高对诊断磷化锌、磷化氢及磷化铝中毒也有重要的参考价值。

由于磷化锌中毒病人往往因口渴而大量饮水，胃液被稀释，而磷化锌的密度又较大，多沉于胃内低下处，因此应取全胃（除少量做病理切片外）及胃内容物送检，液体较多的胃内容物可静置后取沉淀部分检验，这样检验结果更可靠。若尸体腐败，胃组织产生硫化氢，可干扰磷化氢的检测，故应尽快送毒物检测，或者在取胃及胃内容物时应将其浸泡于乙醇中，并用乙醇反复洗涤，沉淀磷化锌。

【法医学鉴定要点】

通过毒物检验，证实胃内容物、血液、肝及肾等器官中含有磷化锌成分，是判断磷化锌中毒的主要依据。但若迁延数天后死亡，由于磷在体内逐渐氧化成磷酸盐，磷化氢常不易检出，此时应同时检测锌离子成分。若锌离子含量显著超过正常水平，结合尸检所见及案情调查，仍可作出急性磷化锌中毒的鉴定。此外，用扫描电镜 /X 线能谱（SEM/EDX）、X 线衍射法（XRD）及原子吸收光谱法测定锌离子，当锌离子显著超出正常值时，也可作为中毒的重要依据。头发及骨灰中锌的含量也可在推断死因时作为参考。

有时，在未深入了解病史或案情不明的情况下，急性磷化锌中毒所引起的中毒性肝病，有可能被误诊为急性暴发性病毒性肝炎。因此尸体检验应结合案情调查、现场勘查及毒物检验结果进行综合评定。在临床和法医病理工作中对磷化锌所致中毒性肝病与病毒性肝炎须注意加以鉴别。

【案例】

某女，32 岁。在 5 个半月时间内饭菜或药物中被罪犯多次小剂量混入磷化锌投毒，最后一次因投毒量增大而导致中毒死亡。死者生前曾反复出现胃肠道及肝损害的表现，但因临床医师不了解患者有毒物接触史，故一直诊断不明。死亡后尸体即被火化。约半年后死者亲属对其死因提出怀疑，而死者仅保留一肝组织块，此肝组织块是在病程中，一次因急性腹痛伴有休克症状住院，被误诊为急腹症而行剖腹探查，发现肝明显肿大，从肝的边缘部分取一小块组织作病理切片检查而留下的，当时病检仍未确诊。死后重新调查患者死因时，用上述保存的唯一肝组织蜡块以改良的二硫腙法作组织化学检查，从肝细胞质内检出锌，结合其他检验资料及案情调查，确定其死因为磷化锌中毒，为揭露犯罪事实提供了有力的科学依据。（黄光照提供）

附：其他无机磷杀鼠剂中毒

1. 磷化氢（hydrogen phosphide，PH_3）　为无色易燃气体，工业品有电石气味，对哺乳动物、人和昆虫均有剧毒。磷化氢经呼吸道吸入，不经皮肤吸收。磷化氢中毒机制在磷化锌中毒已阐述。吸入高浓度磷化氢时，会引起血红蛋白变性；磷化氢在体内可转变为磷酸和磷酸盐，导致慢性中毒。磷化氢中毒症状，主要表现为对局部和中枢神经系统的刺激作用，吸入少量的磷化氢有疲倦、耳鸣、呕吐和胸闷的感觉，大量吸入立即引起呕吐、腹泻和胃痛，继而呼吸困难、胸剧痛、窒息、昏迷甚至引起死亡。

硅铁（也称矽铁）遇水或与潮湿空气接触时，产生磷化氢气体，被人吸入后可发生中毒。国内曾报告在装运硅铁的船舱内或火车厢内睡觉，因吸入磷化氢而中毒死亡的案例，尸检见有急性肺水肿及点状出血、心肌小灶性坏死、全身各器官淤血、肝细胞及脑神经细胞变性等，尿液中无机磷含量远高于空白尿液对照值。在船舱内用小鼠进行动物实验，10 只小鼠放入 3～7 小时死亡 8 只。

2. 磷化铝（aluminium phosphide，AlP）　磷化铝系常用熏蒸杀鼠、杀虫剂，有剧毒。原药为浅黄色或灰绿色方形结晶粉末，无气味，工业用制剂含磷化铝 92%～96%。干燥状态很稳定，不易挥发。在潮湿空气中易吸潮分解，产生磷化氢。磷化铝片剂一般为灰绿色，每片重 3g，含磷化铝 55%、氨基甲酸铵 41%、石蜡 4%，在遇到空气中的水汽时放出磷化氢，同时氨基甲酸铵也放出二氧化碳和氨气，此有稀释磷化氢气体和阻止磷化氢自燃的作用，空气中可嗅到大蒜及烂鱼味。口服磷化铝仍为主要的中毒途径，但常有吸入磷化铝熏蒸或潮解后释放出磷化氢而致人意外中毒的报道。小鼠一次口服急性中毒 LD_{50} 为 2mg/kg。磷化铝中毒临床表现主要是恶心、呕吐、腹泻、胸闷、呼吸困难、心悸、发绀、低血压及休克；部分病人有心律不齐及高镁血症的表现，中毒死亡多发生于 24 小时内。尸检的主要病变为胃肠黏膜充血、各器官轻度水肿、肝及脑表面点状出血，镜下见肺水肿，肝细胞脂肪变性、部分肝细胞坏死，肝小叶中央静脉扩张淤血，心肌可见多发小灶性凝固性坏死，其他器官淤血水肿。

第四节　抗凝血杀鼠剂中毒

抗凝血杀鼠剂是 20 世纪 50 年代发现并用于防治鼠害的。现有的抗凝血杀鼠剂按其化学结构分为两大类：茚满二酮类和香豆香素类。由于此类杀鼠剂毒性较前述杀鼠剂弱，在国内以及国外广泛用于灭鼠，在美国，占专业杀鼠剂 80% 市场份额的有效成分就是抗凝血杀鼠剂。

一、茚满二酮类杀鼠剂中毒

茚满二酮类杀鼠剂（indandione rodenticide）是一类高效抗凝血性杀鼠剂，常见的是敌鼠与敌鼠钠盐，其他还有氯苯敌鼠（chlorophacinone）和杀鼠酮（pindone）等。

敌鼠（diphacin，diphacinone）分子式 $C_{23}H_{16}O_3$，化学名为 2-（2，2′- 二苯基乙酰基）-1，3- 茚满二酮。常用其钠盐，即敌鼠钠盐（diphacinone Na-salt），分子式 $C_{23}H_{15}O_3Na$，我国以敌鼠钠盐较常见。

敌鼠纯品为无臭无味的黄色针状晶体或粉末，敌鼠钠盐为敌鼠溶于氢氧化钠而制成。二者性质稳定，在水中和氧化剂的作用下均不易分解。

敌鼠钠盐杀鼠作用强，自 1971 年问世以来，国内外已广泛使用。对人和家畜毒性较低，即使发生中毒，有较理想的解毒药维生素 K，但对狗和猫毒性较大，并能发生二次中毒。

【中毒原因】

人、畜误食中毒较为常见，如小儿误食毒饵而发生中毒；误食毒饵污染的食物；或食用敌鼠钠盐中毒死亡的禽、畜，均可发生二次中毒。用敌鼠钠盐投毒杀人的案例也时有发生，由于敌鼠钠盐所引起的中毒症状出现较晚，且易被误诊为血小板减少性紫癜或急性肾炎，因而应引起警惕和注意。甚至还有产妇敌鼠钠盐中毒后，分娩出的新生儿亦出现鼻出血、便血及针刺部位出血不止等症状。1992 年 5 月，河南某县发生 123 人进食混有敌鼠钠盐的小麦制品而发生群体性中毒。

【毒理作用】

敌鼠及敌鼠钠盐可经胃肠道、呼吸道（粉尘）及皮肤吸收。主要通过肝微粒体酶进行羟基化。在人体内半衰期为 15～20 日。

敌鼠及敌鼠钠盐的结构与维生素 K 相似，有竞争性抑制维生素 K 的作用，干扰肝对维生素 K 的利用或直接损害肝细胞，抑制凝血酶原及凝血因子Ⅱ、Ⅴ、Ⅶ、Ⅸ、Ⅹ的合成，从而影响凝血酶原酶复合物的形成，使凝血时间和凝血酶原时间延长。此外，敌鼠及敌鼠钠盐还可直接损伤毛细血管，增加血管壁的通透性和脆性，而发生血管破裂造成皮下和器官的广泛性出血，其中尤以肺出血最为明显。小鼠按 0.05mg/kg 剂量经口给予敌鼠，发现凝血酶原含量降低 38%。敌鼠进入小鼠体内后，其分布依次为：血 > 肝 > 肾 > 心 > 肺。在体内蓄积性很强，排泄很慢，主要经大便及尿排出。

【中毒致死量】

敌鼠钠盐及敌鼠均属于高毒类。因肝内贮存有一定量的凝血因子，不可能立即耗尽，故中毒症状发生的时间与剂量及摄入次数有关，如一次给药造成中毒则需较大剂量，连用数日则很小剂量即可引起中毒。敌鼠钠盐成人一次口服中毒量为 0.06～0.25g，致死量为 0.5～2.5g。敌鼠钠盐对小鼠一次经口急性中毒的 LD_{50} 为 78.5mg/kg，口服 4 天慢性中毒的 LD_{50} 为 0.81mg/kg；敌鼠对小鼠一次经口急性中毒的 LD_{50} 为 119.5mg/kg，口服 4 天慢性中毒的 LD_{50} 为 3.16mg/kg。

【中毒症状】

敌鼠钠盐与其他种类杀鼠剂不同，中毒的潜伏期较长，发病缓慢，一般于口服后3~4天，甚至有报道可长达30天，平均出现中毒症状时间为10天。如摄入量大，特别是空腹时服下，也可很快（约半小时）出现中毒症状。

中毒初期表现为消化道症状，如恶心、呕吐、食欲减退、精神不振，继而出现头晕、头痛、腹痛、失眠。其特征性的中毒症状是凝血功能障碍，如呕血、便血、齿龈出血、鼻出血、血尿、全身皮肤及黏膜出现紫癜、妇女阴部流血、月经过多或月经延长。紫癜主要分布在前胸及下肢，为散在性点状出血，重者密集，甚至融合成片，呈斑丘疹及疱疹、圆形及多形性红斑状，由淡红色到深紫蓝色，压之不褪色；其分布特点为头皮内比较稀疏，四肢多于躯干，下肢及臀部多于上肢，伸侧多于屈侧，常呈对称性分布。紫癜周围组织呈凹陷性水肿。亦容易出现伤后出血不止，如耳部刺血或臀部注射时，注射针眼徐徐流血可达10分钟之久，针眼周围也可形成小血肿。另外，可以出现关节肿痛、贫血、血压下降、心率减慢、脉搏微弱、四肢厥冷、颜面苍白、头痛、低热等，最后因出血性休克死亡。

肾损害较重者，可发生急性肾衰竭。部分患者经治疗后还可反复发生出血症状，脑内出血也可成为致死原因。

实验室检查：血小板计数、出血时间正常，但凝血时间及凝血酶原时间延长；红细胞及血红蛋白减少；大便隐血试验阳性；血尿及蛋白尿；毛细血管脆性试验阳性；骨髓增生活跃，有的中毒后末梢血可见炎细胞内含中毒颗粒。肝功能有异常。心电图检查可见窦性心动过速、ST段下降及T波低平等。

【尸体检验所见】

根据尸体解剖案例及动物实验所见，全身皮下广泛性青紫色和片块状出血，尤以颈部及胸部显著；颈、胸部肌肉及肋间肌也有片块状出血；鼻黏膜、口腔黏膜及齿龈呈红色斑点状出血；女性外阴部可有凝血块黏附，阴道黏膜出血及卵巢出血。颅腔、胸腔、心包腔及腹腔积血，各部位浆膜及黏膜可见片块状出血。肺重量增加，质变实，呈暗紫红色，切面暗红，并有血性泡沫样液体溢出；气管及支气管腔内有血性黏液。镜下见肺泡壁毛细血管普遍扩张淤血，有程度不等的肺出血及肺水肿，并有代偿性肺气肿。心肌间质灶性出血。肝被膜下出血，肝明显淤血或伴有不同程度的肝细胞水变性、脂肪变性及汇管区炎细胞浸润。脾重度淤血，有急性脾炎。肾重度淤血。脑及脑膜淤血水肿，蛛网膜下腔小灶性出血，有的可见脑实质内出血。胃内可有大量血液积聚，肠壁呈片状出血，黏膜表层呈出血性坏死。

【检材采取】

敌鼠钠盐中毒潜伏期长，常于口服后数日才出现中毒症状或死亡，因此在胃内容物中已不能被检出，而需采取血、肝、肺、肾、尿为检材。如口服敌鼠钠盐迅速发生中毒者，仍可采取呕吐物、洗胃液、胃肠及其内容物、血液及尿液作检材。对怀疑抗凝血杀鼠剂中毒者，应提取肝、胆汁及血液。

【法医学鉴定要点】

敌鼠钠盐是一种广泛应用的杀鼠剂，自杀、他杀和意外中毒在法医实践中均时有所见。中毒潜伏期较长、全身性紫癜样出血是中毒者较特殊的症状表现。在案情不明的情况下，由于抗凝血杀鼠剂中毒表现与致死性白血病或感染性疾病如细菌性败血症、立克次体病、鼠疫和钩端螺旋体病较类似，临床上常被误诊为出血性疾病、肺结核咯血、弥散性血管内凝血或肾盂肾炎、肾肿瘤等，应注意加以鉴别。当遇到不明原因的出血时要想到抗凝血杀鼠剂中毒的可能。血液检查血小板计数正常可与血小板减少性紫癜相鉴别。由于大多数中毒死亡发生在服毒数天以后，因此毒物分析用的检材以血、尿、肝较好。

二、香豆素类杀鼠剂中毒

香豆素类抗凝血杀鼠剂（coumarinic anticoagulant rodenticide），包括华法林（warfarin）、大隆（brodifacoum）、溴敌隆（bromadiolone）、立克命（coumatetralyl）、氯杀鼠迷（coumachlor）、克灭鼠（coumafuryl）、

敌拿鼠（difenacoum）及双法华林（dicumarol）等。

香豆素类与茚满二酮类系抗凝血杀鼠剂，均干扰凝血酶原及凝血因子的合成，但作用机制略有不同。香豆素类抗凝血杀鼠剂口服吸收缓慢且不规则，一般需 8～12 小时后发挥作用（出血倾向），1～3 天达到高峰，一次性给药可维持抗凝作用 3～4 天，偶有第 9 天血中仍可检出。部分香豆素类抗凝血杀鼠剂一次摄入后，其抗凝血作用可持续 50～60 天，少量多次摄入则可持续近 7 个月。

以华法林为例，华法林又称灭鼠灵、杀鼠灵，分子式 $C_{19}H_{16}O_4$，化学名 3-（1- 丙酮基苄基）-4- 羟基香豆素。纯品为无臭、无味白色结晶。性质稳定。华法林等可引起二次中毒。其毒理作用、中毒症状及身体检验所见与敌鼠钠盐中毒基本相同，常用作缓效杀鼠剂。

【中毒原因】

误服毒饵是其主要中毒原因，也有自杀及他杀的报道。2013 年 4 月，我国西南某地幼儿园食堂就餐的学生相继出现鼻出血、齿龈出血、片状皮下出血及瘀斑，经法医检验食物、饮用水及患者血液后，认为是香豆素类中毒，17 人中毒，经侦查，此为一投毒案件。

【毒理作用】

华法林可经胃肠道、呼吸道（粉尘）及皮肤吸收，胃肠道吸收完全而经皮肤吸收缓慢。腹腔注射华法林后 96 小时，肾、肝和胰中的浓度分别为血液中的 3 倍、12 倍和 15 倍。

正常情况下，维生素 K 作为羧化酶的辅酶参与凝血因子Ⅱ、Ⅶ、Ⅸ、Ⅹ的合成。香豆素抑制维生素 K 环氧化物还原酶的活性，在肝中抑制维生素 K 由环氧化物向氢醌型转化，从而阻止维生素 K 的反复利用，影响含有谷氨酸残基的凝血因子Ⅱ、Ⅶ、Ⅸ、Ⅹ的羧化作用，使这些因子停留于无凝血活性的前体阶段，从而影响凝血过程。华法林等对已形成的上述凝血因子无抑制作用，因此抗凝作用出现时间较慢。华法林在体内转化产生的羟基香豆素可抑制凝血酶原的形成，而苄叉丙酮有破坏毛细血管作用，使血管壁通透性及脆性增加而导致出血，因此华法林中毒主要表现是出血，且凝血困难。

【中毒致死量】

人口服华法林 20～50mg（0.5mg/kg）可引起急性中毒；一次性中毒极少导致死亡，如每天口服超过 5～20mg，3～5 天后可引起死亡；成人经口致死量估计为 500mg/70kg。鼠类和猪对华法林比较敏感，小鼠一次口服急性中毒的 LD_{50} 为 374mg/kg，猪口服 5 天慢性中毒 LD_{50} 为 1～3mg/（kg·d）。

【中毒症状】

华法林毒性比敌鼠钠盐低，连续几次给药，毒性明显增高。中毒潜伏期长，一般在口服后第 3 天（数小时乃至第 20 天）出现恶心、呕吐、腹痛、腹泻、头痛及食欲不振，以及不同部位、不同程度的出血，持续 2～5 天。凝血酶原时间及凝血时间延长，凝血酶原活性下降。临床上最常见的出血部位为皮肤黏膜、胃肠道及泌尿道；最常见的表现为无症状血尿、皮肤出血点或出血斑、鼻出血、牙龈出血、阴道出血或咯血。皮肤紫癜四肢多于躯干，呈斑丘疹及疱疹状、圆形及多形性，色淡红而后深紫色，压之不褪色，疹周围可呈凹陷性水肿。重度中毒者可因颅内出血或失血性休克而危及生命。一般不损害肝细胞，偶有肝损害的报道。曾有 14 人误食被华法林污染的玉米 15 天，平均每日摄入 1～2mg/kg，最早出现症状在食后 7～10 天，其中有 2 人死亡，检查发现中毒者凝血酶原活性下降、凝血酶原时间和凝血时间延长。

【尸体检验所见】及【法医学鉴定要点】同敌鼠钠盐中毒。

附：其他香豆素类杀鼠剂中毒

1．大隆　又称溴联苯杀鼠迷、溴敌拿鼠，分子式 $C_{31}H_{23}BrO_3$，化学名 3-［3-（4'- 溴 - 双苯基）-1，2，3，4- 四氢 -1- 萘羟基］香豆素。雌性大鼠一次经口急性中毒 LD_{50} 为 0.5mg/kg，小鼠 0.4mg/kg，褐家鼠一次口服急性中毒 LD_{50} 为 0.23～0.32mg/kg，口服 5 天慢性中毒 LD_{50} 为 0.07mg/kg。在大鼠体内半衰期为 6.5 天，在兔及人体内分别为 20.3 天和 24.2 天，几乎是华法林的 9 倍。主要分布于肝、肾和血，在胆汁及股动、静脉血中含量最高。中毒者多数可发生尿道出血，其他可发生颅内出血、咯血、血胸。

尸检可发现全身散布大小不一（2～10cm）、颜色不同的出血斑，有些地方可见密集的点状出血，双侧顶叶及颞叶硬膜下有薄层出血，心外膜、胃肠黏膜点状出血，双肺弥漫性出血，肺泡腔内见大量吞噬含铁血黄素的巨噬细胞，严重中毒者多因脑及蛛网膜下腔出血而死亡。大隆半衰期很长，其抗凝血作用持续可达2年以上，可在中毒很长时间后死亡，法医鉴定时应提高警惕。国外报道2例大隆中毒者，摄入大隆的量分别为1mg和7.5mg，表现为背部疼痛、血尿、柏油样便、鼻出血及牙龈出血。凝血酶原时间超过120秒（正常12秒）。经治疗2个月后仍有出血倾向和凝血因子异常。

【案例】

某女，50岁。某日因腹痛、神志恍惚10小时入院，体检一般情况可，急性重病容、烦躁，全身皮肤散布瘀点及瘀斑，皮肤弹性较差，双肾区叩痛。入院诊断“感染性休克原因待查、中毒性菌痢”。经治疗病情无好转，且皮肤瘀点、瘀斑增多，腹泻4次，并逐渐出现心慌气急、满肺啰音等，经抢救无效于当日死亡。因医疗纠纷而进行尸体解剖，尸检见全身体表散在大小不等暗红色出血点和出血斑（见文末彩图8-7），最大者为3.5cm×4.5cm。双侧睑结膜、牙龈出血。心包、腔静脉根部、右心后壁、胸腺、膈肌、腹膜后、胃浆膜面及肠系膜可见散在出血斑点，胃黏膜可见散在出血点。肺表面可见出血斑，切面可见粉红色泡沫状液体流出。左右胸腔暗红色液体，左侧320ml、右侧300ml。镜下各器官淤血水肿明显，血管内皮细胞肿胀、管壁疏松水肿。脑小灶性出血，心肌细胞灶性肌浆凝聚，间质散在点状出血，双侧肾上腺出血。心、肺、肝、肾、胃肠黏膜及黏膜下层均可见单核细胞、淋巴细胞与中性粒细胞浸润。毒物分析从胃内容物中查出大隆，鉴定为大隆中毒致多器官功能衰竭而死亡。经公安机关调查证实本例为投毒他杀。（李剑波提供）

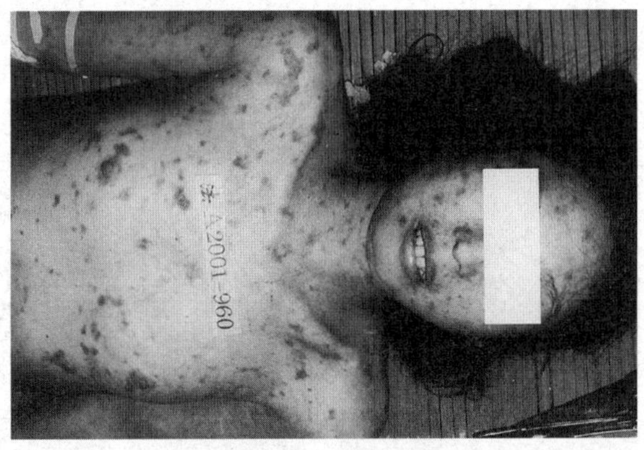

图8-7 大隆中毒

尸表广泛分布的出血点和出血斑（李剑波供图）

2. 溴敌隆　分子式$C_{30}H_{23}BrO_4$，为白色至黄色粉末，大、小鼠，家兔口服急性中毒LD_{50}分别为1.75mg/kg、1.25mg/kg和1.0mg/kg。也是高效抗凝血杀鼠剂。溴敌隆可损害红细胞，导致结缔组织、肾近曲小管细胞中铁沉积，并增加脾铁蛋白的储存。溴敌隆中毒4～6天后，出现不同程度的出血倾向，如鼻出血、牙龈出血、腰痛、肾区叩痛、腹痛、血尿、散在皮下出血、月经延长等。凝血酶原时间均为正常值的1～2倍以上。少数患者肾内B超可发现出血灶，曾被误诊多种疾病，如过敏性紫癜、肾炎、流行性出血热、膀胱肿瘤，甚至有疑为“急性阑尾炎”而进行手术，直到第8天从尿中查出溴敌隆后才确诊为中毒。

【案例】

某女，19岁。某年12月9日出现牙龈出血并逐渐加重，12月18日因头痛、恶心入住医院，19日因抢救无效而死亡。死前1周曾饮一瓶他人给予的饮料，饮时觉得内有异味。入院时，口腔渗血。CT示左侧颞顶部脑出血；凝血酶原时间＞200s，活化部分凝血酶原时间147.8s。入院后意识障碍进行性加重，迅速出现深昏迷、脑疝。12月19日死亡。尸体解剖见：前胸壁及四肢散在皮下出血，牙龈出血，心点状出血，左肾门出血，盆腔积血约 10ml，蛛网膜下腔及脑组织出血，双侧大脑壳核下缘及苍白球区软化灶形成。在其心血检出溴敌隆及溴鼠灵成分。鉴定死因为溴敌隆及溴鼠灵中毒致凝血机制障碍，最终因脑出血及多器官功能衰竭而死亡。（周亦武提供）

（任　亮）

思考题

1. 毒鼠强与氟乙酰胺毒理作用有何不同？
2. 氟乙酰胺中毒需与哪些毒物中毒相鉴别？氟乙酰胺中毒的检材采取及毒物检验分析有何特点？
3. 常见痉挛性毒物有哪些？它们各自有何特点？
4. 磷化锌中毒的毒理病理学变化有哪些？
5. 常见抗凝血杀鼠剂的种类及中毒症状有哪些？

第九章　有毒动物中毒

学习目标

通过本章的学习，你应该能够：

掌握　蛇毒的毒理作用、中毒表现及法医学鉴定要点。

熟悉　鱼胆、河豚中毒的毒理作用机制。

了解　斑蝥、蜂毒、蟾蜍及其他有毒动物中毒的特点。

章前案例

某男，23岁。被银环蛇咬伤右手小指。伤后2小时后昏迷，4小时后自主呼吸停止，靠人工呼吸维持。于咬伤后第3天死亡。

尸检见眼睑轻度水肿，瞳孔散大，鼻腔咖啡色液流出，右小指内侧面（咬伤处）二、三指节间纵向手术切口，深达肌层，手指发绀。切开皮肤，血液不凝固。心表面散在数个针尖样出血点。肺呈实变。腹腔内有腹水约400ml。回肠黏膜少量出血斑，大肠黏膜水肿。镜下：大脑皮质神经元尼氏体消失，部分神经元细胞固缩。胶质细胞出现卫星、噬神经现象及胶质结节形成。毛细血管内皮肿胀、淤血。脑干部分神经元胞核中见空泡形成，桥脑部分区域神经元中充满深红色细颗粒。小脑普肯耶细胞固缩、核浓缩、浆均质化，部分区域整个细胞消失，颗粒层大量细胞退变消失。心肌间质内见少量淋巴细胞浸润，纤维母细胞量较多。心肌纤维轻度断裂，胞核大小不一、深染。肺呈显著的小叶性肺炎改变。肝细胞轻至中度脂肪变性，间质少量淋巴细胞浸润。肾髓质水肿、充血，肾小球中等量多核白细胞浸润。肾小管上皮细胞水肿。肾上腺皮、髓质交界区淋巴细胞灶性浸润。咬伤局部组织真皮浅层炎症细胞浸润，深部组织坏死、出血、水肿并有多量嗜酸性白细胞浸润。他的死亡原因会是什么？

有毒动物（poisonous animal）是指体内含有致人体中毒甚至死亡的有毒物质的动物。有毒动物体内有毒物质按成分结构分为蛋白质多肽、甾体及其衍生物、生物碱和其他如烷基酚衍生物等几类，属天然毒素。有毒动物既可通过动物噬、咬、蜇等行为主动输入人体，也可因被当作食物或药物进入人体，引起人体中毒，甚至导致死亡发生。据不完全统计，全世界每年被毒蛇咬伤而中毒的人有170多万，其中4万多人死亡；因食有毒鱼类和贝类而中毒的人，每年也有2万多人，死亡300人。

我国领土辽阔，地跨寒、温、热三带，自然条件复杂，盛产各种动物。其中，已发现的有毒动物有30多类、几百种之多，广泛分布于陆地、海洋、高山、低谷、森林、草地、农田、沼泽等各种环境中，隶属于动物界的六个动物门。脊索动物门毒鱼、蟾蜍、毒蛇及节肢动物门中毒蜘蛛等是较常见的引起中毒的有毒动物。其他动物门中的有毒动物也可引起中毒，如腔肠动物门中的水母、环节动物门中的地龙（干燥蚯蚓）、软体动物门中的织纹螺及棘皮动物门中的海葵等。另外，有些动物含有某种生理活性物质，大量进入人体也能产生中毒症状，如动物肝脏、甲状腺、肾上腺。有些动物在生活过程中含有有毒物质，如海蜇，生活在海水中可螫人并释放毒素，但离开海水后很快失去毒性。

有毒动物所含毒素成分复杂，毒性机制主要表现在六个方面，分别为对人体局部作用、对神经系统作用、对心血管系统作用、对血液作用、对器官作用及其他作用，将在各节中叙述。

有毒动物中毒致死的案例，因死因不明或中毒经过不清，甚至怀疑为他杀案件的，需进行法医尸体检验和鉴定。但法医报道有毒动物中毒或死亡的人数仅占实际中毒或死亡人数的极少部分。

有毒动物引起人中毒的原因有以下几种情况：

1．意外　①误食：也称动物性食物中毒，即食入动物性食品引起的中毒。一种情形是将天然含有有毒成分的动物或动物的某一器官当作食品，另一情形是原为可食用的动物食品在一定条件下产生大量有毒成分（如食用不新鲜鲐鱼导致组胺中毒）。误食中毒为有毒动物中毒最常见的原因。如有些有毒鱼类和贝类，只是某些器官有毒，如河豚的肝、卵巢及血液，鲨鱼的肝，去除有毒部分后鱼肉可以食用。此外，误食有毒的幼蚕、马蜂蛹等也能引起中毒。②药用过量：中医药典中有许多有毒动物作为药用的记载，如六神丸的主药蟾酥、治疗肝癌的斑蝥素分别是从蟾蜍和斑蝥中提取的，但使用不当或过量服用可导致中毒或死亡。误信非法行医者或服用流传的偏方、单方，也常导致中毒。如内服斑蝥堕胎或治疗月经不调或预防狂犬病，内服生鱼胆治疗眼疾，均有不少中毒和死亡的病例报道。③动物咬伤：野外活动中被毒蛇和毒蜈蚣等咬伤或蜂类、毒蝎螫伤和被海洋中的鬼毒鲉、赤魟、海蜇等刺伤均能引起中毒。

2．他杀　如有意将有毒动物制成毒酒或隐匿混入食品及药品中使他人中毒。国内有将斑蝥投入菜汤或混入食物中投毒的案例，国外有用斑蝥素混入冰淇淋投毒杀人的报道，利用银环蛇咬伤他杀在广东已有多例报道。

3．自杀　国内有服斑蝥酊、斑蝥虫体而自杀者。偶有以蛇毒皮下注射自杀死亡的案例。如某25岁男性，因失恋曾服安眠药自杀未遂，后又服蟾蜍而死于麦田里，从呕吐物中查出蟾蜍碎块。

有毒动物种类多，毒素成分复杂，加之有时中毒与损伤或疾病并存，因此，疑为有毒动物中毒案例的法医学鉴定，应详细了解案情及中毒症状、体征，进行细致的尸体检验，提取必要的检材进行毒物检测及动物实验。还应采取可疑动物标本请相关专家进行动物品种识别。

第一节　蛇毒中毒

蛇属脊索动物门，脊椎动物亚门，爬行纲，有鳞亚纲，蛇目。世界上蛇类约有2700种，其中，毒蛇600余种，隶属于约12科400属。我国蛇类资源丰富，已知蛇类近200种，其中，毒蛇50多种，隶属于眼镜蛇科、海蛇科、蝰蛇科、响尾蛇科等4科25属。各省均有蛇分布，但大部分蛇种集中于长江以南热带与亚热带地区，海蛇分布于近海。

毒蛇是有毒动物中危害较大的一类，经常造成蛇伤中毒，蛇类引起的中毒占有毒动物中毒的首位。毒性最大的有眼镜蛇、眼镜王蛇、银环蛇、金环蛇、蝰蛇、尖吻腹（五步蛇）、蝮蛇、竹叶青、烙铁头、海蛇等。

毒蛇的毒器由高度特异的管状或沟状长而尖的牙齿、毒腺和连接两者的毒腺导管三部分组成。当毒蛇咬人或动物时，毒腺受到挤压，使毒腺分泌的毒液迅速通过毒牙导管或牙沟在破口处注入人体内。我国每年毒蛇咬伤患者高达10万人次，死亡率为5%～10%，眼睛王蛇咬伤死亡率更是高达90%以上。

【中毒原因】

最常见的原因是被毒蛇意外咬伤引起中毒。每年4月至10月份为毒蛇的活动期。在此期间，尤其7月到9月被毒蛇咬伤最多见。经提纯的蛇毒（snake venom）被制成药剂用于溶血栓和抗风湿等治疗，在治疗过程中也可发生意外中毒而死亡。也有将蛇毒纯品溶液注入体内自杀者。此外，由于毒蛇咬伤的伤口较小，尤其是含神经毒的毒蛇（如银环蛇等），咬伤后感觉不明显，局部不红肿，常被用作他杀。国内有多起利用银环蛇或提取银环蛇毒液通过肌内注射他杀的案例。眼镜蛇含毒液量大，毒性强，也曾被用于他杀。

【毒理作用】

蛇毒外观呈蛋清样黏稠液体，新鲜蛇毒呈微酸性、透明微黄色、有特殊腥味，含水量约65%～80%，内含多种生物活性物质，主要为低分子毒性蛋白质、多肽、多种酶（大多为水解酶，如卵磷脂酶A、抗凝血酶、透明质酸酶、肽链酶、蛋白酶、外切酶等）、脂类及钙、锌等一些无机离子等组成，经真空冰冻干燥处理后成为松脆易碎的半透明固体，干燥蛇毒可保存多年。有毒成分主要是蛋白质和多肽，约占干燥蛇毒的85%～90%。

蛇毒分为神经毒、血液循环毒（种类很多，成分亦十分复杂，主要影响心脏、血管及血液系统的有毒成分）。神经毒主要存在于眼镜蛇、金环蛇、银环蛇及海蛇的毒液中。血液循环毒主要存在于蝰蛇、尖吻蝮的蛇毒中。眼镜蛇、眼镜王蛇及蝮蛇蛇毒既含神经毒也含血液循环毒。其中眼镜蛇蛇毒以神经毒为主，而蝮蛇以血液循环毒为主。海蛇蛇毒有选择性损害横纹肌的作用。

1．神经毒　具有选择性神经肌肉阻断作用，引起横纹肌弛缓性瘫痪，其机制可能有两种方式：①作用于突触后运动终板上的烟碱型乙酰胆碱受体，阻止乙酰胆碱与乙酰胆碱受体的结合，从而阻断神经肌肉传导；②作用于运动神经突触前膜，通过抑制线粒体的氧化磷酸化，阻止突触小泡释放乙酰胆碱，而阻断神经肌肉传导。神经毒作用于自主神经系统，抑制颈动脉窦化学感受器，使缺氧加重，导致呼吸衰竭；兴奋肾上腺髓质，释放肾上腺素，使血压升高；使胃肠平滑肌先兴奋后抑制，产生肠麻痹；作用于延髓，抑制血管运动中枢，引起外周血管扩张和血压下降；抑制呼吸中枢，引起呼吸衰竭。神经毒还作用于中枢神经系统引起意识障碍、抽搐及损害脑神经（Ⅲ、Ⅳ、Ⅶ等）。

2．血液循环毒　血液循环毒包括：①凝血毒：如蝰蛇毒、眼镜蛇毒及银环蛇毒能激活凝血因子Ⅹ，使凝血酶原变成凝血酶。五步蛇、蝮蛇、竹叶青蛇毒具有凝血酶样酶，可直接使纤维蛋白原变成纤维蛋白，加速血液凝固，甚至产生DIC。②抗凝血毒：蛇毒可溶解纤维蛋白原或抑制纤维蛋白活性，促使纤溶酶原变成纤溶酶；阻抑凝血因子Ⅴ活性，阻抑凝血酶形成，引起出血。③出血毒素：蝰蛇和蝮蛇毒中含有出血毒，可损害毛细血管内皮细胞及细胞间质，使毛细血管通透性改变，引起出血。④溶血毒：蝰蛇和眼镜蛇毒的磷脂酶A_2可使卵磷脂变成溶血卵磷脂，溶解红细胞膜，引起溶血。磷脂酶A_2还可损害微血管壁产生肺出血，甚至引起休克肺。⑤心脏毒：眼镜蛇毒可使心脏先兴奋后抑制，最后失去收缩性，导致心搏骤停。⑥细胞毒：蛇毒可引起细胞溶解、蛋白质分解、组织坏死。释放组胺和血管活性物质可引起血压改变，产生中毒性休克。海蛇毒主要破坏骨骼肌细胞，引起肌红蛋白尿和高钾血症。

【中毒致死量】

不同种类的毒蛇，其每次放毒量不同，对人及小鼠的致死量也不同（表9-1）。

表9-1　中国常见毒蛇咬伤死亡率及蛇毒致死量（覃公平．中国毒蛇学．1998）

	小鼠LD_{50}（mg/kg）	人致死量（mg/kg）	死亡率（%）
眼镜王蛇毒	0.34	12	100
眼镜蛇毒	0.53～0.71	15	8
银环蛇毒	0.09	1	23
金环蛇毒	2.4	10	30
蝮蛇毒	2.0	25	7
尖吻腹蛇毒	8.9	—	24
竹叶青蛇毒	3.3	100	1
蝰蛇毒	1.6	4.2	30
烙铁头蛇毒	—	—	8
海蛇毒	0.52	3.5	35

【中毒症状】

毒蛇咬伤多位于身体暴露部位，如肢体末端。中毒症状主要与毒蛇种类有关，与放毒量、毒液吸收量、吸收速度、被咬者年龄和体重等因素也有一定关系。中毒症状按蛇毒作用类型分为神经毒类症状、血液循环毒类症状和混合毒类症状。重症患者因呼吸麻痹、循环衰竭或急性肾衰竭而死亡。

1. 局部症状　被含神经毒类毒蛇（如银环蛇）咬伤，局部症状较轻，肿胀不明显，仅有蚁咬样微痛、麻木感、轻度红肿，麻木感向心性扩散，严重时可致肢体瘫痪。血液循环毒及混合毒类毒蛇（如眼镜蛇）咬伤局部症状较重，咬伤部位3～5分钟后即出现明显红肿疼痛，随后红肿明显加剧，变紫黑色，组织坏死，并迅速向四周蔓延，并有皮下出血及局部淋巴结肿大、压痛及触痛等。

2. 全身症状　神经毒类毒蛇咬伤后0.5～3小时，伤者出现头痛、眩晕、流涎、恶心、腹痛、胸闷、气促、眼睑下垂、视力模糊、复视、幻视，听、嗅、味感觉异常或消失，声音嘶哑、舌麻痹、言语不清、吞咽困难、牙关紧闭、共济失调或全身瘫痪等中毒症状，且发展迅速。重者可发生昏迷或休克，经数小时或数日，因呼吸麻痹和循环衰竭而死亡。血液循环毒类毒蛇咬伤后2小时，伤者出现全身中毒症状，表现为畏寒、发热、恶心、呕吐、全身肌肉酸痛、心悸、胸闷、烦躁不安、谵妄、全身多发性出血、便血、尿血、黄疸、贫血、血压下降、休克等。重者可在咬伤后数小时发生心、肾衰竭或中毒性休克。混合毒类毒蛇咬伤具有神经毒与血液循环毒双重中毒症状。眼镜蛇咬伤后可于数分钟内死亡。海蛇蛇毒可引起横纹肌麻痹，引起肌红蛋白尿及急性肾小管坏死，中毒者最后死于急性肾衰竭。

【尸体检验所见】

毒蛇咬伤的病理变化也因毒蛇类别而异。

1. 局部病变　咬伤局部皮肤有一对较深而粗的毒蛇牙痕。蛇的种类与大小不同，毒牙的印痕间距与深度也不同，蝰蛇牙痕可深达2.5cm。局部病变以含血液循环毒及混合毒类毒蛇（如眼镜蛇）咬伤较重，组织高度肿胀、坏死伴有急性蜂窝织炎，并迅速扩展到邻近部位，有时可看到牙痕（见文末彩图9-1）。有时由于局部的组织坏死致毒牙印痕无法辨认。外观呈污紫黑色，可见水疱形成及表皮脱落。切开肿胀组织，有多量淡红色水肿液渗出，皮下出血明显，肌肉失去正常光泽，变为污灰、暗红甚至紫黑色。局部淋巴结肿大。镜检见咬伤局部从表皮到皮下组织发生广泛性坏死，伴有出血、水肿和大量中性粒细胞浸润。局部淋巴结内有大量中性粒细胞浸润。

含神经毒类毒蛇（如银环蛇）咬伤，局部病变较轻，肿胀不明显。尸表检查时须注意检查牙痕。

2. 神经系统　含神经毒及混合毒类毒蛇（如金、银环蛇或眼镜蛇）咬伤，脑脊髓各部位及周围神经节神经细胞广泛变性及坏死，呈急性肿胀、空泡变性、尼氏体消失等改变，脑淤血、水肿，有的可见多发性小灶性出血软化（见文末彩图9-2）及小脑扁桃体疝形成。

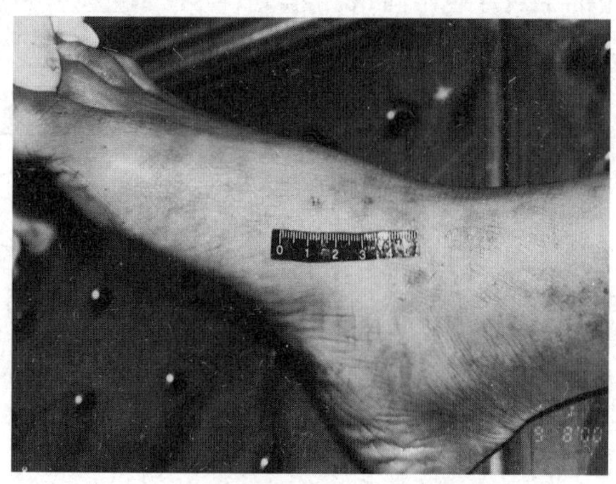

图9-1　右脚青紫肿胀，足背两对短条状咬伤，分别长0.3cm和0.5cm（蝮蛇咬伤5天后死亡）

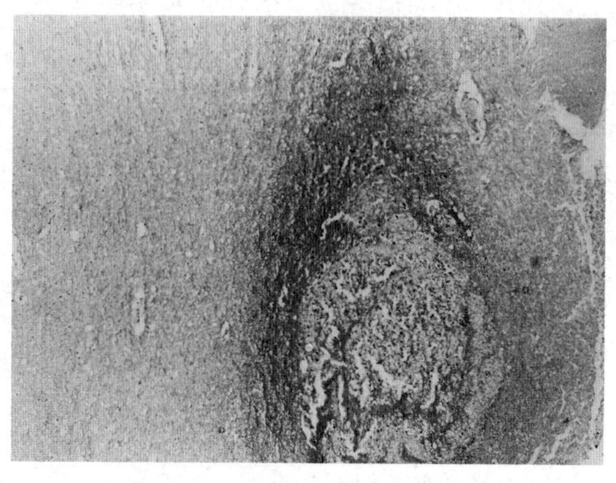

图9-2　注射银环蛇毒液致死的脑

脑小灶性出血软化（注射银环蛇毒液5天后死亡）

3．心 心外膜、心肌及心内膜下有斑点状或广泛性出血。镜检见心肌纤维肿胀，横纹模糊不清，有时出现肌溶小灶或心肌灶性坏死伴中性粒细胞浸润，间质淤血及灶性出血，有时呈间质性心肌炎改变。神经毒类毒蛇咬伤心肌病变不明显。

4．横纹肌 海蛇蛇毒对横纹肌有选择性损害作用。主要病变为横纹肌坏死，横纹模糊或消失，细胞质呈嗜碱性、无结构淡染的细块状。可引起低部肾单位肾病，导致急性肾衰竭而死亡。

5．肺 肺胸膜斑点状出血、肺淤血水肿及灶性出血。有的可见肺透明膜形成，病程长者可并发小叶性肺炎。

6．肾上腺 皮质束状带和网状带内可有灶性出血和坏死，有时伴有较多中性粒细胞浸润，皮质细胞类脂质减少或脱失。

7．其他 肝、肾细胞水变性及灶性坏死。全身浆膜、黏膜及疏松结缔组织可见斑点状或灶性出血。

【检材采取】

采取毒蛇咬伤部位组织、血液及器官，检测蛇毒抗原并观察病理变化。

【法医学鉴定要点】

蛇毒中毒多见于我国南方各省农村，以意外咬伤中毒最多见。蛇毒作为药用也有中毒致死的报道。法医工作者应警惕用毒蛇或蛇毒他杀的案例，案犯常选用含神经毒的毒蛇（如银环蛇），因其局部咬伤牙痕小，不易被发现。表现为神经系统症状的中毒者，局部症状轻微，短时间内可死亡，需仔细检查体表毒蛇牙痕。一般来说，无毒蛇为四行细小而均匀的牙痕，而毒蛇则大多留有两个大而深的牙痕。可取咬伤的局部组织用免疫学方法检测蛇毒抗原。国内有从死后 2 个月开棺尸体肝中检出蛇毒的报道。直接用毒蛇进行他杀的罪犯，一般具有捕蛇技术，了解蛇的特性。物证检验在毒蛇杀人案中有重要意义，在咬人现场、打蛇的工具、装蛇的布袋、缸及利用毒蛇作案的竹筒内，有时可检出蛇衣、蛇鳞或蛇血等，依此可鉴定蛇的种类。

【案例】

某女，38 岁。某日其丈夫雇人用注射器将 1ml 银环蛇毒液注入其左臀部，10 分钟后出现舌尖发麻、声音嘶哑、吞咽困难、视力模糊，被急送医院，20 分钟后体检见：神志清楚、精神软弱、口唇轻度发绀、瞳孔散大，直径约 0.5cm。左臀部注射部位呈红肿，触之较硬，大小 12cm × 12cm。45 分钟后出现口齿不清，55 分钟面色发绀、呼吸心跳停止、血压 10/0kPa。救治 5 天后死亡。解剖见左臀部有一注射针眼，局部无明显红肿。脑充血明显，肺膜、心外膜、心内膜下、肝被膜下广泛点状出血。镜下重度脑水肿，血管淤血或周围有渗出性出血，可见散在出血软化灶；肺重度淤血，散在灶性出血，合并轻度支气管肺炎；心肌间质淤血，心内膜下有灶性出血；肝细胞弥漫性脂肪变性，肝窦淤血；急性脾炎；肾间质淤血，肾小管上皮细胞水变性。根据案情调查、中毒症状表现、尸检所见及侦审结果综合分析，系银环蛇毒中毒致死。（李峰提供）

第二节 河豚中毒

河豚中毒（tetrodon poisoning 或 puffer poisoning）是由误食河豚鱼或食用不当引起的河豚毒素中毒。河豚属河豚科，体表光滑无鳞，有的体表有小棘，体呈粗短椭圆纺锤形，前部钝圆，后部渐狭小，无腹鳍，头扁，口小，上下颌各有二齿，鳃孔狭小，臀脊两鳍位于近尾部（图 9-3）。

我国沿海地区盛产河豚，常见的河豚为虫纹东方豚和铅点圆豚两种。每年春夏之交，大批河豚由外海进入内海，溯游至江河产卵，因此沿海各省、长江中下游、汉江、珠江等江河中均可见。河豚鱼肉味鲜美，营养丰富，但常有因烹饪处理不当或误食，发生中毒或死亡。

河豚为有毒鱼类。已知引起中毒的毒素有河豚毒素（tetrodotoxin，TTX）、河豚素（tetrodonine）、河豚酸（tetrodonic acid）、河豚肝毒素（hepatoxin）四种。河豚各部位毒性顺序一般为卵巢 > 肝 > 血 > 眼球 > 鳃 > 皮 > 精巢 > 肌肉，新鲜和洗净的鱼肉一般无毒，但如死后较久，内脏毒素可浸入肌肉。少数几种河豚（如双斑东方豚及条纹东方豚）在产卵期，鱼肉也含少量毒素。河豚体内的毒素常随季节变化而有差异，我国以冬春季为多见，此时为河豚的繁殖季节，各组织毒力增高。河豚毒素相当稳定，日晒、盐腌和一般烧煮均不能使其破坏。

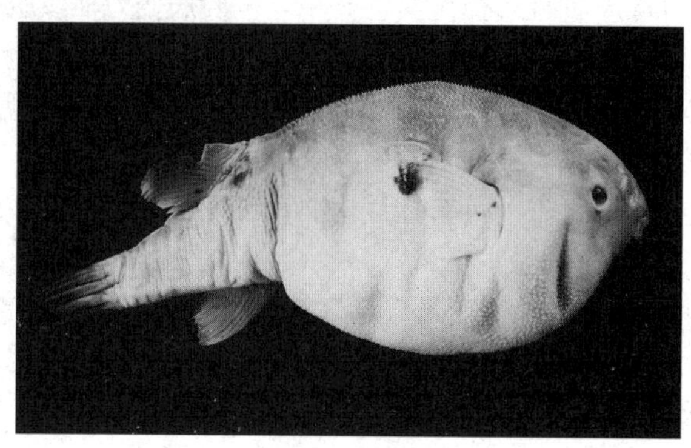

图 9-3　河豚

【中毒原因】

河豚中毒多因误食引起。食用者不了解河豚含有剧毒，误食内脏、河豚卵或不新鲜的鱼肉而中毒。如曾有人捡回其鱼子煮食，结果食后 2 小时即出现头昏、恶心、呕吐等症状，送医院抢救无效发生死亡。也有食用处理、烹饪不当的河豚鱼肉而引起中毒者。河豚中毒的死亡率较高，国内曾报道一起因食用内脏造成了 19 人中毒，其中 9 人死亡的事件，用河豚自杀或他杀者罕见。

【毒理作用】

河豚所含毒素主要为 TTX 和河豚酸，二者均为水溶性。TTX 是一种天然剧毒毒素，是毒性最强的非蛋白类神经毒素之一，具有独特的结构特性及对 Na^+ 通道高亲和力专一阻断作用，分子式为 $C_{11}H_{17}N_3O_8$。

TTX 进入人体产生类似箭毒样作用，最主要的毒性是对随意肌（包括呼吸肌）的进行性麻痹作用，它能选择性地与神经和肌肉细胞膜表面 Na^+ 通道上的蛋白质结合，阻断 Na^+ 通过，从而影响神经肌肉间兴奋性的传导，使神经肌肉呈麻痹状态。对中枢神经系统和末梢神经也产生麻痹作用，先是感觉神经麻痹，舌尖、口唇及肢端发麻，继而运动神经麻痹，肢体无力，甚至软瘫；以后血管运动中枢麻痹，导致血压下降、脉搏迟缓。河豚中毒患者最终因呼吸麻痹引起呼吸衰竭而死亡。TTX 还可作用于胃肠黏膜引起急性胃肠炎。TTX 一般不直接侵害心肌，因此呼吸停止后，心仍能持续搏动相当长的时间。

【中毒致死量】

TTX 对人的致死量为 6～7μg/kg，0.5mg 的 TTX 即可使 70kg 的成人中毒死亡。口服河豚卵巢或肝的致死量约为 20～50g，有误食河豚肝 10g 中毒死亡的报道。

据动物实验，1.9kg 体重的狗皮下注射 TTX 0.05g，30 分钟内中毒死亡。TTX 对小鼠的致死量及最小致死量（MLD）分别为 10～20μg/kg 和 8μg/kg。

【中毒症状】

河豚中毒的潜伏期与进食量、胃内空盈及机体状态等因素有关，一般约为半小时至 3 小时，重症病例进食后 10 分钟即有明显中毒症状。开始表现为上腹部不适、恶心、呕吐或腹泻等胃肠症状。随后逐渐出现面色苍白、感觉神经麻痹、头昏，舌尖、口唇和肢端有蚁爬样麻木感，眼睑下垂、四肢无力、四肢和全身麻痹，以致步态蹒跚、共济失调，甚至瘫痪等神经症状。严重者大量流涎、体温下降、言语不清、呼吸浅慢而不规则、瞳孔散大、昏迷、全身青紫色，但神志清醒。循环系统症状多表现为各种心律失常如心动过缓、室性期前收缩，重者可致血压下降，心电图检查示房室传导阻滞。最后发生呼吸麻痹、循环衰竭。重度中毒患者如不及时抢救，多在 1～6 小时内死于呼吸麻痹，最快的可在发病后 10 分钟死亡，中毒 8 小时仍存活者一般可望恢复。曾有两人分食 2 条重约 2kg 的鲜河豚的卵巢，烹煮后一人吃了 1/4，另一人吃了 3/4，10 分钟后两人均面色苍白、全身青紫、四肢冷、痛觉消失，随后昏迷、呼吸浅促、脉搏细弱，3 小时后均死亡。

【尸体检验所见】

尸表呈窒息征象，颜面、口唇发绀，眼结膜点状出血，口鼻腔有白色泡沫。心腔内血液呈暗红色流动性，肺及脑淤血水肿，各器官显著淤血。胃黏膜充血及点状出血，胃明显扩张，充满气体，胃壁变薄。

【检材采取】

取呕吐物、胃内容物及吃剩的鱼组织作毒物检测及动物实验，观察毒性反应。

【法医学鉴定要点】

河豚中毒一般多见于误服，以沿海及长江中下游多见，有地区性特点。案情调查多能发现进食河豚或其内脏的情况。舌尖、口唇及肢端发麻，继而肢体无力，甚至软瘫是较特殊的中毒症状。尸检见胃显著扩张，充满气体为其他中毒所少见。河豚中毒者可从其呕吐物、胃内容物及吃剩的鱼组织中化验出 TTX。化验检材提取液注入小白鼠体内，出现步态蹒跚、共济失调、瘫痪等征象有助于诊断。

【案例】

一 3 岁半幼儿与 26 岁的母亲同吃一片“河豚鱼干”，1 小时后幼儿诉头昏、头晕，并出现呕吐、口唇、舌及四肢发麻、呼吸困难等症状。3.5 小时后突然昏迷、心跳加快、面色及口唇青紫、瞳孔散大、四肢肌张力降低，经抢救无效于中毒 4.5 小时后死亡。母亲经抢救脱险。幼儿尸检见口唇、指（趾）甲明显青紫，脑水肿，双肺胸膜下点状出血、肺水肿、灶性出血、细支气管痉挛，心肌小灶性肌溶坏死，胃及肠管胀气，胃黏膜小灶性出血。吃剩河豚鱼干测得 TTX 含量为 7.1μg/g，鉴定为河豚中毒致呼吸功能衰竭而死亡。（陈龙提供）

第三节 鱼胆中毒

鱼属脊椎动物门，鱼纲。有毒鱼类分两类，一种为具有毒器的刺毒鱼，如鲶鱼。另外一类没有毒器，但体内某种组织含有毒素，又可分为卵毒鱼类、肝毒鱼类、胆毒鱼类及河豚毒鱼类等多种。其中，我国主要淡水经济鱼类如青鱼、草鱼、鲢鱼、鳙鱼、鲤鱼等胆汁内含有毒素，称为鱼胆毒素，这类鱼称为胆毒鱼类。

【中毒原因】

并非所有鱼胆汁中均含有毒素，只有胆毒鱼类的胆汁才有毒。鱼胆（fish bile）作为药用已有两千多年的历史，许多民间单方、偏方认为鱼胆可以治疗近视、支气管炎或高血压病等，故常有吞服鱼胆引起中毒甚至死亡者。鱼胆毒素耐热，不易为乙醇所破坏，故生吞、熟食或以酒冲服鲜胆等均可发生中毒。吞服青鱼、草鱼胆中毒病例较多见，中毒主要分布在我国长江流域及其南方各省市，我国香港、台湾地区及日本也有发生。

【毒理作用】

鱼胆毒素主要损害心及肾，导致心肌损伤和血压下降，且因肾血流灌注量降低致肾损伤，并使肾对毒素敏感性增加。鱼胆毒素及其代谢物由肾排泄，引起急性中毒性肾病，最终因急性肾衰竭而死亡。临床报道鱼胆中毒患者有低血压、窦性心动过速、心肌损害等表现，甚至因阿 - 斯综合征而死亡。草鱼胆汁给大鼠灌胃后血压出现持续性下降；大鼠静脉注射草鱼胆汁提取物其平均动脉压、心率、心每次搏出量及心排出量均有明显降低。从草鱼胆汁中分离出主要毒性成分鲤醇硫酸酯钠（sodium cyprinol sulphate），对大鼠心肌有选择毒性作用，主要靶器官为心、肾，对肝也有损害；大鼠腹腔注射鲤醇硫酸酯钠后心肌缺血，心电不稳、ST 段抬高或 T 波倒置，心率、呼吸先加快而后逐渐变慢，有明显剂量 - 效应关系，表明鱼胆及鲤醇硫酸酯钠中毒的早期死因为心源性休克或循环衰竭。

【中毒致死量】

据报道服 2.5kg 左右青鱼胆 2 个或 5kg 以上青鱼胆 1 个即可致死。实验资料证明草鱼胆汁对小

白鼠的 LD_{50} 为 4.59ml/kg，小鼠鲤醇硫酸酯钠中毒的 LD_{50} 为 115.15mg/kg。

是否发生鱼胆中毒、中毒症状的轻重等与个体差异及进食鱼胆的量有关。曾有两个小孩同吃一个鱼胆，各吃一半，一人发生中毒，血清丙氨酸氨基转移酶（ALT）高达 380μ/L，而另一人却安然无恙。

【中毒症状】

鱼胆中毒者最初均有胃肠症状，具有发展快、变化大、死亡率高的特点。中毒的潜伏期最短为 0.5 小时，一般在 5～12 小时，最长达 14 小时。早期主要表现为腹痛、呕吐及腹泻，一般持续 1～2 天左右。肝、肾损害，溶血反应及神经系统症状发生率分别为 60%、40%、20% 和 10%。2～3 天出现肝大、触痛、全身黄疸；3～6 天出现少尿，甚至无尿，并伴有血尿、蛋白尿和管型尿等，个别病例有面部、下肢或全身性水肿。少数病人可因急性溶血反应出现便血、呕血、皮肤出血点、血红蛋白尿甚至休克。神经系统方面可有头晕、头痛、神志不清、嗜睡、躁动、全身抽搐及昏迷等症状。ALT 及尿素氮（BUN）增高，二氧化碳结合力降低，有的还出现高钾血症。中毒严重者可出现心律失常、窦性心动过速、窦性心动过缓、房室传导阻滞、低血钾及心肌损害。重症病例可死于急性肾衰竭、急性肺水肿或中毒性心肌炎，死亡率高达 30%。

【尸体检验所见】

急性鱼胆中毒死亡者主要为肾、肝损害，表现为肾轻度增大，皮质肿胀。镜下见肾小管上皮细胞水变性、坏死，尤以近曲小管为重，集合管内有较多蛋白管型。有的病例许多集合管腔内为脱落的上皮细胞所堵塞，肾间质水肿（图 9-4），肝细胞水变性、灶性坏死，或有毛细胆管淤胆。心肌间质水肿伴有灶性出血，肺、脑水肿。胃、肠黏膜下层淤血，伴有水肿及灶性渗出性出血。有的中毒病例新鲜脑组织经黄醇冰醋酸固定，切片可检见黄绿色的针形尿素结晶，以大脑皮质较密集。

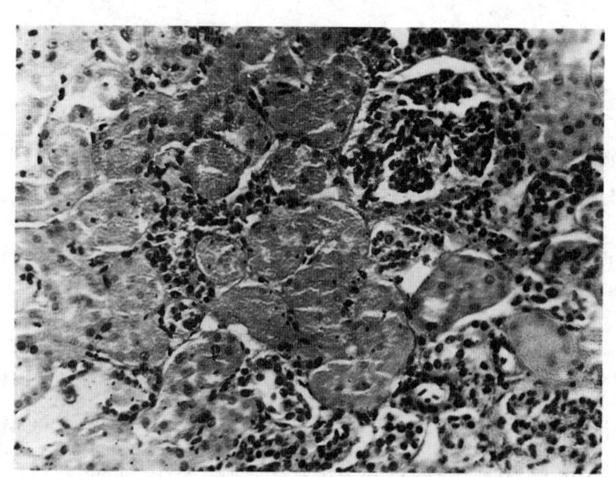

图 9-4　急性青鱼胆中毒的肾

急性肾小管坏死，以近曲小管较重（中毒 9 天后死于急性肾衰竭）

【法医学鉴定要点】

鱼胆中毒几乎都是因吞服鱼胆治病而发生的意外中毒。鱼胆中毒尚无特殊的检验方法。案情调查多有吞服鱼胆史。

中毒病人如未提供吞服鱼胆史，则易被误诊为急性胃肠炎、传染性肝炎或急性肾小球肾炎。例如有一 48 岁男性，生吞草鱼胆 8 个（每条鱼重约 500g）作为清凉品。进食半小时后发生呕吐、腹泻，继而全身黄疸，第 7 天出现昏迷并死亡。因患者 20 年前曾患黄疸型肝炎而被误诊为肝炎复发。死后其子才提供曾服生鱼胆的病史。

【案例】

某女，38 岁，为治眼疾，一次吞服 1.5kg 重青鱼的胆汁后，恶心、呕吐、腹泻，第 3 日出现黄疸、尿闭、水肿等肝、肾功能不全征象。经治疗后尿量有所增加，但第 9 日出现心功能衰竭和肺水肿，第 10

日死亡。尸检见肾近曲小管上皮细胞显著坏死，间质水肿（中毒性肾病）；肝细胞脂肪变性和散在灶性坏死；轻度急性间质性心肌炎；食管、胃肠黏膜淤血、水肿、黏膜下层散在小灶性出血；轻度支气管肺炎。

第四节　斑 蝥 中 毒

斑蝥（mylabris）又名斑猫、斑蚝、鸡公虫、盘蝥虫，属节肢动物昆虫纲，鞘翅目，芫菁科（图 9-5）。体长 1.5～3cm，翅 2 对，背部有黑斑纹，腹部黑色。体有臭气。以安徽、河南、广西较多。斑蝥体内的主要毒性物质为斑蝥素（cantharidin），分子式 $C_{10}H_{15}O_4$，其含量约占体重 1%～1.2%。纯斑蝥素为无色、有光泽、斜方形小片结晶。斑蝥临床应用广泛，斑蝥及其制剂可用于治疗肝炎、癌症、多科皮肤病等，但滥用、误用和超大剂量食用可引起中毒，甚至死亡。

图 9-5　斑蝥

【中毒原因】

较常见是误作偏方治病引起意外中毒，误作堕胎药或治疗月经不调等引起中毒死亡。如一 22 岁女性，用斑蝥半两煎成半碗水饮用堕胎，服后不久出现呕吐、腹痛、乏力，中毒 23 小时昏迷，24 小时死亡。误作偏方预防狂犬病或治疗癌症等引起中毒死亡。如一 7 岁男孩，被狂犬咬伤，用黄酒服中药（内含斑蝥 15g），2 分钟后，即烦躁打滚，大喊口有烧痛，继而呕吐，呕吐物溅到手、胸部皮肤上立即起水疱，灼痛显著，当晚死亡。误作偏方治疗肺脓肿引起消化道出血死亡。口服或皮肤涂抹含斑蝥或斑蝥素的中成药引起中毒死亡。如一 30 岁男性，因银屑病多年而自行购买含有斑蝥的胶囊，口服 5 天后小便呈红色，10 天后出现头痛、头晕、腰痛、低热、尿频、尿急、尿痛，15 天后出现少尿而诊断斑蝥中毒，18 天后因多器官功能衰竭而死亡。斑蝥可刺激尿道使生殖器充血，因而有用于壮阳而中毒的案例。还有误将斑蝥作为中药土鳖虫而致中毒死亡的报道。制造斑蝥软膏时不注意防护，由皮肤及口鼻部黏膜吸收引起中毒。国外也有不少用斑蝥自杀或他杀的报道。

【毒理作用】

斑蝥素对皮肤、黏膜及胃肠道均有较强的刺激作用。可引起皮肤红斑、水疱，甚至坏死。临床上皮肤斑贴试验的主要成分就是斑蝥素。经皮肤及黏膜吸收后，主要作用于泌尿系统，肝、肾变性坏死和引起尿路炎症。口服后可引起急性胃肠炎而腹痛、呕吐甚至发生休克。重症病例可死于周围循环衰竭。中毒迁延病例，毒物经肾排泄引起肾损害，发生中毒性肾病，可死于急性肾衰竭。

斑蝥混悬液给大鼠灌胃后血流动力学发生变化，其左室舒张末压呈下降趋势；心率在低剂量组加快，而大剂量组减慢；呼吸频率先快后慢；大鼠死亡时，呼吸比心跳先停止。提示斑蝥中毒死亡发生较快时，呼吸抑制作用不可忽视。大鼠斑蝥急性中毒后血炎细胞增高，肾、肝细胞变性坏死明显，淋巴器官（胸腺、淋巴结及脾）淋巴细胞变性坏死显著，胃、肠、膀胱等黏膜有出血、坏死，酶组织化学检查发现大鼠肝腺苷三磷酸酶及肾葡萄糖 -6- 磷酸酶活性下降，提示急性斑蝥中毒对淋巴组织具有免疫抑制作用，其中毒靶器官为肾、肝和淋巴器官。

【中毒致死量】

斑蝥小鼠腹腔注射 LD_{50} 为 1.71mg/kg，斑蝥中毒量约为 0.6～1g，斑蝥素致死量为 32～64mg，斑蝥虫粉剂致死量为 1～3g（成人正常药用口服 0.03～0.06g，小儿减量）。大鼠灌胃斑蝥混悬液测得其 LD_{50} 为 0.09g/kg。

【中毒症状】

斑蝥中毒常在口服 10 分钟～2 小时出现症状。口服后首先出现剧烈胃肠症状，中毒者口腔、咽喉有烧灼感，口腔黏膜出现水疱及溃疡，牙龈出血，吞咽困难，并伴有恶心、呕吐、流涎、腹痛、腹泻等临床表现，重症患者可发生高热、心律失常、血压下降、休克等，在 1～15 小时内死于周围循环衰竭。吞服斑蝥虫体中毒，呕吐物中混有血液及黏液，可检见斑蝥残躯碎翼。口服 2～4 小时后，可发生泌尿系统症状，有腰痛、尿频、尿急、尿道烧灼感、排尿困难、尿少，尿内出现蛋白和红细胞，甚至肉眼血尿。如病程迁延，严重者可因急性肾衰竭而死亡。

斑蝥中毒有时出现生殖器官兴奋现象，如阴茎勃起、子宫收缩出血、流产等。皮肤接触可致局部潮红、烧灼感，继而形成充血、水疱及溃疡。严重者口、舌、咽等黏膜溃烂。侵入眼内可引起流泪、剧烈灼痛、眼睑水肿、结膜溃疡。

【尸体检验所见】

口服中毒者主要病变是胃肠道损害及中毒性肾病。食管黏膜充血、肿胀，可见斑块状溃疡。胃黏膜显著充血、点状出血及灶性浅表糜烂，可延伸到小肠上段。用放大镜检查，有时可在胃肠内容物及黏膜表面检见有颜色的斑蝥残躯碎翼，镜下呈急性卡他性或坏死性胃肠炎。肾小管上皮细胞水变性及坏死（图 9-6）。膀胱内有血性尿液，黏膜点状出血，呈出血性膀胱炎。部分病例可见轻度中毒性肝病，肝细胞灶性坏死，急性脾炎及脑水肿等。接触斑蝥，局部皮肤可见红斑、水疱和溃疡。

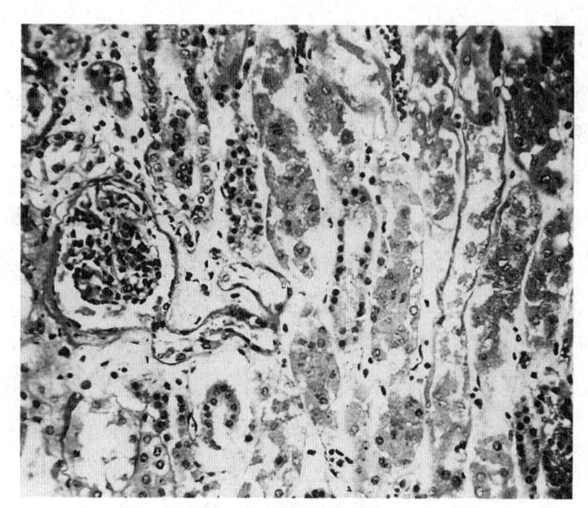

图 9-6 斑蝥中毒肾

中毒性肾病，肾小管细胞显著水变性及轻度坏死

【检材采取】

可采取中毒患者的呕吐物或胃肠内容物，留在现场吃剩的残渣也是重要的毒物检测检材。肝、肾等器官也可检出斑蝥素。

【法医学鉴定要点】

斑蝥中毒主要发生于经济文化比较落后的偏远地区，以往最常见于未婚女性用斑蝥堕胎中毒。如从死者衣服口袋及胃肠内容物中发现斑蝥的残躯碎翼，不仅为毒物分析的良好检材，也可作为斑蝥中毒的直接证据。中毒病程迁延者胃肠内容物中常找不到斑蝥的碎块，但如有肾损害，结合死者堕胎企图及案情，应想到斑蝥中毒的可能，最终鉴定结论则有赖于毒物分析的结果。

【案例】

某女，18岁，未婚。因停经怀疑受孕，服斑蝥企图堕胎而中毒，表现为腹痛、腹泻、呕吐频繁。次日腹痛稍轻，但头痛、心窝部不适、呕吐仍剧烈，全身发冷，无发烧，第3日上午死亡。尸检见阴道内少量淡红色液体流出，心外膜、肺胸膜、肾被膜下及胃肠黏膜点状出血，子宫腔内有小凝血块。镜下见肝细胞轻度脂肪变性，肝小叶内小灶状坏死；脾淤血；支气管肺炎。在其裤子口袋内发现斑蝥碎片，胃内容物化验检出斑蝥素。

第五节 蜂毒中毒

蜂类属膜翅目昆虫，有蜜蜂、黄蜂（又称胡蜂）和大黄蜂、竹蜂等，常见蜜蜂和黄蜂螫伤中毒。蜂毒（bee venom）由工蜂毒腺分泌，螫器官排出，它们位于尾部的毒器，在刺入人体时可射出毒腺中的毒素，小剂量蜂毒可治疗多种疾病，但超量的蜂毒或其成分可使人中毒死亡。

【中毒原因】

均为意外，大多为野外活动时不慎触动了蜂窝或小孩捅蜂巢激惹蜂群被螫伤。也有的采集野蜂蜜时，操作不当引起螫伤。因蜂毒在医学上可作为治疗风湿类疾病等的药剂，需注意有用注射纯蜂毒作为投毒手段者。

【毒理作用】

蜂毒属神经和血液毒素，具有显著的亲神经特性以及出血和溶血等作用。蜂毒中约有40种不同组分，包括肽类、酶类和生物胺。蜂毒主要为毒肽类，是26个和18个氨基酸残基的溶血毒肽（melittin）和蜂毒神经肽（apamin），其他还有阿度拉平、镇静肽、四品肽等；除毒肽外，尚有磷脂酶A与B、葡萄糖苷酶、酸性磷酸单脂酶、透明质酸酶、组胺、5-羟色胺、乙酰胆碱、缓激肽等。

蜂毒中磷脂酶A与磷脂酶B，作用细胞膜可加重溶血，引起继发性急性肾小管坏死，肾小管内蛋白管型形成（见文末彩图9-7），导致急性肾衰竭而死亡；蜂毒中蛋白多肽，进入人体后可引起过敏反应，导致过敏性休克而死亡。

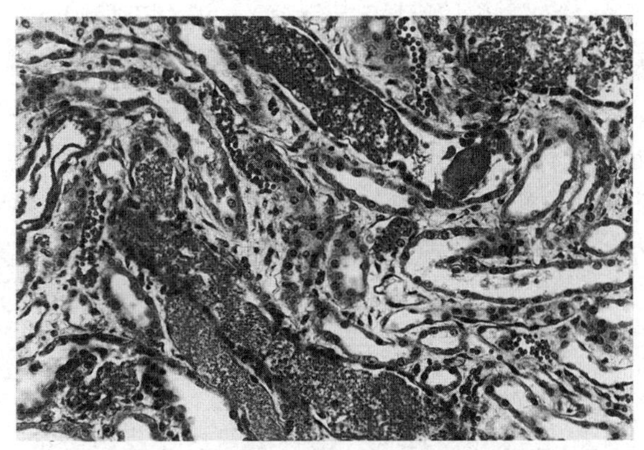

图9-7 蜂毒中毒的肾

蜂毒中毒继发性急性肾小管坏死，肾小管内蛋白管型形成

【中毒致死量】

大鼠静脉注射蜂毒LD_{50}为6mg/kg。每次蜜蜂螫伤约放出0.1mg的蜂毒，通常把500～1000g蜂蜇伤所注入人体的蜂毒量当作致死量，对蜂毒非过敏体质的人被几只蜂螫伤仅出现局部反应；但重要的是蜂毒能引起过敏反应，可因过敏性休克或急性喉头水肿致死，螫伤者身上可见荨麻疹或明显喉头水肿和肺水肿。

【中毒症状】

蜂螫伤的局部症状主要为剧烈疼痛，灼热感，继而出现红肿及水疱，极少数可引起出血及组织坏死。被群蜂蜇伤症状较重者，当时可昏厥。如果敏感体质易引起过敏性休克，出现荨麻疹、口舌麻木、口唇及眼睑水肿、喉头水肿、恶心、呕吐、腹痛、排稀水样便、呼吸困难、心率增快，严重者可因休克或呼吸衰竭致死。

毒素吸收后可引起发热、畏寒、头晕、全身剧痛、烦躁不安、痉挛、昏迷、黄疸、肝功能损害。体温可升高到39.4℃(多数在8小时后)，伴有恶寒、血压下降，脉搏加快，可达120次/分，剧烈头痛，呼吸困难，发绀，肺水肿等。溶血严重者可出现溶血性黄疸及肾功能损害，表现为血红蛋白尿、尿少、尿闭等。常因呼吸中枢衰竭和急性肾衰竭而死亡。

【尸体检验所见】

尸表检查见蜂蜇伤处充血、肿胀。受蜇处如有感染，可发生皮下组织蜂窝织炎，蜜蜂的毒刺上有逆钩，蜇人后其毒刺可部分残留于蜇伤处，而胡蜂蜇人后毒针不留在蜇伤内，但胡蜂较蜜蜂蜇伤严重。解剖见肺淤血、水肿，脑水肿，多器官出血。如有溶血者，镜下可见大量的血红蛋白管型阻塞肾小管腔，同时有肾小管上皮坏死。过敏性休克死亡者可见急性喉头水肿。曾有一4岁男孩，用树枝捅捣蜂箱，被十余只蜜蜂飞出蜇刺颜面部，不到半小时死亡。尸检见颜面肿胀，喉头水肿，各内脏器官淤血、水肿，镜检脾、肝、肾等有嗜酸性粒细胞浸润。

【检材采取】

由于进入人体后的蜂毒被迅速分布于全身，毒素难以提取，且目前尚无特异的检测方法。可取肺、肾、心、脑等器官进行病理观察，有助于诊断和鉴别诊断。

【法医学鉴定要点】

蜂毒中毒均为意外，当情况不明时，因怀疑暴力性死亡而做尸检。尸表所见蜂蜇伤痕和周围的红肿改变多在头面、肢体等裸露部位，与其他有毒动物蜇伤有所不同。临床上如出现血红蛋白尿性肾病的症状，尸体剖验见溶血性病变，有助于蜂毒中毒的诊断。

【案例】

某男，13岁。因用石击野蜂窝，其头、手、胸部被群蜂蜇伤。当即喊头痛并哭闹，查体：浅昏迷、烦躁、头部重度水肿、双眼不能睁开、呼吸急促、双手及胸腹部均有蜂蜇伤引起的黑褐色斑点。次日仍呈半昏迷状，出现溶血征象，尿量较少、呈深褐色；第3天全天尿量仅45ml，尿检为血红蛋白尿。第4天出现肺水肿，第5天经抢救无效而死亡，临床诊断为面部蜂蜇伤毒血症。尸检诊断：急性肾小管(以远曲小管为主)坏死，管腔内充满血红蛋白等管型，形成广泛性肾小管阻塞并见钙盐沉着，间质有灶性炎细胞浸润；蜇伤处皮肤坏死及急性蜂窝组织炎，头面部及颈部重度水肿；浆液性脑膜炎；急性脾炎；双肺出血性肺炎；肝细胞轻度脂肪变性；心外膜、肺胸膜、肾盂黏膜多数点状出血。结合临床资料，诊断为蜂蜇后因溶血、血红蛋白尿性肾病致急性肾衰竭而死亡。(陈龙提供)

第六节 蟾蜍中毒

蟾蜍(bufo)是两栖纲、无尾目、蟾蜍科动物，俗称癞蛤蟆。我国最常见的有中华大蟾蜍、花背蟾蜍、黑眶蟾蜍等。中药蟾酥(bufo gargarizans cantor 或 secretion bufonis)是以蟾蜍的耳后腺及皮肤腺所分泌的白色浆液，经收集加工而成，是一种强心中药。含蟾酥的成药有六神丸、蟾酥丸、金蟾丸等。蟾蜍的耳后毒腺及皮肤腺中含有蟾蜍毒素的白色浆液，人若经伤口接触达到一定量而入血中，即可中毒。

【中毒原因】

多因将蟾蜍误作青蛙食用或煮食不当而中毒，进食蟾蜍的皮肤、肢爪、肝、卵巢或卵等也可发生中毒；有按民间流传偏方内服蟾蜍治病而致中毒；有小儿因服六神丸过量引起中毒的报道。

【毒理作用】

蟾蜍分泌液中有30多种成分，如蟾蜍配质(bufogenin)、蟾蜍毒素(bufotoxin)、蟾蜍精、蟾蜍胺，以及肾上腺素、去甲肾上腺素、胆固醇等。主要毒性成分为蟾蜍配质和蟾蜍毒素，其基本结构及对心的作用与洋地黄结构相似，兴奋迷走神经及直接作用于心肌，但作用不强，易引起心率变慢及心律失常，如室性心动过速及心室颤动等。尚有刺激胃肠道并有催吐、局部麻醉及引起惊厥的作用，它们的局部麻醉作用比可卡因大几倍。此外，含有儿茶酚胺化合物、吲哚烷基类化合物及胆固醇等物质，具有收缩血管、升高血压的作用。

【中毒致死量】

目前尚无明确记载，有食用一只蟾蜍引起中毒死亡的病例。

【中毒症状】

一般在食后半小时至 1 小时出现症状。重度蟾蜍中毒患者，从发病到死亡时间短促，多为 1～4 小时左右。

1. 消化系统　发生频繁的恶心、呕吐。有的病例有腹痛、肠鸣、腹泻、稀水样大便。吐泻严重者可致脱水。

2. 神经系统　表现为头晕、头痛、口唇及四肢麻木、抽搐、嗜睡、出汗、膝反射迟钝或消失。患者神志多清楚，严重者可因阿 - 斯综合征而发生惊厥。

3. 循环系统　有胸闷、心悸、窦性心动过缓（偶有心动过速）、心律不齐，重者可发生心房颤动、心室纤颤或血压下降导致休克等，甚至出现阿 - 斯综合征而致急性死亡。心电图示 ST 段斜形下垂、T 波低平或倒置，并可相互融合，与洋地黄样 ST 段及 T 波改变相似。中毒中晚期，呼吸不规则，口唇青紫，甚至发生呼吸衰竭。

【尸体检验所见】

呈窒息的一般征象，睑结膜点状出血。心腔内充满流动性血液，心肌间质淤血及点状出血，各内脏器官淤血，肺水肿，脑小血管周围渗出性出血。胃黏膜弥漫性斑点状出血。服蟾蜍卵中毒致死者，有时从胃内容物中仍可发现少数蟾蜍卵。

【检材采取】

以呕吐物、胃内容物及吃剩的药渣或药丸为好。

【法医学鉴定要点】

中毒者多可查出误食蟾蜍或服用过量蟾酥中成药史。有洋地黄样中毒症状及典型心电图改变。毒物检测可检出蟾蜍毒素。通过动物实验，可观察到其对心的洋地黄样作用。

第七节　其他有毒动物

【蜈蚣中毒】

蜈蚣（centipede）属节肢动物门唇足纲蜈蚣科动物。又名百足虫、千足虫，种类很多，大小不一，最长可达 25～30cm，栖息于阴暗地方。蜈蚣头部第一对步足变为腭牙，前端尖锐，内含毒腺。蜈蚣咬人时，毒腺分泌大量毒液，顺腭牙的毒钩注入伤口致人中毒。蜈蚣毒与蜂毒相似，含组胺类物质及溶血蛋白质、蚁酸等，呈酸性。毒素作用于神经末梢，对中枢神经系统亦有抑制作用。中毒后表现为局部红肿、剧痛，有牙痕 1 对及瘀点，严重时并有淋巴管炎及坏死。全身可有发热、头痛、呕吐，极重时出现休克、昏迷。

【蝎中毒】

蝎（scorpion）属节肢动物门蛛形纲蝎目动物。又名蝎子，种类较多，全世界已知约有 600 种，我国常见毒蝎为钳蝎、问荆蝎。蝎最后一节呈梨状，包藏 1 对毒腺。蝎毒是一种神经毒蛋白，主要对呼吸中枢有麻痹作用，对心脏和血管有兴奋作用。中毒后表现为局部红肿、灼痛，中央处见斑点，内有钩形毒刺，严重时局部麻木、坏死。全身可有头痛、流涎、肌肉疼痛并痉挛性麻痹，极重时出现惊厥、呼吸停止。

【蜘蛛中毒】

蜘蛛(spider)属节肢动物门蛛形纲蜘蛛目动物。全世界已知蜘蛛有3万多种,对人类有毒蜘蛛约130种。我国有毒蜘蛛有螯人红斑蜘蛛、红螯蜘蛛、穴居狼蜘蛛、捕鸟蜘蛛等4种。蜘蛛内含有毒腺,咬人后体内毒腺分泌的毒液从螯肢经伤口进入人体。蜘蛛毒按作用可分为神经毒、溶血毒、混合毒。蜘蛛神经毒素分子量大,不能透过血脑屏障,因而对中枢神经系统没有影响,而是作用于运动、自主、感觉等外周神经系统。溶血毒素能造成血管内溶血、血小板减少,导致皮肤局部坏死。混合型蜘蛛毒既有神经毒,也有溶血毒,主要见于捕鸟蛛。中毒后表现为局部红肿、疼痛,严重时局部坏死。全身可有软弱无力、恶心、呕吐,肌痉挛,溶血性血红蛋白尿及呼吸困难等。

(吴茂旺)

思考题

1. 有毒动物中毒的常见原因有哪些?
2. 蛇毒中毒的症状及病理学变化有哪些?
3. 简述蛇毒中毒的法医学鉴定要点。

第十章　有毒植物中毒

学习目标

通过本章的学习，你应该能够：

掌握　有毒植物中毒的原因、法医学鉴定方法与步骤和有毒成分及化学性质的分类。

熟悉　乌头属、毒蕈、夹竹桃中毒的毒理作用、中毒症状，尸检所见及如何进行检材采取和法医学鉴定。

了解　雷公藤中毒的毒理作用和法医学鉴定要点。

章前案例

某年10月9日晚，某大学职工在喝下一瓶放置在办公室的饮料后开始呕吐不止，被送往医院后诊断为秋水仙碱中毒，几乎所有器官均呈不同程度损害。经警方查证，投毒人为其同事。投毒者供述用手指头蘸了一点秋水仙碱放入中毒者的饮料瓶中，只想让对方身体难受。

秋水仙碱本身的毒性较小，但其在体内代谢成具有极强毒性的二秋水仙碱，对消化道有强烈的刺激作用，对神经中枢、平滑肌有麻痹作用，可造成血管扩张，呼吸中枢麻痹而死亡。在国内秋水仙碱中毒的临床患者并不常见，秋水仙碱的毒副作用与剂量大小有明显相关性，口服较静脉注射安全性高。秋水仙碱中毒有一定潜伏期，多在口服或注射后3～6天出现症状。但若在短时内摄入大剂量的秋水仙碱，则在24小时内可出现胃肠道症状，随后进入多器官功能损害、衰竭期，即服药后第24～72小时，常在此期死亡。

有毒植物(poisonous plant)分布广泛、种类繁多，约有1300种，其中可供医疗用的有毒植物约430种。有毒药用植物有其毒性的一面，又有其治疗作用的一面。用之不当可发生毒副反应，甚至中毒死亡。据法医检案统计，某地区1957～1986年受理的1966例中毒尸检中，有毒植物中毒64例，仅次于农药、杀鼠剂和催眠镇静安定药，是该地区第4类常见的毒物。

一、有毒植物中毒的原因

1. 医源性或非法行医引起中毒最常见　因按民间流传偏方、单方治病或堕胎而中毒，如用夹竹桃叶煮水喝以治精神病，用白花丹、栝楼等塞入阴道企图堕胎。

2. 误食　有毒植物因与食用植物外形相似而误食中毒，如小儿误食马桑果、苍耳子等造成中毒；误食有毒植物综合利用过程中的产品，如用木薯片加工制成的木薯酒、桐油、木梓油、苍耳子饼等中毒。

3. 食物污染和食物加工处理不当　如用寄生于马桑上的菟丝子蒸饭、在乌桕木切菜板上切剁肉馅食后中毒；因食用含昆明山海棠、雷公藤、博落回、羊踯躅(rhododendron molle G.Don.)的花粉粒的蜂蜜曾发生多起中毒；如进食未烧煮熟透的四季豆（所含豆素系一种毒蛋白，具有凝血作用，经高温环境下方才破坏）；进食鲜黄花菜（未煮熟的鲜品含有秋水仙碱）及饮用生豆奶中毒。

4. 自杀、他杀 用有毒植物自杀主要发生在农村，多见乌头属、雷公藤、钩吻、夹竹桃、及己等。有毒植物投毒他杀者较少见，如有将乌头、雷公藤、钩吻、豆薯子、马桑、曼陀罗等混入食物、中药内，或诱服投毒的案例发生，应在实际工作中引起警惕。

二、有毒植物中毒的法医学鉴定要点

1. 原植物来源和品种鉴定 观察植物形态，而后核对文献，最后核对标本。

2. 性状鉴定 即用眼观、手摸、鼻闻、口尝、水试、火试等十分简便的鉴定方法，来鉴别检材的外观性状。对完整有毒植物药用部分（药材）性状鉴别的基本顺序和内容包括：形状、大小、颜色、表面特征、质地、折断面、气味、水试与火试等鉴别。

3. 显微鉴定 显微鉴定是利用显微镜来观察有毒植物的组织构造、细胞形状以及内含物的特征，用以鉴定有毒植物的真伪和纯度，甚至品质。对有毒植物进行性状鉴定、显微鉴定时，必要时可请相关专家协助鉴定。

4. 毒性评估 有毒植物检材（单味或复方）通过来源鉴定、性状鉴定及显微鉴定，最终确认品种。

5. 毒物分析 有毒植物检材的毒性成分定性、定量分析，可初步了解或掌握有毒植物检材化学成分的范围，在此基础上进一步作毒性成分的确认分析。

6. 需要时，也可通过动物实验复制中毒模型来加以验证。

总之，有毒植物中毒的法医学鉴定，应将中毒和死亡情况，可疑有毒植物品种鉴定，系统尸检所见和毒物分析或动物实验结果，结合案情调查或病史，进行综合分析判断。

三、有毒成分及化学性质分类

有毒植物毒性主要取决于它的化学成分，根据已知有毒植物的有毒成分及其化学性质可大致分类为：

1. 含生物碱类 生物碱吸收后大多迅速作用于中枢神经系统、自主神经系统或心血管系统。含生物碱的有毒植物主要有乌头属、钩吻、曼陀罗、马钱子、罂粟、博落回、龙葵、藜芦、闹羊花、捕蝇蕈及斑毒蕈等。

2. 含苷类 苷或称配糖体，是由糖和非糖部分苷元（配糖基）结合而成的一类化合物。依苷元的化学结构和生理活性不同，又可分为强心苷（如夹竹桃）、氰苷（如木薯、苦杏仁）、皂苷（木通）等。

3. 含毒蛋白、多肽、氨基酸类 吸收后主要作用于肝、肾等器官的实质细胞，导致细胞变性、坏死。如苍耳子、天花粉、巴豆、蓖麻子、相思子、望江南子等内含毒蛋白，毒伞、白毒伞、鳞柄白毒伞、褐鳞小伞等毒蕈含毒肽和毒伞肽。

4. 含萜与内酯类 作用于中枢神经系统或心血管系统，如雷公藤、马桑、莽草果实、红茴香果实、黄药子、苦楝等。

5. 其他 如豆薯子、白果、白花丹、瓜蒂、鱼藤等。

有些有毒植物，如苍耳、雷公藤等的主要毒性成分及其分类目前尚有不同认识。

第一节 乌头属中毒

乌头属（aconitum）植物主要分布在北半球温带，全世界约530种以上。我国乌头属约有167种，除海南岛外，全国各地均有分布，约有40种已作为药用，较重要的有川乌、附子和草乌。

乌头属植物形态因品种不同而异，但各种乌头所含主要生物碱大多为乌头碱，其毒理作用与中毒症状相似（图10-1）。

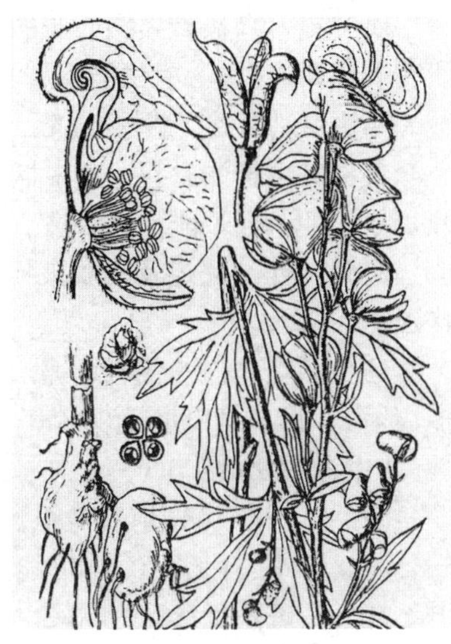
图 10-1 乌头

乌头属植物全株有毒，以块根为最。乌头含生物碱及乌头多糖。总生物碱中主要为剧毒的双酯类生物碱：中乌头碱及乌头碱(aconitine)、次乌头碱等。其中以乌头碱毒性最大，含量最高。乌头须经炮制加工后使乌头碱水解，让其毒性减低方可供药用。各品种加工方法不同，其中乌头碱含量差异显著。经测定，生川乌和生草乌中乌头碱含量为 0.09%～0.2%，制川乌和制草乌则为 0.000 58%～0.12%。

【中毒原因】

乌头属植物是我国最早记载的有毒植物。乌头块根入药历史悠久，系著名的中草药之一。具有祛风除湿、温经止痛等功效，为中医治病之要药。也有用它制造毒箭猎野兽。历代本草均言附子有毒，乌头大毒，草乌比川乌毒性更烈。乌头属大多具有较大的毒性，安全范围较窄，使用中若稍有不慎，即可引起中毒甚至死亡。乌头属植物在我国民间与医界均有广泛应用，使用中出现中毒的报道屡见不鲜，是最常引起中毒的有毒植物之一。有人统计 1958～1992 年间国内文献报道，乌头属中毒 2604 例，死亡 39 例，实际发生率远高于此。究其中毒与死亡原因主要有：

1. 用药过量或生品用量不规范　除药典收载的川乌、草乌、附子有规定的常用剂量、中毒量外，乌头属其他品种至今尚无有效剂量、最大耐受量以及中毒与致死剂量的科学依据，各地凭经验用药，所用剂量差异悬殊，医者超量及患者擅自过量用药较常见，系中毒及致死的主要原因。乌头生品剧毒，但其能否内服，或内服的确切用量应该是多少，尚无标准可循。加之生熟不同制剂，却遵同一用量标准，使得内服生乌头成为中毒致死的主要原因之一。

2. 用法不当或滥用　乌头入煎剂宜先煎、久煎(2 小时以上)，使乌头碱属毒性成分水解、破坏，毒性降低，则内服更安全。临床上常因医务人员忽视这一传统用法，或患者不遵医嘱而引起中毒。民间为治外伤、腰痛及关节痛等，常自采自购自服乌头属药物引起中毒。少数患者因无知或轻信传说，以乌头属药物“堕胎”“转胎”等而致中毒。西南地区民间认为草乌有补身健体作用，常用草乌炖肉或油炸食用。

3. 服毒自杀或投毒他杀　除常见意外中毒外，民间广知乌头之毒性，用乌头块根自杀或投毒他杀的案例也不少见，尤其在广为分布的山区。据四川某地报道 72 例乌头属中毒死亡，其中他杀投毒 35 例(48.6%)，自杀服毒 16 例(22.2%)，意外中毒 21 例(29.2%)。如一 39 岁男性农民，吃了其妻做的混有草乌粉的荞面饼，20 分钟后出现中毒症状，2 小时后死亡。帮忙安葬死者的亲属，由于在舂过草乌的盐具内舂辣椒粉做菜吃，又发生 10 人中毒，症状与之相似，但较轻，均经抢救脱险。自杀服毒者，有的直接吞服乌头块根碎块，有的研成粉末拌入食物中服下，有的则饮用乌头属植物块根浸泡的药酒引起中毒。乌头酒剂易饮用过量；酒剂直接饮用，不再经煎煮加热，有毒成分未经充分破坏而含量较高；酒能增加有毒成分的溶解度，并能促进吸收；酒与乌头碱之间可能有协同增毒作用。

乌头属中毒还与其体内蓄积、个体差异及配伍等因素有关。

【毒理作用】

乌头碱主要作用于神经系统和心。乌头碱使中枢神经系统及周围神经先兴奋后抑制，阻断神经-肌肉接头传导。重度中毒者因延髓的呼吸和血管运动中枢麻痹，导致呼吸抑制，血压下降，最后死于呼吸循环衰竭。乌头碱对心的毒性作用，部分是由于强烈兴奋迷走神经，可引起窦房结抑制，使心肌内异位节律点兴奋性增强，产生各种心律失常；更重要的是对心的直接作用，使心肌细胞膜 Na^+ 通道开放，加速 Na^+ 内流，促进细胞膜去极化，而产生高频异位节律，出现室性心动过速及心室纤颤。严重心律失常是乌头碱中毒死亡的常见原因。

研究提示乌头碱损害心肌的机制可能是抑制心肌三羧酸循环和呼吸链的氧化磷酸化作用，使心肌有氧代谢障碍，心肌供能不足，导致心功能紊乱。

乌头碱刺激副交感神经，除上述循环方面的表现外，在胃肠道方面表现为流涎、呕吐、腹痛及腹泻。

乌头碱可抑制血管运动中枢，使血压下降，由于严重心律失常导致心排出量下降，并可因频繁呕吐，致血容量减少而导致休克。

乌头碱在消化道及皮肤破损处易于吸收，主要由尿中排出，部分由唾液及胆汁排泄。其吸收和排泄均较快。

乌头碱在体内的代谢迅速，分布较快，消除也迅速，以尿排泄为主，在用药后的前 6 小时排出量多，约占原形总排出量的 80%。

【中毒致死量】

因品种、采收期、炮制与否及炮制方法的不同而差异较大，如生川乌 3～5g，生草乌 3～4g，雪上一支蒿 0.5～2g，附子 30～60g 能致中毒死亡。

纯乌头碱是极毒的生物碱，中毒量为 0.2mg，致死量为 3～5mg。

中医处方中常见应用乌头或附子，且用量大，约 3～9g，不一定引起中毒。但若炮制不当或用乌头属块根直接浸酒时，服之过量，即有中毒。

【中毒症状】

中毒症状出现的时间与所服用乌头块根的性状有关，如饮用乌头属块根浸泡的药酒，可当即或在数分钟内出现症状；吞服其细颗粒块根或经熬煮的药汁，则在半小时左右；吞服其大块块根或与较多食物混合后，在 2 小时左右才出现中毒反应。

口服后最先出现口唇、舌、咽喉及口腔刺麻，继而麻木。胃有强烈烧灼感，干渴、欲饮大量凉水，但渐不能下咽。可有呕吐、腹痛、腹泻，但不常见。由于口腔黏膜的感觉末梢受刺激，引起反射性唾液分泌亢进，又由于毒物吸收后引起副交感神经兴奋，以致流涎极多。除典型的唇舌发麻外，还有全身皮肤发麻，手足有特异的刺痛及蚁走感，尤以指尖为著，继而发展到颜面肌和四肢疼痛性痉挛，以及难以忍受的冷感。言语困难，视力及听力减退，瞳孔大小不定。呼吸初增强，而后出现呼吸困难、心慌、气促，脉搏最初加速，继则变慢，血压下降，心律不整。心电图显示频发多源性过早搏动、室性心动过速、窦性心动过缓和房室传导阻滞等改变。严重者可有阵发性抽搐、呼吸浅慢、昏迷，有的出现急性心源性脑缺血综合征而突然死亡。

死亡的快慢与中毒症状出现的早迟相一致。服毒后至死亡平均在 4～6 小时以内。文献报道最快的 8 分钟，慢者 8～11 小时，少数经过 1～2 天。

【尸体检验所见】

常规病理检查常无特殊所见。有时口角可见流涎痕迹。尸表窒息征象多较明显，尸斑呈暗紫红色，口唇和指甲青紫，血液呈暗红色，流动性。可有胃及十二指肠壁充血水肿，有较多量黏液状分泌物，黏膜经常出现细小出血斑，其黏膜皱襞内有时可发现乌头块根的碎屑。各器官淤血，肺及脑膜淤血水肿，有时有血管周围细小出血。

超微结构研究发现，染毒后 24 小时处死的大鼠心肌部分肌原纤维溶解、断裂甚至消失。消失区有大量线粒体聚集。有的线粒体嵴不清，其内只剩下致密的细颗粒，或形成髓样结构；有的线粒体嵴间距加宽，基质变淡，形成不规则的透光区，甚至嵴溶解或消失而呈空泡状。

由此可见，尽管光镜下观察不到心肌的明显改变，但电镜下可观察到心肌超微结构有不同程度的损害，以线粒体改变较为突出。可以作为上述乌头碱中毒机制始于心肌能量代谢障碍的形态基础。

【检材采取】

乌头碱中毒吸收快，由肾排泄快，且量多。故检材以尿液及涎液为最佳，迅速死亡者的呕吐物、胃内容物亦佳。死亡较晚者则应取肝、肾，因其中分布较多。如果胃内有存留的乌头块根碎片应仔细收集，不仅可用以检验乌头碱，还可根据其植物组织学特征与可疑植物样品对照，进行生药学及品种鉴定，所以最好同时附送原植物标本。

由于乌头碱因组织腐败及碱性作用而易被破坏，故当怀疑乌头中毒时，采取的检材应迅速冷藏或加入酒精以防腐败破坏，同时送检所用酒精，以资对照检验，检验应尽速实施。研究证明，检材中的乌头碱在冰箱中分解慢，酒精中次之，甲醛中则分解较快。所以检材宜冷藏保存。

乌头碱在尸体内存在死后再分布现象，究其原因主要是胃肠内未被完全吸收的毒物顺浓度梯度向周围扩散进入其他器官的结果。此外，温度、pH 值变化、因腐败气体所致尸血流动及自溶腐败引起的细胞内毒物释放等均是参与死后药（毒）物再分布的因素。所以取材的时间、部位在评定毒物检测结果时均应纳入综合分析。

【法医学鉴定要点】

乌头属植物中毒具有较明显的地区性，多发生在盛产该植物的地区，特别是四川西部、陕西南部、云南、贵州、湖北和湖南西部山区多见。多属意外中毒，但自杀、他杀性质的也不少，必须有所警惕。日本曾报告为骗取人身保险金，用乌头投毒致 3 人先后中毒死亡的案例。

乌头碱中毒有典型的口舌、四肢持续发麻症状。流涎、胃烧灼感有一定意义。心慌、心律失常、脉弱等心脏症状也较突出。

由于常规尸检常无特殊发现，加之乌头碱易因腐败或在碱性溶液中提取时遭到分解破坏，如果毒物分析结果阴性时，不要轻易否定乌头属中毒。近年来研究采用的高效液相色谱 - 质谱联用法，检测简便迅速，分离效果好，灵敏度高，专属性强，是较理想的毒物鉴定方法。

第二节　毒 蕈 中 毒

蕈类又称蘑菇，在我国资源丰富，因其具有独特风味，且有一定的营养价值，群众有采食的习惯。有些尚可作为药用，如中药茯苓。

毒蕈（toxic mushroom）是指食后可引起中毒的蕈类，在我国目前已鉴定的蕈类中，可食用蕈近 300 多种，有毒蕈类约 80 多种，其中剧毒可致死的约 10 种：①毒伞；②白毒伞；③鳞柄白毒伞；④褐鳞小伞；⑤残托斑毒伞；⑥肉褐鳞小伞；⑦毒粉褶菌；⑧秋生盔孢伞；⑨包脚黑褶伞及；⑩鹿花菌。其中前 4 种毒蕈均含毒伞肽和毒肽。

【中毒原因】

每逢夏秋多雨季节，是蕈类盛产时期，人们多喜野外采集。由于不少毒蕈与食用蕈形态相似，如毒伞与西南地区的青鹅蛋菌、白毒伞与橙盖伞白色变种、鹿花菌与羊肚菌相似，如果人们缺乏食用蕈与毒蕈的鉴别知识，则可能误采食用而中毒。城市居民则可因食用混杂于干蘑菇中的毒蕈而中毒。新中国成立以来最大的一次毒蕈中毒，于 2001 年 9 月 1 日发生在江西永修县，有 5000 人中毒。国外曾有用毒蕈他杀投毒的报告。

【毒理作用】

毒蕈的毒理作用主要取决于其所含的毒性成分，一种毒蕈可以含有几种毒素，而一种毒素又可存在于数种毒蕈之中。毒蕈中所含毒素的种类多少及各自含量的大小，又可因毒蕈的生长时间、发育阶段、生长地区等条件的不同而有差异。对人的毒性作用又依食毒蕈数量多少、烹调及食用方法、个体情况的差异而迥然不同。毒蕈的有毒成分十分复杂，目前对毒蕈毒素尚未完全研究清楚，已知主要毒性成分有以下几类：

1. 毒肽（phallotoxins）　包括 5 种化学结构不同的毒素，重要的是鬼笔毒环肽。主要作用于肝细胞内质网，其作用快，如剂量大时，1～2 小时即可致死。

2. 毒伞肽（amatoxins）　包括至少 6 种有毒和无毒成分，其中以 α- 毒伞肽毒性最大。主要是直接作用于肝细胞核，对肾亦有损害作用。其作用慢，一般死亡发生在 15 小时以后。但其毒性却比毒肽强 20 倍。

毒肽类和毒伞肽类都是环肽毒素，这两类毒素化学结构很相近，其毒力与吲哚环上的硫醚键有关。均属极毒，其毒性稳定，耐高温、耐干燥，因此，一般烹调加工不能将其破坏。

3. 毒蕈碱 是一种生物碱，可兴奋副交感神经系统，引起心率减慢、血管扩张、血压降低、平滑肌痉挛、胃肠蠕动增强、瞳孔缩小，使汗腺、唾液腺、泪腺及各种黏液、胰液、胆汁等分泌增多等。一般烹调对其毒性无影响。

4. 异噁唑类衍生物 包括毒蝇母、蜡子树酸、麦萨松和白蘑酸等，主要作用于中枢神经系统，可引起幻觉症状，色觉和位置觉错乱，视觉模糊。

5. 色胺类化合物 即光盖伞素（psilocybin）、蟾蜍素，可引起幻觉、听觉和味觉改变，发声异常，烦躁不安。

6. 鹿花菌素（gyromitrin） 属甲基联胺化合物，有强烈的溶血作用。此毒素具有挥发性，对碱不稳定，可溶于热水，烹调时如弃去汤汁可去除大部分毒素。

7. 幻觉原 有致幻觉作用，中毒者视力不清，感觉房间变小，颜色奇异，手舞足蹈如醉酒状。

8. 落叶松蕈酸（agaric acid）和胍啶 是某些毒蕈引起胃肠炎症状的有毒成分。

【中毒致死量】

依毒蕈种类及有毒成分含量不同而差异显著。毒伞肽的致死量低于 0.1mg/kg，所以 50g 的鲜白毒伞足可致人中毒死亡。

【中毒症状】

由于毒蕈种类繁多，科属不同，毒素及毒性差异很大，中毒反应也不相同。因此，一般常先有胃肠刺激症状，但根据所含有毒成分不同，其他中毒症状有明显差异，据此大体可将毒蕈中毒分为四种类型。

1. 肝肾损害型 最常见且中毒最严重。主要由毒伞、白毒伞、鳞柄白毒伞、褐鳞小伞、肉褐鳞小伞、包脚黑褶伞及秋生盔孢伞等极毒蕈引起。病死率很高，国外报告为 60%～80%，国内重庆报告为 37%。中毒表现十分复杂，按其病情发展可分为：①潜伏期：食毒蕈后 6～24 小时即可发病，潜伏期长短与中毒严重程度有关。②胃肠炎期：恶心、呕吐、脐周围腹痛、水样便腹泻，多在 1～2 天后缓解。有些病人在胃肠炎期后，立即出现烦躁、惊厥、昏迷，中毒性脑病而死亡。③假愈期：病人暂时无症状，或仅有轻微乏力，不思饮食。而实际上毒肽已逐渐进入内脏，肝损害已开始。④器官损害期：严重中毒病人在发病后 2～3 天出现肝、肾、脑、心等器官损害。以肝损害最严重，可出现肝大、黄疸，严重者可出现重型肝炎，甚至肝性脑病。侵犯肾可发生少尿、无尿或血尿，出现尿毒症，肾衰竭。⑤精神症状期：多数病人出现烦躁不安、思睡，继而出现惊厥、昏迷，甚至死亡。这些症状主要由上述毒蕈所含的毒伞肽和毒肽作用所致。

2. 神经精神型 多由误食毒蝇伞、豹斑毒伞和残托斑毒伞等引起。中毒潜伏期一般为半小时至 4 小时，主要表现为副交感神经兴奋症状，尚有部分胃肠症状。重症患者出现谵妄、精神错乱、狂笑、动作不稳、幻视、幻听，甚至行凶杀人或自杀；部分患者尚有迫害妄想，类似精神分裂症。这些症状由毒蝇碱、异噁唑类衍生物、光盖伞素、蟾蜍毒及幻觉原等毒性成分作用于中枢神经系统所致。

3. 胃肠炎型 由误食毒粉褶菌、虎斑蘑等毒蕈所引起。中毒的潜伏期为半小时至 6 小时。主要症状为剧烈腹泻，水样便，阵发性腹痛，以上腹部和脐部疼痛为主。经过适当对症处理可以迅速恢复，死亡率低。可能为刺激胃肠道的类树脂物质、落叶蕈酸和胍啶引起。

4. 溶血型 主要由误食鹿花菌引起。中毒潜伏期多数为 6～12 小时。以恶心、呕吐、腹泻等胃肠症状为主，发病 3～4 天后出现溶血性黄疸、肝（脾）大，少数病人出现血红蛋白尿，重者可死于休克或继发的尿毒症。溶血的发生为鹿花菌所含的鹿花菌素所致。

【尸体检验所见】

肝、肾损害型中毒占毒蕈中毒致死的 95% 以上。国内已先后报告的毒蕈中毒尸检病例，临床中毒表现均属于肝肾损害型，主要病理变化是中毒性肝坏死，多数尸检病例肝体积显著缩小，呈急性黄色或红色肝萎缩（图 10-2）。镜下见肝小叶内大部分肝细胞变性坏死，以肝小叶中央区及中间带较重，有的呈出血性坏死，外围带残存的肝细胞脂肪变性，汇管区有较多中性粒细胞浸润；坏死区网状纤维塌陷、断裂和变细（图 10-3）。其他器官病理变化，可见中毒性肾病；心肌水变性、脂肪变性或小灶状坏死；神经细胞变性、脑水肿；急性胃肠炎；肺淤血、水肿及全身浆膜、黏膜及疏松结缔组织出血等。国外有人报告脑基底神经节细胞也可见坏死变化。

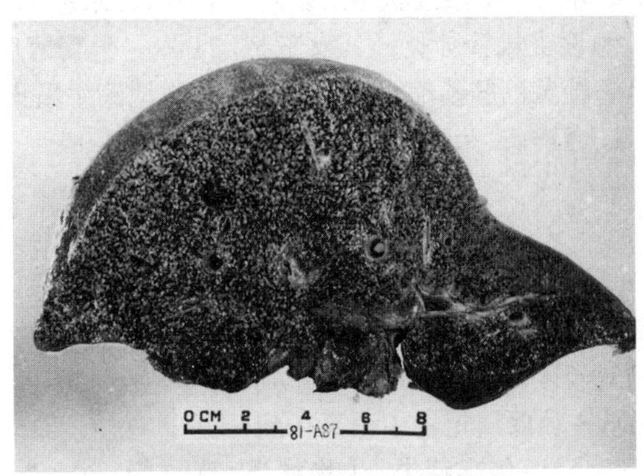

图 10-2　毒蕈中毒的肝剖面

肝体积缩小，呈急性红色肝萎缩

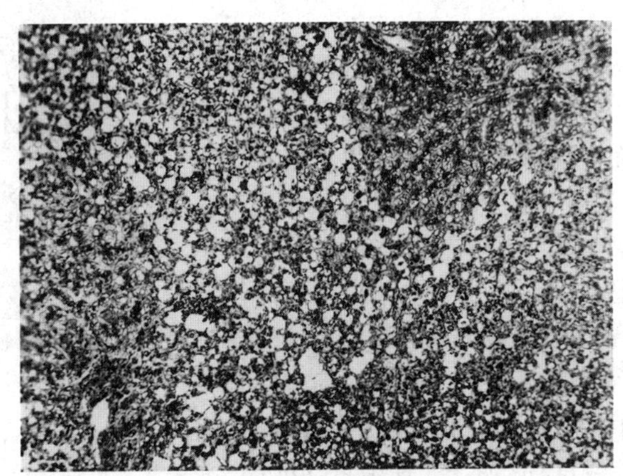

图 10-3　毒蕈中毒的肝

肝细胞变性坏死，以肝小叶中央区及中间带较重（图中间部分），外围带残存的肝细胞脂肪变性（图左下及右上部分）

【检材采取】

应从现场尽可能将吃剩或未吃的毒蕈和野外采集同种蕈的标本进行品种比对鉴定，并做毒蕈毒素的毒物分析或动物毒性试验。胃肠内容物和呕吐物亦是毒物分析的重要检材。

【法医学鉴定要点】

毒蕈中毒具有明显季节性，一般为误采食用，常一户或数户集体发生。由于季节、地区和毒蕈嫩老的不同差异，个体体质、饮食习惯和烹调方法、进食毒蕈量不等，中毒症状有轻有重，有的中毒死亡，有的可无明显症状，因而有时怀疑被人投毒而需进行法医学鉴定。有进食毒蕈史对鉴定多有帮助，但应追溯至发病前 1～2 天。有的故意隐瞒采食蘑菇的情节，故不应忽视对发病情况的了解、系统的尸体检查。中毒属肝肾损害型者，应注意与暴发性重症病毒性肝炎相鉴别。死亡较快的病例尸检时有可能在胃肠内容物中检见毒蕈的碎片。在现场采集毒蕈标本应请有专门经验的人识别或请专家进行生物学鉴定。

【案例】

杨某，女，57 岁，农民。某日晚约 6 时与其亲戚 8 人共食自采野生鲜蕈约 1000g，食后约 8 小时先后中毒发病，其中 5 人死亡，其余食蕈量较少的 3 人经治疗后痊愈。杨某于食后 12 小时发生呕吐、腹痛及腹泻，逐渐出现发热、黄疸、烦躁、昏迷、抽搐、便血及皮下出血，于食后第 7 天死亡。尸检病理诊断：①中毒性肝病，肝细胞广泛性脂肪变性及坏死并发出血（急性红色肝萎缩）。②中毒性肾病。③心肌水变性，左心室及室间隔内膜下条纹状出血。④胃肠充血、水肿及出血。⑤脑水肿，小脑扁桃体疝形成。⑥肺淤血水肿，急性支气管肺炎。其女王某，21 岁。于食蕈后 15 小时发病，第 10 天死亡。尸检亦见类似病变，呈急性黄色肝萎缩，肝重仅 830g。当地医生采集所食野蕈的杉树林内生长的鲜蕈与《毒蘑菇》专著对照，经辨认，为白毒伞（amanita verna）。

第三节　雷公藤中毒

雷公藤别名黄藤、黄蜡藤、菜虫药、红药、水莽草、南蛇根、三棱花等，分布于我国云南、贵州、四川、广西、湖南、江西和台湾等省区（图 10-4）。

图 10-4　雷公藤

雷公藤全株有毒，现已从雷公藤属植物中分离得到一百余种成分，主要为二萜类、三萜类、倍半萜类、生物碱类、蒽醌化合物、苷类、糖类、醇类及微量元素等，其中二萜类和生物碱类是主要活性成分。

【中毒原因】

雷公藤有清热解毒、祛风除湿、消肿止痛、通经活络的功能。民间用作杀虫、灭蛆、毒鼠雀。研究证实，雷公藤具有抗炎、抗肿瘤、免疫调节及抗生育等作用。国内用于治疗类风湿关节炎、肾小球肾炎、红斑性狼疮、银屑病及麻风反应等多种自身免疫性疾病有独特疗效。国外有提取其成分用于治疗白血病、癌症的研究。因此，雷公藤引起国内外的广泛重视。但由于其治疗量与中毒量比较接近，疗效大小又与剂量相关。所以，屡见使用各种雷公藤制剂过量或时间过长而发生中毒的病例报告，亦有中毒死亡者。有人收集 1984～1997 年关于雷公藤中毒的临床资料报道 21 篇，计中毒 294 例，死亡 83 例，其中急性中毒死亡共有 76 例，均为过量服用所致。从剂型分析，3 例雷公藤片，均属有意服用（100～120 片），1 例雷公藤多苷片，属临床滥用，其余均为生药或煎剂。湖南、福建、广西等省区曾发生食蜂蜜集体中毒，经查系蜜蜂采集雷公藤花粉酿蜜，使蜜中含雷公藤有毒成分所致。法医实践中，在有雷公藤分布的山区，常有人摘取嫩芽或鲜叶直接嚼碎吞服自杀，也有吞咽新鲜根皮或用根煎水服而自杀者；近年来虽已少见，但仍时有发生。用雷公藤投放于中药或食品内等手段杀人的案例也有报道。

【毒理作用】

雷公藤成分复杂，据报告其内所含生物碱、二萜及苷类是主要毒性成分，它们之间对机体的毒作用也不相同。雷公藤因产地、采摘季节不同，其毒性大小不一。虽然雷公藤全株植物有毒，但植株的不同部位其毒性强弱也有差别，一般来说叶和根皮的毒性最强。一次使用大剂量的雷公藤常发生急性中毒，小剂量长期使用也可发生蓄积性、亚急性和慢性中毒。雷公藤对胃肠道直接接触部位有明显刺激作用，口服中毒者常很快发生剧烈的恶心、呕吐、腹痛、腹泻，甚至便血。其毒性成分被吸收入血后引起心、肝、肾等多器官损害。重症急性中毒，早期多死于与心肌受损有关的顽固性心源性休克；中毒病程迁延时多死于急性肾小管坏死引起的急性肾衰竭，治疗剂量的雷公藤制剂具有调节免疫功能，被认为是其治疗多种免疫性疾病显著有效的机制，但在中毒或致死剂量下则能抑制体液免疫和细胞免疫功能，中毒者也可因此而死于继发感染性疾病。造血系统受损致全血细胞减少，尤以粒细胞减少明显，出血倾向增加。生殖系统的损害可导致不育。有的中毒者还能见皮疹、脱毛等皮肤受损的表现。雷公藤醋酸乙酯提取物对大鼠下丘脑 - 垂体 - 肾上腺轴（HPAA）影响的实验病理研究发现，对大鼠 HPAA，尤其是肾上腺和垂体在形态和功能两方面均具有影响。也报道雷公藤醋酸乙酯提取物和雷公藤内酯醇（雷公藤甲素，triptolide）对实验小鼠有致突变作用，从而推测雷公藤可能有潜在的致癌作用，但尚需进一步研究确证。

雷公藤上述毒性作用大多是可逆的，如中毒不死亡，停药后可逐步消退。重症急性中毒目前尚无特效解毒药物，抢救原则为迅速排毒、保护心肾功能和对症处理，有些中草药据称有效，但尚无定论。昆明山海棠等同属植物的毒理作用与雷公藤类似，只是程度较轻。雷公藤的毒理作用及其机制尚不完全清楚，多数人认为雷公藤具细胞毒作用，有实验报告其能抑制大鼠 DNA 的合成。

【中毒致死量】

成人一次服雷公藤鲜嫩叶芽 7 个以上或根皮 50g 左右可致急性中毒死亡；一次服陈旧根皮 30～60g 也可致急性中毒；每日煎服去皮根 50～100g 1～4 天以上也可致中毒死亡。

【中毒症状】

中毒症状出现的快慢主要与服法有关，嚼服鲜嫩叶芽或服根皮煎液者多很快出现中毒症状，咽下根皮者一般 2 小时后发病。

急性中毒者胃肠刺激症状明显，表现为胃部烧灼感，腹部剧烈绞痛、阵发性加剧，伴呕吐和腹泻，大便带血或混有坏死黏膜的黏液状物，并常有口干、厌食和腹胀，循环系统症状有心慌、气短、心率增快、心音低钝、节律不齐和心电图异常，如窦性心动过速、房性或室性期前收缩、室内或房室传导阻滞、ST 段下移、T 波低平或倒置、Q-T 间期延长等心肌受损改变。重者可出现顽固性血压下降、四肢湿冷等心源性休克症状，并多因此而死亡。中毒病程迁延数天以上者可出现急性肾衰竭，表现为水肿、少尿或无尿，尿中检见蛋白、红细胞和管型，血清尿素氮和非蛋白氮显著增高，并有酸中毒和电解质紊乱，是中毒病程迁延者的主要死亡原因。神经系统受损症状和体征一般较轻或不明显，除头晕、头痛、乏力、肢体麻木外，即使死亡病例，死前神志仍清楚。亚急性和慢性中毒者，可出现肝大、肝区压痛、黄疸、转氨酶升高等肝损害症状和体征。全血细胞减少、贫血、出血倾向增加。皮疹、毛发脱落、色素沉着等皮肤损害以及成年女性月经减少或闭经；成年男性精子减少、活动力减弱或失活等生殖系统损害表现。由于免疫功能降低也可出现继发感染并因此而死亡。

急性中毒死亡率较高，综合 12 位作者抢救 375 例的报道，其中死亡 68 例，平均死亡率为 18.3%。但相互之间差异较大，高者达 41.7%，低者为 0，与服毒（药）剂量、抢救是否及时和得当等多种因素有关。

【尸体检验所见】

国内有 7 例中毒尸检资料，均可见心、肝、肾等实质细胞损害。其中于 6 小时及 6 天死亡的 2 例，用生药或干根，剂量较大，其死因为心肌损害所致急性循环衰竭。心肌在光镜下见心肌细胞水变性，其中 6 天死亡病例心肌收缩带坏死较显著；另有 2 例见轻度间质性心肌炎。7 例中有 5 例死于急性肾衰竭，以中毒性肾病较突出，肾小管上皮脂肪变性或水变性，乃至坏死，以近端小管较明显；有的髓质集合管上皮损害显著，有 2 例见多发性肾乳头坏死（图 10-5）。肝细胞水变性、脂肪变性。有的见小灶性坏死。胃肠黏膜散在斑点状出血，2 例尚见浅表溃疡形成。有 2 例见脾淋巴小结萎缩、淋巴细胞数目显著减少（图 10-6），有一例成年妇女还见卵巢成熟卵泡减少，并见细菌性肺炎和肺脓肿形成。

急性中毒实验病理研究所见大致与上述病变相似，实验大鼠的胸腺、脾和淋巴结萎缩，淋巴细胞变性、凋亡及坏死与数目显著减少；心、肝、肾实质细胞变性坏死；睾丸曲细精管内生精细胞变性坏死、数目减少，以变态期精子细胞较敏感，还见巨细胞和多核巨细胞形成，支持细胞和附睾主细胞也有受损表现；卵巢生长卵泡粒层卵泡细胞见程度不等的坏死。

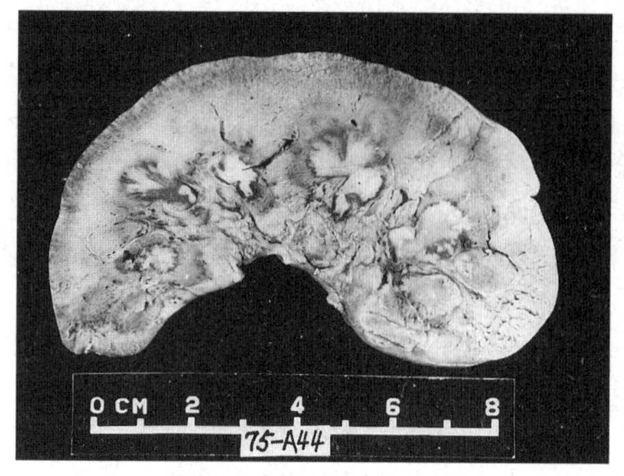

图 10-5　雷公藤中毒的肾剖面

见多发性肾乳头坏死

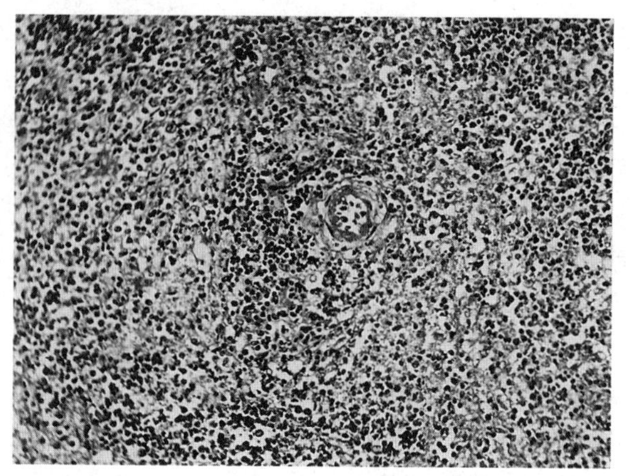

图 10-6　雷公藤中毒的脾

脾淋巴小结萎缩变小，淋巴细胞数目显著减少

【检材采取】

毒物分析检材以呕吐物、胃肠及其内容物、肝和未吃完的药物为好。因雷公藤生物碱不易被分解破坏，有从死后 3 年的腐败器官肉泥中检出雷公藤生物碱的报道。

【法医学鉴定要点】

雷公藤中毒以误服意外中毒多见，但中毒死亡者以自杀中毒最常见，偶见他杀投毒案例。尤其在有雷公藤分布的地区，如见原因不明的恶心、呕吐、剧烈腹痛和腹泻、顽固性血压降低、炎细胞减少且神志无明显改变者，应想到其中毒的可能性。尸检如见中毒性肾病变，免疫器官内淋巴细胞变性坏死和数目显著减少，对鉴定雷公藤中毒有帮助。毒物分析的主要成分是检验雷公藤生物碱。

【案例】

死者刘某，男，52 岁，农民。某日晚 11 时，刘在酒后，其情妇李某以解酒为名，以雷公藤干根约 50g 在瓦罐内煎煮成浓缩液约 250ml 让刘某服下，约 20 分钟后出现呕吐、腹泻等症状，经抢救无效于 4 日后晨 5 时 30 分死亡。法医尸检及病理学检查见：心肌间质淤血；肺淤血水肿；肝细胞灶性脂肪变性；脾小结生发中心淋巴细胞轻度坏死（见核浓缩及碎裂）；肾近曲小管上皮细胞重度水变性；脑淤血水肿。胃及胃内容物、肝组织的提取液经薄层层析法均检出雷公藤的成分。由罪犯从山区现场指认的植物标本，经鉴定为雷公藤。（万波提供）

第四节　钩 吻 中 毒

钩吻别名断肠草、野葛、胡蔓草、大茶药、火把花等。生于向阳山坡、路旁草丛或灌木丛中。分布于我国浙江、福建、广东、广西、湖南、贵州、云南等省区。全株有剧毒，根毒性最大，叶（尤以嫩叶）、花、茎次之。根、茎、叶均含吲哚类生物碱，其中以钩吻碱子（koumine）为主要成分；钩吻碱寅（kouminicine）毒性最强。因产地不一，其所含生物碱成分及含量不尽相同。

【中毒原因】

我国历代本草均记载：钩吻味辛苦，性温，有毒。具祛风、攻毒、消肿、止痛之功，治疗疥癞、瘰疬、痈疮肿毒、皮肤湿疹、跌打损伤、风湿痹痛、神经痛等。因其有剧毒，治疗量与中毒量极为接近，故仅作外用。民间用于治猪病和农业杀虫剂。近年有报道用钩吻内服治疗肝癌患者，但应注意掌握剂量和使用方法。早在宋慈著《洗冤集录》中即有钩吻中毒的记载，现报道钩吻中毒仍较常见。究其原因主要有：①外形相似或同名异种，错当其他草药误服，混入野菜煮食或误食猪药（内含钩吻）。②用以治病，内服超过治疗剂量；误采钩吻叶当作凉茶饮用或误用其根蒸猪脚作为方药。③食用含有钩吻花粉粒的带巢蜂蜜。④有用钩吻嫩叶或根服毒自杀或投毒他杀的案例，尤以该植物分布地区较多见。福建某医院1964～1976年收治钩吻中毒67例，其中有60例为服毒自杀，均系吞服其嫩叶。广东有将钩吻叶放入茶水或中药，或将其煎液注入木瓜内投毒的案例。

【毒理作用】

钩吻碱易由消化道吸收，为极强的神经毒，主要抑制延脑的呼吸中枢，引起呼吸中枢麻痹，导致呼吸衰竭而死亡。作用于迷走神经或直接刺激心肌，引起心律失常和心率改变；并抑制脑及脊髓运动中枢。钩吻碱还有类似箭毒、烟碱、士的宁及抗胆碱药样作用，中毒者出现肌无力、阵发性惊厥、瞳孔散大、复视等症状。

【中毒致死量】

为钩吻根2～3g，新鲜嫩芽7个，钩吻碱0.15～0.3g。国外有人用家兔皮下注射钩吻碱子，最小致死量为0.1mg/kg。

【中毒症状】

钩吻中毒症状出现的快慢，与服用植物的部位或方法不同有关。根煎水服或食新鲜嫩芽，多立即出现症状；吞食干根者，约在1～2小时内出现症状。死亡的快慢与中毒症状出现的早迟相一致，即中毒症状出现越早，死亡越快。最快者于服毒后1小时死亡，一般4～8小时内死亡。

最初为消化道刺激症状：口腔、咽喉及腹部有灼痛、流涎、恶心、呕吐、腹泻或便秘。神经系统及肌肉症状：眩晕、四肢麻木、肌无力、眼睑下垂、肌肉震颤、共济失调、言语不清、烦躁不安，严重者昏迷抽搐。眼部症状：瞳孔散大、复视、视力减退等。循环、呼吸系统症状：心慌，心率先慢后快，心音减低，呼吸慢而浅，呼吸不整和困难，进而呼吸中枢麻痹致呼吸衰竭死亡。死前可有肌肉震颤、痉挛、角弓反张。

【尸体检验所见】

综合21例急性中毒尸检所见，尸斑显著，尸僵甚强。口唇、指甲青紫，两眼瞳孔对称性散大，部分见睑结膜点状出血，口鼻腔有白色或淡红色泡沫，有时牙缝间可检见碎叶片。胃黏膜充血肿胀，有弥漫性斑点状或片状出血，有的胃内容物中有钩吻茎叶碎片。心腔内血液呈暗红色流动性，心外膜、肺被膜下点状出血。镜下见胃肠黏膜下层充血、出血和水肿，胃壁肌层有收缩波出现；肺水肿明显或见肺淤血及漏出性出血；肝、肾、脑等器官重度淤血。

【检材采取】

钩吻中毒途径多为口服，故毒物分析检材以胃肠内容物、呕吐物、喝剩的药液、药渣、未煎的药草最好，其次为肝、血等。

【法医学鉴定要点】

有服钩吻根、茎、叶病史或案情；中毒者发病迅速，瞳孔散大、复视、视力减退等眼部症状是钩吻中毒较突出的表现；如能在胃内容物中检见其茎叶碎片，有重要的鉴定价值，但不很常见；而检出钩吻碱是法医学鉴定的主要依据。钩吻碱在尸体中较稳定，有报道从死后5年的腐败器官、肉泥中检出钩吻碱的案例。钩吻别名断肠草，但我国不同地区民间称作断肠草的原植物达16种，分隶于9科13属，故应对可疑植物进行品种鉴定，以资鉴别。

第五节　夹竹桃中毒

夹竹桃因花色不同，分为红花夹竹桃（又名欧夹竹桃）、白花夹竹桃。全国各地均有栽培。

黄花夹竹桃多栽培于路边或庭园，分布于我国广西、广东、台湾、福建、云南、江苏、湖北等地。

夹竹桃全株有毒。新鲜树皮的毒力比叶强，干燥后毒性减弱；花的毒力较弱。黄花夹竹桃全株有毒，种子毒性最大。各种夹竹桃的毒性成分均为强心苷类。红花和白花夹竹桃的主要强心成分为欧夹竹桃苷丙（oleandrin）；黄花夹竹桃含黄夹苷甲（thevetin A）、黄夹苷乙（thevetin B）、黄夹次苷甲、黄夹次苷乙等，为国产强心药黄夹苷（强心灵）的原料，可供静注或口服。

【中毒原因】

夹竹桃在我国分布很广，因服用过量引起严重中毒和死亡的病例不乏报道。大多数为患者及其家属根据民间流传偏方服较大量的新鲜夹竹桃叶煎液治疗精神病引起，也有以自杀或流产为目的者。有报告 14 例中毒病人，按每岁 1 片叶的剂量治疗精神病，结果 14 例中有的中毒或死亡，但无一例精神病治愈。又据 9 例服用夹竹桃叶企图堕胎而引起的中毒，仅见 1 例子宫收缩、1 例阴道流血，并无流产发生，而其中 1 例中毒死亡。另报告一例女性摘夹竹桃叶 54 片水煎，喝一碗煎液企图自杀而引起中毒。在临床上用夹竹桃叶装入胶囊或制成片剂内服，治疗各种心脏病导致的心力衰竭，多数人认为疗效满意，作用比洋地黄快而蓄积性小。个别心衰者，由于机体敏感性强或耐受性差，加之用药期间观察病情不细，未及早停药，也有发生严重中毒而致死的。国外曾有用剥去皮的夹竹桃树枝烤肉吃，引起 12 人中毒，其中 7 人死亡的案例报道。

【毒理作用】

各种夹竹桃所含强心苷类在胃、肠吸收都较快，故作用出现迅速。吸收后多分布在心及骨骼肌中，主要由肝微粒体酶代谢，排泄较慢。现已认为 Na^+-K^+-ATP 酶系强心苷的受体，它是由 α 及 β 亚单位组成的一个二聚体。所有的强心苷对心肌细胞膜上的 Na^+-K^+-ATP 酶都有选择性抑制作用，强心苷和酶结合过程中，α 亚单位的构象发生改变，酶活性下降，且有剂量 - 效应关系。夹竹桃中毒时，心肌细胞膜上的 Na^+-K^+-ATP 酶严重抑制，除引起 Na^+/Ca^{2+} 交换增加，导致细胞内 Ca^{2+} 超负荷外，还使细胞内明显缺 K^+，导致心肌细胞自律性增高，传导速度减慢，易引起各种心律失常。如室性期前收缩、房性心动过速、结性心动过速、室性心动过速和心室纤颤，易致心停搏而死亡。致死原因为心律失常，其中以心室纤颤引起者居多。房室传导阻滞除了强心苷对房室结的直接作用外，还与迷走神经的作用有关。

夹竹桃所含强心苷刺激胃肠、子宫平滑肌收缩，引起恶心、呕吐、流产等。

【中毒致死量】

因品种、采集时间和叶片老嫩不同而差别较大。有报告服用夹竹桃叶 10 余片至 60 余片不等而发生中毒死亡的病例。服干叶 3g 即可致死。15g 根或 8～10 颗黄花夹竹桃的种子均可致成人于 24 小时内死亡，亦有幼童食种子 1 颗致死。

【中毒症状】

中毒症状一般在食后 2～5 小时发生。主要是胃肠道紊乱，再是心和神经系统的毒性反应。始有头痛、头晕、恶心、呕吐、腹痛、腹泻、烦躁、谵语，继则四肢湿冷，肢端青紫，面色苍白，呼吸急促表浅，体温及血压下降；严重者心律失常，脉搏不规则，心跳缓慢，心房以至心室纤颤；出现急性心源性脑缺血综合征：瞳孔散大，视力模糊，进行性嗜睡，昏迷，抽搐，休克，心跳停止而死亡。心电图示窦性心动过缓、心律不齐，期前收缩，房室从不完全到完全阻滞，室性心动过速，室颤及 T 波倒置等。与洋地黄中毒症状及心电图相似。

【尸体检验所见】

急性中毒死亡迅速者，尸检多无特殊发现，仅见一般急性死亡征象；如中毒病程迁延，则可见中毒性心肌炎。据报道某男，31 岁，患精神病 10 余年，其父请无证游医为其医治。将 100 多片（约 170 片左右）新鲜夹竹桃叶切碎后水煎分 2 次（间隔半小时）给患者服，服后不久即出现恶心、呕吐、头晕、胸闷等症状，并逐渐加重，于服药后 30 小时死亡。尸检见心外膜点状出血，心腔内血液呈暗红色流动性。左心室内膜下广泛条纹状出血。肺、肝、脾、肾、胰等器官淤血。胃内可有棕褐色液体，无特殊气味。胃黏膜充血，有广泛性出血。镜下见心肌纤维断裂显著，间质淤血及点状出血；肺淤血和弥散性小灶状出血；胃黏膜和肺被膜下点状出血；脑水肿显著；其他器官重度淤血。

【检材采取】

鉴于各种夹竹桃所含强心苷的化学结构多已清楚，因此，胃内容物、呕吐物、心、血液、未服完的药汁均可供毒物分析。尸检时可抽取心内血液及自现场采集未煮的夹竹桃叶，分别经处理后，作离体蛙心试验，均呈洋地黄样作用。

【法医学鉴定要点】

中毒多见于误服夹竹桃叶治疗精神病等，案情多较清楚，法医学鉴定并不困难。而服毒自杀或投毒他杀者，则常隐匿服药情况。中毒后心率显著减慢、心律失常和传导阻滞具有一定的诊断意义。如心电图呈洋地黄中毒表现，则更有诊断价值。

第六节 其他有毒植物中毒

一、马桑中毒

马桑别名毒空木、扶桑、醉鱼草等。分布于陕西、山西、甘肃、河南、湖北、湖南、四川、云南、贵州、广西等省区。

马桑根、茎、叶、果均含有毒物质，果实尤为剧毒。马桑果实和种子含有毒成分马桑毒素（马桑内酯，coriamyrtin，$C_{15}H_{18}O_5$）、羟基马桑毒素（吐丁内酯，tutin，$C_{12}H_{14}O_5$）、马桑亭、马桑宁等倍半萜内酯，其中羟基马桑毒素为主要有毒成分。寄生在马桑上的植物（马桑寄生、菟丝子等）也可含有类似毒性成分。

【中毒原因】

误食中毒：每年 5～7 月，成熟的马桑果实颜色艳丽，味甜，多被上山坡游玩、拣柴的儿童当作野果采食而引起中毒，也可见于野外作业者。其种子扁平形如芝麻，有人当作山芝麻做成糖果分食而引起中毒。民间常将马桑叶及果实捣烂，作为鱼和鼠的毒饵，偶被小儿误食中毒。亦有用寄生于马桑上菟丝子蒸饭，食后引起中毒。

医源性中毒：马桑制剂如马桑寄生注射液可引起抽搐、呼吸困难、昏迷和死亡。有以马桑叶粉撒布在大面积烧伤的创面上治疗烧伤而引起中毒。有报道用马桑寄生和马桑治疗精神分裂症有效率达 60% 以上的，而治疗有效量与中毒剂量接近，故服药过量易引起中毒。

在法医检案中，有将马桑种子磨成粉混入糖馅内做成包子进行投毒的案例。

【毒理作用】

马桑的有毒成分羟基马桑毒素、马桑毒素的化学结构式类似印防己毒素，故其毒理作用相似，但作用更为强烈而迅速，且作用时间短，主要是兴奋大脑、延髓呼吸中枢、血管运动中枢以及迷走神经中枢，增强脊髓反射。因此，马桑中毒时可出现阵发性惊厥。严重中毒时可使延髓呼吸中枢由兴奋转为抑制，最后死于呼吸衰竭。大剂量马桑毒素和羟基马桑毒素可抑制心肌收缩。羟基马桑毒素还能刺激迷走神经，使唾液分泌增加。毒素吸收后大部分在体内迅速被解毒，故控制惊厥后，中毒者可以较快恢复。

【中毒致死量】

尚无明确记载。有报告治疗精神分裂症时，当给药 2～4g/kg 时，可出现毒性反应。有儿童服 200 粒马桑果实而中毒，服 300～400 粒引起严重中毒而被抢救治愈的报告。小白鼠分别灌服马桑果、叶及茎的煎剂，其 LD_{50} 分别为 25.0g/kg、9.75g/kg 及 20.0g/kg。

【中毒症状】

马桑中毒的最初症状，是在食后 0.5～3 小时内出现头痛、头昏、胸闷、口涎增多，反复呕吐。中毒轻者常可自行恢复。重者全身发麻、烦躁不安，出现阵发性抽搐，似癫痫样发作。发作时突然昏倒、昏迷，小便失禁，两眼上翻，发绀，呼吸暂停，四肢抽搐，数分钟至半小时抽搐一次，每次持续 3～4 分钟。抽搐停止后，意识渐清醒，自觉头昏、头痛、全身不适，行动摇晃，2～3 日后恢复正常。重度中毒者可因频繁抽搐，终致呼吸停止而死亡。

【尸体检验所见】

据报道马桑果中毒致死的尸检见脑、心、肝、肺、肾及肾上腺均呈淤血水肿，尤以脑水肿及肺水肿为严重，并见蛛网膜下腔出血、神经细胞变性等病理改变。因其主要作用于中枢神经系统，死亡发生快，故无特征性病变。

【检材采取】

毒物分析检验可取呕吐物、胃肠内容物及可疑剩余食物。取现场采集的植物标本进行品种鉴定。

【法医学鉴定要点】

中毒多见于 5～7 月马桑果实成熟季节，小儿多见，有误食马桑果或过量服马桑药物史。呕吐物为暗红色浆液，混有马桑果肉质及籽，可进行显微镜检查以资鉴别。在生长马桑的山区，有突发的抽搐、昏迷，而无明显发热、脑膜刺激征等的患者，应想到马桑中毒的可能。

二、莽草与红茴香中毒

莽草别名芒草、鼠莽、山大茴、山木蟹、木蟹柴、披针叶茴香、红毒茴。生于阴湿沟旁杂木林中，分布于陕西、江苏、安徽、浙江、江西、福建、广东、广西、云南等省区。

红茴香别名野八角、桂花钻。与莽草相似，主要分布于湖北、湖南、四川三省交界的山区，陕西、河南等省亦有分布。

莽草的枝、叶、根、果均有毒，果实，尤其是果壳毒性大。果实的主要有毒成分是莽草毒素（anisatin）和新莽草毒素（neoanisatin），其他成分有假莽草毒素、莽草酸、桉油脑、黄樟醚等。

红茴香的根、根皮及果实均有毒。自贵州产的红茴香果实中的毒性成分为莽草毒素。

莽草（披针叶八角）为中国特有种。在名称上易与日本莽草（Illicium anisatin Linn.）相混淆。日本莽草产于我国台湾和日本、韩国、菲律宾。两者为同属植物，均含有毒成分莽草毒素。

【中毒原因】

由于莽草果实、红茴香果实外形、颜色与八角茴香相似，常被误用而发生中毒；亦有为了图利故意将其冒充或掺入八角茴香中出售而致中毒。在市售的中药中，有以莽草的果实充当八角茴香入药。红茴香根及根皮具有祛风通络、散瘀止痛功能，主治跌打损伤、风湿性关节炎、腰腿痛等。因此，屡有服用红茴香根皮、散剂或鲜品煎服而致严重中毒的报道。

【毒理作用】

莽草及红茴香果实均含有毒成分莽草毒素。莽草毒素系一种痉挛毒素，毒理作用与印防己毒素相似，尚有毒蕈碱样作用。对延脑生命中枢有兴奋作用，大剂量也能作用于大脑及脊髓，先兴奋而后麻痹。莽草毒素中毒的潜伏期和持续时间都比印防己毒素长。

【中毒致死量】

莽草子中毒量为 5～8 粒 / 人；红茴香根中毒量 45～60g/ 人。有报道某单位食堂，误将莽草子约 50g 当作八角茴香烹调盐渍猪肉 46kg，分为 167 碗出售，每碗肉 275g，183 人进食 161 碗后，55 人明显中毒，其中死亡 1 人。有食用 10%～15% 莽草子水浸液喷洒过的蔬菜而引起中毒的报道。另报道 4 例服用红茴香根皮出现严重中毒致癫痫样发作，其中 1 例服用根皮粉约 15g；另 3 例煎服鲜根皮约 50～150g。小鼠脑室内注射 100% 红茴香茎皮浸液 0.01ml/ 只，出现明显中枢兴奋作用。超量可引起抽搐、惊厥而死亡。

【中毒症状】

服用大剂量新鲜红茴香根皮后半小时内出现昏迷，并癫痫样发作；莽草、红茴香果实中有毒成分吸收后作用较缓慢，故多于进食后 6～29 小时出现中毒症状。发病早迟与鲜品或进食量多少有关。轻者始有头痛、头昏、胸闷气急、烦躁不安、流涎、多汗、上腹灼痛，继之恶心、呕吐、四肢麻木、瘫软无力、自主运动障碍，眼球发胀。重者剧烈头痛、频繁呕吐（呈喷射状并带血丝），有的见阵发性癫痫样惊厥，瞳孔缩小，心率减慢，血压升高；极重者，反复抽搐、昏迷、高热、呼吸困难甚至暂停，两肺底湿性啰音，心音微弱，瞳孔散大，血压下降，尿少、尿闭，终因急性中毒性脑病、肺水肿、呼吸衰竭死亡。亦有因肝、肾损害而死亡者。1957 年曾报道上海一家 6 人慢性莽草果实中毒者，出现精神症状，以恐怖性幻觉及被害妄想状态，继以骚动惊厥为临床特点，结果3人死亡，3人治愈。经调查乃日本莽草果实中毒所致。

【尸体检验所见】

莽草、红茴香果实急性中毒尚未见尸检病例报告。小白鼠急性中毒死亡，病理切片检查见心、肝、肾轻度水变性，各器官淤血。上述3例慢性莽草果实中毒尸体检查，见肺淤血、水肿；心、肝、肾等轻度水变性；脑淤血；个别病例尚见大脑皮质及脑桥神经细胞变性。

【检材采取】

在现场或尸体解剖发现有残留植物或碎屑，应提取进行品种鉴定和植物化学成分分析。呕吐物和胃肠内容物亦可用于毒物分析。

【法医学鉴定要点】

莽草、红茴香的果实因外形与八角茴香相似，常被误当八角茴香食用引起急性中毒，多见于数人或群体性中毒。中毒后阵发性癫痫样惊厥是其症状特点，需与其他痉挛性毒物中毒相鉴别。案情调查和可疑植物果实的鉴定具有重要意义。莽草果实、红茴香果实应与八角茴香鉴别。

三、豆薯子中毒

豆薯子为豆薯的种子。豆薯别名凉薯、地瓜、沙葛。广泛栽培于我国中部、东南沿海、黄河下游及西南各省。

豆薯块根外皮淡黄色、易剥离，肉白色，味甜多汁，可作水果生食，也可烹调成各种副食品或做主食，制成淀粉或酿酒。但豆薯的蔓、叶和种子有毒，人畜不能食用，而豆薯子则可用作植物性杀虫剂。豆薯子所含的主要成分为鱼藤酮（rotenone）和类鱼藤酮、异毛鱼藤酮、豆薯酮等，其化学性质相似。有人测定武汉东西湖地区的豆薯子，每100g含鱼藤酮4.86g。

【中毒原因】

豆薯荚形似四季豆荚，豆薯子类似四季豆和黄豆，故常有误食中毒。法医检案中也曾见将豆薯子混入扁豆内做菜进行投毒的案例。

【毒理作用】

豆薯子主要有毒成分鱼藤酮对鱼和昆虫毒性很大，对人毒性较小，如内服一定量也可中毒，甚至死亡。鱼藤酮是一种神经毒，主要兴奋延脑中枢，中毒能引起呼吸中枢兴奋，继则致呼吸中枢及血管运动中枢麻痹，中枢呼吸衰竭是引起死亡的主要原因。鱼藤酮对胃肠局部刺激作用较强，可致呕吐、腹泻。

【中毒致死量】

报道不一，有人谓误食5～6粒即可致死，有报道儿童误食约30～50g中毒死亡。鱼藤酮对人的致死量为3.6～20g（折合豆薯子约75～400g）。

【中毒症状】

中毒潜伏期数分钟至12小时不等。始有恶心、呕吐、腹痛、腹泻等胃肠症状；渐有头昏，全身软弱无力，站立不稳，四肢发麻、肌肉松弛，甚至昏迷、抽搐等神经系统症状；重症病例出现呼吸次数显著减少、变浅、不规则或双吸气等呼吸困难表现；还可见体温下降、尿失禁、皮肤苍白、四肢厥冷、心律不齐、心动过缓、血压下降、休克等循环衰竭征象。可在中毒后数小时或1～2天内死亡。

【尸体检验所见】

据一例误食豆薯子约200g，11小时后死亡，另一例9岁男孩误食豆薯子约30g，6小时后死亡案例的尸检所见，血液呈暗红色流动性；支气管内积聚黏液，肺淤血、水肿显著，肺胸膜点状出血；脑水肿；肝、肾轻度水变性；胃内容物中尚可见淡绿色豆薯子碎片。

【检材采取】

毒物分析可取呕吐物和胃肠内容物检验鱼藤酮。胃肠内容物中如见有豆薯子碎块，应作植物品种的显微鉴别，并自现场采集豆薯子标本作植物品种鉴定。

【法医学鉴定要点】

有误食豆薯子史；中毒者呼吸抑制，使之减慢、变浅、不规则或双吸气具有一定特点。豆薯子的毒性成分、中毒症状与鱼藤中毒相似，两者的鉴别靠案情调查和可疑植物标本的品种鉴定。

四、及己中毒

及己[Chloranthus serratus（Thunb.）Roem. et Schult.]别名四叶对、獐耳细辛、四叶细辛、四块瓦等。分布于浙江、江苏、安徽、湖北、湖南、福建、广东、广西、贵州、陕西等省区。全草有毒，含二氢焦蓬莪术烯酮、焦蓬莪术烯酮及黄酮苷、酚类、氨基酸、糖类等。与及己同科同属的植物主要有宽叶金粟兰（大叶及己）、丝穗金粟兰、银线草，均有毒。

【中毒原因】

及己可药用治跌打损伤、疮疖等。及己一般作外用药，内服宜慎。早在《唐•新修本草》中已记载及己有毒，并有中毒死亡实例。中毒多见一次内服剂量过大或连续服用，尤其用根研末吞服或黄酒送服时极易中毒。对开放性骨折外敷及己，则大量吸收可引起中毒。有时用于堕胎而中毒死亡，因死因不明或涉及诉讼需进行法医学鉴定。内服及己自杀案例也有报道。

【毒理作用】

尚不清楚。吸收后对器官、子宫及血管产生毒性作用，引起器官广泛出血。可作用于神经系统，致窦性心动过速；对胃刺激作用明显；有毒成分可能经肝代谢和肾排泄，而致肝、肾实质细胞坏死和功能障碍。肝、肾衰竭是其主要死因。

【中毒致死量】

文献记载：凡服用及己 3 株以上者，均出现严重中毒现象，甚至死亡。但也有内服干燥根 2 株引起中毒死亡的病例报告，亦有报道用黄酒捣服及己鲜根约 20g，24 小时内死亡者。

【中毒症状】

混入食物中内服，则 8 小时左右发病，也有以酒送服立即出现症状者。始有头昏、恶心、呕吐、烦躁不安、体温可略升高，继之面色苍白、瞳孔中等度缩小，结膜充血，口唇干燥，牙龈发黑，心悸，脉速，可达 120～140 次 / 分，狂躁不安，四肢抽搐、昏迷。中毒后第 2 天可出现黄疸、肝功能损害明显，有出血倾向。尿少、尿痛，尿中检见多量红细胞和蛋白。重度中毒者肝、肾功能继续恶化，并出现抽搐、昏迷，多死于中毒后 1～5 天。

【尸体检验所见】

据 2 例尸检资料，死者皮肤、器官浆膜和黏膜下广泛出血；肝出血坏死，呈弥漫性或大块状，坏死灶周围可见少量中性粒细胞和淋巴细胞浸润；肾小管上皮变性、坏死，以近曲小管为著；肺淤血、水肿；其中一例尚见肾上腺皮质出血、坏死。

【检材采取】

尚无明确的毒物分析方法。注意现场提取原植物，可与呕吐物、死者胃内容物和未服完的药汁或药粉进行比对做毒物分析和动物实验。

【法医学鉴定要点】

及己虽分布较广，但中毒多见于华东地区。如有服中草药治病或堕胎的病史或案情，中毒后有频繁恶心、呕吐，继而有明显的肝、肾功能损害症状，应考虑到及己中毒的可能。尸检见重度中毒性肝坏死和中毒性肾病，应注意与毒蕈中毒等鉴别。后者常多人同时发病，有采食毒蕈史。

五、苍耳中毒

苍耳（xanthium sibiricum Patr.）别名卷耳、地葵等。苍耳子为苍耳的干燥成熟带总苞的果实，别名苍子、胡苍子、苍裸子、苍耳蒺藜等（图 10-7）。分布全国各地。

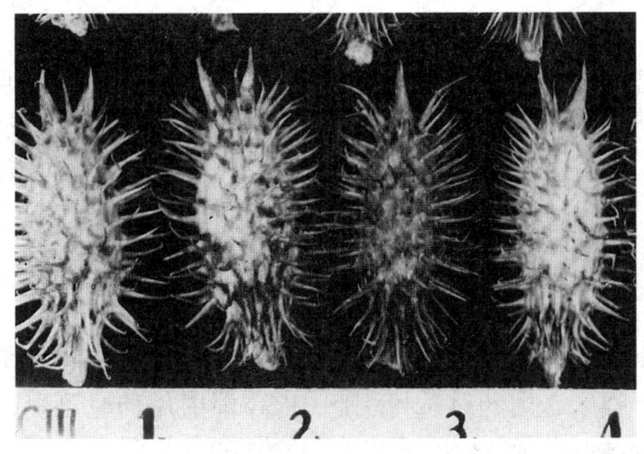

图 10-7　苍耳

苍耳全株有毒，果实含苍耳苷、苍耳醇、苍耳酯、二萜羧基苍术苷等；幼芽含毒蛋白、氢醌；叶含苍耳内酯、隐苍耳内酯等；种仁含毒蛋白、苍耳苷及毒苷等。主要有毒成分目前认识尚不一致，有认为是毒蛋白、苍耳苷、毒苷、二萜羧基苍术苷、氢醌，也有认为是一种含葡萄糖和鼠李糖的苷类。

【中毒原因】

苍耳草及苍耳子属常用祛风解毒中药，临床更多用苍耳子。苍耳子有散风、通鼻窍、止痛、杀虫之功。治变应性鼻炎、疟疾、下肢溃疡及各种腰腿痛等。鲜苍耳草制剂治疗麻风，能改善症状。用药剂量过大即可中毒；苍耳嫩芽很像豆芽，味甜，误食可中毒；亦有儿童误采苍耳子食用而致中毒；还有将榨去油后的苍耳子饼误为芝麻饼或豆饼食后中毒的报道。

【毒理作用】

苍耳的毒性成分可溶于水而易于吸收。动物实验，苍耳子仁水浸液小鼠服后约半小时，出现活动减少，继而呼吸不规则及多尿，之后出现剧烈强直性惊厥而死亡。苍耳毒性成分主要作用于肝、肾、心等实质器官，使细胞变性、坏死，并能使毛细血管扩张、通透性增加，引起全身广泛性出血，常因肝、肾衰竭而致死。惊厥的发生与引起血糖过低有关。据实验病理研究，已复制出急性和亚急性苍耳子中毒引起中毒性肝病的家兔模型，而大鼠对苍耳子的毒性不敏感。

【中毒致死量】

有报道成人服用苍耳子剂量超过 100g 可致中毒；另有报道误食苍耳子 10 个以上，煎服干品 50g 以上，儿童服苍耳子 5～6 粒、苍耳芽 50g 以上均可致中毒。曾有 3 例 8～9 岁儿童，均因食炒熟留作药用的苍耳子约 100g，10 小时后发病，于起病后 20 小时先后死亡。

【中毒症状】

中毒潜伏期一般为 2～3 天，快者 4 小时即发病。例如生食苍耳子后 4～6 小时发病；吃苍耳子饼 10～24 小时发病；吃苍耳幼芽 1～5 天发病。轻度中毒者头痛、头晕、乏力、食欲不振、恶心、呕吐、腹痛、腹泻或便秘、心率加快或减慢、胃肠道出血、腹部膨胀，并有嗜睡或烦躁不安、低热、出汗。严重者并见肝区痛、肝大、黄疸、昏迷、抽搐、休克、尿闭、肺水肿、皮肤及器官广泛出血等，多死于肝、肾衰竭。

【尸体检验所见】

曾尸检 3 例中毒后 2～6 天死亡者，病理检查，见肝小叶中央区和中间带肝细胞广泛脂肪变性及凝固性坏死，坏死区内有少数中性粒细胞浸润；肾小管上皮水变性、轻度脂肪变性及坏死，其中 1 例尚见玻璃样变性，上述病变以近曲小管为重，部分管腔内见蛋白管型；一例心肌经脂肪染色证实有轻度脂肪变性；胃肠黏膜点状出血、坏死；器官浆膜及黏膜下广泛点状出血；1 例见脑淤血、水肿及小血管周围渗出性出血。

【检材采取】

在现场勘查时发现吃剩的苍耳子、芽或苍耳子饼，以及尸检时在胃肠内容物中检出苍耳子碎块或残存的幼芽，可提取进行品种鉴定，作为苍耳中毒的证据。

【法医学鉴定要点】

有误服苍耳幼芽及苍耳子史，且多见于儿童；或用药剂量过大。中毒症状以肝、肾损害明显及消化系统、神经系统为主的临床表现；尸检时肝、肾的中毒性病变，均有一定的鉴定意义。由于苍耳中毒症状出现较晚，而发病又常突然，故可能被误诊，或被怀疑为投毒，而需进行法医学鉴定。案情调查应包括发病前数天的进食情况，应注意与毒蕈中毒相鉴别。

六、栝楼中毒

栝楼（Trichosanthes kirilowii Maxim.）别名瓜蒌、药瓜、杜瓜。天花粉系栝楼的根，是我国特有的中期引产药，已被广泛用于临床。用药过量可引起中毒，注射用药也可引起过敏反应，但中毒死亡病例几乎均是由滥用过量、私自引产所致。

栝楼含抗原性较强的植物蛋白，为 4 种以上蛋白质的混合物，进入机体后可产生特异性抗体，发生过敏反应甚至死亡。大量动物实验证明，天花粉蛋白能损伤胎盘绒毛合体滋养层细胞，使之发生凝固性坏死，胎盘功能丧失，胎儿死亡。胎盘滋养层细胞失去内分泌功能后，促进前列腺素释放，引起子宫收缩而流产。此外，胎盘绒毛滋养层细胞坏死，促进大量纤维蛋白沉着于胎盘，引起纤维蛋白溶解等凝血机制障碍，故可致广泛性出血。天花粉尚可引起心、肝、肾实质器官损害。临床用药一般不超过 50g。犬的中毒实验，0.2～2.0mg/kg 可出现中毒症状，3～4mg/kg 可致死。

内服一般无明显毒性。注射和经黏膜吸收（如经阴道塞入引产）后，可出现发热、寒战，体温多在 38～39℃，持续 2～3 天。头面部、四肢，甚至全身皮肤可见皮疹、瘙痒感；咽喉疼痛，哮喘发作，呼吸困难，心律不齐；有的见子宫大出血及过敏性休克。尸检比较特征性的病理改变为胎盘绒毛滋养层凝固性坏死，大量纤维蛋白沉着，阴道壁及子宫颈广泛凝固性坏死（图 10-8）。心肌纤维广泛变性，肌浆凝聚；重症中毒者可见心肌收缩带坏死。肝细胞轻度水变性；中毒性肾病，急性肾小管坏死；肺淤血、水肿及灶性出血；脑充血水肿，弥漫性出血坏死灶形成，以白质分布较多（图 10-9）。检材采取因中毒途径不同而异，如系阴道给药，除提取可疑药渣外，应取用药局部组织；如系注射给药，宜取血液和肝。

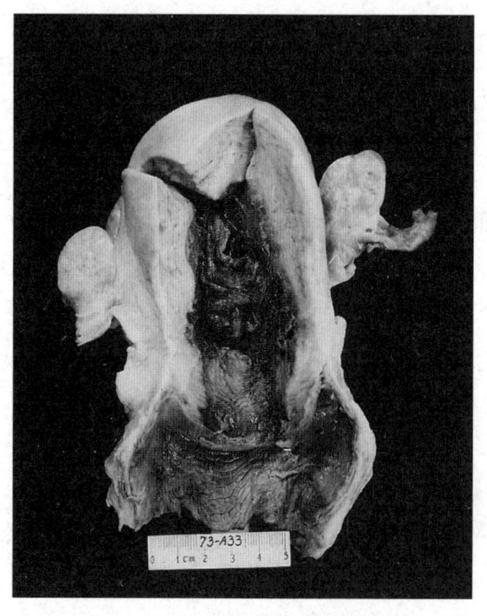

图 10-8 栝楼中毒的子宫和阴道

自子宫前壁剖开后见阴道壁及宫颈广泛凝固性坏死、出血；子宫内膜出血（阴道内塞入栝楼块根粉堕胎所致中毒）

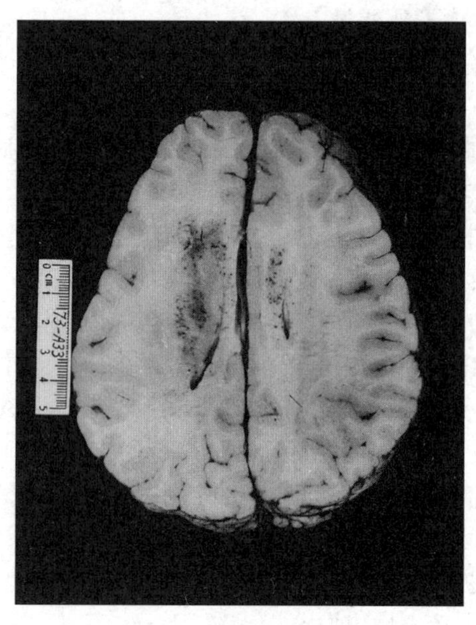

图 10-9 栝楼中毒的脑

水平切面见弥漫性出血坏死灶，以白质分布较多

七、巴豆中毒

巴豆为大戟科巴豆属植物巴豆(Croton tiglium L.)的种子。巴豆别名巴仁、毒鱼子等。分布于长江以南及山东、河北等省。中毒多见药用过量，儿童多为误食。有人将巴豆油误当蓖麻油内服中毒，亦有用巴豆混入食物企图投毒的案例。

巴豆含巴豆油(croton oil)34%～57%，包括巴豆油酸和甲基巴豆酸以及它们的甘油酯等。种仁含一种毒蛋白称巴豆毒素，以及巴豆苷、生物碱等。巴豆主要有毒成分为巴豆毒素、巴豆苷、巴豆油和生物碱。巴豆油系一种峻泻剂，对胃肠黏膜和皮肤均有强烈刺激、腐蚀作用。巴豆毒素能溶解红细胞，并使局部细胞坏死，对中枢神经系统有原浆毒作用。巴豆油呈黄色或棕色，有强刺激气味，服1g(20滴)或15～20粒巴豆可致死；亦有用巴豆9g与其他中药煎服后致死者。食入后中毒表现为口腔、咽喉、食管有烧灼感，上腹剧痛、恶心、呕吐、剧烈腹泻。严重者肠壁腐蚀引起出血性肠炎，在数小时内可因脱水，甚至呼吸、循环衰竭死亡。接触皮肤、黏膜可致急性炎症。尸体检查见胃肠黏膜肿胀充血，有的部位黏膜糜烂脱落；但有时尸检无明显病变发现。现场采集巴豆检材及胃肠内容物可供毒物分析。

八、蓖麻子中毒

蓖麻子别名大麻子、草麻子、红麻子。全国大部分地区有种植。中毒多见生食蓖麻子或把蓖麻油误当食用油错食所致。也可由于大量外用，吸收中毒。1979年9月在英国首次有用蓖麻毒蛋白作为投毒他杀的报道。

蓖麻子有毒，含脂肪油(蓖麻油，ricinus oil)64%～71%，主要有毒成分为蓖麻毒蛋白[(蓖麻毒素，ricin)，约含3%]及蓖麻碱等。其中毒性较强的蓖麻毒蛋白已分出三种：蓖麻毒蛋白D、酸性蓖麻毒蛋白及碱性蓖麻毒蛋白。三种毒蛋白均系细胞原浆毒，可损害肝、肾等实质细胞，使之发生水变性、出血及坏死；并有凝集、溶解红细胞作用，引起中毒性肝病、肾病、出血性胃肠炎、小血管栓塞，也可引起呼吸及血管运动中枢麻痹。蓖麻毒蛋白作为免疫毒素中最常应用的毒素之一，伴随肿瘤导向治疗的研究受到了国内外的重视，对其毒性作用的认识也不断深化。以往认为蓖麻毒蛋白仅是单一的蛋白质合成抑制剂，近年研究发现，除此之外它还具有诱导产生细胞因子，引起脂质过氧化及诱导细胞凋亡的作用。蓖麻子中毒致死量为儿童服2～7粒，成人20粒。蓖麻毒蛋白人经口服致死量0.15～0.2g；人静注致死量20mg。有报告蓖麻毒蛋白7mg、蓖麻碱160mg可致成人死亡。蓖麻子中毒潜伏期较长，食后3～24小时发病，也有迟至3日方出现症状者。消化系统症状始觉咽喉及食管不适、烧灼感，继之出现恶心、呕吐、腹痛、腹泻。中毒较重者吐泻剧烈、频繁，腹泻物为水样便、黏液便或血性便，甚至脱水、酸中毒。神经系统症状有剧烈头痛，肢体麻木，定向力差，嗜睡，严重者出现全身性抽搐，惊厥，昏迷。肝肾功能受损可见黄疸，少尿，蛋白尿，血尿或尿闭、尿毒症。造血系统损害致凝血、出血。死亡多发生在中毒后6～8天。呼吸抑制、心力衰竭及尿毒症是引起死亡的主要原因。吸入蓖麻油渣粉尘等引起的慢性中毒，可发生皮炎，鼻、咽和眼发炎。有的发生哮喘。尸检见浆膜出血，胃肠道出血，心内膜、肾皮、髓质有出血，心、肝、肾退行性变化。肺、肝、子宫淤血。检材可取胃内容物及去皮捣碎的蓖麻子残渣。注意现场采集植物标本进行品种鉴定。

九、瓜蒂中毒

瓜蒂别名甜瓜蒂、苦丁香。中毒多见于过量服用。瓜蒂含葫芦素B、D、E，异葫芦素B、葫芦素B苷、甜瓜毒素(melotoxin)等。其中以葫芦素B的含量最高(1.4%)，其次为葫芦素B苷。甜瓜毒素进入人体能刺激胃黏膜感觉神经，反射性地引起呕吐中枢兴奋，致剧烈呕吐。刺激肠黏膜引起腹痛、腹泻，严重脱水时可导致微循环障碍、代谢性酸中毒，最后呼吸中枢麻痹而死亡。据报道某女，32岁，为治神经官能症，采用民间偏方干甜瓜蒂约50g，水煎服后中毒死亡。另5例患者(神经官能症2例、尿崩症1例、精神分裂症1例、肝炎1例）为治病服用瓜蒂（最多182个，最少30个）而中毒，其中3例死亡。服瓜蒂散或含瓜蒂的复方亦有引起中毒死亡。如某女，14岁，因胃热心烦、头痛而空腹顿服瓜蒂30g、赤小豆15g的散剂，服后10小时中毒死亡。某男，21岁，因患癫痫久治无效，内服中药瓜蒂25g、藜芦3g、常山30g、食盐25g水煎一剂，服后引起中毒；次日又将上述药物剂量加大1倍煎服后中毒死亡。因服含瓜蒂、牵牛子的中药散剂引起中毒死亡1例，中毒表现为上腹部不适，胃部灼痛，恶心、呕吐，呕吐物可含血及胆汁，腹泻黄色水样便，血压先升高后降低，并出现发绀、呼吸困难、胸闷、抽搐、昏迷，终因呼吸中枢麻痹而致死。亦有并发心肌炎死亡的报告。据一例因患精神分裂症而服瓜蒂约6g，10小时后死亡案例的尸检所见，口唇及四肢指（趾）端明显发绀。镜下见心肌细胞水变性，心肌间质水肿。两肺明显淤血、水肿及局灶性肺气肿。胃、肠黏膜及黏膜下层明显淤血、水肿及小灶性出血。肝淤血，肝细胞呈广泛水变性。肾淤血，肾小管上皮细胞轻度水变性。脑组织水肿，神经细胞变性。检材可取胃、肝等；注意现场采集植物标本进行品种鉴定。

十、博落回中毒

博落回别名号筒杆、勃勒回等。分布于长江流域中、下游各省。中毒多见误服，有食含博落回生物碱蜂蜜致82人中毒，其中3人死亡。亦有用博落回煎服或吞服其根粉堕胎，治腰腿痛及乙型肝炎，引起严重中毒或死亡。

博落回全草有毒，含血根碱、白屈菜红碱、原阿片碱、别隐品碱、博落回碱及小檗碱等。这些生物碱的毒作用与乌头碱有类似之处，主要对神经系统和心有毒性作用，尤其对后者的毒性较明显。兔耳静脉注入博落回注射液，心电图示T波倒置，并出现多源性多发性室性期前收缩，伴有短暂的阵发性心动过速。博落回水煎液给大鼠灌胃的LD_{50}为19.5g/kg。急性中毒实验光镜下见，大鼠心、脑、肝、肾等器官呈淤血、出血性改变；电镜观察见心、脑、肝、肾细胞内线粒体、内质网、核膜等膜性结构破坏。有人服博落回药酒100g（约含生药13.5g）而中毒；有服鲜品50g，2小时内死亡。中毒始有头晕、胸闷、口干、恶心、呕吐、腹痛、腹泻、四肢麻木、心悸、烦躁。严重者出现急性心源性脑缺血综合征，中毒者突然昏倒、神志不清、面色苍白、出冷汗、抽搐、发绀，甚至呼吸、心搏骤停死亡；心电图出现多发性、多源性室性期前收缩，阵发性室性心动过速、心室扑动等。尸检时见各器官仅有轻度病变及中毒性心肌病变。检材可采取剩余的药粉、药汁、胃内容物、呕吐物及植物标本进行品种鉴定。

十一、黄药子中毒

黄药子别名黄药根、黄药脂。主要分布于湖北、湖南、江苏、安徽等省。本品中毒多见于治疗甲状腺疾病用药过量。

早期文献黄药子含多种甾体皂苷，总皂苷水解后生成薯蓣皂苷元、雅母皂苷元等。近来报告块茎中所含薯蓣皂苷极微，主要含呋喃去甲基二萜类化合物：黄药子素甲（diosbulbin A）、乙、丙、丁、戊、己、庚、辛及鞣质等。其有毒成分对口、咽、胃肠道黏膜有刺激作用。对肝细胞有直接毒性作用，是该药或其代谢产物在肝内达到一定浓度时干扰细胞代谢的结果。既有肝细胞损害，又影响胆汁排泄。大剂量对中枢神经和心有毒性作用。有报告服用黄药子治甲亢4例，剂量用至36g，共用药45天，1例出现肝性脑病后死亡，其余3例肝功能受到不同程度的损害。实验研究已成功地复制出中毒性肝病的动物（小鼠）模型。小鼠腹腔给药的LD_{50}为25.49g/kg，口服给药LD_{50}为79.98g/kg。亚急性黄药子中毒的实验病理学研究：黄药子对小鼠的肝有直接毒性作用，光镜下见肝细胞重度水变性，散在或较多小灶性坏死；电镜观察见线粒体肿胀，嵴不清，内质网减少，大量糖原堆积，脂滴增多。酶组织化学发现，肝细胞内琥珀酸脱氢酶（SDHase）、葡萄糖-6-磷酸酶（G-6-Pase）活性受抑制。黄药子对小鼠的肾毒作用以肾小管损害为主，肾小管上皮细胞肿胀，管腔狭窄，部分管腔内可见蛋白管型；部分肾小管上皮细胞坏死。黄药子服用过量可引起口腔、舌、咽喉等处烧灼痛、流涎、恶心、呕吐、腹痛、腹泻、瞳孔缩小等，并有心悸、惊厥等症状。严重者出现昏迷、呼吸困难和心肌麻痹而死亡。长期大量服用可引起中毒性肝病，出现黄疸。中毒死后作肝穿刺检查为中毒性肝病的病理变化。检材可取胃内容物、呕吐物、血、肝、尿等；注意现场采集植物标本进行品种鉴定。

十二、关木通中毒

关木通，别名木通马兜铃、东北木通、马木通等。主产于我国东北各省，此外，山西、陕西、甘肃等省亦有分布。目前，全国范围内的商品木通主要来源于马兜铃科、毛茛科和木通科等 3 科 10 种植物，以关木通和川木通为主流。由于木通品种混乱，国内自 20 世纪 60 年代中期报道服用木通后导致急性肾衰竭病例始，30 多年来陆续有很多报道，但仅有 1 篇提到所用的木通（致急性肾衰竭死亡）为关木通。尽管如此，多数学者仍认为导致肾损害的是关木通。英国曾报道两例因服用含关木通的中草药制剂引起肾衰竭的病例。近年来北京多家医院肾内科报道因服中成药龙胆泻肝丸而导致肾损害，甚至发展到尿毒症的病例；经实验研究，认为是由于该药中含有关木通，而关木通含有马兜铃酸，后者是导致肾病的原因。

关木通藤茎有毒，含马兜铃酸 A、B、D（aristolochic acid A、B、D）、马兜铃苷、木兰花碱及 β- 谷甾醇。主要毒性成分为马兜铃酸。马兜铃酸是硝基菲羧酸，主要含马兜铃酸Ⅰ、马兜铃酸Ⅱ。大鼠口服马兜铃酸Ⅰ和Ⅱ，体内主要代谢转化为马兜铃内酰胺Ⅰ和马兜铃内酰胺Ⅱ。大鼠口服马兜铃酸Ⅰ 40mg/kg，90% 的动物出现死亡。雄性小鼠口服马兜铃酸 30mg/kg，可降低肾小球滤过率，使血尿、肌酐增加，引起肾衰竭。动物组织病理变化见胃贲门浅表性溃疡，肾小管坏死，淋巴器官萎缩。其在体内的蓄积作用是发生慢性毒性的基础，马兜铃酸可在人体内蓄积，对人体形成慢性危害。实验还证明马兜铃酸有潜在的致癌性。研究表明 60g/kg 的大剂量（大约相当于人剂量的 6g/kg）关木通给药 3～5 天，可导致大鼠发生急性肾衰竭，病理改变以肾小管损害为特点。小鼠腹腔注射关木通提取物 LD_{50} 为 19.4g/kg。给予小鼠相当于成人剂量 20 倍的关木通煎剂，每日灌胃 1 次，连续 7 天，处死小鼠后，镜下可见小鼠近端肾小管上皮细胞变性、坏死、脱落，肾间质出血、淤血、水肿等。另有报道给予小鼠 3g/kg 关木通煎剂，1 周后处死，可见小鼠肾小管弥漫性坏死，大部分肾小管上皮细胞坏死、脱落，管腔明显扩张，管腔内可见多数管型，以蛋白、细胞管型为主；间质充血、血管周围水肿、淋巴细胞浸润等。据报道一男性患者服关木通 65g 水煎剂中毒，至第 8 天出现急性肾衰竭，3 个月后死于尿毒症。中毒主要表现为消化道刺激症状及肾衰竭。始见服药 1～4 小时左右（服药量均在 60g 以上），上腹不适，继之头昏、头痛、厌食、恶心、呕吐、腹胀、腹泻，之后尿频、尿急、腰痛、全身困乏并逐渐转成水肿、少尿甚至无尿，部分伴有柏油样便，神志不清，最终以急性肾衰竭、尿毒症而死亡。国外报道多为关木通小剂量或正常剂量长期服用，毒性物质在体内积蓄所致慢性中毒，亦会引起肾衰竭，中毒表现为头痛、呕吐、食欲减退、嗜睡、体重减轻、贫血、肾性糖尿、肾小管性蛋白尿、尿潜血、低钙血症、高磷酸盐尿及血肌酐上升、尿素氮异常等。据报道马兜铃酸肾病患者肾的病理解剖结果，见患者肾大部分都受到损害，表现为肾小管上皮细胞减少，间质硬化，肾小管萎缩，皮质中肾小球减少，肾小球纤维化。检材可采取剩余药汁、胃内容物、呕吐物及植物标本进行品种鉴定。

在欧洲因服用含广防己（亦含马兜铃酸）的减肥药而导致肾衰竭的患者已逾 100 人，日本亦有类似报道。除关木通外，马兜铃科植物广防己、青木香、马兜铃、寻骨风等亦含有马兜铃酸。目前，龙胆泻肝丸、分清五淋丸、清淋冲剂、大黄清胃丸等中成药均以关木通作为君药之一。故对马兜铃酸肾病进行法医学鉴定时应予注意。

十三、大黄中毒

大黄，别名将军、川军、黄良。主产于甘肃、青海、四川、陕西、贵州、云南等地。大黄根茎含蒽醌衍生物，一般为 3%～5%，其中以结合型为主，主要有番泻苷（sennoside）A、B、C、D、E、F，是双蒽酮苷；游离型仅占小部分，包括大黄酸、大黄素、大黄酚、芦荟大黄素、大黄素甲醚等。大黄所含的大黄素等蒽醌成分被认为有肝毒性、肾毒性和致癌性的潜在危险。

大黄是常用中药之一，约有800多种中成药含有大黄。大多数降脂减肥、排毒养颜类中成药均含有大黄。大黄中毒比较少见，出现不良反应可能与中药品种复杂且又不断发生演变、剂型不断变迁、中药材炮制不当或未经炮制、方剂配伍不当、用法不当、未经辨证或辨证不严格、随意加大剂量等原因有关。大黄入汤剂内服，成人用量为3～12g，大剂量服用或长期服用易发生中毒。几种大黄主要成分为蒽醌衍生物，包括大黄酚、芦荟泻素、大黄酸、大黄泻素等。长期服用大黄可引起肝细胞变性。潜伏期中毒反应较长，过敏反应则短。中毒表现：恶心、呕吐、腹痛、腹泻、发热。长期服用可导致电解质紊乱，并引起肝硬化。过敏反应多在服用后不久，即出现皮肤瘙痒，起红色丘疹，继之发生水疱，烦躁不安。大黄叶子含有草酸（乙二酸）成分，误食可与血液中的钙离子结合，出现中毒症状，表现为恶心，呕吐出血，乏力，呼吸困难，钙流失，引发心脏病，呼吸停止，还可致女子在怀孕早期流产。

以大黄素和蒽醌长期超大剂量饲喂动物可对肝、肾和膀胱产生毒性。连续口服大黄制剂14周以上（大黄素：小鼠29mg/kg，大鼠22mg/kg；蒽醌：小鼠250mg/kg，大鼠135mg/kg），可致肝肥大、肾小管透明小滴生成和肾矿化、膀胱细胞质改变等。有报道连续口服大黄制剂2年以上（大黄素：小鼠10mg/kg，大鼠5.6mg/kg；蒽醌：小鼠90mg/kg，大鼠33mg/kg），可使肝细胞瘤和肾小管腺瘤发生率增加。另外，长期使用蒽醌类物质可导致一种结肠黑色沉着病，多见于过度或滥用蒽醌类缓泻剂（如波鼠李皮、番泻叶、芦荟、大黄和泻鼠李皮）。肠镜检查横结肠至直肠黏膜呈网络状改变，黏膜表面有密集的黄褐色色素沉着；病理检查显示黏膜组织内有大量含有色素颗粒的淋巴细胞和巨噬细胞。大多数情况下，结肠黑色沉着病随药物的间歇使用呈可逆状态。

大黄因具有较强的泻泄作用，被公认为是孕妇的禁忌药物。有报道认为，生大黄的泻泄作用甚至可引发小鼠死亡，而对于受孕大鼠来说，腹泻必然导致全身的状况不佳，因而受孕率降低、流产率及死胎率升高。有人从形态学的视角观察认为，生大黄对妊娠个体子宫内膜形态结构有损害作用，子宫内膜受大黄的影响改变了早期胚胎发育的良好环境则是引起早期胚胎流产的原因之一。

大黄中毒法医学上鲜有。动物毒性实验尸检无肉眼可见的病理改变，组织学检查表明部分动物可出现肾近曲小管上皮细胞不同程度肿胀变性，致使小管腔变窄，以及部分上皮细胞脱落。检材可采取剩余药渣、胃内容物、呕吐物、肝、肾、结肠、尿及植物标本进行鉴定。

（李朝晖）

思考题

1. 乌头属中毒的毒理作用、中毒症状、尸检所见、检材采取和法医学鉴定要点是什么？
2. 毒蕈中毒的症状分型及各型的表现有哪些？如何进行法医学鉴定？
3. 如何进行雷公藤、钩吻和夹竹桃中毒的法医学鉴定？
4. 如何进行其他有毒植物中毒的法医学鉴定？

第十一章　突发性和群体性中毒

学习目标

通过本章的学习，你应该能够：

掌握　突发性、群体性中毒的概念、类型和法医学鉴定的注意事项，细菌性和真菌性霉变食物中毒的常见细(霉)菌和毒素、临床表现和法医学鉴定要点。

熟悉　食物中毒常见类型，氯气中毒、光气中毒、神经性毒剂中毒和糜烂性毒剂中毒的临床表现及法医学鉴定要点。

了解　食物中毒的流行病学和临床特点，我国常见工业毒物种类，国际现代化学恐怖活动中可能使用的毒物和军事性毒物种类。

章前案例

某年5月的一天，李某的儿子举行婚礼和婚宴，70多人参加。婚宴后的第二天上午，有50人不同程度出现恶心、呕吐、发烧、腹泻和腹痛等症状，还伴有乏力、肌肉酸痛和视觉模糊。送往医院进行积极对症治疗，并报告公安机关和当地卫生防疫部门。相关工作人员对现场进行详细的调查、取证，初步判断该事件可能为食物中毒。随后对剩余可疑食物进行封存，提取医院内进行抢救病人的呕吐物、粪便、血液和尿液进行毒物分析检验。同时对病人的呕吐物、粪便、可疑食物、血液及脓液进行细菌培养。

最终，毒物分析的结果为阴性。从病人的呕吐物、粪便、可疑食物、血液及脓液中均细菌培养分离出沙门菌。整个中毒事件的真相是由于婚宴中的肉食受到沙门菌的污染而导致的群体性中毒。

第一节　突发性和群体性中毒的基本知识

突发性、群体性中毒(unexpected mass poisoning)指因化学污染和事故、生物毒素中毒、农药及药物中毒、化学战争和化学恐怖活动等，也包括细菌和真菌污染食物所致的群体中毒。具有突然发生、中毒人员众多、引起恐慌的特点，属于突发公共卫生事件。

一、突发性、群体性中毒原因

1. 食品污染　食品污染是突发性、群体性中毒的主要原因，主要分为生物性、化学性和物理性污染三类，其中以化学性和生物性污染最为常见。

化学性污染是指有毒有害的化学毒物污染食品，主要有以下几种情况：①食品烹饪过程中污染：

如误将氯化钡作为明矾炸油条；误将三氧化二砷、铅白等作为石膏点豆腐；误将防冻剂亚硝酸钠作为食盐调味；或误将氟硅酸钠用作馒头的“发面碱”。②食品加工和存贮过程中污染：如加工肉类时使用过量亚硝酸钠；面粉运输中污染有机磷农药3911；猪油存贮中污染三甲基氯化锡；白菜中污染甲胺磷农药；面粉加工过程中污染磨面机的机油（磷酸三磷甲苯酯，TOCP）。③农药残留过量：主要见于蔬菜和水果中剧毒有机磷农药的残留过量，如1605、3911、甲胺磷、乐果等。④食品生产加工过程中掺假：如将工业酒精掺水与米酒或白酒混合后出售所致群体性甲醇中毒；或将三聚氰胺加入牛奶中造成食用牛奶和奶粉的幼儿出现尿结石和肾衰竭。⑤水质污染造成食品污染：如有机汞污染海水，造成食用有机汞残留过高的鱼类而引起食用者慢性汞中毒。

生物性污染是指有毒有害的细菌、真菌、病毒和寄生虫等污染食品，常见于沙门菌、肉毒梭菌、葡萄球菌、副溶血性弧菌、酵米面黄杆菌、蜡样芽孢杆菌和曲霉菌属、青霉菌属、镰刀菌属等对食品原料，在粮食和食品加工、存贮和运输过程中的污染。

2. 水源污染　毒物可通过各种形式污染水源，最常见的是工厂将未经处理的废水、废渣等排入江河，污染水源；化学洗剂、农药杀虫剂、除草剂排入或投入江河湖泊，也有因毒物埋藏处置不当通过地下水渗入水源等。如将热处理车间使用过的炉渣（内含氯化钡）任意堆放于水井旁，致氯化钡大量渗入井水，污染水源，引起饮水者急性氯化钡中毒死亡；砷制品厂的废水污染河流和地下水，造成厂区周围及河流下游居民慢性砷中毒；淘金用的氰化钾污染河流，造成河流下游人、畜氰化物中毒。

3. 空气污染　毒物污染空气主要有以下几种情况：①工业生产和生活炉灶与采暖锅炉中的废气排放，如异氰酸甲酯、二氧化硫、一氧化碳、氯气、硫化氢等；②居室装修，主要为甲醛和苯系物；③生产、运输、使用中化学物质意外泄漏，如异氰酸甲酯、一甲胺（monomethylamine）、一氧化碳、氯气、硫化氢、氰氢酸、氯化氢等。近年来，有毒有害的化学物质意外泄漏引起的急性群体性中毒事件有增多趋势。

4. 职业性接触毒物中毒　随着化学工业的发展，职业性群体性化学中毒事故也有逐年上升的趋势。如冶炼厂工人用水熄灭炽热的含砷化合物炉渣时产生大量砷化氢气体，吸入者发生急性砷化氢中毒；装修和制鞋厂工人使用黏合剂造成苯中毒；造纸厂的纸浆池中高浓度硫化氢气体致人中毒死亡；亚急性2-甲基-4-硝基苯胺致工人中毒性肝病死亡；列车车厢内遗留铊造成装卸工人铊中毒。

5. 医源性及非法行医所致药物中毒　药物用来预防和治疗疾病，但错用药物或用药过量可引起药物中毒。也有非法行医者滥用民间流传偏方、单方而致群体性中毒事件，如用水银和棉油混合涂抹于头发上灭虱，造成汞通过皮肤毛囊及皮脂腺吸收而中毒，使用游医配制的主要成分为乌头和马钱子的草药，造成心脏传导系统障碍引起心律失常导致中毒。

6. 他杀投毒　犯罪分子多在食物或水中投毒而致群体性中毒事件。常使用毒性较强的氰化物、砷化物和毒鼠强等。如1992年6月18日在郑州某高等专科学校发生的食堂面粉中大量掺入砒霜而造成As_2O_3中毒。近年来毒鼠强他杀投毒致群体性中毒和死亡的案例时有发生。

7. 化学战争　化学战争即使用装有毒剂（或称化学战剂）的炮弹、航弹、火箭弹、导弹弹头、手榴弹、地雷、飞机布洒器及其他容器等化学武器的战争。军事毒物和化学武器在第一、二次世界大战中曾被广泛使用，发生了多起大规模突发性、群体性中毒事件，造成了大量人员伤亡。“二战”中日军遗留在我国的化学武器不断造成群体性中毒事件，美军在侵朝、侵越和侵略格林纳达的战争中都曾使用化学武器，残留的毒剂造成该地区生态环境的破坏和慢性中毒事件屡有发生。

8. 恐怖活动　现代化学恐怖活动是一种人为的突发性的重大化学灾害源，对国家安全、人民生命财产安全、社会稳定、经济和环境都构成了严重威胁。1995年3月20日东京地铁沙林事件标志着使用化学武器进行规模化的化学恐怖活动已成事实，现代化学恐怖活动已呈国际化、规模化、高科技化、多元化发展的趋势。我国到目前为止还未发生过规模化的化学恐怖事件，但我国是一个化工、农药大国，也是化学毒物、农药、鼠药等毒物中毒高发的地区，境外破坏分子与国内刑事犯罪分子、民族分裂分子使用军事毒剂与特制化学毒物的事件也曾发生过。近几年来国际恐怖活动扩散渗透加剧，境内外的恐怖组织也不断策划获取化学武器与化学毒物，制造化学恐怖袭击，对我国国家安全和社会稳定的威胁不容低估。

二、突发性、群体性中毒常见类型及法医学鉴定注意事项

（一）突发性、群体性中毒常见类型

突发性、群体性中毒类型较多，按中毒原因、毒物来源，结合入体途径综合分类，可将其分为食物中毒、工业性群体中毒、农药性群体中毒、药物性群体中毒、军事性毒剂中毒。本章主要讨论食物中毒、工业性群体中毒和军事性毒剂中毒。

（二）突发性、群体性中毒法医学鉴定注意事项

突发性、群体性中毒事件的处置，常需公安（包括法医）、消防、环保、检察、劳动监察、技术监督、卫生防疫、医疗、交通等部门的协同工作。法医工作者主要通过案情调查、现场勘查、中毒症状分析、尸体病理检查及提取检材做毒物检测，迅速查明中毒原因，确定毒物来源，及早明确诊断，以便进行针对性救治，防止事态扩大，并进一步查清中毒的性质；也可为群体性中毒事件所引起的诉讼和赔偿问题提供证据。

1. 在案情调查时，为迅速查明毒物来源，应注意前述各种误食中毒的可能性，如食品烹饪、加工和存贮过程中有无污染，农药残留是否过量、食品生产加工过程中有无掺假、水质污染或细菌（真菌）造成食品和粮食污染的情况如何；注意有无水源污染或空气污染；工人群体中毒应注意有无职业性接触毒物的可能；患者群体中毒应注意有无医源性及非法行医所致的药物中毒；对军事性毒物群体中毒应注意有无现代化学恐怖活动的可能性。

2. 在现场勘查时，对怀疑的剩余食物如饭、菜、饮料、水产、禽畜肉类以及油、盐等调味品，应立即停止食用，暂时封存，防止继续发生食物中毒；同时迅速分别采样进行毒物分析或细菌培养，查清中毒原因，及时采取正确的急救措施。

3. 对有毒气体引起群体性中毒的现场，法医工作者进入现场工作时要有自我保护意识，如佩戴携氧式防毒面具、穿着化学防护服、系好安全带，同时有人进行监视，以便掌握情况，及时紧急处理。应采集现场有毒气体进行毒物分析。

4. 如有中毒死亡案例发生，应争取迅速解剖中毒尸体，并做病理切片检查及取材做毒物分析，有利于防止中毒的进一步扩散，及时进行中毒的治疗；怀疑细菌性或真菌性食物中毒死亡者，应在死后6小时内尽快进行尸体检查，并取材进行细菌培养。工业性群体中毒和军事性毒物中毒死亡尸体检验过程中，应特别注意自我防护，保持空气流通，防止二次中毒。

5. 食物中毒的原因很多，除化学性和有毒动植物中毒外，还包括细菌性食物中毒、真菌毒素和霉变食物中毒。法医工作者需要熟悉细菌或真菌毒素食物中毒的知识，注意其与化学性毒物中毒和自然疾病等的鉴别诊断。

6. 细菌性和真菌性食物中毒的最后确定，有赖于细菌学检查和生物学检查。细菌学检查时，采样和运送样品过程中要防止污染；做细菌培养的样品，必须注意无菌操作；夏季送检样品时要注意冷藏；检验要尽早进行。若从可疑有毒食物中毒者的呕吐物、胃肠内容物及粪便等中培养出致病菌，还应借助相应的抗血清和凝集试验鉴别病菌的不同菌株。生物学检查时，将可疑有毒食物进行动物实验，直接喂饲或将毒素提取液对幼猫或白鼠灌胃或进行腹腔注射，观察动物的中毒症状和病理改变，与患者的中毒症状和病理变化进行比较，对法医学鉴定有重要参考价值。

7. 突发性、群体性化学中毒事件绝大多数是可以预防和避免的。在中毒事件发生后应及时配合有关部门总结经验、教训，向政府相关部门提出建议，制订突发性、群体性化学中毒事件的防范措施和应急预案，以防范今后类似中毒事件的发生。

8. 有关群体性中毒案例中存活案例的损伤程度评定，因目前我国已颁发的《人体重伤鉴定标准》

中，对化学中毒的损伤程度无明确规定，故可参照职业中毒，按病情轻重的分级标准对中毒的损伤程度加以评定。

第二节 食物中毒

食物中毒（food poisoning）从广义上讲，指进食被致病性细菌及其毒素、真菌毒素、化学毒物所污染的食物，或因误食含有自然毒素的食物，所引起的急性中毒性疾病。它具有以下流行病学和临床特点：①潜伏期短，突然暴发，时间集中；②临床表现基本相同，且多为胃肠道症状；③多集体发病，但无传染性；④发病均与进食某种事物有明确联系，停止食用该食物，并及时救治，发病即停止。

食物中毒按致病物质不同可分为五类：①细菌性食物中毒（bacterial food poisoning）；②真菌性食物中毒（fungous food poisoning）；③化学性食物中毒（chemical food poisoning）；④有毒动物性食物中毒（food poisoning by poisonous animals）；⑤有毒植物性食物中毒（food poisoning by poisonous plants）。

本节主要讨论细菌性和真菌性食物中毒。有毒动物性和有毒植物性中毒参见本教材前面的相关章节。

一、细菌性食物中毒

细菌性食物中毒是由于食入被细菌或细菌所产生的毒素污染的食物所引起的中毒，最常由沙门菌、肉毒梭菌、葡萄球菌、副溶血性弧菌、酵米面黄杆菌和蜡样芽孢杆菌引起，其他还有变形杆菌、致病性大肠埃希菌及绿色链球菌等，其中以沙门菌食物中毒发病率最高，但以酵米面黄杆菌毒素食物中毒和肉毒杆菌毒素食物中毒病死率较高，故在法医毒理学工作中较为重要。

（一）酵米面黄杆菌毒素食物中毒

酵米面黄杆菌毒素食物中毒是由酵黄杆菌（flavobacterium farinofermentaus sp. nov.）外毒素 A 引起。在我国北方农村多见。本病一年四季均可发生，6、7、8 月份最多见。病死率可达 31%。

酵米面（又称臭米面、酸汤子、糙米面、小粉等）是过去东北地区农村习惯食用的食品。它是由碎玉米、黏玉米、高粱米、小米、小黄米等其中一种或两种粮食用水浸泡 10～30 天，有的长达 2 个月，再经水洗、磨浆、过滤、沉淀、晾干或晒干成粉或团块而成。外观呈灰白色或微带黄色，略有酸臭味，故称臭米面。一般一次制备酵米面量较大，余下部分保存继续食用。食用方法是将酵米面加水制成面条、饺子、饼等熟食品。酵米面在晾晒阶段，如遇阴雨天并在阴湿处存放，极易被酵米面黄杆菌污染。此外，变质的银耳也易被酵米面黄杆菌污染。

酵米面黄杆菌为黄杆菌的一个新种，革兰氏阴性染色，在沙保弱琼脂平板上，26℃培养 48 小时产生黄色色素，并渗入培养基内，于 37℃培养时，紫外灯下可见荧光。

酵米面黄杆菌不耐热，26℃5 分钟即可杀灭。但其产生的外毒素—黄杆菌毒素 A，耐热性较强，120℃高压下 1 小时仍有毒性。

【中毒原因】

酵米面黄杆菌中毒均为灾害性。因食用被酵米面黄杆菌污染的酵米面做成的熟食品，变质的银耳等所致，发生在独居人家时，常被疑为投毒案件。

【毒理作用】

酵米面黄杆菌毒素 A 对机体主要损害有：①肝、肾和心等的细胞变性及坏死，以急性肝细胞坏死为著；②脑神经细胞变性、坏死及脑水肿；③胃肠及全身各器官、黏膜及浆膜出血，胃肠黏膜糜烂。实质器官细胞的变性和坏死是毒素直接作用的结果，而出血性病变与中毒性血管炎和（或）继发弥漫性血管内凝血有关。

【中毒致死量】

以晾晒后含水量 15%～50% 的酵米面干品计，中毒量一般为 0.1～0.5g/kg，致死量为 1～2g/kg。

酵米面黄杆菌毒素 A 小鼠灌胃 LD_{50} 为 3.16mg/kg。

【中毒症状】

潜伏期为 2～72 小时，多在 8 小时以内。发病初期先有胃肠道症状，如恶心、呕吐、腹痛、腹泻、全身无力等，体温一般不高。继而出现肝、肾、脑、心等实质性器官受损症状，如肝大、黄疸、嗜睡、谵妄、精神错乱及抽搐等。泌尿系统症状为少尿、无尿、血尿及蛋白尿等，也可出现中毒性心肌炎和心源性休克。死亡多发生在发病后 2～4 日，多数死于肝性脑病，少数死于急性肾衰竭或中毒性脑病。

根据中毒的临床表现程度，一般可分为：①轻型：只出现胃肠道症状（如恶心、腹痛、乏力等）和轻度肝、肾功能损害症状（如轻微黄疸、蛋白尿或尿中出现管型）；②中型：症状较明显，主要为肝、肾功能损害表现，及时抢救可脱险；③重型：多器官明显受损，如肝、肾、脑和心，病情发展快，死亡率高。

【尸体检验所见】

1. 肝　肝细胞普遍脂肪变性、急性坏死，重者出现广泛坏死，呈急性黄色肝萎缩所见。病程迁延的病例，可见肝细胞再生及早期肝纤维化；病变可发展为坏死性肝硬化。

2. 肾　肾小球充血，近曲小管上皮水变性、脂肪变性乃至坏死，肾小管管腔内管型形成。

3. 心肌　心肌纤维脂肪变性及灶性坏死。

4. 脑　脑膜血管充血、脑水肿。神经细胞变性，普遍肿胀，尼氏体消失，细胞核浓缩、偏位，个别神经细胞坏死。病程长者还可见脑组织内有局灶性神经胶质细胞增生。

5. 血管内皮细胞的改变　脾、肠系膜淋巴结及一些器官的血管内皮细胞肿大增生。

6. 出血倾向　主要见于浆膜、黏膜和皮下组织，实质器官出血少见，有时见于脑及肾上腺等处。

7. 胃肠道改变　胃肠道黏膜糜烂，点状或片状出血，常有臭米面滞留。

此外，还有肾上腺皮质细胞内的类脂质减少、肺水肿，且常并发支气管肺炎。

总之，酵米面黄杆菌毒素中毒可引起多器官损害，如急性重型肝炎、急性肾小管坏死、中毒性脑病、中毒性心肌炎、中毒性血管炎等，而在不同病例程度不一、各有侧重。

【检材采取】

将剩余酵米面送细菌培养和毒素检验。取肝、肾、脑等器官及血尿作毒物分析排除化学毒物中毒。

【法医学鉴定要点】

除案情调查、现场勘查和尸体检查外，主要依靠毒物分析和细菌培养，酵米面中检出酵米面黄杆菌毒素 A 或培养出酵米面黄杆菌，排除其他化学毒物中毒和疾病即可诊断。

（二）肉毒中毒

肉毒梭菌毒素食物中毒简称肉毒中毒（botulism）。该菌在厌氧环境中可产生外毒素即肉毒毒素。因该毒素首先在肉类罐头、腊肉等缺氧的基质中发现而得名。但近年来国内外均发现，绝大多数肉毒中毒，由污染该菌的植物性食品所引起，国内文献报道约占肉毒中毒总数的 72%～91.48%。

肉毒梭菌为一组厌氧的革兰氏阳性梭状杆菌，具有芽胞，能活动。本菌株能产生 A、B、C、D、E、F、G 型毒素。引起人类中毒的毒素是 A、B、E、F 和 A、B 混合型，其中以 A 型最常见，C、D 型主要引起动物的肉毒中毒。肉毒梭菌在 5℃以下不能生长，也不能产生毒素。其最适繁殖和产毒温度是 18～30℃，故中毒多见于春、夏季。肉毒梭菌的芽胞很稳定，能耐高温，100℃时需 6 小时，120℃需 4 分钟方能杀死。肉毒毒素纯品是白色晶体粉末，易溶于水，稳定性较差，容易破坏，一般加温至 80℃ 30 分钟，100℃ 10～20 分钟即可被灭活。

【中毒原因】

肉毒梭菌是一典型的腐物寄生菌，广泛存在于土壤、江河湖海淤泥、尘土和动物粪便中。由于肉毒梭菌产生芽孢和肉毒毒素需要多种条件联合作用，如弱酸性，富含水分，未添加防腐剂，室温和厌氧环境等，所以由肉毒中毒导致的疾病和死亡发生率相对较少。但是，由于肉毒中毒导致的结果非常严重，在食物中毒中仍然值得重视。国内肉毒中毒发生较多的地区，土壤中肉毒梭菌检出率为 22.2%～28.2%；豆类粮食及其发酵食品中的检出率为 12.61%～14.88%，其中黄豆的检出率高达 18.96%。

引起肉毒中毒的食品，因饮食习惯和内容不同而异。日本以鱼制品引起的较多；美国以蔬菜、水果、罐头和肉、乳制品引起的较多；我国则以发酵食品引起的中毒较多。新疆地区的察布查尔病即为肉毒中毒，该地由植物性食品引起的中毒占中毒总数的91.48%，其次是由动物性食品引起，约占8.52%。在植物性食品中，几乎都是家庭自制的酱类，包括臭豆腐、红豆腐、豆豉、各种豆酱及制造面酱的半成品，即"米送糊糊"等；动物性食品以腊肠、罐头、火腿、不新鲜的肉类、动物油、鱼类和蛋白为主。

被污染的植物性和动物性食品，盛装于密封容器，存放在18～30℃环境中，芽胞得以大量生长繁殖并产生毒素，食用前如不加热或加热不彻底，即可引起食物中毒。肉毒毒素也是最早被用于生化武器制造，纯的肉毒毒素是已知毒性最强的物质，也是生化恐怖袭击最常用的毒素之一。后被医学界用来治疗面部痉挛和其他肌肉运动紊乱症，引入整形注射除皱来美容。

【毒理作用】

肉毒梭菌毒素具有神经毒性，经消化道吸收进入血液循环，主要作用于神经和肌肉连接处及自主神经末梢，专一地阻抑神经冲动通过胆碱能神经突触的传递。肉毒蛋白的受体存在于胆碱能突触的突触前膜或突触间基质内，入体后主要是与胆碱能神经末梢突触前膜的表面受体相结合，然后由于毒素的内转及吸附性胞饮作用使肉毒毒素转入到细胞内，导致囊泡不能与突触前膜融合，从而阻止突触前膜释放乙酰胆碱，阻抑神经兴奋的传递，同时，毒素与突触前膜结合后还会阻塞神经细胞膜的钙离子通道，干扰细胞外钙离于进入神经细胞内以触发胞吐和释放乙酰胆碱的能力，有效地阻止了胆碱能神经的生理传导功能，使肌肉产生软瘫现象，最终因呼吸肌和心肌麻痹而死亡。毒素对感觉神经和交感神经无影响。

【中毒致死量】

肉毒毒素是至今已知的化学毒物和细菌毒素中毒性最强的一种，比氰化钾的毒性大一万倍。干燥毒素对人的致死量，口服为0.01～0.035mg。各型毒素的毒性大小不同，以A型最大，约为B型的50倍。肉毒毒素染毒的食物和水源，毒性一般可保持数天至一周。

【中毒症状】

潜伏期从5小时到10多天，平均1～4天。潜伏期的长短和临床表现的轻重与摄入肉毒毒素的量有密切关系。早期症状一般为全身疲倦无力、头晕、头痛、食欲不振或恶心、呕吐、腹痛、腹泻，随之出现视力模糊、眼睑下垂、张目困难、复视、斜视、眼球震颤及瞳孔散大等视力紊乱的症状。在眼部症状出现的同时，还出现延髓麻痹及舌咽神经麻痹症状，如声音嘶哑、舌不灵活、咀嚼与吞咽困难，后颈部酸痛无力、头下垂、上肢无力等。由于胃肠麻痹出现便秘、肠胀气。继续发展可出现呼吸麻痹、气短，胸部有压迫感及呼吸困难。迷走神经和心神经受损可致心肌麻痹，最终于发病2～7天内，因呼吸功能衰竭和（或）心功能衰竭而死亡。患者一般体温和血压正常，是由于肉毒毒素对感觉神经、交感神经无影响。因此，从发病到死亡，患者始终神志清醒，知觉正常。国外病死率达12.5%～76.2%，一般为20%～40%。我国某地区报道病死率为12.7%。近年来，由于应用抗毒素血清和青霉素治疗，病死率已降至2.8%。

【尸体检验所见】

肉毒毒素尸检无特殊病变发现。脑及脑膜重度充血、水肿，并有广泛点状出血。脊髓前角、延髓、脑神经核神经细胞肿胀、核偏位、尼氏体减少或消失。其他器官淤血、水肿。

【检材采取】

取剩余食物及中毒者血液送细菌培养；取肝、肾、脑等器官及血尿作毒物分析排除化学毒物。

【法医学鉴定要点】

除案情调查、现场勘查、尸体检查外，主要依靠细菌培养和生物学检验。细菌培养不一定都能培养出肉毒梭菌，特别是从血液中分离出的机会更少。肉毒毒素的生物学检验具有重大意义。可将食物浸出液口饲或腹腔内注射豚鼠和小白鼠，如有肉毒毒素存在，则产生典型的四肢麻痹症状而死亡。

（三）沙门菌食物中毒

我国细菌性食物中毒中，沙门菌食物中毒最为常见，约占 70%～80%。沙门菌（Salmonella）是一种寄生于肠道的革兰氏阴性杆菌，种类繁多，目前至少已发现 1825 种血清型，我国也已发现 96 种血清型。引起食物中毒的沙门菌属主要有：鼠伤寒沙门菌（S.typhimurium）、猪霍乱沙门菌（S.choleraesuis）和肠炎沙门菌。国外以肠炎沙门菌（Salmonella enteritidis）常见。

沙门菌在温度 20～37℃繁殖最快，在水中不易繁殖，但可生存 2～3 周，冰箱中可生存 3～4 个月，粪便及冰中可生存 1～2 个月，卤肉中生存 2 个月，尘埃中生存 3 个月，在冰冻土壤中可过冬。沙门菌在 55℃经 1 小时，60℃经 15～30 分钟；70℃经 5 分钟；100℃立即死亡。

【中毒原因】

沙门菌属广泛存在于家畜、家禽及野生动物（尤其是鼠类）的胃肠道中。猪、羊、牛、马带菌率约为 1%～4.5%。患病动物带菌率较高，如在病猪该菌检出率可达 70% 以上。食用其肉及内脏可引起沙门菌食物中毒。

家禽和蛋类的沙门菌带菌率也较高，一般在 30%～40% 之间。国外资料显示禽蛋污染为沙门菌食物中毒主要途径。

河水带菌率为 69.2%，而海水几乎不带菌，因此淡水鱼虾有时带菌。食生鱼可引起沙门菌食物中毒。

带沙门菌的奶牛，有时在奶中也带有该菌。曾有由于鲜奶和奶制品带菌，且消毒不彻底而引起沙门菌食物中毒的报道。

由于沙门菌不分解蛋白质，该菌所污染的食物无感官性状的改变。

【毒理作用】

细菌进入人体，在小肠及结肠繁殖，侵入黏膜下固有层，引起炎症、出血，肠道内的细菌抑制水和电解质的吸收，产生腹痛、腹泻；未被消灭的沙门菌，经淋巴系统侵入血液，引起菌血症，可致全身感染；同时，活细菌在肠道或血液中崩解，释出毒力较强的菌体内毒素，引起全身中毒症状。

【中毒致死量】

一般随同食物摄入 10 万至 10 亿个（10^5～10^8）沙门菌即可发病。若摄入较少病菌（上述致病量的百分之一到千分之一）即可成为无症状的带菌者，但对儿童、老人和其他体弱病人，少量病菌也能发病。

【中毒症状】

沙门菌中毒的临床表现是由活菌和内毒素协同作用造成的，主要表现为胃肠型、伤寒型和败血症型，以急性胃肠炎表现最为多见。潜伏期一般 12～24 小时，有时短至 6～8 小时，或长至 2 天。

开始食欲减退、厌食、恶心、全身乏力、畏寒、头痛、头晕，继而呕吐、腹痛、腹泻，腹泻次数每日 3～6 次（也可多达 20 余次），粪便有恶臭。体温高达 39～40℃，严重者寒战、抽搐、昏迷。病程 3～7 天，一般 2～3 天腹泻停止，体温恢复正常，预后良好。但老人、儿童及体弱者，如不及时抢救，可导致死亡。死亡率约为 0.3%～1%。

【尸体检验所见】

主要表现为脱水征象。外貌消瘦、眼球下陷、腹部凹陷、皮肤干燥。尸体腐败较快。

肠内充满黄绿色液状物或带血性。胃肠黏膜充血、肿胀及以吞噬细胞为主的炎细胞浸润，吞噬细胞增生，并吞噬有细胞碎屑。黏膜表层可有坏死出血，集合淋巴结、孤立淋巴结及肠系膜淋巴结均呈炎性肿大。镜下可见巨噬细胞增生，胞浆内吞噬有坏死细胞碎屑。实质器官细胞变性。此种病变主要累及结肠，重症患者可累及空肠及回肠（见文末彩图 11-1）。

【检材采取】

取剩余食物、呕吐物、粪便及中毒者血液送细菌培养；取肝、肾、脑等器官及血尿作毒物分析排除化学毒物。

图 11-1　沙门菌食物中毒死亡者回肠病变（HE）
（日本鹿儿岛大学小片教授提供）

【法医学鉴定要点】

除案情调查、现场勘查、尸体检查外，主要依靠细菌培养。沙门菌培养阳性时，排除其他毒物和疾病可以诊断；但当培养不出沙门菌时，也不能就此否定，应结合毒物检测结果及案情全面考虑。

（四）葡萄球菌食物中毒

葡萄球菌食物中毒的致病菌主要为金黄色葡萄球菌（staphylococcus aureus）。葡萄球菌为革兰氏阳性菌，能在 12～45℃下生长，最适生长温度为 37℃，故中毒多见于夏、秋季。葡萄球菌食物中毒是由葡萄球菌肠毒素引起。葡萄球菌肠毒素是一种外毒素，属可溶性蛋白质，耐热，100℃、2 小时不被破坏。故一般烹调方法不能使毒素灭活，食后仍能发生食物中毒。

由葡萄球菌引起的食物中毒在世界各国每年都有发生。美国和日本占细菌性食物中毒的第一、二位。1971 年，美国葡萄球菌食物中毒占食源性疾病的 45%，有人认为葡萄球菌引起人的食物中毒，多于沙门菌和肉毒梭菌食物中毒的总和。

【中毒原因】

葡萄球菌广泛分布于自然界，人和动物是其主要生存处所，鼻腔、咽喉、头发和 50% 以上健康人皮肤都有。鼻腔是葡萄球菌的主要繁殖场所，并且是身体各部位的传染源；葡萄球菌是最常见的化脓性球菌之一，化脓部位常成为传染源。食品中葡萄球菌的来源主要是食品加工人员的鼻咽部有炎症（阳性率 83%），或皮肤有化脓性炎症，这些菌株通过带菌者与食品接触或经空气传播，即可污染食品；其次是患乳腺炎的牛所产的奶中可带有葡萄球菌（阳性率 40%）。

【毒理作用】

葡萄球菌肠毒素按其抗原性可分为 A、B、C、D、E 和 F 型，各种肠毒素都可以引起食物中毒，其中以 A 型引起的食物中毒最多见，其次是 D 型。从消化道吸收后，胃肠道功能的变化与葡萄球菌本身无关，而是肠毒素对胃肠道黏膜直接作用的结果。肠毒素一方面作用于双侧迷走神经内脏支和脊髓，传入呕吐中枢，刺激肠管收缩或扩张；另一方面作用于肠壁上皮细胞，刺激、破坏肠管绒毛，增加肠黏膜分泌水分并减少水分的吸收，从而导致水和电解质在肠道滞留并引起腹泻；肠毒素可引起胃黏膜表层充血、水肿、出现脓性渗出物、淤血及部分糜烂，但胃黏膜病变只延续 98 小时就恢复正常。若致病菌为耐药菌株，细菌在肠内大量繁殖，产生大量毒素，可引起假膜性小肠结肠炎，老弱幼小患者偶可发生死亡。

【中毒致死量】

A 型肠毒素毒力最强，摄入 1μg 即可引起中毒，而 B 型肠毒素摄入 25μg 才引起中毒。

【中毒症状】

潜伏期一般为 1～5 小时，最短 11 分钟，平均 2～3 小时，很少超过 8 小时。临床特点是发病急，先有恶心、呕吐，严重者呕吐物可有胆汁或呈血性，并伴有中上腹部痉挛性腹痛、腹泻；腹泻呈水样便，体温一般正常或有低热。病情重时，因剧烈呕吐和腹泻，可导致外周循环衰竭，虚脱和肌肉痉挛。儿童对肠毒素较成人敏感，发病率较高，病情较重。病程1～2日，如不发生假膜性小肠结肠炎，一般预后良好。

【尸体检验所见】

重症死亡尸体可见胃肠道黏膜充血、水肿，黏膜糜烂、出血、坏死，肠腔内充满气体和液体，形成假膜性小肠结肠炎的病变特征是：黏膜表层坏死，并被覆一层由大量纤维素、中性粒细胞、淋巴细胞、红细胞和细菌构成的假膜。

【检材采取】

取剩余食物、呕吐物、粪便及中毒者血液送细菌培养；取肝、肾、脑等器官及血尿作毒物分析排除化学毒物。

【法医学鉴定要点】

除案情调查、现场勘查、尸体检查外，主要依靠细菌培养和毒素分离。葡萄球菌培养或葡萄球菌肠毒素检验阳性时，排除其他毒物和疾病可以诊断。

二、真菌性霉变食物中毒

真菌性霉变食物中毒是指某些霉菌寄生于粮食作物或食品上，在粮食生长繁殖过程中或食物贮存过程中产生各种有毒代谢物质（毒素），使粮食或食品带毒，人们食入后引起的中毒，简称霉菌性食物中毒（mould food poisoning）。

霉菌（molds）是真菌的一部分，霉菌在自然界分布极广，种类较多，约有45 000多种。多数霉菌对人有益，少数产毒。目前已知的产毒真菌主要有：①曲霉菌属（Aspergillus）：包括黄曲霉、赫曲霉、杂色曲霉等；②青霉菌属（Pencillium）：包括岛青霉、橘青霉、黄绿青霉等；③镰刀菌属（Fusarium）：包括梨孢镰刀菌、拟枝孢镰刀菌、三线镰刀菌等；④其他菌属：如绿色木霉、漆斑菌属和黑色葡萄状穗霉等。

霉菌代谢产物中的有毒物质，统称为霉菌毒素（mycotoxins）。目前已知的霉菌毒素约有200种，如黄曲霉毒素（aflatoxin）、赭曲霉素（ochramycin）、串株镰刀菌素（moniliformin）等。在法医毒理学中最重要的是黄曲霉毒素。

霉菌的营养主要来源于糖、少量的氮和无机盐。因此，霉菌极易在含淀粉的食物和粮食（如玉米、花生和小麦）上繁殖。粮食被霉菌污染，可以发生在不同阶段：①谷物在生长过程中感染霉菌，在适宜的条件下蓄积，食入这种谷物，可发生霉菌性食物中毒，如赤霉病麦中毒、麦角中毒和食物中毒性炎细胞缺乏症（ATA，alimentary toxic aleukia）；②粮食在贮存阶段被霉菌污染，如黄曲霉毒素中毒、霉变甘蔗中毒和霉玉米中毒等；③本来无毒的粮食，由于采取特殊的吃法，能被产生毒素的真菌所污染，食后发生中毒，如霉变凉粉中毒和霉变锅巴中毒等。霉变食物中毒较常见的有黄曲霉毒素中毒、霉变甘蔗中毒、赤霉病麦中毒及霉变凉粉中毒等。本节主要讨论黄曲霉素中毒和霉变甘蔗中毒。

（一）黄曲霉毒素中毒

黄曲霉毒素是某些黄曲霉和寄生曲霉（Aspergillus parasiticus）菌株所产生的具有强烈生物毒性的代谢产物。从1960年以来，已经陆续分离出16种同系物，包括黄曲霉毒素B_1、B_{2a}、G_1、G_2、G_{2a}、M_1、M_2、P_1等，其中以黄曲霉毒素B_1的分布性最广，毒性和致癌性最强。黄曲霉毒素不溶于水，性质稳定，对热、酸、碱有一定耐受性，一般加热烹调不能破坏其结构，100℃ 2小时约可减少80%的黄曲霉毒素B_1，268～269℃时毒性完全被破坏。许多动物试验（鱼类、鸟类及哺乳类）结果证明，黄曲霉毒素是一种剧毒级致肝癌毒素。黄曲霉毒素还可由食物转移到母乳中。

【中毒原因】

黄曲霉菌在自然界中普遍存在。此菌能在粮食和油料等食物上生长繁殖并产生黄曲霉毒素，其中最易受污染的食品是花生、玉米，其次是小麦、大麦、薯干及大米等。1960 年英国苏格兰曾发生约十万只火鸡幼雏由于饲喂含有霉变花生饼粕的饲料，而在短短几个月内相继死亡的严重事故，从饲料中分离出了黄曲霉产毒菌株。1974 年秋天，印度西部的两个邦中 200 个村庄暴发了因食用玉米引起的中毒性肝炎，共有 397 人发病，死亡 106 人，病死率高达 26.7%，7 名病人中两例血中查出血中有黄曲霉毒素 B_1，所食用玉米中测出黄曲霉毒素 B_1 含量为 6.25～15.6mg/kg。1988 年广西一带发生鸭黄曲霉毒素中毒，其中一起死亡鸭 10 720 只，死亡率达 26%～32%。西安曾发生一起食用发霉饲料而致 90 多头生猪全部死亡的中毒案例，从饲料中分离出产毒黄曲霉菌株，并检出黄曲霉毒素 B_1。

【毒理作用】

黄曲霉毒素的毒理作用主要为对肝的特异性毒性、致突变作用、胚胎毒性和致癌性。

黄曲霉毒素 B_1 进入体内后在内质网微粒体混合功能氧化酶系的作用下，经脱甲基、羟化及环氧化反应代谢为黄曲霉毒素 M_1、P_1、Q_1 和 B_1-2，3- 环氧化物。黄曲霉毒素 B_1-2，3- 环氧化物能与靶组织细胞的大分子嗜核位点起作用而发挥毒理作用。

黄曲霉毒素 B_1 抑制 DNA 和 RNA 的合成，从而抑制蛋白质的合成。黄曲霉毒素 B_1、G_1 和 M_1 在细胞色素 B 和 C 之间进行干扰，抑制氧化磷酸化过程，可致线粒体肿大。黄曲霉毒素 B_1 可与 DNA 和蛋白质形成加合物，引起细胞错误地修复 DNA，导致严重的 DNA 诱变。

【中毒致死量】

黄曲霉毒素是一种剧毒物质，毒性远高于氰化物和砒霜，是目前已知霉菌中毒性最强的。黄曲霉毒素及其各种代谢产物的毒性顺序为 $B_1 > M_1 > G_1 > B_2 > M_2 > B_{2a}$。黄曲霉毒素 B_1 对狗、猪、羊、猴、雏鸭、大鼠（雄）、大鼠（雌）、小鼠的急性经口 LD_{50} 为 0.5～1.0mg/kg、0.62mg/kg、1～2mg/kg、2.2mg/kg、0.34mg/kg、7.2mg/kg、17.9mg/kg、9.2mg/kg。

【中毒症状】

轻度中毒者可有胃部不适、食欲减退、腹胀、肠鸣音亢进、恶心、无力、易疲劳、腹泻、体重下降、口渴、便血、生长缓慢、发育停滞、皮肤出血或充血及肝区疼痛等。严重者出现剧烈腹泻、水肿、黄疸，以至昏迷、抽搐而死亡。

【尸体检验所见】

黄曲霉素毒性作用的靶器官是肝脏，表现为肝急性损害，如急性肝炎，出血，肝细胞变性、坏死。迁延中毒时有胆小管及纤维结缔组织增生和肝硬化。

肾及肾上腺充血、水肿及点状出血。其他器官亦有充血和水肿。

【检材采取】

取霉变粮食、饲料、剩余食物、呕吐物、胃肠内容物等送真菌培养及毒素分离；取肝、肾、脑等器官及血尿作毒物分析排除化学毒物。

【法医学鉴定要点】

除案情调查、现场勘查、尸体检查外，主要依靠真菌培养和毒素分析。黄曲霉菌培养或黄曲霉毒素检验阳性时，排除其他毒物和疾病可以诊断。

（二）霉变甘蔗中毒

霉变甘蔗中毒于 1977 年首次在郑州发生，后在天津、河南、河北、陕西、辽宁等省市相继发生，病死率为 23.1%。

【中毒原因】

发病地区多在我国北方，发病季节为 2～4 月份。从南方运来的甘蔗储存在地窖、仓库、庭院，越冬后出售，部分甘蔗霉变而引发中毒。

霉变甘蔗外观无光泽，剖面呈灰黑、棕褐或淡黄色，结构疏松，断切面有白色絮状、绒毛状菌丝，瓤部呈浅棕红色，有酸霉味和酒糟味，略带辣味。其致病菌为节菱孢霉菌（arthrinium sp），其产生的毒素化学结构为 3- 亚硝基丙酸，称节菱孢毒素。

【毒理作用】

节菱孢毒素为神经毒素，主要损害中枢神经系统，用 3- 亚硝基丙酸已复制出典型的尾 - 壳核损伤的实验动物模型。

【中毒致死量】

纯节菱孢毒素雄性小鼠灌胃 LD_{50} 为 100mg/kg；雌性小鼠 68.1mg/kg。

【中毒症状】

潜伏期多在食后 5 小时以内，最短者 15 分钟，也有长达 1～2 天者，严重中毒病例在食后 1～2 小时以内发病。潜伏期越短，症状越重，预后越差。重症病人和死亡者多为儿童，占 87.3%。

初期表现为恶心、呕吐、头晕、乏力；继之腹痛、腹泻；重者可在短时间内出现抽搐、昏迷、四肢强直、屈曲、内旋、手足呈鸡爪状；双眼视物模糊，出现幻视或复视，眼球偏侧斜视，瞳孔散大。每次发作持续 1～2 分钟，每天发作数次至数十次。部分患者在发病 3～5 天后体温升高，可持续 1～9 天。

重症中毒患者一般在 1～3 日内因呼吸衰竭死亡，病死率高达 23.2%。有的幸存者可遗留严重的神经系统后遗症，如全身性痉挛性瘫痪和去大脑皮质综合征等。由于起病急骤、病情凶险、患儿又不能详述病史，临床上常被误诊为破伤风及中毒性脑病等。慢性患者常被误诊为脑性瘫痪和脑炎后遗症。

【尸体检验所见】

肺、肝、肾、脾及脑充血、水肿，可合并支气管肺炎。

【检材采取】

取霉变甘蔗送真菌培养和节菱孢毒素分析；取肝、肾、脑等器官及血尿作毒物分析，检验节菱孢毒素，并排除其他化学毒物。

【法医学鉴定要点】

除案情调查、现场勘查、尸体检查外，主要依靠真菌培养和毒素分析。节菱孢及节菱孢毒素检验阳性时，排除其他毒物和疾病可以诊断。

第三节　工业性群体中毒

在工业生产中使用或产生的各种有毒化学物质，如有毒的原材料、中间产品、辅助剂、成品、副产品、废弃物、夹杂物等通称为工业毒物（industrial poisons），常以烟、尘、雾、气体或蒸气的形式存在于空气中，经呼吸道、消化道、皮肤黏膜等途径入体。由工业毒物引起的各种突发性、群体性中毒称工业性群体中毒。我国突发工业事故中的主要毒物有：一氧化碳、光气、氯气、甲醛、异氰酸甲酯、氯丙烯、氯乙烯、二硫化碳、一甲胺、二甲胺、二氧化硫、氨、氢氰酸、苯、氟化氢、硫化氢、汽油、甲烷、甲醇、三氯化磷、苯酚、乙炔、氢气与氢氦混合气和黄磷等。

工业性群体中毒最常见原因是职业中毒以及工业生产、运输和使用中的意外事故，也可见于国际现代化学恐怖活动中。国际现代化学恐怖活动中曾使用过的工业毒物有：氯气、光气、氨气、异氰酸甲酯、硫酸二甲酯、氰化钠、氰氢酸、亚砷酸钠、硒酸钠、氯化汞、迭氮化钠、双环磷酸酯、全氟异丁烯和二噁英等。

本节重点介绍氯气中毒和光气中毒。

一、氯气中毒

氯气（chlorine，Cl_2），为黄绿色气体，沸点 −34.1℃，常温时在 6 个大气压下即可液化，为琥珀色的液氯，有强烈刺激性及窒息性的特点。遇水时首先生成次氯酸（HClO）和盐酸（HCl），次氯酸不稳定又可再分解为盐酸和新生态氧。氯在高温条件下与一氧化碳作用，生成毒性更大的光气（$COCl_2$）。

氯是广泛存在于多种工业的有害气体，用于制造农药、漂白剂、消毒剂、溶剂、塑料、合成纤维以及其他氯化物等。在氯的制造或使用过程中，可发生物理性或化学性爆炸，引起急性中毒事故。

【中毒原因】

1．工业中毒事故　液氯的灌注、运输或贮存可污染空气，以事故性居多，如贮氯钢瓶、液氯蒸发罐和缓冲罐爆炸，输氯管道失修爆裂，液氯钢瓶超量装灌、错装以及运输途中暴晒等也可发生意外爆炸，常造成群体性急性中毒事件。

2．环境污染　工业氯对周围环境和大气污染，可造成慢性中毒。

3．化学战争　氯气是最早在战场实际应用的军用化学毒剂，一战中，德军曾对英法联军使用氯气，造成大量协约国士兵中毒死亡。

4．化学恐怖活动　氯气也被恐怖分子用于化学恐怖活动。1999 年底至 2000 年初，车臣恐怖分子采用引爆氯气储罐和氯气化学地雷的方式制造了数起化学袭击，造成了平民与军人的伤亡和地区性的恐慌与混乱。

【毒理作用】

氯气主要由呼吸道吸入，作用于支气管、细支气管及肺泡。过去认为，氯的损害作用系由氯化氢、新生态氧所致。现研究认为，在生物体内并不具备将次氯酸分解为氯化氢及新生态氧的条件，其损害作用主要由氯化氢和次氯酸所致，尤其后者可透过细胞膜，破坏其完整性、通透性及肺泡壁的气 - 血屏障，使大量浆液渗透至组织，引起眼、呼吸道黏膜炎性水肿、充血，甚至坏死，重者形成肺水肿。次氯酸可与半胱氨酸的巯基起反应，抑制多种酶活性。吸入高浓度氯气，还可引起迷走神经反射性心搏骤停或喉头痉挛而发生“电击样”死亡。肺水肿时可因急性通气障碍、氧弥散障碍、动静脉分流而使通气血流比例失衡，产生低氧血症，致心、脑、肝、肾等多器官功能障碍，并可促发脑水肿，此为氯气中毒的主要机制。

也有学者认为氯气可直接作用于心肌，特别是心脏传导系统，或由于缺氧、体内代谢紊乱及血流动力学改变而致心肌损害，也可引起自主神经功能紊乱，如副交感神经兴奋致心电图异常。

【中毒致死量】

空气中氯浓度在 1/1000 时，接触后立即致命；在 1/10 000 时，接触几秒钟即感呼吸困难，口唇发绀；在 1/20 000 时，接触 30 分钟左右，有一定危险；在 1/100 000 时，接触 60 分钟，易得支气管炎；在 1/1 000 000 时，即能闻到氯的气味。氯气对人体毒性与氯浓度有关，见表 11-1。

表 11-1　氯气浓度与中毒症状的关系

浓度（mg/m^3）	中毒症状
0.06～1.5	无不良反应
1.5	稍有气味
3～9	有明显气味
18	刺激咽喉
90	引起剧咳
120～180	接触 30～60 分钟引起严重损害
300	可造成致命性损害
3000	深吸少量可危及生命

【中毒症状】

急性氯气中毒以急性呼吸系统损害为主。

1．急性中毒　临床表现分为：①刺激反应：出现一过性的眼及上呼吸道黏膜刺激症状。一般在 24 小时内消退。②轻度中毒：主要表现为支气管炎或支气管周围炎。咳嗽、可有少量痰、胸闷等。两肺有散在干性啰音或哮鸣音，可有少量湿性啰音。胸部 X 线表现为肺纹理增多、增粗，一般以下肺野较明显。③中度中毒：眼及上呼吸道刺激症状加重，很快咳嗽加剧，出现胸闷、气急、胸骨后疼痛、呼吸困难或哮喘样发作等症状；有时伴有恶心、呕吐、腹胀、上腹痛等消化系统症状；或头晕、头痛、烦躁、嗜睡等神经系统症状。④重度中毒：咳嗽、咯大量白色或粉红色泡沫痰、呼吸困难、胸部紧束感、明显发绀、两肺有弥漫性湿性啰音；严重窒息；休克及中、深度昏迷；反射性呼吸中枢抑制或心搏骤停所致急死；出现严重并发症，如气胸、纵隔气肿等。X线表现为有大片状均匀密度增高阴影；大小与密度不一，边缘模糊的片状阴影，广泛分布于两肺野，少数呈蝴蝶翼状。液氯或高浓度氯气可引起皮肤暴露部位急性皮炎或灼伤。

2. 慢性影响　经常接触氯气者上呼吸道、眼结膜和皮肤的刺激症状以及慢性牙龈炎、慢性咽炎、慢性支气管炎、支气管哮喘、肺气肿等慢性非特异性呼吸系统疾病的发病率增高，对深部小气道功能可有一定影响。心电图异常的发生率也显著增加，主要表现为窦性心动过缓、窦性心律不齐与传导阻滞等，少数可致心肌损害。接触者常诉疲乏、头昏等神经衰弱综合征症状，并伴有类似胃炎的症状。

【尸体检验所见】

急性氯气中毒死亡尸体以呼吸系统病变为主。氯气损伤部位及程度随吸入浓度大小而异。低浓度吸入主要引起上呼吸道黏膜损伤，高浓度吸入则损伤深部小气道和肺泡。急性氯气中毒气道损伤明显，其组织学变化表现为纤毛融合、脱落，杯状细胞扁平，黏膜层凝固坏死及大片剥脱。气管及Ⅰ、Ⅱ级支气管的损伤重于Ⅲ级以下支气管。损伤后的气道黏膜仍保留大部分基底细胞，有利于再生。肺水肿的发生过程往往以间质性水肿在先，肺泡性水肿继后，重者则为出血性水肿。病变早期，肉眼观，肺表面湿润，有散在出血点、出血斑及斑片状略凹陷的肺萎陷区，镜下见肺间质毛细血管扩张、充血，肺间质和肺泡腔内有大量含蛋白质液体渗出（肺水肿）。在呼吸性细支气管及肺泡管或肺泡管与肺泡交界处的内表面有透明膜被覆，其渗出物的组成成分为蛋白质、纤维素和坏死的细胞碎屑。此外，肺间质中还可见点状出血、灶状坏死。肺内往往发生局灶性肺萎陷。微血管腔内常有透明血栓和炎细胞增多。发病后数日，镜下见Ⅱ型肺泡上皮细胞及肺间质的成纤维细胞大量增生，肺泡腔内渗出物发生纤维化，导致弥漫性肺泡内和肺间质纤维化。肉眼观，肺出血、实变更加明显。可合并支气管肺炎。

【检材采取】

可采集事故现场气体检测氯气；体内检材意义不大，可采集肺组织测氯化氢或次氯酸。检材应密闭保存，及早送检。

【法医学鉴定要点】

了解案情，勘验现场。氯气具有刺激性、窒息性的特点。结合临床表现，参考血气测定结果，排除其他原因引起的呼吸系统疾病，可以作出判断。

【案例】

2004年4月，重庆某化工总厂氯氢分厂工作人员发现氯气泵压力偏高，液氯贮罐液面管化霜，随后发现氯冷凝器腐蚀穿孔，导致盐水箱大量含有铵的氯化钙盐水大量减少，直接进入液氯系统，同时发现有大量氯气发生泄漏，工作人员随后启动事故氯处理装置，发生爆炸和氯气泄漏事故，黄绿色氯气从空中弥漫开来，附近居民闻到刺鼻的刺激性气味，最终该事故造成9人死亡，3人受伤，近15万人紧急疏散。其中一名重伤者，因爆炸冲击波和氯气刺激，造成双肺挫裂伤、呼吸道烧伤、眼损伤。

二、光气中毒

光气（phosgene，$COCl_2$）又称碳酰氯，沸点8.3℃，溶点－183℃。常温下系无色、有霉变干草和腐烂水果样气味的气体，高浓度时有辛辣味。可压缩成液体贮存。水解成二氧化碳和盐酸后失去毒性，碱性条件下水解迅速。

光气由一氧化碳和氯气的混合物通过活性炭而制得。制造塑料、染料及其中间体如猩红酸、二异氰酸甲苯酯（TDI），农药如统扑净、西维因，医药如乙胺嗪、先锋霉素等有机合成中均应用光气做原料。此外，在金属冶炼，以及四氯化碳、氯仿、氯化苦、三氯乙烯等脂肪族氯烃类燃烧或受热时也可产生光气。生产过程中空气最高容许浓度约0.5mg/m^3。

【中毒原因】

1. 职业中毒和意外事故 正常生产过程中，光气输送管道或容器爆炸、设备故障或检修过程中均可接触到光气，造成急性中毒。2004年福建省某企业因实验操作不当，固体光气发生泄漏，造成260多人中毒、1人死亡。2008年齐齐哈尔市铁锋区农民在自家菜地里挖出两个不明钢瓶，废品收购站人员在拆割时造成了光气泄漏，收购站周围18位居民中毒，其中3人死亡。国内还有抢救光气中毒患者的医务人员二次中毒的报道。

2. 化学战争和化学恐怖 光气在化学战争和化学恐怖活动中可被用作化学毒剂，是两次世界大战中大量使用和储备的窒息性化学战剂，美军代号CG。1995年日本东京地铁沙林事件后，又相继在横滨和东京地铁内发现光气和氢氰酸施放装置，造成600多人中毒。

【毒理作用】

光气的主要毒作用是呼吸系统损害，主要靶器官是肺，可致肺水肿，甚至ARDS，中毒者常因窒息和心衰而死亡。

其毒理作用机制为：

1. 分子中的羰基同肺组织细胞内的蛋白质、酶及类脂中的功能基因等结合发生酰化反应，使细胞膜及肺泡Ⅱ型上皮细胞破坏，肺泡壁上的表面活性物质含量降低，致肺泡萎陷，肺顺应性降低，从而导致肺化学性炎症和肺水肿。

2. 损坏肺毛细血管内皮细胞，形成“窗孔”样改变，通透性增加，大量血浆渗出至肺内，血浆容量减少，血液黏稠，心负荷加重，最终引起休克和心力衰竭。

3. 光气可使生物膜脂质过氧化，可能是其引起和促进肺水肿的机制之一。

4. 损害心肌，心电图分析其损害部位主要在心膈面和右室，可能与光气直接刺激引起血管应激反应、肺循环阻力升高，加重右心室负荷以及严重缺氧等因素有关。

光气主要由呼吸道吸入和排出，且排泄快。反复短时接触无相加作用，也无蓄积作用。

【中毒致死量】

光气毒性比氯气约大4倍，属高毒类。光气对呼吸道的毒性与空气中的浓度和接触时间有关，中毒症状与光气浓度、接触时间的关系见表11-2。

表11-2 光气浓度、接触时间与中毒症状的关系

空气中光气浓度（mg/m^3）	接触时间（min）	中毒症状
397	<10	死亡
110	30	死亡
88.3	2	肺水肿
40	1	损伤支气管黏膜和肌层，支气管痉挛
20	>120	肺水肿
20	1	损伤终末细支气管和肺泡管

【中毒症状】

主要为急性中毒。根据病程进展可分为4期。

1. 刺激期（立即反应期） 光气吸入后初期可出现眼及上呼吸道的刺激症状，但常不明显，有时甚至吸入致死浓度的光气也无刺激反应。表现为流泪、咽痒、呛咳、胸闷、气急等，还可有头晕、头痛、恶心等。吸入量不多时，经脱离接触，数日内即可痊愈。

2. 症状缓解期（潜伏期） 吸入光气后可有3～24小时的症状缓解期。此时刺激症状可减轻或消失，但肺部病变仍在进展。潜伏期长短与病情密切有关，即吸入量愈多，潜伏期愈短，病情愈重，预后愈差。

3. 肺水肿期　可出现发热、烦躁不安、胸闷、气急、呼吸困难、声音嘶哑、发绀、咳嗽、咳白色或粉红色或血性泡沫痰，肺部满布干、湿性啰音或哮鸣音等；可发生气胸、纵隔及皮下气肿等并发症。严重者发生ARDS、休克、昏迷和心、肺、脑、肾衰竭等，甚至在24小时内死亡，也可发生猝死。此外，原有慢性支气管或肺气肿者，虽吸入少量光气，也可诱发肺性脑病；原有慢性浅表性胃炎者，中毒后虽呼吸系统症状轻微，也可出现消化道大量出血。

4. 恢复期　经急救治疗后，多数患者的肺水肿开始吸收，3～7日可基本消退，少数重度中毒者可在治愈后持续几月，甚至几年，还有咳嗽、胸闷、气促等主诉症状以及肺部有干鸣音或痰鸣音体征；肺功能改变也可持续数周至数月；或留有慢性支气管炎、支气管扩张或肺纤维化等后遗症。

液体光气溅入眼内可引起角膜损伤，最终导致穿孔、睑球粘连等眼部损伤。

【尸体检验所见】

急性光气中毒死亡尸体以呼吸系统病变为主，类似于氯气和氯化氢中毒。主要为肺水肿、呼吸道化学烧伤和窒息的全身表现。眼部有时可见角膜损伤和穿孔及睑球粘连。检验过程中应注意防护，保持空气流通，防止二次中毒。污染衣物应立即脱去，用水清洗或放置于密闭装置中保存待查。对光气污染尸体，应先用水清洗尸表污染的光气后再解剖。

【检材采取】

体外检材可采集事故现场气体或残留液体；体内检材主要采集肺、血液和其他器官。检材应密闭保存，及早送检。

【法医学鉴定要点】

在了解案情和勘验现场基础上，根据光气接触史、光气特殊的霉变干草和腐烂水果样气味、呼吸道刺激症状、尸体肺水肿、呼吸道化学烧伤、窒息的全身表现和毒物分析结果，排除其他原因引起的呼吸系统疾病，可以作出判断。采集事故现场气体或残留液体进行毒物分析比较重要，但在现场勘验和采集样本过程中必须使用氧气呼吸器或供氧式防毒面具。检验过程中也要做好防护，检验后的含有光气的废气应用氨水或碱液喷淋，废水可用碱性物质如氢氧化钠或碳酸钠处理。

第四节　军事性毒剂中毒

由军事性毒剂或化学战剂所致的突发性、群体性中毒称军事性毒剂（物）中毒。军事性毒物是指在战争中用来杀伤人员、牲畜、毁坏植物等的各种有毒化学物质，也称为军事性毒剂或称化学战剂(chemical warfare agent)。军事性毒剂常被用于化学战争和国际化学恐怖活动。现代化学恐怖活动中可能使用的毒物有：①军事性毒物，如沙林、塔崩、梭曼、路易斯气、VX和芥子气等；②工业毒物，如氯气、光气、氨气、异氰酸甲酯、硫酸二甲酯、氰化钠、氰氢酸、亚砷酸钠、硒酸钠、氯化汞、迭氮化钠、双环磷酸酯、全氟异丁烯和二噁英等；③农药和鼠药，如对氧磷、胺吸磷、毒鼠磷、杀鼠醚、扑灭鼠、毒鼠强和鼠立死等；④剧毒药物，如中枢神经系统的麻醉性药物和催眠镇静药；⑤植物毒和动物毒素，如士的宁、乌头碱、莨菪碱、强心苷K、河豚毒素、石房蛤毒素、蓖麻毒素和相思子毒素等。按其毒理作用分类，常见军事性毒物分为：①神经性毒剂，如塔崩、沙林、梭曼和维埃克斯（VX）等；②糜烂性毒剂，如芥子气、氮芥和路易斯气等；③窒息性毒剂：如光气、氯气和双光气等；④失能性毒剂：如毕兹（BZ）；⑤刺激性毒剂：如氯苯乙酮、西埃斯和亚当氏气等；⑥全身性毒剂，如氢氰酸和氯化氢等。

本节重点介绍神经性毒剂中毒和糜烂性毒剂中毒。

一、神经性毒剂中毒

神经性毒剂(nerve toxicant)是一类引起中枢神经系统、自主神经系统、呼吸系统及血液循环系统功能障碍的有机磷酸酯类衍生物，又称有机磷毒剂或胆碱能神经毒剂。代表毒物有：①沙林(sarin)，代号GB，化学名甲氟膦酸异丙酯；②塔崩(tabun)，代号GA，化学名二甲氨基氰磷酸乙酯；③梭曼

(soman)，代号 GD，化学名甲氟膦酸异己酯；④维埃克斯（VX），化学名 S-（2- 二异丙基胺乙基）- 甲基硫代膦酸乙酯。沙林为无色油状液体，易挥发，可水解，加温或遇碱水解加快，水解物无毒。

【中毒原因】

主要为化学战争、现代化学恐怖活动事件和意外事故。20 世纪 80 年代沙林和其他神经性毒剂曾被作为化学武器用于两伊战争。在现代化学恐怖活动事件中影响最大的是沙林，1995 年 3 月 20 日发生在东京地铁的沙林中毒事件，共造成 5500 人中毒，12 人死亡。

【中毒致死量】

神经性毒剂属剧毒类，其毒性顺序为维埃克斯 > 梭曼 > 沙林 > 塔崩。小白鼠经皮肤染毒的 LD_{50} 为维埃克斯 28.8μg/kg、梭曼 160μg/kg、沙林 200μg/kg、塔崩 270μg/kg。蒸气态时，人吸入的 LD_{50} 为维埃克斯 36mg/m^3、梭曼 70mg/m^3、沙林 200mg/m^3、塔崩 400mg/m^3。经皮肤吸收时人的致死量分别为维埃克斯 15mg、梭曼 1000mg、塔崩 1500mg、沙林 1700mg。

【毒理作用】

神经性毒剂的毒理作用和机制与有机磷相似，抑制体内胆碱酯酶的活性，但其毒性更大，挥发性强，经呼吸道吸收更快，毒性发挥更快。微量的沙林（3×10^{-9}mol/L）在很短时间内即可抑制胆碱酯酶。入体后，迅速与胆碱酯酶（ChE）的活性中心结合，形成磷酰化 ChE，使其失去分解乙酰胆碱的作用。对 ChE 的抑制可分为二步：第一阶段，酶的抑制是可逆的，形成一个可逆的复合体，接触到一定时间，才进入第二阶段，酶逐渐转入不可逆抑制，即形成一个磷酰化的 ChE，磷酰化胆碱酯酶水解缓慢，在某些情况下测不出来，是较稳定的化合物，从而使 ChE 失去分解乙酰胆碱的能力，过剩的乙酰胆碱造成神经传导生理功能紊乱，出现胆碱能神经亢奋所表现的一系列中毒症状。如不及时抢救，酶在几分钟或几小时内就“老化”，是磷酰化胆碱酯酶的磷酰化基团上一个烷氧基断裂，形成更稳定的单烷氧基磷酰化胆碱酯酶，称为老化酶。此时即使用 ChE 复能剂，也不能恢复酶的活性。由于血液中富含丁酰胆碱酯酶（BuChE），所以可以形成稳定的蛋白加合物。

神经性毒剂还可能作用于其他的酶，如腺苷三磷酸酶、己糖磷酸激酶等。

梭曼毒理作用与其直接作用于受体有关，还与乙酰胆碱以外的神经递质 γ- 氨基丁酸（GABA）和环磷酸鸟苷（cGMP）有关。

【中毒症状】

类似于有机磷农药急性中毒，但因多由呼吸道吸入，故发病更快，可伴有呼吸道、皮肤和眼刺激症状。

人吸入、口服或皮肤接触低中剂量沙林，几秒钟到几小时内出现流泪、鼻漏、瞳孔缩小、眼痛、视力模糊、流涎、出汗过多、咳嗽、胸部紧迫感、呼吸加快、腹泻、多尿、嗜睡、无力、头痛、恶心、呕吐、腹痛、心率加快或减慢、血压升高或降低等胆碱能神经兴奋的症状。小剂量沙林涂于皮肤上，局部皮肤会出汗，肌肉抽搐。大剂量吸入或摄入沙林，则很快出现意识丧失、痉挛、麻痹、呼吸衰竭死亡。

【尸体检验所见】

病理变化类似于有机磷农药急性中毒死亡。

【检材采取】

与有机磷农药急性中毒死亡相似，但吸入沙林中毒死亡者，应同时取肺作检材。对于群体性中毒或经抢救后有所好转的患者应取血液检测其与丁酰胆碱酯酶结合的蛋白加合物。

【法医学鉴定要点】

与有机磷农药急性中毒死亡相似，但应注意其突发性、群体性中毒，呼吸道吸入，发病更快，伴有呼吸道、皮肤和眼刺激症状的特点。病程迁延或经过救治，可检测血液中蛋白加合物进行确诊。

二、糜烂性毒剂中毒

糜烂性毒剂（blister agent，vesicant agent）是通过呼吸道、皮肤、眼睛等侵入机体，破坏机体组织细胞，造成呼吸道黏膜坏死性炎症、皮肤糜烂、眼睛刺痛畏光甚至失明的毒剂。主要代表毒物有：①芥子气（mustard gas），代号 HD，化学名二氯二乙硫醚，又称硫芥；②路易斯气，代号 L，化学名为氯乙烯二氯砷。③氮芥（caryolysine），化学名为三氯三乙胺。芥子气纯品为无色油状液体，工业品呈黄色、棕色或深褐色，有微弱大蒜气味，挥发度 625mg/m^3（20℃），常温下水解缓慢，加温或加碱时水解成盐酸和无毒的二烃二乙硫醚。

【中毒原因】

主要见于化学战争、现代化学恐怖活动事件和意外事故。自第一次世界大战以来，芥子气是许多国家的主要化学战剂贮备，两伊战争中也多次被使用。1917 年 7 月 12 日和 8 月初德军两次大规模使用芥子气炮弹，分别造成英军 2143 人中毒，86 人死亡和 14 726 人中毒，500 人死亡的大规模群体性中毒。2003 年 8 月 4 日黑龙江省齐齐哈尔市发生的侵华日军遗弃芥子气泄漏事件造成 49 人中毒，1 人死亡。

【毒理作用】

芥子气主要通过呼吸道、皮肤、眼睛、消化道等途径进入机体。芥子气对机体的作用主要表现为遗传毒性和细胞毒性。

芥子气属高毒性细胞毒物，主要引起接触部位坏死性炎症和严重的全身损伤，表现为皮肤、眼、呼吸道、消化道及伤口的糜烂性损伤和中枢神经系统、血液系统、物质代谢障碍及脑、肝、脾、肾等实质器官的损害。

芥子气入体与体内的亲核基团发生反应可产生代谢产物，蛋白或核酸加合物，作为其中毒特有的生物标志物广泛存在于血液、尿液和组织脏器中。芥子气早期中毒直接水解或氧化后形成硫二甘醇（TDG）和硫二甘醇亚砜（TDGO）经尿液排出体外。入体后与 DNA 结合形成 N7-（2- 羟乙基硫乙基）- 脱氧鸟嘌呤（HETEG）为其主要的结合物，在体内半衰期较长，含量较高。与血红蛋白结合生成芥子气 - 血红蛋白结合物，经酶降解后可形成 N 端缬氨酸和 N 端组氨酸加合物。与谷胱甘肽结合，在经 β- 裂解酶或乙酰转移酶的作用下生成小分子 β- 裂解产物，这些加合物都可以作为芥子气中毒在体内的特异性生物标志物。

芥子气作为烷化剂吸收入体后与体内核酸、蛋白质等起烷化反应，导致其结构破坏，主要表现为以下几个方面：

1. 对核酸的作用　芥子气吸收后，在体内极易形成正碳离子和正硫离子而对核酸，特别是脱氧核糖核酸起作用，影响脱氧核糖核酸双链的分离，而这种分离为细胞分裂所必需，因此导致细胞有丝分裂受抑制甚至细胞死亡。RNA 的烷化影响氨基酸的缩合，导致蛋白质代谢障碍。

2. 对酶的作用　芥子气能抑制蛋白分解酶及磷酸激酶，特别是能严重抑制己糖磷酸激酶，致使整个糖代谢障碍和组织营养失调。

3. 引起病理反射　芥子气作用于皮肤、黏膜感受器，冲动经交感神经或脊髓神经后根传入下丘脑以至大脑皮质，再传到机体各系统而引起病理反射。

4. 引起高级神经活动障碍　芥子气中毒者出现郁闷、精神抑制、木僵、注意力及记忆力丧失、失眠、语言障碍、运动性麻痹、感觉障碍等表现。

5. 芥子气的氧化产物对细胞有毒性作用。

【中毒致死量】

液滴态芥子气引起皮肤糜烂的剂量为 0.2mg/cm^2，经皮肤吸收致死量为 70～100mg/kg。地面污染浓度在 10.6mg/m^2 时，对无防护或无消毒措施的人员有杀伤作用。小鼠静注 LD_{50} 为 8.6mg/kg。

【中毒症状】

芥子气主要引起接触部位坏死性炎症及并发感染，大量吸收后造成全身中毒症状。潜伏期较长，接触当时无明显自觉症状。因接触部位和途径不同，而临床表现各异。

1. 皮肤损伤　液滴态芥子气经皮肤吸收较快，2～3 分钟后开始溶解于皮肤类脂质内，20～30 分钟内被吸收；临床上可经过潜伏期（2～6 小时）、红斑期、水疱期（18～24 小时）和溃疡期，表现为接触部位皮肤的针刺感或痒感、红斑、水疱、溃疡，可并发感染。患者可于不同时期痊愈，接触毒剂的浓度高而损伤重时，则病程继续发展而进入下一期。

蒸气态芥子气引起的皮肤损伤一般较轻，往往只发生红斑，而无水疱及溃疡。颜面部除呈弥漫性红斑外，可有眼睑水肿；其他暴露及衣服易摩擦部位皮肤也易受损伤，如大腿内侧和会阴部，可致阴囊水肿、生殖器及尿道损伤。

2. 眼损伤　蒸气态芥子气可引起眼的轻、中度损伤，液滴态芥子气可引起重度损伤。轻、中度损伤潜伏期为 6～10 小时、3～6 小时，重度损伤无潜伏期，主要表现为结膜炎和角膜炎，溅入眼内可导致结膜溃疡和角膜坏死穿孔。

3. 呼吸道损伤　吸入蒸气态芥子气可引起呼吸道损伤。一般只损伤上呼吸道，高浓度时可引起肺水肿。轻度损伤潜伏期为 6～12 小时，表现为典型的急性中毒性鼻咽喉炎；中度损伤潜伏期为 6～8 小时，损伤支气管，表现为急性支气管炎，也可转为慢性支气管炎；重度损伤潜伏期仅数小时，有伪膜性炎症，常并发支气管肺炎，黏稠脓痰内含脱落的伪膜碎片，也可发展为肺脓肿和化脓性胸膜炎；特别严重的病例，可因伪膜堵塞支气管而突然窒息死亡。

4. 消化道损伤　主要是误饮误食污染的水和食物而引起，也可因吞咽含有毒剂的唾液而引起。轻型仅有上腹部疼痛、食欲减退、恶心，呕吐；重型与急性胃肠炎相似，上腹部剧烈疼痛、恶心、呕吐、腹泻、便血及脱水等，全身极度疲乏，头痛，可有痉挛；严重损伤时可很快引起出血性肠炎或溃疡穿孔而死亡。

5. 全身中毒症状　芥子气可通过各种途径很快吸收，引起全身中毒症状，主要表现为中枢神经系统、血液系统、物质代谢功能障碍及脑、肝、脾、肾等实质器官的损害。小剂量中毒时病人有头痛、头晕、抑郁、疲乏、木僵状态及极度衰弱等；严重中毒时先出现兴奋、痉挛，像破伤风一样阵发性痉挛，病人失去知觉、呼喊、谵妄，以后出现抑制，全身肌肉麻痹甚至死亡；病程长的患者可出现低血压，极度消瘦，体重明显减轻，甚至呈恶病质状态，肝、脾轻度肿大，出现中毒性肾病，尿中有蛋白、管型颗粒、上皮细胞等。

【尸体检验所见】

主要可见皮肤、眼、呼吸道、消化道及伤口的糜烂性损伤。皮肤可有红斑、水疱、坏死、溃疡和色素沉着；水疱内含透明或黄白色液体，毒剂接触部位及其周围有轻度皮下水肿；眼损伤可见全眼球炎、角膜炎和眼睑粘连等；上呼吸道严重损伤时，从鼻前庭到支气管可见黏膜坏死性炎症，黏膜坏死形成黄色伪膜覆盖，伪膜下有糜烂面及溃疡；消化道损伤时，黏膜可见充血、水肿、出血、糜烂、溃疡或穿孔；神经系统可见神经细胞尼氏体缩小或溶解，胞核染色变浅，细胞质有空泡形成，重度中毒可见细胞变性、细胞核分解及神经胶质细胞增生；肝大、脾大，肾可见中毒性肾病。

【检材采取】

局部组织、水疱液、胃内容、血、尿及脑、肝、肾等均可作为检材，现场污染物和可疑投毒容器也可作为检材。糜烂性毒剂易挥发，应及早取材，密封送检。对于中毒经过抢救的患者，需要进行中毒溯源或核查分析者，应对血液和尿液中生物标记物进行检测，能为其芥子气中毒或暴露提供有力的证据。

【法医学鉴定要点】

了解案情，勘验现场，检查尸体。多为群体中毒，依据皮肤、眼、呼吸道、消化道及伤口特征性的糜烂性损伤，结合毒物分析结果可做出诊断。

芥子气中毒后体内相关生物标志物的检测是中毒溯源和核查分析的重要途径，尿液中的 TDG 和 TDGO 对于其中毒早期损伤程度的快速诊断具有非常重要的意义。与大分子物质结合形成的加合物在体内相对稳定，且存留时间长，如与 DNA 结合形成的 HETEG，与血红蛋白形成的加合物经过 Edman 法降解形成的 N 端缬氨酸和 N 端组氨酸加合物可以在体内存留长达几个月，是芥子气中毒确证检测重要的长期标志物。

在进行勘验现场、检查尸体、采取检材和毒物分析时应注意自我防护，应使用氧气呼吸器或供氧式防毒面具，必要时应着核生化防护服。检验后含有糜烂性毒剂的检材和器械可用含有活性氯的物质如漂白粉、次氯酸钙、氯胺或其他氧化剂处理。

【案例】

2003年8月4日，齐齐哈尔市在土建施工中偶然挖出了5个锈迹斑斑的金属桶，有轻微的大蒜气味在现场弥漫。当时就有16人先后出现了皮肤、呼吸道、眼睛等中毒症状。当将桶子卸下盖子进行切割时，毒气迅速扩散，最终造成40多人严重中毒，其中轻者出现颈、前胸皮肤呈现潮红，眼睑水肿、结膜充血、皮肤溃烂和呼吸困难等中毒症状，重者全身倦怠，四肢无力，背、颈、前胸部肿胀，由肩胛至背部皮肤糜烂，四肢尤其是大腿内侧皮肤潮红，糜烂，全身化学灼伤面积达95%，呼吸困难处于病危之中。最终，该次事件造成43人不幸中毒，其中1人死亡。经过对现场及中毒者取样检测查明，造成此次中毒事件的毒物是芥子气，现场挖出的金属桶是侵华日军在投降前遗弃、埋下的芥子弹原料，芥子弹或称芥子气弹则是将剧毒化学物质——芥子气制成的炸弹或炮弹。

（尉志文）

思考题

1. 对于突发性、群体性中毒事件发生时应考虑哪些方面的原因？对其鉴定时应注意哪些问题？
2. 食物中毒的流行病学和临床特点是什么？
3. 简述光气中毒的法医学鉴定要点。
4. 简述芥子气中毒临床表现及法医学鉴定要点。

附录　部分毒(药)物的中毒、致死血浓度参考表及参考文献

（本参考表的数据来源于国外文献资料，实际应用时仅作参考，建议结合人种、年龄、健康状况等情况综合分析。由于资料来源不同，本表中的数据与本书正文中的数据不一致时，以正文中数据为准）

中文名称	英文名称	治疗或正常浓度（μg/ml）	中毒浓度（μg/ml）	致死浓度（μg/ml）	对应文献编号
乙酰水杨酸	acetylsalicylic acid	20～200（以水杨酸计）	300～350（以水杨酸计）	400～500（以水杨酸计）	[1]
		50～300（以水杨酸计）	400～500；儿童：300（以水杨酸计）		[2]
		20～100（用于镇痛）；20～250（用于治疗风湿性关节炎）	150～300	500	[3]
		20～100	150	500	[4]
氨茶碱	aminophylline	10～20	30～40	50～250	[3]
		8～15；儿童：5～10	15～20；儿童：15	45/50	[4]
氨	ammonia	0.5～1.7			[1，2]
异戊巴比妥	amobarbital	1～5	（5～6）10～30	13～96	[1]
		2～12			[2]
		1～5	10～30	13～96	[3]
		1～5	5	10	[5]
苯丙胺	amphetamine	0.02～0.1	0.2	0.5～1	[1]
		（0.02）0.05～0.15	0.2		[2]
		0.03～0.11	>0.5	>1	[3]
		0.02～0.15	0.2	0.5	[5，6]
砷	arsenic	0.002～0.007	0.05～0.25	9～15	[1]
		0.002～0.07	0.1～0.25（1）		[2]
		0.02～0.062	1	9～15	[3]
阿托品	atropine	0.002～0.025（当用于治疗有机磷类中毒时，约0.02，取决于临床症状）	0.03～0.1	0.2	[1]
		0.002～0.025	0.03～0.1		[2]
		0.035～0.2		0.2	[3]
		0.003～0.025	0.02～0.2		[5]
		0.002～0.03	0.1	0.2	[6]

续表

中文名称	英文名称	治疗或正常浓度（μg/ml）	中毒浓度（μg/ml）	致死浓度（μg/ml）	对应文献编号
巴比妥	barbital	2～20	20～50	50	[1]
		5～30	20		[2]
		10～26	60～80	＞100	[3]
		2～20（～40）	20～50（～100）	50	[5]
苯	benzene	0～0.0002；吸烟者：0～0.0006		0.95	[1]
			＞0	0.9～1.2	[3]
大隆	brodifacoum		0.02	0.03～0.17	[1]
			0.02		[2]
溴敌隆	bromadiolon		0.02		[1，2]
丁丙诺啡	buprenorphine	0.0005～0.005（～0.01）	0.03～0.1	0.008～0.029	[1]
		0.014～0.11			[3]
		0.001～0.005（～0.01）			[5]
		0.001～0.005			[7]
咖啡因	caffeine	(2～)4～10	15～20	80～180	[1]
		8～20	30～50		[2]
		2～10		＞100	[3]
		2～15	15	80	[5]
		2～10	15	80	[6]
西维因	carbaryl		5	6～27	[1]
一氧化碳	carbon monoxide	≤5%；吸烟者：8～10%	25%～30%	50%～60%	[1]
		1%～5%	25%～35%		[2]
		1%～2%	15%～35%	48%～95%	[3]
氯氮䓬	chlordiazepoxide	0.4～3	3.5～10（～15）		[1]
		0.7～2(3)	3.5～10		[2]
		0.67～3.1	5	20	[3]
		0.4～2	3	5	[5]
		0.4～2	3/5	20	[6]
氯丙嗪	chlorpromazine	0.03～0.1（～0.5）	1～2	3～4	[1]
		0.05～0.5 儿童：0.04～0.08	(0.5)1(～2) 儿童：0.5		[2]
		0.01～0.5	1～2	3～12	[3]
		0.01～0.3 手术麻醉：0.5 儿童：0.04～0.08	1/0.5～1	3	[4]
		0.03～0.15（～0.5）	0.5	4	[5]
可卡因	cocaine	0.05～0.3	(0.25～)0.5～1	0.9～2.1	[1]
		0.05～0.3	0.25～5		[2]
		0.05～0.93	0.9	1～20	[3]
		0.1～0.3	0.5	1～4	[5]
		0～0.3	0.5	1	[7]

续表

中文名称	英文名称	治疗或正常浓度（μg/ml）	中毒浓度（μg/ml）	致死浓度（μg/ml）	对应文献编号
氰化物	cyanide	0.001～0.006 吸烟者：0.005～0.012（～0.15）	0.5	1～3	[1]
		0.001～0.012（～0.15）	0.5		[2]
		0.004～0.041		1.1～53	[3]
地西泮	diazepam	0.1～2（～2.5）	3～5		[1]
		0.125～0.75	1.5		[2]
		0.02～4	5～20	>30	[3]
		0.2～2（～2.5）	1.5		[5]
		0.1～1.5/0.5	1.5/5 嗜睡/昏迷：15	10/20	[6]
敌敌畏	dichlorvos，DDVP			29	[1]
乙醇	ethanol		1000～2000	3500～4000	[1，5]
		0～25	1000～2000		[2]
			800～1000	>3500	[3]
		1.5～30	500	4000 婴儿：1750	[6]
杀螟松	fenitrothion			1.1	[1]
γ-羟基丁丙酯	Gamma-hydroxybutyrate，GHB	机械通气时：约 50～120	80（滥用）	250～280（滥用）	[1]
		0～1；睡眠时：50～150	100～150		[2]
		<1.0	26～360	>750	[3]
异烟肼	isoniazid，INH	5～10	20	（30～）100	[1]
		0.6～20	20～143	65～168	[3]
		1～10	20	30	[5]
氯胺酮	ketamine	1～6	7（滥用）		[1]
		0.5～6.5	7		[2]
		0.2～6.3			[3]
		0.1～1（～6）	7		[5]
铅	lead	男性：0～0.09 女性：0～0.07 儿童：0～0.06（德国儿童的参考值：0.035）	0.4～0.6	3	[1]
		≤0.3	0.4～0.45		[2]
		0.4	0.4～13.7	1.1～5.3	[3]
利多卡因	lidocaine	（1～）1.5～5；对于肝功能损伤的病人，该数值更高；对于耳鸣的病人：约 1～2	6～7	10	[1]
		（1）1.5～5	7～10		[2]
		1.5～5	7～20	>25	[3]
		1～6	6	10	[5]
		0.2～5/1.7～6	6	10/11	[6]

续表

中文名称	英文名称	治疗或正常浓度(μg/ml)	中毒浓度(μg/ml)	致死浓度(μg/ml)	对应文献编号
麦角酰二乙胺	lysergic acid diethylamide/lysergide(LSD)	0.0005～0.005	0.001	0.002～0.005	[1]
		0.0005～0.005	0.001		[2]
			0.001～0.009		[3]
			0.002	0.005	[5]
		0.001	0.002	0.005	[7]
马拉硫磷	malathion		0.5		[1]
		0～3.5		0.5～3.5	[3]
汞	mercury	约0.0015～0.002; 德国儿童的参考值:0.0008	0.05～0.2	0.5	[1]
		0～0.08	0.2		[2]
			0.18～0.62	0.4～22.0	[3]
		0～0.004/0.0017～0.01	0.2/0.3	0.5	[6]
甲基苯丙胺	methamphetamine	0～0.1	0.15	1～18	[1]
		0.01～0.05	0.2～1		[2]
		0.01～0.05	0.6～5.0	>10	[3]
		0.01～0.05	0.2～1	40	[5]
甲醇	methanol	约0～2	200	900	[1]
		0～1.5	200		[2]
			200	>890	[3]
				200～6300	[5]
亚甲基二氧苯丙胺	3,4-methylenedioxy-amphetamine,MDA	0～0.4	1.5	1.8～2	[1]
				1.8～26	[3]
		0～0.4	1.5	4	[5]
		0～0.4	1.5(单次大剂量使用产生严重毒性时)	4/6	[7]
亚甲基二氧甲基苯丙胺	3,4-methylenedioxy-methamphetamine,MDMA	0.1～0.35	0.35～0.5	0.4～0.8	[1]
		0.1～0.35	0.35～0.5		[2]
		0～0.35	0.5	1.26	[5]
		0～0.35		0.6	[7]
吗啡	morphine	0.01～0.1	0.1	0.1～4	[1]
		0.08～0.12	0.15～0.5		[2]
		0.1		0.05～4	[3]
		0～0.1	0.1	0.1/0.2	[7]
尼古丁	nicotine	0.005～0.02(～0.03)	0.4(～1)	5	[1]
		0.004～0.444		1.4	[3]
		吸烟者:0.01～0.04; 非吸烟者:0.001～0.006	0.4～1	5～13.6	[5]
		吸烟者:0.01～0.04; 非吸烟者:0.001～0.006	1	5	[7]
百草枯	paraquat		0.05	1～2(口服2小时后)	[1]
			0.05		[2]
			0.6～3.2	>15	[3]

续表

中文名称	英文名称	治疗或正常浓度（μg/ml）	中毒浓度（μg/ml）	致死浓度（μg/ml）	对应文献编号
对硫磷	parathion		0.01～0.05	0.05～0.08	[1]
			0.01～0.05；接触该物质的工人：0.1～0.2		[2]
				0.5～34	[3]
五氯酚	pentachlorophenol	0～0.2	30	45	[1]
		0～0.1	30		[2]
				>46	[3]
戊巴比妥	pentobarbital	1～5（～10）	10～19	15～25	[1]
		1～3	>5	10～169	[3]
		1～5（～10）	10	15	[5]
		1～5	8/10	15	[7]
苯巴比妥	phenobarbital	10～30（15～40）	30～40	50～60	[1]
		（10）20～40	60～80		[2]
		10～40	40～60	>80	[3]
		6～30/10～25	30/15～30	50/60	[4]
		10～40（～50）	30	50	[5]
苯酚	phenol		50	90	[1]
				>46	[3]
		0～0.1		25	[6]
普鲁卡因	procaine	0.2～2.5（～15）	15～20	20	[1]
		2.5～10	15～20		[2]
		0.2～13	>21		[3]
		0.2～2.5	15	20	[6]
水杨酸	salicylic acid	20～200	300～350	（400～）500	[1]
		20～300	300～500		[2]
		20～250	300	400	[5]
		20～250	150～300/210	400/500；儿童：300	[6]
司可巴比妥	secobarbital	1.5～5	7～10	10～15	[1，5]
		2～10			[2]
		1～2.2	>3	5～52	[3]
士的宁	strychnine		0.075～0.1	0.2～2	[1]
			0.075～0.1		[2]
			2	2.8～12.0	[3]
铊	thallium	0～0.002	0.1～0.5	0.5～11	[1]
		0～0.005	0.1～0.5		[2]
		<0.08	>1	0.5～11	[3]
硫喷妥	thiopental	1～5	7	10～15	[1]
		1～5（25～40）	10（40～50）		[2]
		1～42	>7	10～400	[3]
		1～5（～35）	10	10～15	[5]

续表

中文名称	英文名称	治疗或正常浓度（μg/ml）	中毒浓度（μg/ml）	致死浓度（μg/ml）	对应文献编号
曲马多	tramadol	0.1～1(>0.3)；手术后静脉注射最低有效镇痛剂量：0.02～1～2	1		[1]
		0.1～0.75	0.8		[2]
		0.1～0.6			[3]
		0.1～1		2	[5]
三唑仑	triazolam	0.002～0.02	0.04		[1]
		0.002～0.02			[2，5]
		0.02			[3]
华法林	warfarin	1～3(～7)	10～12	100	[1]
		1～3.1			[3]
		1～7	10	100	[5，8]

（饶渝兰）

参考文献

[1] Schulz M，Iwersen-Bergmann S，Andresen H，et al. Therapeutic and toxic blood concentrations of nearly 1,000 drugs and other xenobiotics. Critical Care，2012，16(4)：R136.

[2] Negrusz A，Cooper G. Clarke's Analytical Forensic Toxicology. Second edition. Pharmaceutical Press，2013.

[3] Winek CL，Wahba WW，Winek CL Jr，et al. Drug and chemical blood-level data 2001. Forensic Science International，2001，122(2-3)：107-123.

[4] Repetto MR，Repetto M. Therapeutic，toxic，and lethal concentrations of 73 drugs affecting respiratory system in human fluids. Journal of Toxicology-Clinical Toxicology，1998，36(4)：287-293.

[5] Regenthal R，Krueger M，Koeppel C，et al. Drug levels：therapeutic and toxic serum/plasma concentrations of common drugs. Journal of Clinical Monitoring and Computing，1999，15：529-544.

[6] Repetto MR，Repetto M. Concentrations in human fluids：101 Drugs affecting the digestive system and metabolism. Journal of Toxicology-Clinical Toxicology，1999，37(1)：1-8.

[7] Repetto MR，Repetto M. Habitual，toxic，and lethal concentrations of 103 drugs of abuse in humans. Journal of Toxicology-Clinical Toxicology，1997，35(1)：1-9.

[8] Repetto MR，Repetto M. Therapeutic，toxic，and lethal concentrations in human fluids of 90 drugs affecting the cardiovascular and hematopoietic systems. Journal of Toxicology-Clinical Toxicology，1997，35(4)：345-351.

参 考 文 献

1. 黄光照. 法医毒理学. 北京：人民卫生出版社，1988.
2. 黄光照. 法医毒理学. 第2版. 北京：人民卫生出版社，2001.
3. 黄光照. 法医毒理学. 第3版. 北京：人民卫生出版社，2004.
4. 刘良. 法医毒理学. 第4版. 北京：人民卫生出版社，2009.
5. 黄光照，麻永昌. 中国刑事科学技术大全•法医病理学. 北京：中国人民公安大学出版社，2001.
6. 张贵卿，吕爱刚，张玲，等. 药物应用与毒理数据. 郑州：河南医科大学出版社，1999.
7. Richard Shepherd. Simpson's Forensic Medicine. 12th ed. London：Arnold，2003.
8. Vincent J.M. DiMaio，Suzanna E. Dana. Handbook of Forensic Pathology. 2nd ed. CRC Press Inc.，1988.
9. Casarett and Doull's Toxicology：The Basic Science of Poisons. 6th ed. New York：McGraw-Hill，2001.
10. Ferner RE. Forensic Pharmacology. Oxford：Oxford University Press，1996.
11. Vincent J. DiMaio，Dominick DiMaio. Forensic Pathology. 2nd ed. CRC Press，2001.
12. 黄世军，褚建新，陈惜秋，等. 550例中毒死亡案分析. 中国法医学杂志，1992，7(1)：40-41.
13. 黄光照，闵建雄. 胃肠外途径投毒的法医学鉴定. 法医学杂志，1994，10(4)：145-148.
14. 刘伟. 草酸中毒致死一例. 法医学杂志，1993，9(4)：187.
15. 任引津，张寿林，丁茂柏，等. 实用急性中毒全书. 北京：人民卫生出版社，2003.
16. 何家容，翟宾海. 急性中毒临床救治与预防. 北京：科学技术文献出版社，2003.
17. 陈康颐. 现代法医学. 上海：复旦大学出版社，2004.
18. 郭景元. 现代法医学. 北京：科学技术出版社，2000.
19. 周志俊. 化学毒物危害与控制. 北京：化学工业出版社，2007.
20. 古国榜，李朴. 无机化学. 第2版. 北京：化学工业出版社，2007.
21. 王世俊. 金属中毒. 第2版. 北京：人民卫生出版社，1988.
22. 王琦玮，刘良，黄光照，等. 铊中毒的法医毒理学研究进展. 中国法医学杂志，2006，21(3)：155-157.
23. Seavolt MB，Sarro RA，Levin K，et al. Mees' lines in a patient following acute arsenic intoxication. International Journal of Dermatology，2002，47(7)：399-401.
24. Musshoff F. Chromatographic methods for the determination of markers of chronic and acute alcohol consumption. J Chromatogr B Analyt Technol Biomed Life Sci，2002，781(1-2)：457-480.
25. Wurst FM，Seidl S，Alt A，et al. Direct ethanol metabolite ethyl glucuronide. Its value as alcohol intake andrecurrence marker，methods of detection and prospects. Psychiatr Prax，2000，27(8)：367-371.
26. Singer PP，Jones GR，Lewis R，et al. Loss of ethanol from vitreous humor in drowning death. J Anal Toxicol，2007，31(8)：522-525.
27. Helander A. Monitoring relapse drinking during disulfiram therapy by assay of urinary 5-hydroxytryptophol. Alcohol Clin Exp Res，1998，22(1)：11-14.
28. Helander A，Beck O，Jones AW. Distinguishing ingested ethanol from microbial formation by analysis of urinary 5-hydroxytryptophol and 5-hydroxyindoleacetic acid. J Forensic Sci，1995，40(1)：95-98.

29. Kunsman GW, Manno JE, Cockerham KR, et al. A Modification and validation of two urine ethanol procedures for use with the monarch 2000 chemistry system. Journal of Analytical Toxicology, 1991, 15(3): 130-150.

30. Biasotti AA. Valentine TE. Blood alcohol concentration determined from urine samples as a practical equivalent or alternative to blood and breath alcohol tests. Journal of Forensic Sciences, 1985, 30(1): 194-207.

31. Neuteboom W, Zweipfenning PG. The stability of the alcohol concentration in urine specimens. Journal of analytical toxicology, 1989, 13(3): 141-143.

32. Simpson G. Do breath tests really underestimate blood alcohol concentration. Journal of analytical toxicology, 1989, 13(2): 120-123.

33. Chao TC, Lo DS. Relationship between postmortem blood and vitreous humor ethanol levels. Am J Forensic Med Pathol, 1993, 14(4): 303-308.

34. Shen YC, Fan JH, Edenberg HJ, et al. Polymorphism of ADH and ALDH genes among four ethnic groups in china and effects upon the risk for alcoholism. Alcoholism Clinical and Experimental Research, 1997, 21(7): 1272-1277.

35. Chen WJ, Loh EW. Alcohol metabolising genes and alcoholism among Taiwanese Hanmen; independent effect of ADH2, ADH3 and ALDH2 Alcoholism. The Journal of Mental Science, 1996, 168(6): 762-767.

36. 刘晓霞，贠克明，张大明，等. 保存犬尸体中自生醇的研究. 第四届全国法医毒物分析学术交流会论文选. 北京：海潮出版社，2008：583-587.

37. 高翠莲，韩燕，贠克明. 酒精在人体内的代谢动力学研究. 第四届全国法医毒物分析学术交流会论文选. 北京：海潮出版社，2008：86-91.

38. 杜军，魏荣，林少宾，等. 口服药物中毒110例临床分析. 中国工业医学杂志，2003，16(5)：582.

39. 朱红霞，吴冬梅. 儿童急性药物中毒116例原因分析. 包头医学，2005，29(4)：8-9.

40. 吴鑫虎，邱俏檬，卢中秋，等. 镇静药物急性中毒86例分析. 实用医学杂志，2007，23(17)：2721-2722.

41. 李长青，孙亚欣. 常见麻醉药物的应用及中毒反应的救治和预防. 中国社区医师，2003(22)：23-24.

42. 魏宁，张松年. 马钱子的研究进展. 航空军医，2004，32(3)：131-133.

43. 郭长海. 药物性肝损害172例分析. 中国误诊学杂志，2006，6(13)：8652-8653.

44. 燕炯，贠克明，王玉瑾，等. 蛛网膜下腔麻醉致死狗体内利多卡因的分布研究. 中国法医学杂志，2004，19(3)：157-159.

45. 王振华，王大利，贠克明，等. 利多卡因在蛛网膜下腔麻醉家兔各脏器中的代谢动力学. 中西医结合心脑血管病杂志，2008，6(6)：692-695.

46. 周洋，黄平，张平. 吸毒人群法医学鉴定中的伦理学思考. 中国医学伦理学，2007，20(1)：28-29.

47. 闫记全，彭东兵. 吸毒死亡案例的特点及法医学鉴定. 法医学杂志，1997，13(4)：211-212.

48. 许昌麟. 药物依赖和精神疾病司法鉴定. 上海精神医学，2006，18：412-414.

49. 孟国尧，万好，刘彩兴. 毒品依赖及防治. 齐鲁医学杂志，2007，22(6)：561-562.

50. 刘志民，张开镐. 曲马多的药理学特点及其依赖性调研. 药物不良反应杂志，2007，9(2)：117-120.

51. 沈杰，范乃建. 新型毒品氯胺酮(K粉)的毒理作用、滥用趋势及危害. 云南警官学院学报，2004，51(3)：34-35.

52. 郑继旺，刘志民. 氯胺酮的一般药理、毒理作用与滥用问题. 中国药物依赖性杂志，2001，10(1)：64-66.

53. 杨菊，卞士中. 氯胺酮滥用的研究进展. 法医学杂志，2007，23(4)：312-315.

54. 陈冀胜. 反化学恐怖对策与技术. 北京：科学出版社，2005.

55. 李建科. 食品毒理学. 北京：中国计量出版社，2007.

56. 李建政. 环境毒理学. 北京：化学工业出版社，2006.

57. 陈冀胜. 如何应对化学恐怖与化学毒性灾害. 北京：科学出版社，2006.

58. 何凤生. 中华职业医学. 北京：人民卫生出版社，1999.

59. 王朝虹，董颖，何毅，等. 化学武器恐怖袭击的特点及其现场处置. 第四届全国法医毒物分析学术交流会论文选. 北京：海潮出版社，2008：42-48.

中英文名词对照索引

N

P

Q

R

S

T

W

Z

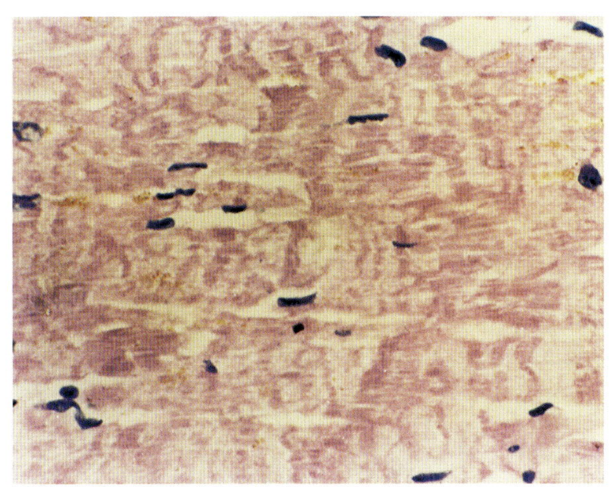

图 1-4　急性氯化亚汞中毒的心肌

左心室乳头肌广泛收缩带坏死

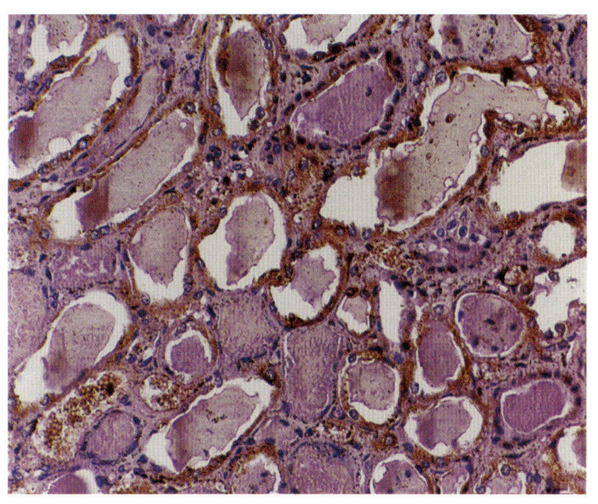

图 3-3　急性砷化氢中毒的肾

肾髓质肾小管管腔内广泛性血红蛋白管型阻塞

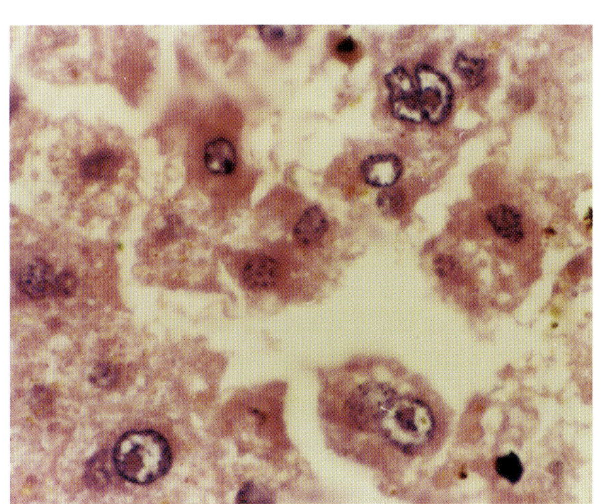

图 3-6　急性醋酸铅中毒的肝

肝细胞核内嗜酸性包涵体形成，其周围无明显亮晕，染色均匀

图 5-1　罂粟的花及蒴果

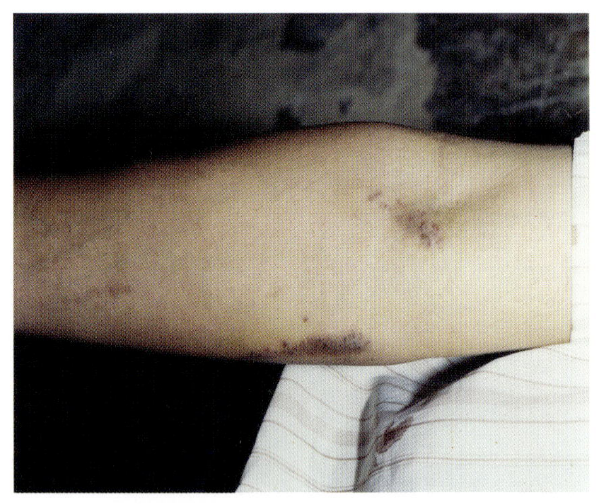

图 5-2　长期海洛因静脉注射滥用者上肢皮肤的注射针痕
注射部位静脉发炎、硬化，皮肤呈条索状硬化，注射针眼呈串珠状或密集分布

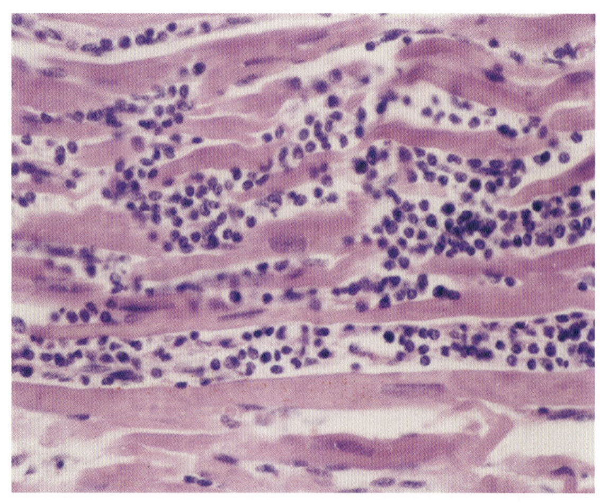

图 5-5　长期海洛因滥用者合并慢性间质性心肌炎
心肌间质有大量淋巴细胞、单核细胞浸润，心肌形态结构基本正常

图 5-7　大麻叶

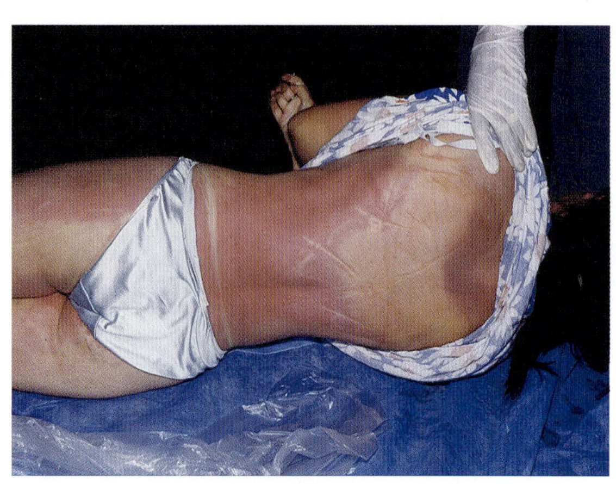

图 6-2　一氧化碳中毒的樱桃红色尸斑（赵子琴供图）

图 7-1　有机磷农药中毒死亡者的胃内容物中见黄色油状农药原液

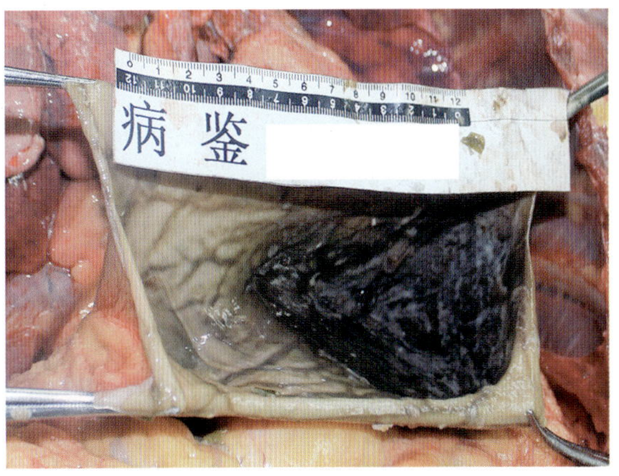

图 7-2　有机磷农药中毒死亡者的胃黏膜被农药腐蚀变为灰褐色

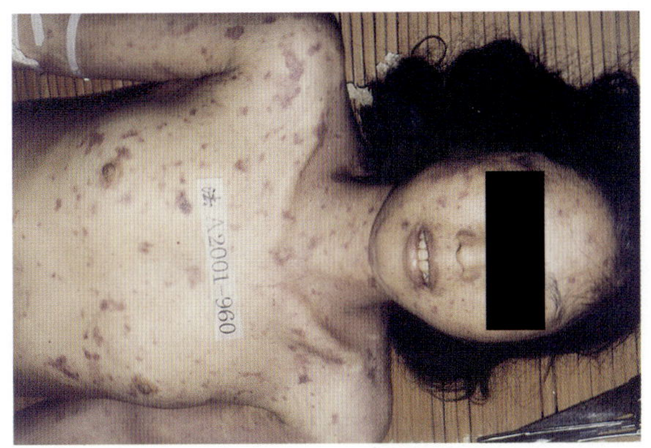

图 8-7　大隆中毒

尸表广泛分布的出血点和出血斑（李剑波供图）

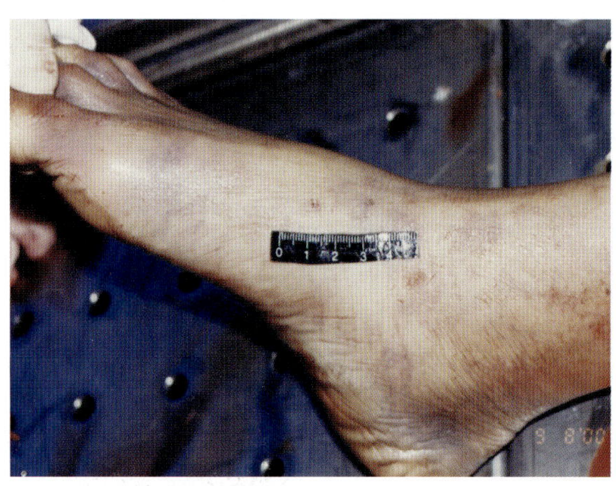

图 9-1　右脚青紫肿胀，足背两对短条状咬伤，分别长 0.3cm 和 0.5cm（蝮蛇咬伤 5 天后死亡）

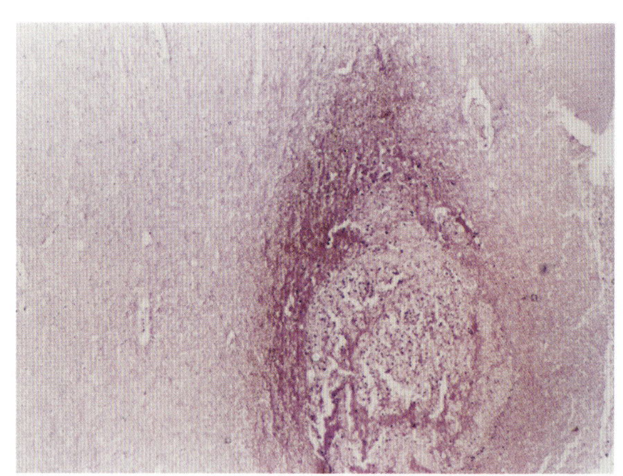

图 9-2　注射银环蛇毒液致死的脑
脑小灶性出血软化（注射银环蛇毒液 5 天后死亡）

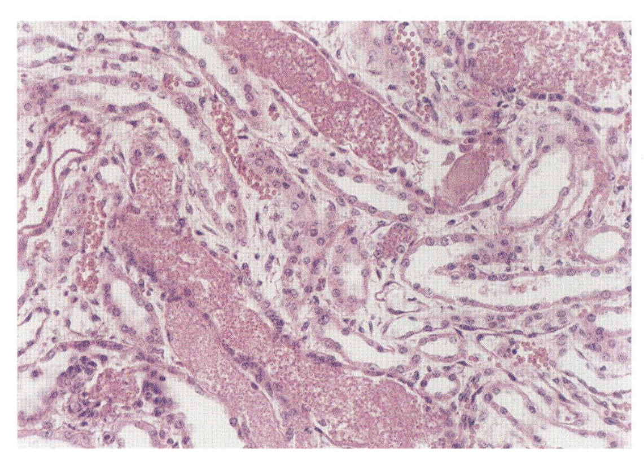

图 9-7　蜂毒中毒的肾
蜂毒中毒继发性急性肾小管坏死，肾小管内蛋白管型形成

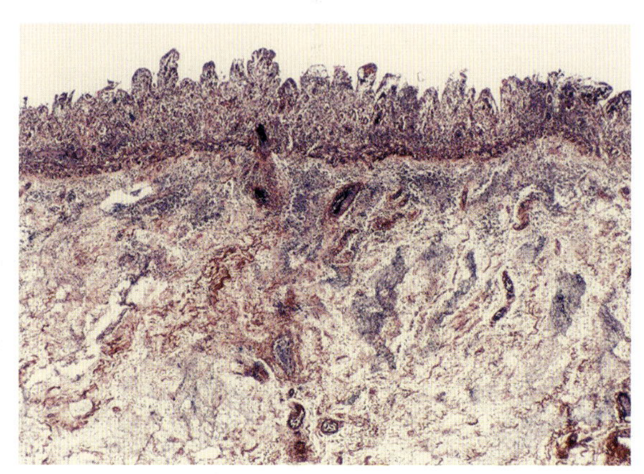

图 11-1　沙门菌食物中毒死亡者回肠病变（HE）
（日本鹿儿岛大学小片教授提供）